개정판 현대일본어 문법연구 Ⅱ

개정판 현대일본어 문법연구 Ⅱ

A Study of modern Japanese Grammar Ⅱ

이성규·권선화

머 리 말

 본서는 『현대일본어 문법 연구Ⅱ(2006)』의 개정판으로 특히, 제3장 한어의 동사화Ⅰ, 제4장 한어의 동사화Ⅱ, 제5장 한어동사의 이동(異同) 문제에 관해서는 상당수의 예를 추가하는 등 전면적인 가필을 했고, 제6장 한어동사의 수동은 신규 집필했다. 그리고 제1장 동사 총론, 제2장 동사의 분류에 있어서는 오자와 탈자를 수정하는 선에서 보완을 했다. 개정판은 본서 구판에서의 논의 내용이 기본적으로 유효하다는 입장을 견지하고 있다. 개정판 『현대일본어 문법 연구Ⅱ』에서 다루고 있는 내용을 간단히 소개하면 다음과 같다.

 제1장 「동사(動詞) 총론」에서는 동사 활용의 구분과 일본어 동사의 형태를 살펴보고, 활용 면에서의 동사 분류 및 활용 형식과 동사의 종류에 관해 검토했다.

 제2장 「동사의 분류」에서는 전통적인 자동사와 타동사 분류의 유효성을 검토하고, 동사를 절대 자동사(絶対 自動詞)・절대 타동사(絶対 他動詞)・자・타 양용동사(自・他 両用動詞)・상대 자・타동사(相対 自・他動詞)로 분류했다. 그리고 공통의 어근(語根)에서 분기한 자・타동사를 유형별로 정리하였다. 나아가 어스펙트 관점에서 동사를 계속동사(継続動詞)・순간동사(瞬間動詞)・형용사적 동사로 분류하고, 의지동사(意志動詞)와 무의지동사(無意志動詞), 결과동사(結果動詞)와 비결과동사(非結果動詞)의 분류 근거를 살펴보았다.

 제3장 「한어의 동사화Ⅰ」에서는 한・일 양 언어에서 높은 비중을 차지하고 있는 한어동사를 대상으로 하여 한어명사의 동사화에 있어서 형식동사 「~する」「~하다」가 어떤 역할을 하고 있는가에 대해 살펴보았다. 특히 ①『日本語能力試験出題基準』〈文字・語彙〉 ②『日本語と日本語教育-語彙編-』③『外国人のための基本語用例辞典』(第二版)에 제시된 표제어에 근거하여 고유어의「する」및「1字 漢語＋する」「3字 漢語＋する」「4字 漢語＋する」를 대상으로 구체적인 예를 제시하고 검토했다.

제4장 「한어의 동사화Ⅱ」에서는 「2字 漢語＋する」를 대상으로 자동사의 「2字 漢語する」, 타동사의 「2字 漢語する」. 그리고 한국어 어휘체계에 없는 일본어 「2字 漢語する」에 관해 실례를 제시하고 한어의 일반동사화(一般動詞化)에 대해서도 살펴보았다.

 제5장 「한어동사의 이동(異同) 문제」에서는 한・일 양 언어의 한어동사에 있어서의 ①품사 간의 이동(異同), ②자동성(自動性)・타동성(他動性)의 차이라는 문법적 이동(異同) 문제에 관해 구체적인 예를 제시했다.

 제6장 「한어동사와 수동」은 신규로 집필한 것인데, 한국어 한어동사의 수동을 대상으로 하여 대조언어학적 관점에서 「~되다」의 의미 용법 및 「~받다」「~당하다」의 의미 용법을 중심으로 살펴보았다.

2019년 8월

李成圭・權善和

목 차

제1장 동사 총론 ·· 11
  1. 동사 활용의 구분 ·· 12
  2. 일본어 동사의 형태 ·· 14
    2.1 활용 면에서의 동사 분류 ································ 14
    2.2 규칙동사(規則動詞) ·· 14
      2.2.1 5단동사(五段動詞) ···································· 14
      2.2.2 특수5단동사(特殊5段動詞) ······················ 16
      2.2.3 예외 5단동사 ·· 17
      2.2.4 1단동사(一段動詞) ···································· 19
    2.3 불규칙동사(不規則動詞) ·································· 20
  3. 활용 형식과 동사의 종류 ···································· 22

제2장 동사의 분류 ·· 27
  1. 자동사(自動詞)와 타동사(他動詞) ························ 29
    1.1 자동사적 의미를 나타내는 타동사 표현 ······ 30
    1.2 절대 자동사(絶対 自動詞) ······························ 31
    1.3 절대 타동사(絶対 他動詞) ······························ 32
    1.4 자·타 양용동사(自·他 両用動詞) ·················· 33
    1.5 상대 자·타동사(相対 自·他動詞) ·················· 36
  2. 자·타 대응 관계(自他 対応 関係) ························ 38
    2.1 자동사[-aru] / 타동사[-u] ······························ 38
    2.2 자동사[-aru] / 타동사[-eru] ·························· 39
    2.3 자동사[-u] / 타동사[-eru] ······························ 42
    2.4 자동사[-eru](자발동사) / 타동사[-u] ············ 44

2.5 자동사[-eru] / 타동사[-asu] ……………………………… 45
2.6 자동사[-reru] / 타동사[-su] ……………………………… 46
2.7 자동사[-u] / 타동사[-asu] ………………………………… 46
2.8 자동사[-iru] / 타동사[-asu] ……………………………… 47
2.9 자동사[-iru] / 타동사[-osu] ……………………………… 47
2.10 자동사[-ru] / 타동사[-su] ……………………………… 48
2.11 자동사[-ru] / 타동사[-seru] …………………………… 49
2.12 기타 유형 ……………………………………………………… 49
3. 동작동사(動作動詞)와 상태동사(狀態動詞) ……………………… 50
3.1 상태동사(狀態動詞) ………………………………………… 51
3.2 계속동사(繼續動詞) ………………………………………… 52
3.3 순간동사(瞬間動詞) ………………………………………… 53
3.4 형용사적 동사 ………………………………………………… 55
4. 의지동사(意志動詞)와 무의지동사(無意志動詞) ………………… 57
5. 결과동사(結果動詞)와 비결과동사(非結果動詞) ………………… 59
6. 가능동사(可能動詞) ……………………………………………… 61

제3장 한어의 동사화 I …………………………………………… 65
1. 형식동사「する」………………………………………………… 65
2. 고유어의「する」동사화 ………………………………………… 66
2.1「고유어 명사＋する」……………………………………… 66
2.2「형용사의 어간·명사＋み＋する」……………………… 74
3. 한어의 동사화 …………………………………………………… 75
3.1「1字 漢語＋する」………………………………………… 75
3.2「3字 漢語＋する」………………………………………… 83
3.3「4字 漢語＋する」………………………………………… 85

제4장 한어의 동사화 Ⅱ ········ 87
1. 「2字 漢語 + する」 ········ 87
2. 「2字 漢語する」; 자동사 ········ 89
3. 「2字 漢語する」; 타동사 ········ 128
4. 「2字 漢語する」; 한국어 어휘체계에 없는 일본어 한어동사 ····· 207
5. 한어의 일반동사화(一般動詞化) ········ 229
   5.1 5단동사화 ········ 229
   5.2 상1단동사화 ········ 229
   5.3 하1단동사화 ········ 229

제5장 한어동사의 이동(異同) 문제 ········ 231
1. 품사 간의 이동(異同) ········ 231
2. 자동사에 있어서의 이동(異同) ········ 236
   2.1 「悪化되다」;「悪化する」 ········ 236
   2.2 「到着하다 / 到着되다」;「到着する」 ········ 241
   2.3 「参加하다」;「参加する」 ········ 251
   2.4 자·타 간의 이동 ········ 251
   2.5 일본어의 자·타 양용동사 ········ 254
   2.6 한어동사가 타동사인 경우 ········ 271

제6장 한어동사와 수동 ········ 273
1. 한국어 한어동사의 수동 ········ 273
2. 「~되다」의 의미 용법 ········ 274
   2.1 어형성 접사(語形成 接辭)의 「~되다」 ········ 274
   2.2 자동사문의 「~하다」·「~되다」 ········ 275
   2.3 「되다形」과 수동(受動) ········ 278

3. 「~받다」「~당하다」의 의미 용법 ·· 290
   3.1 수동형식의 다양성 ·· 290
      3.1.1 [~되다·~받다]의 유형 ·· 290
      3.1.2 [~되다·~당하다]의 유형 ·· 290
      3.1.3 [~받다·~당하다]의 유형 ·· 291
      3.1.4 [~되다·~받다·~당하다]의 유형 ······························ 291

◆ 참고문헌 / 292
◆ 색인 / 299

제1장 동사 총론

1. 동사 활용의 구분
2. 일본어 동사의 형태
3. 활용 형식과 동사의 종류

「**동사(動詞；どうし)**」는 일본어의 기본적인 품사의 하나로, 형용사·형용동사·명사술어와 함께 **용언(用言；ようげん)**에 속하며 사태나 사건, 현상에 관한 서술에 관여한다. 용언 중에서 형용사·형용동사는 사물의 성질·상태, 사람의 감정·감각에 대해 서술하고, 동사는 동작·작용·변화 등에 대해 서술하는 것을 주요 기능으로 하고 있다. 동사는 형태와 용법에서 속성·감정을 나타내는 형용사 어류(語類)와 일단 구별되지만, 동사 중에는

「そびえる ； 솟다」
「痛(いた)む ； 아프다」
「深(ふか)まる ； 깊어지다」

와 같이 「**동작성(動作性)**」보다는 「**상태성(状態性)**」을 의미적 특징으로 하고 있는 부류, 그리고

「ある ； 있다」
「いる ； 있다」

와 같이 존재를 나타낸다는 점에서 의미적으로 형용사에 가까운 일군(一群)도 포함되어 있다.

1. 동사 활용의 구분

고전어·현대어·표준어·방언 등을 종합해서 분류할 경우, 크게

(1)「4단형활용(四段型活用 ; よだんがたかつよう)」
(2)「1단형활용(一段型 ; いちだんがた)」
　　「2단형활용(二段型活用 ; にだんがたかつよう)」,
(3)「변격활용(変格活用 ; へんかくかつよう)」

으로 대별할 수 있다. (1)(2)에 속하는 동사를 「규칙동사(規則動詞 ; きそくどうし)」라고 하고, 다시 (1)을 「강변화동사(強変化動詞 ; きょうへんかどうし)」, (2)를 「약변화동사(弱変化動詞 ; じゃくへんかどうし)」라고 구분하고, (3)을 「불규칙동사(不規則動詞 ; ふきそくどうし)」라고 분류하는 입장도 있다.

(1)의 「4단형활용(四段型活用)」은 「문어문법(文語文法)」에서는 「4단활용(四段活用 ; よだんかつよう)」, 「구어문법(口語文法 ; こうごぶんぽう)」에서는 「5단활용(五段活用 ; ごだんかつよう)」이라고 하는데, 일본어 동사 중에서 차지하는 비중이 높다. 국립국어연구소의 어휘조사의 결과에 의하면, 일본 **고유어 계열(和語 ; わご)**의 동사의 98%를 「5단동사」와 「하1단동사」가 점하고 있고, 양자의 비율은 거의 2대 1로 나타나 있다.

(2)의 「1단·2단형활용(一段·二段型活用)」의 경우, **문어문법**에서는 「상2단(上二段 ; かみにだん)」·「하2단(下二段 ; しもにだん)」·「상1단(上一段 ; かみいちだん)」·「하1단(下一段 ; しもいちだん)」의 활용이 있고, **구어문법**에서는 「상1단(上一段 ; かみいちだん)」·「하1단(下一段 ; しもいちだん)」의 활용이 있다.

(3)의 「변격활용(変格活用)」의 경우, 문어문법에서는 「カ行変格 ; 来(く)」·「サ行変格 ; す」·「ナ行変格 ; 死(し)ぬ」·「ラ行変格 ; 有(あ)り」의 4종류가 있고, 구어문법에서는 「カ行変格 ; 来(く)る」·「サ行変格 ; する」의 2종류가 있는데, 이들 활용을 하는 동사의 수는 극히 제한되어 있다.

활용 문제를 현대어에 국한하여 보다 살펴보면, 활용에 있어서의 **어형변화(語形変化)**에

는 어미의 모음이 변화하는 것과 활용 어미가 첨가되는 것이 있고, **활용 형식**으로는 ①**모음변화**에 의한 것, ②**어미첨가**에 의한 것, 그리고 ③양자의 혼합에 의한 것으로 대별된다.

현대어의 경우, ①모음변화에 의한 활용은 「**오십음도(五十音図；ごじゅうおんず)**」의 5단에 걸쳐 활용하기 때문에 「**5단동사(五段動詞；ごだんどうし)**」가 이에 해당된다.

②어미첨가에 의한 활용은 「**1단활용(一段活用；いちだんかつよう)**」이라고 부르는데, 이 유형에 속하는 동사의 어간은 「見(み)・起(お)き」, 「寝(ね)・受(う)け」와 같이 항상 변화하지 않고, **어간말(語幹末)**의 모음이 「-イ-」와 「-エ-」이기 때문에 「ウ段」을 중심 단으로 설정하여, 「イ段」의 「-イ-」에 「―る」가 접속된 유형을 「**상1단동사(上一段動詞；かみいちだんどうし)**」, 「エ段」의 「-エ-」에 「―る」가 접속된 유형을 「**하1단동사(下一段動詞；しもいちだんどうし)**」라고 명명하는 것이다. 그리고, 1단활용에 속하는 동사는 변화하지 않는 부분, 즉 **어간(語幹)**에 해당하는 부분에 「る・れ・ろ」의 어미를 첨가하는 것이다.

③「**복합활용**」에 속하는 것은 현대어에서는 「来(く)る」「する」 2어뿐인데, 「来(く)る」는 「来(こ)-ない・来(き)-ます・来(く)る・来(く)れ-ば・来(こ)-い」와 같이 모음변화를 하면서, 「-る・-れ・-い」와 같이 어미가 첨가된다. 「する」는 「される・し-ない・せ-ぬ・する・すれ-ば・し-ろ・せ-い」와 같이 모음변화를 하면서, 「-る・-れ・-ろ・-よ」와 같이 어미가 첨가된다. 그리고 「する」가 접속해서 **동사화(動詞化)**한 것에는 「煎(せん)じる」와 같이 「1단동사」 활용을 하는 예, 「案(あん)ずる / 案(あん)じる・信(しん)ずる / 信(しん)じる」와 같이 「불규칙동사」・「1단동사」의 두 가지 활용 형식이 공존하는 예, 「愛(あい)する / 愛(あい)す」와 같이 「불규칙동사」・「5단동사」의 두 가지 활용 형식이 공존하는 예 등이 있다.

2. 일본어 동사의 형태

「**동사(動詞 ; どうし)**」는 사람이나 사물의 동작·작용·변화·존재를 나타내는 품사로 다른 용언(형용사·형용동사·[명사술어])와 마찬가지로 **어형 변화** 즉 **활용(活用)**을 한다.

일본어에서 동사는 기본형이 「오십음도 ; 五十音図(ごじゅうおんず)」상의 「ウ段」의 음(音)으로 끝나는 것을 가리킨다. 즉, 일본어의 동사는 말미가 「~う/く/ぐ/す/ず/つ/ぬ/ぶ/む/る」로 끝나는 형태적 특징을 가지고 있다. 현대어에는 「~ふ」나 「~ゆ」로 끝나는 동사는 없다.

2.1 활용 면에서의 동사 분류

일본어 동사는 활용의 종류에 따라 크게 규칙동사(規則動詞)와 불규칙동사(不規則動詞)로 나누는 것이 일반적이다. 규칙동사에는 소위 5단동사(五段動詞 ; ごだんどうし), 상1단동사(上一段動詞 ; かみいちだんどうし), 하1단동사(下一段動詞 ; しもいちだんどうし)가 있고, 불규칙동사에는 「為(す)る」와 「来(く)る」가 있다.

2.2 규칙동사(規則動詞)

2.2.1 5단동사(五段動詞)

5단동사(五段動詞)는
① 「~う/く/ぐ/す/つ/ぬ/ぶ/む」로 끝나는 동사나,
② 「~る」로 끝나는 경우는 「~る」 앞의 모음이 [-a] [-u] [-o]인 동사를 말한다.

일본어의 표기수단은 자음과 모음을 분리할 수 없는 **음절 문자(音節文字)**이기 때문에, **어간(語幹)**과 **어미(語尾)** 등의 설명을 하기 위해 편의상 일본어 동사를 로마자로 표기한다. 여기에서 「**어간(語幹 ; ごかん)**」은 어형 변화, 즉 활용을 하지 않는 부분을 가리키고, 「어미(語尾 ; ごび)」는 문중의 위치나 기능에 따라 어형 변화를 하는 부분을 의미한다.

5단동사라는 명칭은 어미 [-u] 부분이 [-a/-i-/-u/-e/-o]와 같이 「五十音図(ごじゅうおんず)」상의 5단에 걸쳐 활용하는 데에서 연유한 것으로, 전통적인 명칭에 불과하다. 따라서 언어학적 입장에서의 명명은 아니다. 분류 방식이나 관점에 따라서는 **1류동사**나 **강변화동사**와 같은 명칭을 사용하는 경우도 있지만 중요한 것은 명칭이 아니라 내용이다.

5단동사는 다음과 같이 어미가 5단에 걸쳐 활용하는 데 동사 중에서 수가 가장 많다.

기본형	미연형 (부정)	연용형 (정녕)	종지형 (종지)	연체형 (연체)	가정형 (조건)	명령형 (명령)	미연형 (의지/ 권유/추측)
買(か)う kau	買わ+ない kawa-nai	買い+ます kai-masu	買う kau	買う[체언] kau[체언]	買え+ば kae-ba	買え ka-e	買お+う kao-u

일본어 동사는 형용사와 마찬가지로 종지형과 연체형이 동일 형태이다. 즉, [**기본형=종지형=연체형**]의 관계에 있다. 그리고 한국어 동사는 단순 서술형 [사다]와 의지형 [사겠다]가 각각 형태를 달리하지만, 일본어 동사의 현재형(종지형)은

① 현재나 미래의 사실을 객관적으로 나타낼 뿐 아니라,
② 동시에 말하는 사람의 의지를 나타낼 수가 있다.

예를 들어, 「買(か)う ; 사다」라는 동사는 ① [사다]의 뜻 이외에도 ② [사겠다]의 뜻을 나타낼 수 있다. 이 경우, 한국어의 「사겠다」에 대해 일본어는 「買(か)う」라는 현재형과 「買(か)おう」라는 의지형이 대응하는 셈인데, 양자의 차이점은 전자에 비해 후자가 적극적인 의지를 표현하고 있다고 설명할 수 있다.

지금 지적한 사항은 동사 술어 일반에 적용되는 특징으로 동사의 정중형 (「~ます」形)의 경우도 ①객관적인 서술과 ②의지 표현 둘 다 가능하다.

5단동사의 대표적인 예를 들면 다음과 같다.

会(あ)う[a-u] 만나다
洗(あら)う[ara-u] 씻다
言(い)う[i-u] 말하다
思(おも)う[omo-u] 생각하다
買(か)う[ka-u] 사다

吸(す)う[su-u]　들이마시다
行(い)く[ik-u]　가다
置(お)く[ok-u]　두다
書(か)く[kak-u]　쓰다
聞(き)く[kik-u]　듣다
急(いそ)ぐ[isog-u]　서두르다
泳(およ)ぐ[oyog-u]　헤엄치다
押(お)す[os-u]　밀다
刺(さ)す[sa-u]　찌르다
話(はな)す[hanas-u]　이야기하다
立(た)つ[tats-u]　서다
待(ま)つ[mats-u]　기다리다
持(も)つ[mots-u]　들다
死(し)ぬ[sin-u]　죽다
飛(と)ぶ[tob-u]　날다
呼(よ)ぶ[yob-u]　부르다
飲(の)む[nom-u]　마시다/먹다
読(よ)む[yom-u]　읽다
ある[ar-u]　있다
かかる[kakar-u]　걸리다
語(かた)る[katar-u]　말하다
しゃべる[syaber-u]　말하다/지껄이다
作(つく)る[tsukur-u]　만들다
分(わ)かる[wakar-u]　알다/이해되다

그런데「~う」로 끝나는 동사는 부정의「~ない」에 연결될 때「会(あ)う(만나다) → 会(あ)わない(만나지 않다)」「買(か)う(사다) → 買(か)わない(사지 않다)」와 같이「~あ」가 아니라「~わ」로 활용한다.

그리고 사물의 존재를 나타내는「ある」의 부정형은「＊あらない」가 아니라 형용사「ない(없다)」가 의미적으로 대응한다.

2.2.2 특수5단동사(特殊5段動詞)

「なさる ; 하시다」・「くださる ; 주시다」・「いらっしゃる ; 계시다/가시다/오시다」・「おっしゃる ; 말씀하시다」는 **경어동사(敬語動詞)**로서「ラ行 5段活用」을 하는데, 이를「특수5단동사(特殊5段動詞)」라고 한다. 다른 5단동사와는 달리 연용형과 명령령이 다소 복잡한 양상을 보인다.

「なさる」를 예로 들면, 연용형이, ① 「なさり・たい(희망)」「なさり・そうだ(예측)」의 경우에는 「り」가 되지만, ② 「なさい・(ます・ません・ましょう・ました)」 등에 연결될 때에는 「い」가 된다. 「なさっ・た(과거・완료)」「なさっ・て(접속)」과 같이 「~た」「~て」에 연결될 때는 다른 「ラ行 5段動詞」와 다르지 않다. 그리고 명령형도 「なさい」와 같이 「い」가 되는 점도 특이하다. 또한 이들 4개 경어동사의 명령형에는 「お読(よ)み・なさい・ませ」「お読(よ)み・ください・ませ」와 같이 정중의 조동사 「ます」의 명령형인 「ませ」「まし」가 접속할 수 있다. 「おっしゃい」「いらっしゃい」도

はい、いらっしゃいませ。
(자, 어서 오십시오.)
うそをおっしゃいまし。
(거짓말하지 마세요.)

와 같이 「ませ」「まし」에 자유롭게 접속할 수가 있다.

한편 「あります」의 정중체인 **「ございます」**는 역사적으로 보면 「ござる」에서 「ござります」를 거쳐 「ございます」가 된 것이기 때문에 형태 변화 면에서는 다른 경어동사와 유사하다. 그러나 현대어에서 「ございます・ございません」만이 가능하고, 다른 활용형은 쓰이지 않는다. 따라서 현대어에서는

~歴史(れきし)がございます。
(~역사가 있습니다.)
~関係(かんけい)がございません。
(~관계가 없습니다.)
どこに異論(いろん)がございましょう。
(어디에 이론이 있겠습니까?)

와 같이 한 단어로 취급한다.

2.2.3 예외 5단동사

외형상은 [-iru(상1단동사)], [-eru(하1단동사)]로 끝나는 동사 중에도 5단동사의 활용을 하는 것이 있는데, 이를 **「예외 5단동사」**라로 명명한다.

◇ [-iru]로 끝나는 5단동사

要(い)る 필요하다
弄(いじ)る 주무르다
限(かぎ)る 한하다, 한정되다
かじる 갉아먹다
切(き)る 끊다, 자르다
知(し)る 알다
せびる 조르다
散(ち)る 흩어지다
握(にぎ)る 쥐다, 잡다
捻(ねじ)る 비틀다
入(はい)る 들어가다, 들어오다
走(はし)る 달리다
参(まい)る 「行(い)く；가다」「来(く)る；오다」의 겸양어Ⅱ(정중어)
もぎる 비틀어 따다
捩(もじ)る 비틀다

이상의 동사는 [-iru]의 형태를 취하고 있지만, 「要(い)る；필요하다」를 예를 들면, 「× 要(い)＋ます」는 성립하지 않고, 「要(い)り＋ます；필요합니다」와 같이 활용하기 때문에 5단동사로 취급된다. 그리고 「切(き)る；자르다 → 切(き)り＋ます」, 「知(し)る；알다 → 知(し)り＋ません；모릅니다」(「× 知(し)ります」), 「入(はい)る；들어오다 → 入(はい)り＋ます」, 「走(はし)る 달리다 → 走(はし)り＋ます」 등도 5단동사의 활용을 한다.

◇ [-eru]로 끝나는 5단동사

焦(あせ)る 초조해하다
帰(かえ)る 돌아가다
返(かえ)る (원 상태로) 돌아가다
くねる 구부러지다
蹴(け)る 차다
繁(しげ)る 무성하다
しゃべる 말하다/재잘거리다
滑(すべ)る 미끄러지다
照(て)る 비치다

練(ね)る 반죽하다
捻(ひね)る 비틀다
減(へ)る 줄다

이상의 동사는 [-eru]의 형태를 취하고 있지만,「帰(かえ)る；돌아가다(오다) → 帰(かえ)り+ます；돌아갑니다」와 같이 활용을 하고,「× 帰(かえ)+ます」와 같이 활용하지 않기 때문에 5단동사로 취급한다. 그리고「蹴(け)る；차다 → 蹴(け)り+ます」「減(へ)る；줄다 → 減(へ)り+ます」등도 5단동사의 활용을 한다.

2.2.4 1단동사(一段動詞)

1단동사는 다시「상1단동사(上一段動詞；かみいちだんどうし)」와「하1단동사(下一段動詞；しもいちだんどうし)」로 분류된다.

■ 2.2.4.1 상1단동사(上一段動詞)

기본형이「~る(-ru)」로 끝나고 그 앞의 모음이 [-i]인 동사를 말하는데「五十音図(ごじゅうおんず)」의「ウ段(だん)」을 중심 단(段)으로 상정했을 경우,「イ段」이 하나 위에 있기 때문에, 이와 같은 동사를 **상1단동사(上一段動詞；かみいちだんどうし)**라고 부른다.

기본형	미연형 (부정)	연용형 (정녕)	종지형 (종지)	연체형 (연체)	가정형 (조건)	명령형 (명령)	미연형 (의지/ 권유/추측)
見(み)る mi-**ru**	見+ない mi-nai	見+ます mi-masu	見る mi-**ru**	見る[체언] mi-**ru**[체언]	見れ+ば mi**re**-ba	見ろ mi-**ro** 見よ mi-**yo**	見+よう mi-**you**

いる[i-ru] 있다
起(お)きる[oki-ru] 일어나다
落(お)ちる[otsi-ru] 떨어지다
借(か)りる[kari-ru] 빌리다
見(み)る[mi-ru] 보다

■ 2.2.4.2 하1단동사(下一段動詞)

기본형이 「-る(ru)」로 끝나고 그 앞의 모음이 [-e]인 동사를 말하는데 「五十音図(ごじゅうおんず)」의 「ウ段(だん)」을 중심 단으로 상정했을 경우, 「エ段」이 하나 아래에 있기 때문에 이런 부류의 동사를 「**하1단동사(下一段動詞；しもいちだんどうし)**」라고 부른다.

기본형	미연형 (부정)	연용형 (정녕)	종지형 (종지)	연체형 (연체)	가정형 (조건)	명령형 (명령)	미연형 (의지/ 권유/추측)
寝(ね)る ne-**ru**	寝+ない ne-nai	寝+ます ne-masu	寝る ne-**ru**	寝る[체언] ne-**ru**[체언]	寝れ+ば ne**re**-ba	寝ろ ne-**ro** 寝よ ne-**yo**	寝+よう ne-you

開(あ)ける[ake-ru]　열다
食(た)べる[tabe-ru]　먹다
出(で)る[de-ru]　나오다/나가다
寝(ね)る[ne-ru]　자다
負(ま)ける[make-ru]　지다
やめる[yame-ru]　그만두다

2.3　불규칙동사(不規則動詞)

한국어에는 불규칙 활용을 하는 동사가 의외로 많아, 이로 인해 한국어를 학습하는 외국인이 상당히 고생을 하는데 일본어에는 불규칙 활용을 하는 동사가 「する；하다」, 「来(く)る；오다」 두 가지 밖에 없다.

기본형	미연형 (부정)	연용형 (정녕)	종지형 (종지)	연체형 (연체)	가정형 (조건)	명령형 (명령)	미연형 (의지/권유 /추측)
する su-**ru**	し+ない si-nai	し+ます si-masu	する su-**ru**	する[체언] su-**ru**[체언]	すれ+ば su**re**-ba	しろ si-**ro**	し+よう si-you
来(く)る ku-**ru**	こ+ない **ko**-nai	き+ます **ki**-masu	来る ku-ru	来る[체언] ku-ru[체언]	来れ+ば ku**re**-ba	こい **ko**-o	こ+よう **ko**-you

그리고「する」는 형식동사로서「漢語(かんご)＋する」와 같이 한어 명사에 접속되어「**한어동사(漢語動詞；かんごどうし)**」를 만드는 점은 한국어와 같다.

   安定(あんてい)する　안정되다/× 안정하다
   参加(さんか)する　참가하다
   旅行(りょこう)する　여행하다
   発達(はったつ)する　발달하다/발달되다
   開催(かいさい)する　개최하다
   逮捕(たいほ)する　체포하다
   勉強(べんきょう)する　공부하다
   無理(むり)する　무리하다
   完成(かんせい)する　완성하다/완성되다 ; 자타 양용 동사
   延期(えんき)する　연기하다

한어동사에 있어서의 한・일 양 언어 사이의 이동(異同) 문제, 즉 품사간의 이동, 자동・타동간의 이동, 의미상의 차이 등에 대해서는 후술한다.

3. 활용 형식과 동사의 종류

동사 중에는 어떤 특정의 활용형 또는 특정 용법이 실제로 쓰이지 않거나 또는 규칙적인 변화에 따르지 않는 것도 있다. 예를 들어,

① 존재의「ある ← あり」는 고전어(古典語)에서는「あらぬ」라는 부정형이 존재했으나「あらぬ」는「あらぬ噂(うわさ) ; 터무니없는 소문」과 같이 현재는 연체사(連体詞 ; れんたいし)로 취급되고 있다. 따라서 현대어에서는「× あらない」의 형태는 없고, 그 대신 반의어 관계에 있는 형용사「ない」가 이에 대응한다.

②「行(い)く」의 음편형은「行(い)いて」가 아니라,「行(い)って」가 되는데, 이는 **모음연접(母音連接)**을 피하기 위한 현상으로 해석된다.

③ **수수동사(授受動詞)**「くれる」의 명령형은「くれろ」보다도「くれ」가, 그리고 **수수표현(授受表現)**에서도「~てくれ」가 일반적이다.

④ 또한「泣(な)けてくる ; 눈물이 나오다」「読(よ)める ; 읽을 수 있다, 읽을 만하다」「できる ; 할 수 있다」와 같은 가능의 의미를 나타내는 일군(一群)의 동사는 그 의미적 특징상 명령형이 결여되어 있다.

⑤ 그리고 위에서 이미 언급한 바와 같이 경어동사「いらっしゃる・おっしゃる・くださる・なさる」는「ます」에 접속할 경우「いらっしゃいます」와 같이「~り」가 아니라「~い」가 되고, 명령형에 있어서는 「いらっしゃい」와 같이「~い」가 된다는 점에서 특수한 **어형교체(語形交替)**를 하는 부류이다.

이상 지적한 바와 같이 활용의 각 형식이 동사가 나타내는 의미와 어떤 상관관계를 맺고 있는가를 체계적으로 설명하기는 용이하지 않다. 나중에 검토할 동사의 자타 대응관계에서 알 수 있듯이, 일본어에는 동일 **어근(語根 ; root)**[1] 또는 **어기(語基 ; base)**[2]에서 분기한,「**자동사(自動詞 ; じどうし)**」와「**타동사(他動詞 ; たどうし)**」가 다른 유형의 동사보다 상대적으로 많다. 그런데 이들 유형에 자타(自他) 개념을 도입할 경우,

(1)「通(とお)る ; 지나가다」(自) ⇔「通(とお)す ; 통하게 하다」(他)
　　「現(あらわ)れる ; 나타나다」(自) ⇔「現(あら)わす ; 나타내다」(他)

---

[1] 단어를 분석해서 추출되는, 해당 단어의 의미의 중핵부(어의적 의의)를 담당하는 최소단위.
[2] 단어의 구성상의 기간적인 요소로, 굴절어미(屈折語尾)나 파생어를 형성하는 모든 접사(接辞)를 제외하거 남는 부분.

「並(なら)ぶ ; 줄서다」(自) ⇔ 「並(なら)べる ; 줄을 세우다」(他)
「乗(の)る ; 타다」(自) ⇔ 「乗(の)せる ; 태우다」(他)
「足(た)りる ; 충분하다」(自) ⇔ 「足(た)す ; 더하다」(他)
「越(こ)える ; 넘다」(自) ⇔ 「越(こ)す ; 넘다」(他)

와 같이 어느 쪽에서 어느 쪽이 파생했는지 결정하기 어려운 것,

(2) 「落(お)ちる ; 떨어지다」(自) → 「落(お)とす ; 떨어뜨리다」(他)
「増(ふ)える ; 늘다」(自) → 「増(ふ)やす ; 늘리다」(他)
「減(へ)る ; 줄다」(自) → 「減(へ)らす ; 줄이다」(他)

와 같이, **자동사**에서 **타동사**가 파생한 것으로 판단되는 것,

(3) 「当(あ)たる ; 맞다」(自) ← 「当(あ)てる ; 맞히다」(他)
「焼(や)ける ; 타다」(自) ← 「焼(や)く ; 태우다」(他)

와 같이 **타동사**에서 **자동사**가 파생한 것으로 판단되는 것과 같이 그 파생 과정은 실로 다종다양(多種多樣)하다. 그런데 실제 언어를 운용(運用)하는 언어주체의 입장에서 보면 원래의 어형이 자동인가 타동인가 하는 것이 중요한 것이 아니고 필요에 따라 기존의 어형에서 다른 쪽 어형을 분출시키면 되는 것이니 이러한 결과는 오히려 당연한 것인지 모른다.

한편, 「~す」로 끝나는 5단동사는, 「苔(こけ)の生(む)すまで ; 이끼가 낄 때까지」, 복합동사 「降(ふ)り出(だ)す ; 내리기 시작하다」의 「~出(だ)す」의 예를 제외하면, 대부분 타동사로 기능하는데, 그 밖의 경우에는 활용 형식만으로 자타를 결정하는 것이 곤란하다. 「吹(ふ)く[風(かぜ)が吹(ふ)く ; 바람이 불다 / [口笛(くちぶえ)を吹(ふ)く ; 휘파람을 불다]」「喜(よろこ)ぶ[父(ちち)が喜(よろこ)ぶ ; 아버지가 기뻐하다 / [合格(ごうかく)を喜(よろこ)ぶ ; 합격을 기뻐하다 ; 기뻐하다]」「笑(わら)う[にこにこ笑(わら)う ; 뱅글뱅글 웃다] / [人(ひと)の間違(まちが)いを笑(わら)う ; 남의 잘못을 비웃다」와 같이 자동사와 타동사의 용법을 동시에 지니고 있지만 - 구문적인 대응관계까지 고려할 경우, 진정한 의미의 「**자타 양용동사**」라고 할 수는 없지만 - 활용 형식의 구별이 없는 것도 있다. 한편, **절대자동사** 「来(く)る ; 오다」・「泣(な)く ; 울다」・「死(し)ぬ ; 죽다」・「休(やす)む ; 쉬다」와 같이 형태상 대응하는 타동사가 없거나, 반대로 **절대타동사** 「殺(ころ)す ; 죽이다」・「読(よ)む ; 읽다」・「殴(なぐ)る ;

때리다」・「食(た)べる ; 먹다」와 같이 대응하는 자동사가 결여되어 있는 경우도 적지 않다.
그리고 「~す」로 끝나는 5단동사 중에는

 (4) 「行(い)かす ; 가게 하다」/「行(い)かせる」
  「泣(な)かす ; 울게 하다」/「泣(な)かせる」
  「飲(の)ます ; 마시게 하다」/「飲(の)ませる」
  「驚(おどろ)かす ; 놀라게 하다」/「驚(おどろ)かせる」

와 같이 대상, **피사역주(被使役主)**에게 어떤 일을 요구하거나 명령하는 의미를 나타내는 일군의 동사가 있는데, 이를 「**사역 단축형**」 또는 「**사역동사**(使役動詞 ; しえきどうし)」라고 한다. 이들 사역동사는 동사에 「~せる」가 접속된 「**사역형(使役形 ; しえきけい)**」과 의미적으로 연속되어 있어, 「~す」를 사역의 「조동사」 - 고전어의 사역 조동사는 「~す / ~さす」이다 - 라고 간주할 수도 있다. 「行(い)かす ; 가게하다」・「飲(の)ます ; 마시게 하다」・「食(た)べさす3) ; 먹이다」・「さす ; 시키다」・「来(こ)さす ; 오게 하다」는 각각 「行(い)かせる」・「飲(の)ませる」・「食(た)べさせる」・「させる」・「来(こ)させる」의 단축형이다. 이에 관해 松下(1930)는 서부 방언의 것이라고 하고, 「飲(の)ませる」유형을 정통 토쿄어라고 하면서도 도쿄에 지방 사람들이 대거 이주한 결과 널리 퍼졌다는 태도를 취하고 있다. 이에 대해 Martin(1975)은 'Short form'이라고 명명했다. 그리고 寺村(1982)는 「行(い)かす」 등을 사역형의 단축형으로 간주하고 정형(正形)의 이형태(異形態)로 보고 있다.4)

 (5) 「言(い)う ; 말하다」 → 「言(い)える ; 말할 수 있다」
  「買(か)う ; 사다」 → 「買(か)える ; 살 수 있다」
  「歩(ある)く ; 걷다」 → 「歩(ある)ける ; 걸을 수 있다」
  「行(い)く ; 가다」 → 「行(い)ける ; 갈 수 있다」
  「話(はな)す ; 이야기하다」 → 「話(はな)せる ; 이야기할 수 있다」
  「書(か)く ; 쓰다」 → 「書(か)ける ; 쓸 수 있다」
  「聞(き)く ; 듣다」 → 「聞(き)ける ; 들을 수 있다」

---

3) イエスは女(おんな)に言(い)われた、「まず子供(こども)たちに十分(じゅうぶん)食(た)べさすべきである。子供(こども)たちのパンを取(と)って小犬(こいぬ)に投(な)げてやるのは、よろしくない」。[口語訳/マルコによる福音書 7 ; 27] (예수께서 여자에게 말씀하셨다. "먼저 아이들을 충분히 먹여야 한다. 아이들의 빵을 집어서 강아지에게 던져 주는 것은 좋지 않다.") [마가복음 7 ; 27] 이상은 李成圭(2019a)『일본어 구어역 마가복음의 언어학적 분석Ⅱ』시간의물레. p. 106에서 인용.

4) 寺村(1982)『日本語のシンタクスと意味Ⅰ』くろしお出版. p. 285를 참조.

「送(おく)る ; 보내다」 → 「送(おく)れる ; 보낼 수 있다」
「帰(かえ)る ; 돌아가다」 → 「帰(かえ)れる ; 돌아갈 수 있다」
「走(はし)る ; 달리다」 → 「走(はし)れる ; 달릴 수 있다」

와 같이 5단동사에 대해 하1단동사 활용을 하는 것이 능력이나 가능의 의미를 나타내는 부류가 있는데, 이를 「**가능동사(可能動詞 ; かのうどうし)**」라고 한다. 그러나 같은 유형 중에는

(6) 「抜(ぬ)く ; 빼다」 → 「抜(ぬ)ける ; 빠지다」
「焼(や)く ; 타다」 → 「焼(や)ける ; 태우다」
「切(き)る ; 끊다」 → 「切(き)れる ; 끊어지다」
「割(わ)る ; 깨다」 → 「割(わ)れる ; 깨지다」

와 같이 「**자연가능(自然可能)**」・「**자발(自発)**」의 의미를 나타내는 일군(一群)이 있는데, 이를 「**자발동사(自発動詞 ; じはつどうし)**」라고도 한다. 「가능동사」와 「자발동사」는 언어사적 관점에서도 상호 연관성이 있으며, 현대어의 경우에도 「切(き)れる ; 자를 수 있다, 잘리다」, 「釣(つ)れる ; 잡을 수 있다, 잡히다」, 「取(と)れる ; 해석할 수 있다, 해석되다」의 예에서도 알 수 있듯이, 형태적・의미적으로 연속되어 있어, 양자를 명확하게 구별하기 어려운 예도 있다.

고전어에서 「ヤ行 下二段」활용을 하는 동사가 현대어에서는

(7) 「聞(き)こえる ; 들리다」 ← 「け・ゆ」
「消(き)える ; 꺼지다」 ← 「きこ・ゆ」
「生(は)える ; 나다」 ← 「は・ゆ」
「見(み)える ; 보이다」 ← 「み・ゆ」
「燃(も)える ; 타다」 ← 「きこ・ゆ」

와 같이 하1단 활용을 한다. 이들 동사는 언어사적 관점에서 보면 조동사 「~る /~らる」의 구형(旧形)인 「~ゆ / ~らゆ(극소수)」와 연관성을 지니고 있는데, 의미적으로는 자발동사와 동일한 범주에 들어간다.

활용형에 있어서의 고전어(문어)와 현대어(구어)의 전반적인 대응관계를 살펴보면, 고전어의 「**四段活用(よだんかつよう)・下一段活用(しもいちだんかつよう)・ナ変格活用(ナぎょうへんかくかつよう)・ラ変格活用(ラぎょうへんかくかつよう)**」은 현대어에서 합류하여 「5단활용(五段活

用；ごだんかつよう)」을 하고 있고, 고전어의「上一段(かみいちだん)・上二段(かみにだん)」・「下二段(しもにだん)」은 현대어에서 각각「상1단(上一段；かみいちだん)」・「하1단(下一段；しもいちだん)」에 대응한다.

그러나 개별적인 어(語)에 있어서는 차이를 보인다. 예를 들어, 고전어에서「四段(よだん)」활용을 하는「うづむ → 埋(うず)める」는 현대어에서는「하1단(下一段；しもいちだん)」활용을 하고,「上二段(かみにだん)」의「恨(うら)む」는 현대어에서「5단(五段；ごだん)」활용을 한다. 그리고 활용형에 있어서 지역 방언 사이에 현저한 차이를 보이는 경우도 있는데, 일본의 동서(東西) 양대 방언 사이의「足(た)りる(족하다)・足(た)る」「借(か)りる(빌리다)・借(か)る」와 같이「一段(いちだん)」활용과「四段(よだん)」활용의 대립 등이 이에 속한다.

현대일본어, 즉 **구어문법**의 활용형은 **문어문법**에 기초한 6활용 체계를 그대로 답습하고 있는데, 이에 대한 찬반의 의견이 갈린다. **6활용형 체계**는, 문어문법과 구어문법을 동등한 레벨에서 다룬다고 하는 점에서 일관성이 인정되지만, 개별 활용형의 역사적 변천 과정을 고려하고, 또한 현대어 활용형의 의미・용법을 설명하고자 하는 입장에서는 분명히 한계가 있다. 문어의「買(か)はむ」・「行(ゆ)かむ」에서 변천된

(8)「買(か)はむ → 買(か)はん → 買(か)わう → 買(か)おう」
　　「行(い)かむ → 行(い)かん → 行(い)かう → 行(い)こう」

「買(か)おう」・「行(い)こう」부류를 **미연형(未然形；みぜんけい)**에서 독립시켜 **의지형(意志形；いしけい)**,「**의지・추량형(意志・推量形)**」또는 **지향형(指向形；しこうけい)**으로 명명하고,「買(か)わない」・「行(い)かない」부류를 **부정형(否定形；ひていけい)**으로 분류하는 주장, 그리고 소위 **음편형(音便形；おんびんけい)**을 -「음편형(音便形；おんびんけい)」에 있어서는 현재도 동서 지역 방언 간에「買(か)って・買(か)うて」와 같은 현저한 대립을 보이는 예가 있다 - **연용형(連用形；れんようけい)**에서 구분하는 주장도 제시되고 있다. 또한 **명령형(命令形；めいれいけい)**에서도「答(こた)えよ」・「起(お)きろ」・「来(こ)い」 전체를 명령형으로 보는 입장과「~よ」・「~ろ」・「~い」를 조사로 취급하는 입장 등이 있다. 이러한 제반 문제를 해결하고, 현대어의 사용 실태에 맞는 새로운 활용체계를 주장하는 입장도 있다.

제2장 동사의 분류

1. 자동사(自動詞)와 타동사(他動詞)
2. 자·타 대응 관계(自他 対応 関係)
3. 동작동사(動作動詞)와 상태동사(状態動詞)
4. 의지동사(意志動詞)와 무의지동사(無意志動詞)
5. 결과동사(結果動詞)와 비결과동사(非結果動詞)
6. 가능동사(可能動詞)

　동사의 분류에 있어서는 일반적으로 격 관계의 입장에서 「**자동사(自動詞；じどうし)**」・「**타동사(他動詞；たどうし)**」의 분류가 널리 행해지고 있는데, 일본어의 경우 자타의 대립 및 대응관계가 반드시 명확하지 않아, 「**山田孝雄(やまだよしお)**」를 비롯하여 동사의 자타 분류를 지지하지 않는 입장도 많다.

　「**金田一春彦(きんだいちはるひこ)**」는 「**어스펙트(アスペクト)**」의 관점에서 동사를

　(1)「**상태동사**(状態動詞；じょうたいどうし)」
　　「**계속동사**(継続動詞；けいぞくどうし)」
　　「**순간동사**(瞬間動詞；しゅんかんどうし)」
　　「**특수동사**(特殊動詞；とくしゅどうし)」

의 4가지로 분류했다.

　「**三上章(みかみあきら)**」는 완성적(完成的)・비완성적(非完成的)이라는 관점에서의 분류를 시도했다. 「**佐久間鼎(さくまかなえ)**」는 「왕래 관계」를 나타내는 것으로 「**이동동사**(移動動詞；いどうどうし)」와 「**수급동사**(受給動詞；じゅきゅうどうし)」를 지적하고, 「**金田一京助(きんだいちきょうすけ)**」의 경우는 「**의지동사**(意志動詞；いしどうし)」와 「**무의지동사**(無意志動

詞 ; むいしどうし)」를 구별했다.

　이상 지적한 것 이외에도 문법에서 중시되는 것으로서는 가능동사와 경어동사가 있다. 「**가능동사(可能動詞 ; かのうどうし)**」는 「言(い)う ; 말하다」에 대해 「言(い)える ; 말할 수 있다」와 같이 「5단활용동사」에 대응하는 「하1단활용동사」를 의미하는데, 가능 또는 자발의 의미를 나타낸다. **경어동사(敬語動詞 ; けいごどうし)**」는 「言(い)う ; 말하다」에 대해 「おっしゃる ; 말씀하시다」〈존경어〉, 「申(もう)し上(あ)げる ; 말씀드리다」〈겸양어Ⅰ〉, 「申(もう)す ; 말하다」〈겸양어Ⅱ(정중어)〉와 같이 어휘적 대응을 하는 **대우표현(待遇表現)**에 사용되는 특수한 형태의 동사를 의미한다. 이와 같이 형태적으로 대응하는 경어동사의 수에는 제한이 있고, 대부분의 동사는 「お·ご~になる」「お·ご~なさる」「~れる·~られる」「お·ご~です」「お·ご~くださる」「お·ご~いただく」 등의 일반형(문법 형식)을 이용해서 경어(대우표현)에 참여한다.

　그리고 동사 중에는 실질적 의미가 희박해져서 즉, 문법적 의미 쪽으로 그 용법이 이동하여, 형식적이고 보조적으로 사용되는 동사를 「**형식동사(形式動詞 ; けいしきどうし)**」 또는 「**보조동사(補助動詞 ; ほじょどうし)**」라고 부른다. 또한 「降(ふ)り始(はじ)める/ 降(ふ)り出(だ)す ; 비가 내리기 시작하다」와 같이 동사의 연용형에 접속하여, 「동사1＋동사2」 유형의 새로운 동사가 만들어진 것을 「**복합동사(複合動詞 ; ふくごうどうし)**」라고 하는데, 복합동사의 「**후항동사(後項動詞 ; こうこうどうし)**」를 보조동사에 포함시키는 입장도 있다.

1. 자동사(自動詞)와 타동사(他動詞)

「자동사」・「타동사」의 구별은 원래 영문법에서 자주 행해졌던 것으로, 「직접목적어(direct object)」를 취하는 것이 **「타동사(他動詞 ; たどうし)」**이고, 그 밖의 것은 **「자동사(自動詞 ; じどうし)」**가 된다. 이 구별을 일본어에 기계적으로 적용하면, 「~を」격을 취하는 것이 타동사, 그리고 그 외의 격을 취하는 것이 자동사가 된다. 그런데 「~を」격이 타동사와 같이 쓰이면 동작의 목적이나 대상을 나타내지만, 다음과 같이 자동사와 같이 쓰이는 「~を」격도 있다.

(1) {部屋(へや) / 家(いえ) / 会社(かいしゃ)}を出(で)る。
　　({방 / 집 / 회사}를 나오다)

(2) {バス / 電車(でんしゃ) /タクシー}を降(お)りる。
　　({버스 / 전철 / 택시}에서 내리다.)

(3) {国(くに) / 港(みなと)}を離(はな)れる。
　　({고향 / 항구}를 떠나다.)

(4) 橋(はし)を渡(わた)る。
　　(다리를 건너다.)

(5) 空(そら)を飛(と)ぶ。
　　(하늘을 날다.)

「~を」격이라고 하더라도 (1)의 「出(で)る ; 나오다, 나가다」(2)의 「降(お)りる ; 내리다」(3)의 「離(はな)れる ; 떠나다」(4)의 「渡(わた)る ; 건너다」(5)의 「飛(と)ぶ ; 날다」 등의 자동사와 같이 쓰이면 동작의 기점(起點)이나 출발점 또는 동작의 경유(經由), 동작의 장소 등을 나타낸다. 그리고 이들 자동사에는 「出(で)る → 出(だ)す ; 꺼내다」「降(お)りる → 降(お)ろす ; 내리게 하다」「離(はな)れる → 離(はな)す ; 떼어놓다」「渡(わた)る → 渡(わた)す ; 건네주다」「飛(と)ぶ → 飛(と)ばす ; 날리다, 속도를 내다」와 같이 형태적으로 대응하는 타동사가 별도로 존재한다.

(6a) 犬(いぬ)が彼(かれ)に嚙(か)み付(つ)いた。
　　(개가 그를 물었다.)

(6b) 彼(かれ)が犬(いぬ)に嚙(か)み付(つ)かれた。
　　(그가 개에게 물렸다.)

(7a) ライオンがシマウマに飛(と)び掛(か)かった。
 (사자가 얼룩말에게 덤벼들었다.)
(7b) シマウマがライオンに飛(と)び掛(か)られた。
 (얼룩말은 사자에게 잡혔다.)

그리고「噛(か)み付(つ)く ; 물다」「飛(と)び掛(か)かる ; 대들다, 덤벼들다」「ほれる ; 반하다」「贊成(さんせい)する ; 찬성하다」「反対(はんたい)する ; 반대하다」와 같이 타동사로서「~に」격을 취하는 동사도 있다. 이들 동사도 소위 **직접수동(直接受動)**으로 전환될 수 있다.

1.1 자동사적 의미를 나타내는 타동사 표현

「切(き)る」는 타동사로서

(1) 「首(くび)を切る ; 목을 베다, 해고하다」
(2) 「大根(だいこん)を切る ; 무를 자르다」
(3) 「ロープを切る ; 로프를 끊다」
(4) 「腹(はら)を切る ; 할복자살하다」

와 같이 어떤 대상에게 영향을 미쳐 그 전체를 몇 부분으로 나누는 의미를 나타낸다. 그런데, 예를 들어

(5) 包丁(ほうちょう)で手(て)を切(き)らないように、気(き)をつけて。
 (부엌칼에 손을 베지 않도록 조심해요.)

와 같이 본인의 신체 부분일 경우에는 소위 **재귀동사(再帰動詞)**와 마찬가지로 해당 행위의 결과가 결국에는 본인 자신에게 돌아온다는 점에서 자동사 상당의 의미를 나타낸다.

(6) 運転手(うんてんしゅ)は頭(あたま)を強(つよ)く打(う)って死亡(しぼう)した。
 (운전한 사람은 머리를 크게 부딪쳐 사망했다.)
(7) きのう、スキーに行(い)って、転(ころ)んで足(あし)を折(お)ってしまった。
 (어제 스키 타러 가서 굴러서 다리가 부러졌다.)

(8) リンゴの皮(かわ)を剝(む)いていて、ナイフで指(ゆび)を切(き)ってしまった。
　　(사과 껍질을 벗기다가 칼에 손가락을 베었다.)

일본어에는「어떤 행위를 당사자가 의도적으로 한 것이 아니라 결과적으로 그렇게 되었고, 대부분은 마이너스적인 의미를 나타내는」뜻을 타동사를 써서 표현하는 경우가 있는데 이런 유형의 표현은 한국어에 직접 대응하지 않는다.

1.2　절대 자동사(絶対 自動詞)

「**절대 자동사(絶対 自動詞)**」란「行(い)く ; 가다」「歩(ある)く ; 걷다」「死(し)ぬ ; 죽다」「泣(な)く ; 울다」「走(はし)る ; 달리다」「来(く)る ; 오다」와 같이 형태적으로 대응하는 타동사가 없는 자동사를 말한다.

(1) 行(い)く　(가다)
　　歩(ある)く　(걷다)
　　死(し)ぬ　(죽다)
　　泣(な)く　(울다)
　　ある　(있다)
　　いる　(있다)
　　帰(かえ)る　(돌아가다)
　　走(はし)る　(달리다)
　　降(ふ)る　(내리다)
　　分(わ)かる　(알다)
　　来(く)る　(오다)

(2) 参加(さんか)する　(참가하다)
　　発生(はっせい)する　(발생하다)
　　発達(はったつ)する　(발달하다/발달되다)
　　悪化(あっか)する　(악화되다 / × 악화하다)
　　安定(あんてい)する　(안정되다 / × 안정하다)
　　感染(かんせん)する　(감염되다 / × 감염하다)

이들 자동사에 있어서 **타동사의 공백**은「行(い)く → 行(い)かせる ; 가게 하다」와 같이

사역형이 담당하거나 「死(し)ぬ → 殺(ころ)す ; 죽이다」와 같이 형태적으로는 대응하지 않지만 의미적으로 대응하는 별도의 타동사가 그 공백을 메운다.

1.3 절대 타동사(絶対 他動詞)

「**절대 타동사(絶対 他動詞)**」란 「言(い)う ; 말하다」「買(か)う ; 사다」「置(お)く ; 두다」「書(か)く ; 쓰다」「殺(ころ)す ; 죽이다」「話(はな)す ; 이야기하다」「持(も)つ ; 들다」「読(よ)む ; 읽다」「食(た)べる ; 먹다」와 같이 형태적으로 대응하는 자동사가 없는 동사를 의미한다.

(1) 言(い)う (말하다)　　　　買(か)う (사다)
　　 思(おも)う (생각하다)　　置(お)く (두다)
　　 書(か)く (쓰다)　　　　　押(お)す (누르다)
　　 殺(ころ)す (죽이다)　　　話(はな)す (말하다)
　　 持(も)つ (들다)　　　　　待(ま)つ (기다리다)
　　 呼(よ)ぶ (부르다)　　　　飲(の)む (마시다)
　　 読(よ)む (읽다)　　　　　叱(しか)る (꾸짖다)
　　 知(し)る (알다)　　　　　殴(なぐ)る (때리다)
　　 いじめる (괴롭히다)　　　やる (하다)
　　 ほめる (칭찬하다)　　　　食(た)べる (먹다)
　　 考(かんが)える (생각하다)

(2) 延期(えんき)する (연기하다)
　　 開催(かいさい)する (개최하다)
　　 尊敬(そんけい)する (존경하다)
　　 逮捕(たいほ)する (체포하다)
　　 批判(ひはん)する (비판하다)
　　 発表(はっぴょう)する (발표하다)

이들 절대 타동사의 경우도, **자동사의 공백**은 여전히 문제가 된다. 역사적으로 보면 「生(う)む(낳다) → 生(う)まれる(태어나다)」와 같이 타동사에 수동의 「~れる」가 접속되어 자동사가 된 것도 있고, 현대어에서도 관점에 따라서는 「書(か)く(쓰다) → 書(か)かれる(쓰이다)」「食(た)べる(먹다) → 食(た)べられる(먹히다)」와 같이 수동형이 자동사 상당의 기능을 한다고 볼 수 있다. 그러나 **일본어 수동형**은 단순한 자동사와는 달리 어떤 일에 대해 **동작주**나 **원인**이 관여하는 것이기 때문에, 그 성격이 다르다.

1.4 자·타 양용동사(自·他 両用動詞)

「**자·타 양용동사(自·他 両用動詞)**」란 동일 형태로 자동사로도 타동사로도 쓰이는 동사를 의미하는데, 영어는 양용동사가 많지만 일본어는 다른 유형의 동사에 비해 그 수가 상대적으로 적다. 「**일반동사**」(고유어동사)의 예로는 「開(ひら)く」와 「閉(と)じる」를 들 수 있는데, 「閉じる」의 경우는 앞에 오는 명사의 종류에 따라 어느 한 쪽의 용법에 제한이 있다.

(1a) 「開(ひら)け、ゴマ」と言(い)ったら、石(いし)の扉(とびら)が開(ひら)いた。
 (「열려라, 참깨」라고 했더니 돌문이 열렸다.)

(1b) アリババは、今(いま)まで開(ひら)かなかった石の扉を開(ひら)いた。
 (알리바바는 지금까지 열리지 않았던 돌문을 열었다.)

(2a) 後(うし)ろの戸(と)が自然(しぜん)に閉(と)じた。
 (뒷문이 저절로 닫혔다.)

(2b) あの家(いえ)の窓(まど)は長(なが)い間(あいだ)閉(と)じたままです。
 (저 집 창은 오랫동안 닫힌 채로 있습니다.)

(2c) 門(もん)を閉(と)じて誰(だれ)にも会(あ)おうとしません。
 (문을 닫고 누구하고도 만나려고 하지 않습니다.)

(2d) 地震(じしん)が起(お)きた時(とき)は、まず火(ひ)を消(け)して、ガスのもと栓(せん)を閉(と)じてください。
 (지진이 일어났을 때는 우선 불을 끄고 가스 밸브를 잠그세요.)

한편 「受ける」는

(3) 「試験(しけん)を受(う)ける ; 시험을 보다」
(4) 「取(と)り調(しら)べを受(う)ける ; 취조를 당하다」
(5) 「被害(ひがい)を受ける ; 피해를 받다」

와 같이 타동사로 쓰이는 경우가 있지만,

   (6) 女(おんな)に受(う)ける顔(かお)だから、羨(うらや)ましいね。
       (여자들이 좋아하는 얼굴이라서 부럽군.)
   (7) かなりの費用(ひよう)をかけて制作(せいさく)した映画(えいが)だったが、観客(かんきゃく)にはあまり受(う)けなかった。
       (상당한 비용을 들여 만든 영화였는데 관객에게는 별로 인기가 없었다.)

와 같이 자동사로 쓰이면 「호평을 받다 / 인기를 얻다」의 뜻을 나타낸다.
  그리고 「持(も)つ」의 경우도

   (8) 鞄(かばん)を持(も)つ。
       (가방을 들다.)
   (9) 所帯(しょたい)を持(も)つ。
       (가정을 가지다, 살림을 차리다.)
   (10) {車(くるま) / 財産(ざいさん) / 希望(きぼう) /関心(かんしん)}を持(も)つ。
       ({차 / 재산 / 희망 / 관심}을 가지다.)
   (11) 今日(きょう)の費用(ひよう)は全部(ぜんぶ)ぼくがもつから、みんな思(おも)う存分(ぞんぶん)飲(の)んでくれ。
       (오늘 비용은 전부 내가 부담할 테니까 다들 실컷 마셔.)

와 같이 「~を」격을 수반하여 타동사로 쓰이면 「가지다」「지니다」「소유하다」「부담하다」와 같은 뜻을 나타낸다. 그러나,

   (12) この靴(くつ)は長(なが)くもつ。
       (이 구두는 오래 신을 수 있다.)
   (13) この家(いえ)はあと10年(じゅうねん)はもつ。
       (이 집은 앞으로 10년은 끄떡없다.)
   (14) 少(すこ)しは食(た)べないと体(からだ)がもたないと思(おも)い、無理(むり)をして食(た)べた。
       (조금 먹지 않으면, 몸이 견디어 내지 못한다고 생각해서 무리를 해서 먹었다.)

와 같이 「~が」격을 수반하여 자동사로 쓰이면 「지탱하다」「견디다」의 뜻을 나타낸다.
「開(ひら)く」・「閉(と)じる」의 경우는 형태적, 의미적, 구문적 대응관계에서 자타 양용동사로

제2장 동사의 분류   35

인정되지만, 「受(う)ける」・「持(も)つ」의 경우는 자동사 용법과 타동사의 용법을 겸비하고 있지만 양자 간에 이와 같은 대응관계가 성립하지 않기 때문에 자타 양용동사에서 제외된다.

일본어의 「**한어동사(漢語動詞 ; かんごどうし)**」는 일반동사에 비해 상대적으로 자·타 양용동사가 많은데 이들이 한국어에서는 대부분 타동사로 기능한다.

(15) 解決(かいけつ)する (해결되다[자동사] / 해결하다[타동사])
解消(かいしょう)する (해소되다[자동사] / 해소하다[타동사])
拡大(かくだい)する (확대되다[자동사] / 확대하다[타동사])
確立(かくりつ)する (확립되다[자동사] / 확립하다[타동사])
完成(かんせい)する (완성되다[자동사] / 완성하다[타동사])
実現(じつげん)する (실현되다[자동사] / 실현하다[타동사])
樹立(じゅりつ)する (수립되다[자동사] / 수립하다[타동사])
鎮火(ちんか)する (진화되다[자동사] / 진화하다[타동사])
内定(ないてい)する (내정되다[자동사] / 내정하다[타동사])
派生(はせい)する (파생되다[자동사] / 파생하다[타동사])

(16a) 事件(じけん)が無事(ぶじ)解決(かいけつ)しました。[자동사 용법]
(사건이 무사히 해결되었습니다.)

(16b) 彼(かれ)は事件(じけん)を無事(ぶじ)解決しました。[타동사 용법]
(그는 사건을 무사히 해결했습니다.)

(17a) 運動(うんどう)をすると、ストレスが解消(かいしょう)します。[자동사 용법]
(운동을 하면, 스트레스가 해소됩니다.)

(17b) わたしは運動(うんどう)でストレスを解消(かいしょう)します。[타동사 용법]
(나는 운동으로 스트레스를 해소합니다.)

(18a) 領土(りょうど)が辺境(へんきょう)にまで拡大(かくだい)しました。[자동사 용법]
(영토가 변경에까지 확대되었습니다.)

(18b) 高句麗(こうくり)5)は領土(りょうど)を辺境(へんきょう)まで拡大(かくだい)しました。[타동사 용법]
(고구려는 영토를 변경에까지 확대했습니다.)

---

5) 「加耶(かや)・加羅(から)」「일본 쪽 주장 ; 任那(みまな/にんな)」「百済(くだら)」「新羅(しらぎ)」「高麗(こうらい)」「渤海(ぼっかい)」「朝鮮(ちょうせん)」

1.5 상대 자·타동사(相対 自·他動詞)

「상대 자·타동사(相対 自·他動詞)」란 공시적(共時的)인 관점에서 어떤 **공통의 어근(語根 ; Root)**에서 파생된 자동사와 타동사의 한 쌍을 의미한다. 자·타동사의 대응 관계를 논할 때는 이와 같이 공통의 **어근(語根)** 또는 **어기(語基)**에서 파생한 자동사와 타동사에 초점을 맞추는데 일본어도 한국어와 마찬가지로 이들 종류의 자·타동사가 상당히 많다.

그런데 자동사와 타동사가 서로 대응한다고 할 경우에는 다음과 같은 조건을 만족시켜야 한다. 먼저 형태적인 대응 관계가 성립해야 하고, 동시에 의미적·구문적인 대응 관계가 인정되어야 한다.

(1a) 車(くるま)の故障(こしょう)が<u>直(なお)</u>る。
　　　(차 고장 난 곳이 고쳐지다.)

(1b) 彼(かれ)が車(くるま)の故障(こしょう)を<u>直(なお)す</u>。
　　　(그가 차 고장 난 곳을 고치다.)

(1a)의 「直る(nao-ru)」와 (1b)의 「直す(nao-su)」는 각각 공통의 어근[nao-]에서 파생되었다고 하는 형태적인 대응 관계가 성립하고, 「直(なお)る ; 고쳐지다」와 「直(なお)す ; 고치다」 사이에는 의미상 공통분모도 존재하며 자동사문의 주격과 타동사문의 목적격이 동일하다고 하는 구문적 대응관계도 인정한다.

(2) あの山(やま)を<u>越(こ)える</u> / <u>越(こ)す</u>と、目指(めざ)す村(むら)に着(つ)く。
　　　(저 산을 넘으면 가고자 하는 마을에 도착한다.)

그러나 동일 어근에서 파생된 동사 중에는, (2)의 「越(こ)える ; 넘다」「越(こ)す ; 넘다」와 같이 형태적으로는 자·타 대응을 하고 있지만, 의미적·구문론적으로는 서로 대응하지 않는 경우도 있다.

「越える」「越す」의 경우와 같이, 형태적으로는 자·타 대응을 보이고 있지만, 의미적·구문적으로는 자·타 대응이 인정되지 않기 때문에, 이 경우는 후자의 입장을 중시하여 둘 다 **자동사**로 취급한다.

(3a) 彼は鉄棒(てつぼう)にぶら<u>下(さ)がって</u>[6]、懸垂(けんすい)している。
　　　(그는 철봉에 매달려 턱걸이하고 있다.)

(3b) 彼女はいつも変(か)わったイヤリングをぶら下(さ)げて歩(ある)いている。
   (그녀는 언제나 이상한 귀걸이를 달고 다니고 있다.)

그리고 (3a)의 「ぶら下(さ)がる ; 매달리다」와 (3b)의 「ぶら下(さ)げる ; 매달다」는 형태적, 의미적으로는 자·타 대응을 하고 있지만, 구문적인 대응 관계는 성립되지 않는다. 즉 자동사 「ぶら下(さ)がる」는 주어에 사람이 올 수 있으나, 대응하는 타동사 「ぶら下(さ)げる」는 사물을 목적어로 취하기 때문이다.

(4a) 卓球(たっきゅう)では、上杉(うえすぎ)さんが織田(おだ)さんに負(ま)ける。
   (탁구에서는 우에스기 씨가 오다 씨에게 진다.)
(4b) 卓球(たっきゅう)では、織田(おだ)さんが上杉(うえすぎ)さんを負(ま)かす。[=勝(か)つ]
   (탁구에서는 오다 씨가 우에시기 씨를 이긴다.)
(5a) 八百屋(やおや)さんが真桑瓜(まくわうり)の値段(ねだん)を負(ま)ける。
   (야채가게 주인이 참외 값을 깎아주다.)
(5b) これ以上(いじょう)は一円(いちえん)も負(ま)からない。
   (더 이상 1엔도 깎을 수 없다.)

또한 동일 형태라고 하더라도 쓰이는 용법에 따라 이에 대응하는 자동사와 타동사가 달라지는 경우도 있다. 예를 들어 (4a)의 「負(ま)ける」는 자동사로 쓰이고 있는데 이에 대응하는 타동사는 (4b)의 「負(ま)かす」이다. 이에 대해 (5a)의 「負(ま)ける」는 타동사로 쓰이고 있는데, 이에 대응하는 자동사는 (5b)의 「負(ま)かる」이다.

---

6) 「両手(りょうて)で木(き)の枝(えだ)にぶら下(さ)がる」(두 손으로 나뭇가지에 매달리다.)

2. 자·타 대응 관계(自他 対応 関係)

공통의 어근(語根)에서 파생된 자·타동사는 다음과 같은 유형으로 분류할 수 있다. 물론 연구자의 연구방법론에 따라 여러 가지 다른 구분도 가능하다. 그리고 「**통시적(通時的)**」 관점에서 보면, 「**자동(自動 ; じどう)**」과 「**수동(受動 ; じゅどう)**」, 「**타동(他動 ; たどう)**」과 「**사역(使役 ; しえき)**」은 동일한 분기(分岐) 과정을 거친 것으로 파악할 수 있다. 즉, 자동이나 수동은 [-ru]라는 형태에서 그리고 타동과 사역은 [-su]라는 형태에서 양자의 **기원적 공통분모**를 찾을 수 있다. 이를 달리 설명하면 수동과 사역은 여러 유형의 「**자·타 대응 관계**」 중에서 가장 생산적인 유형을 독립시켜 하나의 「**문법형식**」으로 인정하여 이를 「**문법적 태(態)**」라는 범주에 포함시킨 것이다. 이에 대해 나머지 자·타동사는 개별적인 대응 관계로 간주하여 「**어휘적 태(態)**」로 인정한 것이라고 할 수 있다. 일본어의 자·타 대응 관계는 역사적인 변천 과정까지 고려하면 복잡다단한 양상을 보이는데, 여기에서는 현대어에 한정하여 유형별로 분류한다.

2.1 자동사[-aru] / 타동사[-u]

(1) 糸(いと)が絡(から)まる。(실이 얽히다.)
  いろいろな事情(じじょう)が絡(から)まる。(여러 가지 사정이 얽히다.)
  糸(いと)が絡(から)む。(실이 엉키다.)
  金(かね)が絡(から)む。(금전 문제가 얽히다.)
  足(あし)を絡(から)めて倒(たお)す。(다리를 감아 쓰러뜨리다.)

(2) 布団(ふとん)に包(くる)まる。(이불을 뒤집어쓰다.)
  {赤(あか)ん坊(ぼう)・体(からだ)}をタオルで包(くる)む。
  ({갓난아기를·몸을} 수건으로 감싸다.)

(3a) 吊革(つりかわ)につかまる。(가죽 손잡이에 매달리다.)
  吊革(つりかわ)におつかまりください。(가죽 손잡이를 잡으세요.)
  証拠(しょうこ)をつかむ。(증거를 잡다)

(3b) 犯人(はんにん)が捕(つか)まる。(범인이 잡히다.)
  友達(ともだち)に捕(つか)まる。(친구에게 잡히다.)
  犯人を捕(つか)まえる。(범인을 잡다.)

(4) 道(みち)が塞(ふさ)がる。(길이 막히다.)
あいた口(くち)が塞(ふさ)がらない。(열린 입이 닫히지 않는다. / 기가 막히다.)
{部屋(へや)・席(せき)}が塞(ふさ)がる。({방이・자리가} 차다.)
道を塞(ふさ)ぐ。(길을 막다.)

(5) 馬(うま)に跨(またが)る。(말에 올라타다.)
水溜(みずた)まりを跨(また)ぐ。(웅덩이를 넘다.)

2.2 자동사[-aru] / 타동사[-eru]

(1) 家賃(やちん)が上(あ)がる。(집세가 오르다.)
家賃(やちん)を上(あ)げる。(집세를 올리다.)

(2) ボールに当(あ)たる。(공에 맞다.)
ボールを当(あ)てる。(공을 맞히다.)

(3) 聴衆(ちょうしゅう)が集(あつ)まる。(청중이 모이다.)
聴衆(ちょうしゅう)を集(あつ)める。(청중을 모으다.)

(4) 試験(しけん)に受(う)かる。(시험에 붙다.)
試験(しけん)を受(う)ける。(시험을 치르다.)

(5) 松(まつ)の木(き)が植(う)わっている。(소나무가 심어져 있다.)
松(まつ)の木(き)を植(う)えている。(소나무를 심고 있다.)

(6) スープが薄(うす)まる。(수프가 묽어지다.)
スープを薄(うす)める。(수프를 묽게 하다.)

(7) 宝物(たからもの)が埋(う)まる。(보물이 파묻히다.)
宝物(たからもの)を埋(う)める。(보물을 파묻다.)

(8) 授業料(じゅぎょうりょう)が納(おさ)まる。(수업료가 납부되다.)
授業料(じゅぎょうりょう)を納(おさ)める。(수업료를 납부하다.)

(9) 国(くに)が治(おさ)まる。(나라가 안정되다.)
国(くに)を治(おさ)める。(나라를 다스리다.)

(10) 会議(かいぎ)が終(お)わる。(회의가 끝나다.)
会議(かいぎ)を終(お)える。(회의를 끝내다.)

[참고] 일반적으로「終(お)える ; 끝내다」는 타동사이고,「終(お)わる ; 끝나다」는 자

동사라는 설명이 이루어지고 있다. 그런데 실제로는 「終(お)わる」에는 자동사 용법과 타동사 용법이 있다.

[例] 仕事(しごと)が終(お)わる[일이 끝나다 ; 자동사]
　　　仕事(しごと)を終(お)える[일을 끝내다 ; 타동사1]
　　　　→ 자기의 의지로 일을 종료시키는 것.
　　　仕事(しごと)を終(お)わる[일을 끝내다 ; 타동사2]
　　　　→ 종료 시간이 와서 종료되는 것.

따라서 「急用(きゅうよう)ができたので、途中(とちゅう)で仕事(しごと)を終(お)えて家(いえ)に帰(かえ)った ; 급한 일이 생겨서 도중에서 일을 끝내고 집에 돌아왔다」는 「仕事(しごと)を終(お)わって家(いえ)に帰(かえ)った」보다 적절한 문이고, 「ベルが鳴(な)ったので、授業(じゅぎょう)を終(お)わって家(いえ)に帰(かえ)った ; 벨이 울려서 수업을 마치고 집에 돌아왔다」는 「授業(じゅぎょう)を終(お)えて家(いえ)に帰(かえ)った」보다 자연스럽다.

　「これで会議(かいぎ)を終(お)えます」라고 하면, 도중에서 끝내는 느낌이 들고,
　「これで会議(かいぎ)を終(お)わります」라고 하면, 시간이 되어서 끝났다는 느낌을 준다.

　　(11) エンジンがかかる。(엔진이 걸리다.)
　　　　エンジンをかける。(엔진을 걸다.)

　　(12) 失敗(しっぱい)が重(かさ)なる。(실패가 거듭되다.)
　　　　失敗(しっぱい)を重(かさ)ねる。(실패를 거듭하다.)

　　(13) ルールが変(か)わる。(규칙이 바뀌다.)
　　　　ルールを変(か)える。(규칙을 바꾸다.)

　　(14) 車(くるま)が止(と)まる。(차가 멈추다.)
　　　　車(くるま)を止(と)める。(차를 세우다.)

　　(15) 放送(ほうそう)が始(はじ)まる。(방송이 시작되다.)
　　　　放送(ほうそう)を始(はじ)める。(방송을 시작하다.)

　　(16) 責任者(せきにんしゃ)が決(き)まる。(책임자가 정해지다.)
　　　　責任者(せきにんしゃ)を決(き)める。(책임자를 정하다.)

　　(17) 税金(ぜいきん)が下(さ)がる。(세금이 내려가다.)
　　　　税金(ぜいきん)を下(さ)げる。(세금을 내리다.)

　　(18) 窓(まど)が閉(し)まる。(창문이 닫히다.)

窓(まど)を閉(し)める。(창문을 닫다.)

(19) 髪(かみ)の毛(け)が染(そ)まる。(머리카락이 물들다.)
　　 髪(かみ)の毛(け)を染(そ)める。(머리카락을 물들이다.)

(20) 資料(しりょう)が備(そな)わる。(자료가 갖춰지다.)
　　 資料(しりょう)を備(そな)える。(자료를 갖추다.)

(21) 雰囲気(ふんいき)が高(たか)まる。(분위기가 고조되다.)
　　 雰囲気(ふんいき)を高(たか)める。(분위기를 고조시키다.)

(22) お金(かね)が貯(た)まる。(돈이 모이다.)
　　 お金(かね)を貯(た)める。(돈을 모으다.)

(23) 噂(うわさ)が伝(つた)わる。(소문이 전해지다.)
　　 噂(うわさ)を伝(つた)える。(소문을 전하다.)

(24) 色(いろ)が混(ま)ざる。(색이 섞이다.)
　　 色(いろ)が混(ま)じる。(색이 섞이다.)[7]
　　 色(いろ)を混(ま)ぜる。(색을 섞다.)

(25) 紙(かみ)が丸(まる)まる。(종이가 말려지다.)
　　 紙(かみ)を丸(まる)める。(종이를 말다.)

(26) お金(かね)が儲(もう)かる。(돈이 벌리다.)
　　 事業(じぎょう)でだいぶ儲(もう)かる。(사업으로 상당히 벌다.)
　　 お金(かね)を儲(もう)ける。(돈을 벌다.)
　　 {土地(とち)・株(かぶ)}で儲(もう)ける。({땅・주식}으로 벌다.)

(27) 心(こころ)が休(やす)まる。(마음이 편해지다.)
　　 心(こころ)を休(やす)める。(마음을 편하게 하다.)
　　 会社(かいしゃ)を休(やす)む。(회사를 쉬다)

(28) 火力(かりょく)が弱(よわ)まる。(화력이 약해지다.)
　　 火力(かりょく)を弱(よわ)める。(화력을 약하게 하다.)

(29) 勢力(せいりょく)が加(くわ)わる。(세력이 가해지다.)
　　 勢力(せいりょく)を加(くわ)える。(세력을 가하다.)

---

[7]「混(ま)ざる」; A 속에 B가 (같은 정도로) 더해져서, 꺼낼 수 없는 상태.
「砂糖(さとう)の中(なか)に塩(しお)が混(ま)ざる。설탕 속에 소금이 섞이다.」
「混(ま)じる」; A 속에 B가 더해지지만, 차이를 금방 알 수 있는 상태.
「大人(おとな)たちの中(なか)に子供(こども)が数人(すうにん)混(ま)じっている。어른들 속에 아이가 몇 명 섞여 있다.」
https ; //hinative.com/ja/questions/1057175에서 인용하여 적의 번역함.

(30) 命(いのち)が助(たす)かる。(목숨이 살아나다 / 목숨이 건지다.)
　　　君(きみ)が手伝(てつだ)ってくれると助(たす)かるのだが。
　　　(자네가 도와주면 도움이 될 텐데.)
　　　命(いのち)を助(たす)ける。(목숨을 살리다.)

(31) 釘(くぎ)が曲(ま)がる。(못이 구부러지다.)
　　　釘(くぎ)を曲(ま)げる。(못을 구부리다.)

(32) 財布(さいふ)が見(み)つかる。(지갑이 찾다.)
　　　財布(さいふ)を見(み)つける。(지갑을 발견하다.)

2.3　자동사[-u] / 타동사[-eru]

(1) 門(もん)が開(あ)く。(문이 열리다.)
　　門(もん)を開(あ)ける。(문을 열다.)

(2) 条件(じょうけん)が付(つ)く。(조건이 붙다.)
　　条件(じょうけん)を付(つ)ける。(조건을 붙이다.)

(3) 子供(こども)が育(そだ)つ。(아이가 자라다.)
　　子供(こども)を育(そだ)てる。(아기를 키우다.)

(4) 旗(はた)が立(た)つ。(기가 세워지다.)
　　旗(はた)を立(た)てる。(기를 세우다.)
　　「立(た)つ·立(た)てる；立(た)つ·立(た)たせる」

(4-1) 「幼子(おさなご)が立(た)つ；어린이가 서다 → 幼子(おさなご)を立(た)たせる / × 立(た)てる；어린이를 세우다」. 사람을 세우게 하는 동작에는 타동사「立(た)てる」는 사용하지 못한다.

(4-2) 大切(たいせつ)なのは、ほめる形(かたち)でチェックすることである。できている子(こ)を立(た)たせてほめる。
　　　(중요한 것은 칭찬하는 형태로 체크하는 것이다. 잘 하는 아이를 일으켜 세우고 칭찬한다.)

(4-3) 例外的(れいがいてき)に乗客(じょうきゃく)を立(た)たせて走(はし)るバスもありますが、中央道(ちゅうおうどう)を走(はし)るバスで、それは期待(きたい)できないと思(おも)います。
　　　(예외적으로 승객을 세우고 달리는 버스도 있습니다만, 중앙도를 달리는 버스에서 그것은 기대할 수 없을 것 같습니다.)

(5) 果物(くだもの)が並(なら)ぶ。(과일이 진열되다.)
　　果物(くだもの)を並(な)べる。(과일을 진열하다.)

(6) 仕事(しごと)が進(すす)む。(일이 진척되다.)
    仕事(しごと)を進(すす)める。(일을 진척시키다.)

(7) 足(あし)が痛(いた)む。(발이 아프다.)
    足(あし)を痛(いた)める。(발을 다치다.)

[참고]
[質問]「痛(いた)む」와「痛(いた)い」의 차이는 무엇입니까?
「最近(さいきん)、腰(こし)が痛(いた)むので、散歩(さんぽ)をすることがおっくうになってきた。」
  (요즘, 허리가 아파서 산책하는 것이 귀찮아졌다.)
[回答]
이 문장은「最近(さいきん)、腰(こし)が痛(いた)くて、散歩(さんぽ)をすることがおっくうになってきた。」와 같이 치환할 수가 있다. 그래서「痛(いた)む」=「痛(いた)い」가 된다. 그러나「痛む」는「자연히 아파지다, 자신이 의식하지 않아도 아프다」라는 의미가 된다.[8]

(8) 家(いえ)が傾(かたむ)く。(집이 기울어지다.)
    全力(ぜんりょく)を傾(かたむ)ける。(전력을 기울이다.)

(9) 心(こころ)が落(お)ち着(つ)く。(마음이 진정되다.)
    心(こころ)を落(お)ち着(つ)ける。(마음을 진정시키다.)

(10) 資料(しりょう)が揃(そろ)う。(자료가 갖추어지다.)
     資料(しりょう)を揃(そろ)える。(자료를 갖추다.)

(11) 洗(あら)ったらシャツが縮(ちぢ)んだ。(빨았더니 셔츠가 줄어들었다.)
     服地(ふくじ)が縮(ちぢ)まる。(옷감이 줄어들다.)
     着物(きもの)のたけを縮(ちぢ)める。(옷기장을 줄이다.)

(12) 手紙(てがみ)が届(とど)く。(편지가 {배달되다・오다})
     手紙を届(とど)ける。(편지를 배달하다)

(13) 緊張(きんちょう)が緩(ゆる)む。(긴장이 풀리다)
     警戒(けいかい)が緩(ゆる)む。(경계가 허술해지다.)
     緊張(きんちょう)を緩(ゆる)める。(긴장을 풀다)
     警戒(けいかい)を緩(ゆる)める。(경계를 풀다.)

(14) {雨(あめ)・風(かぜ)}がやむ。({비가・바람이} 그치다)
     雨(あめ)が降(ふ)り止(や)むまでは帰(かえ)れない。
     (비가 그칠 때까지는 돌아갈 수 없다.)

---

[8] https ; //www.italki.com/question/452305에서 인용하여 적의 번역함.

仕事(しごと)をやめる。(일을 그만두다)
(15) 夏休(なつやす)みが近(ちか)づく。(여름방학이 가까워지다.)
目(め)と眉(まゆ)を近(ちか)づける。(눈과 눈썹을 가깝게 하다.)
★「眉毛(まゆげ) ; 눈썹」・「睫毛(まつげ) ; 속눈썹」

(16) 残業(ざんぎょう)が続(つづ)く。(잔업이 계속되다.)
仕事(しごと)を続(つづ)ける。(일을 계속하다.)

(17) アイデアが浮(う)かぶ。(아이디어가 떠오르다.)
母(はは)の面影(おもかげ)を浮(うか)べる。(어머니의 모습을 떠올리다.)

2.4 자동사[-eru](자발동사) / 타동사[-u]

(1) 品物(しなもの)が売(う)れる。(물건이 팔리다.)
品物(しなもの)を売(う)る。(물건을 팔다.)

(2) 枝(えだ)が折(お)れる。(가지가 꺾이다.)
枝(えだ)を折(お)る。(가지를 꺾다.)

(3) ロープが切(き)れる。(로프가 끊어지다.)
ロープを切(き)る。(로프를 끊다.)

(4) 汚(よご)れが取(と)れる。(때가 빠지다.)
汚(よご)れを取(と)る。(때를 빼다.)

(5) 虫歯(むしば)が抜(ぬ)ける。(충치가 빠지다.)
虫歯(むしば)を抜(ぬ)く。(충치를 빼다.)

(6) 落葉(おちば)が焼(や)ける。(낙엽이 타다.)
落葉(おちば)を焼(や)く。(낙엽을 태우다.)

(7) 記録(きろく)が破(やぶ)れる。(기록이 깨지다.)
記録(きろく)を破(やぶ)る。(기록을 깨다.)

(8) 皿(さら)が割(わ)れる。(접시가 깨지다.)
皿(さら)を割(わ)る。(접시를 깨다.)

2.5 자동사[-eru] / 타동사[-asu]

(1) 新製品(しんせいひん)が出(で)る。(신제품이 나오다.)
　　成果(せいか)を出(だ)す。(성과를 내다.)

(2) ご飯(はん)がこげる。(밥이 타다.)
　　ご飯(はん)をこがす。(밥을 태우다.)

(3) 目(め)が覚(さ)める。(잠이 깨다.)
　　目(め)を覚(さ)ます。(잠을 깨다.)

(4) コーヒーが冷(さ)める。(커피가 식다.)
　　頭(あたま)を冷(ひ)やす。(머리를 식히다.)

(5) 子孫(しそん)が絶(た)える。(자손이 끊어지다.)
　　子孫(しそん)を絶(た)やす。(자손을 끊어지게 하다.)

(6) 髭(ひげ)が生(は)える。(수염이 나다.)
　　髭(ひげ)を生(は)やす。(수염을 기르다.)

(7) 相手(あいて)に負(ま)ける。(상대에게 지다.)
　　相手を負(ま)かす。(상대에게 이기다.)

(8) ビールが冷(ひ)える。(맥주가 차가워지다.)
　　ビールを冷(ひ)やす。(맥주를 차게 하다.)

(9) ゴミが燃(も)える。(쓰레기가 타다.)[9]
　　ゴミを燃(も)やす。(쓰레기를 태우다.)

(10) 秘密(ひみつ)が漏(もれ)る。(비밀이 누설되다.)
　　 秘密(ひみつ)を漏(も)らす。(비밀을 누설하다.)

(11) 出発(しゅっぱつ)が遅(おく)れる。(출발이 늦어지다.)
　　 卒業(そつぎょう)を{遅(おく)らす・遅(おく)らせる}。(졸업을 늦추다.)

(12) 土地(とち)が肥(こ)える。(땅이 기름지다.)
　　 土地(とち)を肥(こ)やす。(땅을 비옥하게 하다.)

(13) その土地(とち)の気候(きこう)に慣(な)れる。(그 지역 기후에 익숙해지다.)
　　 体(からだ)を寒(さむ)さに慣(な)らす。(몸을 추위에 익숙하게 만들다.)

(14) 犯人(はんにん)が逃(に)げる。(범인이 도망치다.)
　　 犯人(はんにん)を逃(に)がす。(범인을 놓치다.)

---

[9] 「燃(も)えるゴミ ; 가연(可燃) 쓰레기」「燃(も)えないゴミ ; 불연(不燃) 쓰레기」「粗大(そだい)ゴミ ; 텔레비전·전기세탁기 등 내구성 소비재의 폐품」

2.6 자동사[-reru] / 타동사[-su]

(1) 大木(たいぼく)が倒(たお)れる。(큰 나무가 쓰러지다.)
    大木(たいぼく)を倒(たお)す。(큰 나무를 쓰러뜨리다.)

(2) 時計(とけい)が壊(こわ)れる。(시계가 고장 나다.)
    家(いえ)を壊(こわ)す。(집을 부수다.)

(3) 山(やま)が崩(くず)れる。(산이 무너지다.)[10]
    山(やま)を崩(くず)す。(산을 무너뜨리다.)

(4) 名誉(めいよ)がけがれる。(명예가 더럽혀지다)
    名誉をけがす。(명예를 더럽히다)

(5) 洋服(ようふく)が汚(よご)れる。(옷이 더러워지다)
    洋服を汚(よご)す。(옷을 더럽히다)

(6) 水(みず)が溢(こぼ)れる。(물이 넘치다)
    水を溢(こぼ)す。(물을 엎지르다)

(7) 水(みず)が流(なが)れる。(물이 흐르다)
    水を流(なが)す。(물을 흘리다)

(8) 犯人(はんにん)が隠(かく)れる。(범인이 숨다)
    犯人を隠(かく)す。(범인을 숨기다)

(9) ボタンが外(はず)れる。(단추가 끌러지다)
    ボタンを外(はず)す。(단추를 풀다)

2.7 자동사[-u] / 타동사[-asu]

(1) 貿易(ぼうえき)赤字(あかじ)が減(へ)る。(무역 적자가 줄다.)
    財政(ざいせい)赤字を減(へ)らす。(재정 적자를 줄이다.)

(2) 機械(きかい)が動(うご)く。(기계가 움직이다.)
    機械(きかい)を動(うご)かす。(기계를 움직이다.)

(3) 洗濯物(せんたくもの)が乾(かわ)く。(세탁물이 마르다.)
    洗濯物(せんたくもの)を乾(かわ)かす。(세탁물을 말리다.)

(4) 水(みず)が漏(も)るバケツ。(물이 새는 양동이.)

---

10) 「山崩(やまくず)れ ; 산사태」=「山津波(やまつなみ)」

水(みず)も漏(も)らさぬ警備(けいび)。 (물샐틈없는 경비.)
水(みず)も漏(も)らさぬ仲(なか)。 (몹시 친한 사이.)[11]

2.8 자동사[-iru] / 타동사[-asu]

(1) 百(ひゃく)まで生(い)きる。(100세까지 살다.)[12]
    経験(けいけん)を生(い)かす。(경험을 살리다.)

(2) 二度(にど)の失敗(しっぱい)ですっかり懲(こ)りた。[13] (두 번 실패로 완전히 넌더리났다.)
    悪(あく)を懲(こ)らす。(악을 응징하다.)

(3) 売上(うりあげ)が伸(の)びる。(매상이 늘다.)
    売上(うりあげ)を伸(の)ばす。(매상을 늘리다.)

(4) 条件(じょうけん)が満(み)ちる。(조건이 충족하다.)
    条件(じょうけん)を満(み)たす。(조건을 만족시키다.)

2.9 자동사[-iru] / 타동사[-osu]

(1) 人(ひと)が起(お)きる。(사람이 일어나다.)[14]
    人(ひと)を起(お)こす。(사람을 깨우다.)

(2) 地震(じしん)が起(お)きる。(지진이 일어나다.)
    地震(じしん)を起(お)こす。(지진을 일으키다.)

(3) 財布(さいふ)が落(お)ちる。(지갑이 떨어지다.)
    財布(さいふ)を落(お)とす。(지갑을 {떨어뜨리다・잃어버리다}.)

(4) 乗客(じょうきゃく)が降(お)りる。(승객이 내리다.)

---

11) 「あのカップルは誰(だれ)も入(はい)る隙(すき)もない水(みず)も漏(も)らさぬ仲(なか)だ ; 그 커플은 누구도 들어갈 틈이 없는 정도로 몹시 친밀하다.」

12) 「生(い)きんがための手段(しゅだん) ; 살기 위한 수단.」
    「人(ひと)は生(い)きるために食(た)べるのだ。 ; 사람은 살기 위해 먹는 것이다.」

13) 「一(ひと)つ懲(こ)らしてやろうか。 ; 어디 한번 혼 좀 내 줄까.」
    「生意気(なまいき)だから懲(こ)らしめてやれ。 ; 건방지니 혼내 줘라.」

14) 「{事故(じこ)・事件(じけん)・地震(じしん)・戦争(せんそう)・炎症(えんしょう)・問題(もんだい)}が起(お)きる ; {사고・사건・지진・전쟁・염증・문제}가 {발생하다・생기다}」

乗客(じょうきゃく)を降(お)ろす。(승객을 내리게 하다.)

(5) 国(くに)が滅(ほろ)びる。(나라가 멸망하다.)
国(くに)が滅(ほろ)ぶ。(나라가 멸망하다.) 15)
国(くに)を滅(ほろ)ぼす。(나라를 멸망시키다.)

2.10 자동사[-ru] / 타동사[-su]

(1) 場所(ばしょ)が移(うつ)る。(장소가 옮겨지다.)16)
場所(ばしょ)を移(うつ)す。(장소를 옮기다.)

(2) 事件(じけん)が起(お)こる。(사건이 일어나다.)
事件(じけん)件を起(お)こす。(사건을 일으키다.)

(3) 人(ひと)が通(とお)る。(사람이 지나가다.)
人(ひと)を通(とお)す。(사람을 지나가게 하다.)

(4) 生徒(せいと)が帰(かえ)る。(학생이 돌아가다.)
生徒(せいと)を帰(かえ)す。(학생을 돌려보내다.)

(5) 病気(びょうき)が治(なお)る。(병이 낫다.)
病気(びょうき)を治(なお)す。(병을 고치다.)

(6) テレビが直(なお)る。(텔레비전이 고쳐지다.)
テレビを直(なお)す。(텔레비전을 고치다.)

(7) 仕事(しごと)が残(のこ)る。(일이 남다.)
仕事(しごと)を残(のこ)す。(일을 남기다.)17)

(8) 書類(しょるい)が回(まわ)る。(서류가 돌다.)
書類(しょるい)を回(まわ)す。(서류를 돌리다.)

(9) 船(ふね)で川(かわ)を渡(わた)る。(배로 강을 건너다.)
船(ふね)で人(ひと)を渡(わた)す。(배로 사람을 건너가게 하다.)

---

15) 「美(うつく)しい自然(しぜん)が滅(ほろ)ぶ ; 아름다운 자연이 사라지다.」 「ほろびる」의 문어형(文語形)

16) 「事務所(じむしょ)を移(うつ)る」는 [A사무소를 떠나 B사무소에 가다(옮기다)의 뜻으로 쓰인다.]

17) 「よく聞(き)け、金(かね)を残(のこ)して死(し)ぬ者(もの)は下(げ)だ。仕事(しごと)を残(のこ)して死(し)ぬ者(もの)は中(ちゅう)だ。人(ひと)を残(のこ)して死(し)ぬ者(もの)は上(じょう)だ。よく覚(おぼ)えておけ ; 잘 들어라, 돈을 남기고 죽는 사람은 하이다. 일을 남기고 죽는 사람은 중이다. 사람을 남기고 죽는 사람은 상이다.」 잘 기억해 두어라.

2.11 자동사[-ru] / 타동사[-seru]

(1) 水(みず)を浴(あ)びる。(물을 끼얹다.)
    人(ひと)に水(みず)を浴(あ)びせる。(남에게 물을 끼얹다.)

(2) 着物(きもの)を着(き)る。(옷을 입다.)
    子供(こども)に着物を着(き)せる。(아이에게 옷을 입히다.)

(3) 親(おや)に似(に)ている。(부모를 닮았다.)
    京都(きょうと)の名園(めいえん)に似(に)せて造(つく)った庭(にわ) ; 교토의 명원을 본떠서 만든 정원.)

(4) 子供(こども)が車(くるま)に乗(の)る。(아이가 차에 타다.)
    子供(こども)を車(くるま)に乗(の)せる。(아이를 차에 태우다.)

(5) 写真(しゃしん)を見(み)る。(사진을 보다.)
    人(ひと)に写真(しゃしん)を見(み)せる。(남에게 사진을 보이다.)

2.12 기타유형

(1) 子供(こども)が生(う)まれる。(아이가 태어나다.)
    子供(こども)を生(う)む。(아이를 낳다.)

(2) 電気(でんき)が消(き)える。(전기가 꺼지다.)
    電気(でんき)を消(け)す。(전기를 끄다.)

(3) 銃声(じゅうせい)が聞(き)こえる。(총성이 들리다.)
    銃声(じゅうせい)を聞(き)く。(총성을 듣다.)

(4) 人(ひと)が入(はい)る。(사람이 들어오다.)
    人(ひと)を部屋(へや)に入(い)れる。(사람을 방에 넣다.)

(5) 山(やま)が見(み)える。(산이 보이다.)
    山(やま)を見(み)る。(산을 보다.)

3. 동작동사(動作動詞)와 상태동사(상태동사)

동사 분류의 하나로서 「金田一春彦(きんだいちはるひこ;1950)」은 동사가 나타내는 동작·작용이 시간적으로 어떻게 파악되는가에 따라, 「**상태동사(状態動詞)**」·「**계속동사(継続動詞)**」·「**순간동사(瞬間動詞)**」·「**第四種의 動詞(特殊動詞)**」로 분류했다. 이 분류는 활용형과 이에 접속되는 부속어의 대립을 음미하는 데 특색이 있고, 소위 「애스펙트(アスペクト;Aspect)」라는 문법범주(文法範疇)와 관련지어 동사의 용법을 검토하는 데 유익하다.

그런데 **동사의 어휘적 의미**와 「~ている」의 관계에 대해서는 다소 문제가 있다. 「동사＋ている」의 의미는 기본적으로 동사의 어휘적 의미에 따라 결정된다고 되어 있다. 즉 「계속동사＋ている」는 「동작의 진행」을 나타내고 「순간동사＋ている」는 「결과의 상태」를 나타내는 것이 일반적이다. 그런데 이러한 동사의 분류는 완전한 것이 아니고, 동사에 따라서는 「**계속성**」과 「**순간성**」을 동시에 지니고 있는 예도 있어, 문맥에 따라 또는 문중의 부사의 쓰임에 따라 동일 동사의 「~ている」의 의미가 달라지는 경우도 있다.

예를 들어, 「着(き)る」는 「순간동사」와 「계속동사」 양쪽의 자질(資質)을 지닌 동사도 있다.

(1) 今(いま)、着物(きもの)を着(き)ていますが、上手(じょうず)に着(き)られないので、手伝(てつだ)ってください。
　　　(지금 옷을 입고 있습니다만, 잘 입을 수가 없으니 도와주세요.)
(2) あの紬(つむぎ)の着物(きもの)を着(き)ている人(ひと)は、田中(たなか)さんです。[18]
　　　(저 명주옷을 입은 사람은 다나카 씨입니다.)

(1)은 「계속동사」로서의 용법으로, 〈지금 옷을 입고 있다〉고 하는 진행 중인 것을 나타낸다. 이에 대해 (2)는 「순간동사」로서의 용법으로 〈이미 옷은 입었다〉고 하는 옷을 입은 결과의 상태를 나타내고 있다.

그리고 「変(か)わる」의 경우,

(3) 今(いま)、この村(むら)もどんどん変(か)わっている。
　　　(지금 이 마을도 점점 변하고 있다.)

---

[18] https;//www.tomojuku.com/blog/verb/에서 인용하여 적의 번역함.

와 같이 쓰이면, 「どんどん変わっている」는 동작의 진행을 나타내므로 이때의 「変わる」는 「계속동사」로 판정된다. 이에 대해

 (4) 村(むら)の様子(ようす)がすっかり変(か)わっている。
   (마을 모습이 완전히 변했다.)

와 같이 쓰이면, 「すっかり変わっている」는 결과의 상태를 나타내므로 이때의 「変わる」는 「순간동사」로 판정된다. 그리고

 (5) あの人(ひと)はちょっと変(か)わっている。
   (저 사람은 좀 별나다.)

와 같이 쓰이면, 「変わっている」는 형용사와 마찬가지로 주체의 성질을 나타내므로 이때의 「変わる」는 **제4종의 동사(형용사적 동사)**로 간주된다.

 그리고 동사를 동작을 나타내는 「**동작동사(動作動詞 ; どうさどうし)**」와 상태를 나타내는 「**상태동사(状態動詞 ; じょうたいどうし)**」로 2분하는 입장도 있다. 통상「本(ほん)がある ; 책이 있다」의「ある」,「日本語(にほんご)ができる ; 일본어를 할 수 있다」의「できる」와 같이「~ている」의 형태를 취하지 않는 동사를 상태동사,「~ている」와 결합이 가능한 동사를 동작동사라고 한다.

3.1 상태동사(狀態動詞)

 존재의「ある ; 있다」「いる ; 있다」, 가능의「できる」,「要(よう)する ; 필요로 하다[19]」,「値(あたい)する ; 가치가 있다, …할 만하다, 상당하다[20]」등과 같이 동사의 형태를 취하고 있지만 의미적으로 상태를 나타내며,「~ている」의 형태가 되지 않는 동사를 말한다.

---

[19] 「急(きゅう)を要(よう)する問題(もんだい)であります。 ; 긴급을 요하는 문제입니다.」
  「これは熟練(じゅくれん)を要(よう)する仕事(しごと)である。 ; 이것은 숙련을 요하는 일이다.」
[20] 「1万圓(いちまんえん)に値(あたい)する。 ; {만 엔에 상당하다 / 만 엔의 가치가 있다}.」
  「一円(いちえん)にも値(あたい)しない。 ; 1엔의 가치도 없다.」

3.2 계속동사(継続動詞)

「**계속동사(継続動詞；けいぞくどうし)**」는 「言(い)う；말하다」・「書(か)く；쓰다」・「読(よ)む；읽다」・「呼(よ)ぶ；부르다」・「雨(あめ)が降(ふ)る；비가 오다」・「風(かぜ)が吹(ふ)く；바람이 불다」와 같이 동작이나 작용 또는 변화 등이 일정 시간 동안 지속되는 동사를 말한다. 이들 동사는 「~ている」의 형태로 「동작의 진행」이나 「현상의 지속」을 나타내는데, 한국어의 「~고 있다」 또는 「~는다」에 대응하는 경우가 많다.

(1) 部屋(へや)で手紙(てがみ)を書(か)いている。
　　(방에서 편지를 {쓰고 있다/쓴다}.)

(2) テープを聞(き)いている。
　　(테이프를 {듣고 있다/듣는다}.)

(3) 子供(こども)が泣(な)いている。
　　(아이가 {울고 있다/운다}.)

(4) プールで泳(およ)いでいる。
　　(수영장에서 {수영하고 있다/수영한다}.)

(5) スーパーでジュースを買(か)っている。
　　(슈퍼에서 주스를 산다.)

(6) さっきからお客(きゃく)さんを待(ま)っている。
　　(아까부터 손님을 기다리고 있다.)

(7) 激(はげ)しい雨(あめ)が降(ふ)っている。
　　(비가 심하게 {내리고 있다/내린다}.)

(8) 鳥(とり)が空(そら)を飛(と)んでいる。
　　(새가 하늘을 {날고 있다/난다}.)

(9) 一人(ひとり)でお酒(さけ)を飲(の)んでいる。
　　(혼자서 술을 {마시고 있다/마신다}.)

(10) 友(とも)だちと話(はな)している。
　　(친구와 이야기하고 있다.)

(11) 居間(いま)でテレビを見(み)ている。
　　(거실에서 텔레비전을 보고 있다.)

(12) みんなお弁当(べんとう)を食(た)べている。
　　(다들 도시락을 먹고 있다.)

(13) 選手(せんしゅ)がグラウンドで練習(れんしゅう)をしている。
    (선수들이 운동장에서 연습을 하고 있다.)

3.3 순간동사(瞬間動詞)

「순간동사(瞬間動詞；しゅんかんどうし)」는 「死(し)ぬ；죽다」・「雨(あめ)がやむ；비가 그치다」・「落(お)ちる；떨어지다」・「倒(たお)れる；쓰러지다」・「電気(でんき)が付(つ)く；전기가 들어오다」・「結婚(けっこん)する；결혼하다」・「卒業(そつぎょう)する；졸업하다」와 같이 해당 동작・작용이 순간적으로 종료하는 동사를 의미한다. 이들 동사는 「~ている」의 형태로 〈어떤 동작이 끝나고, 그 결과로 생긴 상태가 현재 지속되고 있는 것〉, 즉 「결과의 상태」, 또는 「결과 잔존」 등을 나타낸다. 이때는 보통 한국어의 「~어 있다」에 대응하는 경우가 많은데 동사에 따라서는 「~았다/었다」와 같이 과거형에 대응하는 경우가 있다.

(1) 窓(まど)が開(あ)いている。
    (창문이 열려 있다.)
(2) 桜(さくら)の花(はな)が咲(さ)いている。
    (벚꽃이 피어 있다.)
(3) みんな立(た)っている。
    (다들 서 있다.)
(4) ドアが閉(しま)っている。
    (문이 닫혀 있다.)
(5) 彼(かれ)はベンチに座(すわ)っている。
    (그는 벤치에 앉아 있다.)
(6) 変(へん)な車(くるま)が止(とま)っている。
    (이상한 차가 서 있다.)
(7) あそこに財布(さいふ)が落(お)ちている。
    (저기 지갑이 떨어져 있다.)
(8) ゴキブリがたくさん死(し)んでいる。
    (바퀴벌레가 많이 죽어 있다.)
(9) 雨(あめ)はもうやんでいる。
    (비는 이미 그쳤다.)

(10) 試合(しあい)は始(はじ)まっている。
　　　(시합은 시작되었다.)
(11) 映画(えいが)は終(お)わっている。
　　　(영화는 끝났다.)
(12) お父(とう)さん、遅(おそ)いですね。10時(じゅうじ)をすぎていますよ。
　　　(아버지, 늦네요. 10시가 지났어요.)
(13) 彼女(かのじょ)はもう結婚(けっこん)している。
　　　(그녀는 이미 결혼했다.)

　(9)의 「やむ」, (10)의 「始(はじ)まる」, (11)의 「終(お)わる」, (12)의 「過(す)ぎる」, (13)의 「結婚(けっこん)する」의 부류는 과거형 「~た」이나 「~ている」가 한국어로는 모두 과거형 「~었다/~았다」에 대응하니 주의를 필요로 한다.

　일본어 동사 중에는 한국어 동사와 어휘적 의미나 문법적 성질이 다른 것이 있다. 예를 들어 한국어의 「가다」, 「오다」는 「~고 있다(동작의 진행)」, 「~어 있다(결과의 상태)」가 모두 가능하지만, 일본어의 「行く」, 「来る」는 「~ている」의 형태로 「결과의 상태」만을 나타내니 주의한다.

(14) 彼(かれ)は出張(しゅっちょう)でアメリカに行(い)っている。
　　　(그는 출장으로 미국에 가 있다.)
(15) 私(わたし)は電車(でんしゃ)で船橋(ふなばし)に行(い)っているところです。
　　　(나는 전철로 후나바시에 가고 있는 중입니다.)
(16) 彼(かれ)はもうここに来(き)ている。
　　　(그는 이미 여기에 와 있다.)
(17) このミラノに、妻(つま)も来(き)ているところなのだ。
　　　(이 밀라노에 처도 오고 있는 중이다.)

　그리고 「住(す)む ; 살다」, 「知(し)る ; 알다」 등의 동사는 현재의 상태를 나타낼 때 「~ている」형을 취하니 주의한다.

(16) 彼女(かのじょ)はフランス人(じん)の方(かた)と結婚(けっこん)して、今(いま)はフランスのリヨンに住(す)んでいる・× 住(す)む。
　　　(그녀는 프랑스인과 결혼해서 지금은 프랑스 리용에 살고 있다.)
　　そして、上(うえ)の姉(あね)が、すぐ近(ちか)くに住(す)んでいる・× 住(す)む。[21]

(그리고 위의 언니는 바로 근처에 살고 있다.)

(17) 岡田(おかだ)さんを{知(し)っていますか・× 知(し)りますか}。
(오카다 씨를 {압니까? / 알고 있습니까?})

3.4 형용사적 동사

「**형용사적 동사**」는 「金田一春彦(きんだいちはるひこ)」의 동사 분류에 따르면 「**第四種의 動詞**」에 해당한다. 일본어 동사 중에는 「すぐれる」와 같이 형태는 동사이면서도 의미적으로는 형용사와 마찬가지로 주체의 성질이나 상태를 나타내는 일군의 동사가 있는데, 이를 형용사적 동사라고 한다. 형용사적 동사는 「東京(とうきょう)から20(にじゅっ)キロぐらい離(はな)れている; 도쿄에서 20킬로 정도 떨어져 있다」와 같이 문말에 쓰일 때는 항상 「~ている」 형태를 취하고 명사를 수식할 때는 「駅(えき)から2(に)キロぐらい離(はな)れたところ; 역에서 2킬로 정도 떨어진 곳」과 같이 일반적으로 「~た[완료]」를 취하고, 「~ている」 형태가 되는 일은 많지 않다.

(1a) チンパンジーは他(た)の動物(どうぶつ)より知能(ちのう)が{すぐれている・× すぐれる}。
(침팬지는 다른 동물보다 지능이 뛰어나다.)

(1b) 彼(かれ)はすぐれた才能(さいのう)を持(も)っている。
(그는 뛰어난 재능을 가지고 있다.)

(2a) この子(こ)はほんとうにお父(とう)さんによく{似(に)ている・× 似(に)る}。
(이 아이는 정말로 아버지를 많이 닮았다.)

(2b) あの子(こ)はお母(かあ)さんによく似(に)たかわいい目(め)をしている。
(그 아이는 어머니를 많이 닮은 귀여운 눈을 하고 있다.)

(3a) 教会(きょうかい)の屋根(やね)は{尖(とが)っている・× 尖(とが)る}。
(교회 지붕은 뾰족하다.)

(3b) 彼女(かのじょ)は先(さき)の尖(とが)った靴(くつ)を履(は)いている。

---

21) 다음과 같이 사실 묘사문에서는 「住(す)む」가 쓰인다.
「高齢者(こうれいしゃ)がいる家庭(かてい)は1階(いっかい)に住(す)む。; 고령자가 있는 가정은 1층에 산다.」
「その半島(はんとう)から水(みず)が流(なが)れ、木(き)が育(そだ)ち、草(くさ)が繁(しげ)る。そして動物(どうぶつ)が生(い)きる。人間(にんげん)が住(す)む。; 그 반도에서 물이 흘러, 나무가 자라고 풀이 무성하다. 그리고 동물도 산다. 사람이 산다.」

(그녀는 끝이 뾰족한 구두를 신고 있다.)

(4a) わたしの田舎(いなか)は町(まち)から5(ご)キロぐらい{離(はな)れている・× 離(はな)れる}。
(내 고향은 마을에서 5킬로 정도 떨어져 있다.)

(4b) 空港(くうこう)から3(さん)キロぐらい離(はな)れたところに工場(こうじょう)がある。
(공항에서 3킬로 정도 떨어진 곳에 공장이 있다.)[22]

(5a) 高層(こうそう)ビルが空(そら)高(たか)く{そびえている・× そびえる}。
(고층 빌딩이 하늘 높이 솟아 있습니다.)

(5b) あそこにそびえている山(やま)があの有名(ゆうめい)な富士山(ふじさん)です。
(저기에 솟아 있는 산이 바로 그 유명한 후지산입니다.)

(6) わたしよりもすぐれた方(かた)である。
(나보다도 뛰어난 분이다.)

---

[22] 李成圭等著(1996)『홍익나가누마 일본어2』홍익미디어. pp. 153-154에서 인용하여 일부 수정함.

4. 의지동사(意志動詞)와 무의지동사(無意志動詞)

「**의지동사(意志動詞 ; いしどうし)**」는 통상 행위자의 의식적 선택에 의해 해당 행위를 행할 수 있는 종류의 동사를 의미하는데, 이때 자동사, 타동사의 구별은 문제 삼지 않는다. 이에 대해 「**무의지동사(無意志動詞 ; むいしどうし)**」는 작용·현상의 주체가 자연·무생물과 같이 통상 의지를 가지고 있다고 인정되지 않는 것이나 주체가 의지를 가지고 있는 인간의 경우에도 주체의 의지가 해당 동작에 미치지 않는 것을 의미한다. 여기에 속하는 것에는

(1) 「雨(あめ)が降(ふ)る ; 비가 오다」
(2) 「薬(くすり)が利(き)く ; 약이 듣다」
(3) 「目(め)が覚(さ)める ; 깨다」

와 같이 자동사가 많은데, 의지성(意志性)과 무의지성(無意志性)은 개별 동사의 고유의 성질이라고 하기보다는 해당 동사의 구체적인 용법에 의한 구별이라는 성격이 강하다.

「의지동사」와 「무의지동사」의 구별을 소위 「**권유형**」·「**명령형**」의 유무에 둘 경우, 다음과 같이, 권유형과 명령형을 본래의 의미로 사용할 수 없는 동사가 「무의지동사」의 범주에 들어간다. 여기에는 다음과 같은 부류의 동사가 포함된다.

(4) 「川(かわ)が流(なが)れる ; 강물이 흐르다」(무생물의 움직임)
(5) 「雨(あめ)が降(ふ)る ; 비가 오다」(자연현상)
   「雨(あめ)がやむ ; 비가 그치다」
   「太陽(たいよう)が光(ひか)る ; 태양이 빛나다」
(6) 「疲(つか)れる ; 피곤하다」(인간의 생리적인 현상)
   「喉(のど)がかわく ; 목이 마르다」
   「お腹(なか)が空(す)く ; 배가 고프다」
(7) 「飽(あ)きる ; 물리다, 질리다」(인간의 심리적인 현상)
(8) 「書(か)ける ; 쓸 수 있다」(가능동사)
   「泳(およ)げる ; 헤엄칠 수 있다」

따라서 동일한 동사의 경우에도 주체의 종별에 따라, 또는 상황에 따라 「의지동사」가 되기도 하고, 「무의지동사」가 되기도 한다.

(9a) この公園(こうえん)を通(とお)って行(い)こうか。[의지동사]
    (이 공원을 지나갈까?)

(9b) 川(かわ)が山(やま)の間(あいだ)を通(とお)って流(なが)れている。[무의지동사]
    (강이 산 사이를 지나 흐르고 있다.)

5. 결과동사(結果動詞)와 비결과동사(非結果動詞)

「**결과동사(結果動詞 ; けっかどうし)**」는 동작이나 작용이 이루어진 다음, 어떤 결과를 초래하는 그런 부류의 동사를 의미하는데, **藤井正(1976)**가「『動詞＋ている』の意味」에서 처음으로 지적했다. 「~ている」의 형태로 쓰여 결과의 상태를 나타내는 동사는「金田一春彦(きんだいちはるひこ ; 1950)」이후, 순간동사라고 불리고 있었는데, 「藤井(ふじい)」는 이를 재검토하여, 「계속동사(継続動詞 ; けいぞくどうし)」・「순간동사(瞬間動詞 ; しゅんかんどうし)」라는 대립과는 별도로 동사에 「**결과동사(結果動詞 ; けっかどうし)**」・「**비결과동사(非結果動詞 ; ひけっかどうし)**」의 구별의 필요성을 주장했다. 동작・작용을 나타내는 동사에 「**결과성(結果性)**」이라는 개념을 도입할 경우 다음의 4종류로 분류된다.

① 계속동사이면서 결과동사인 것
「行(い)く ; 가다」
「乗(の)る ; 타다」
「花(はな)が散(ち)る ; 꽃이 지다」
「落(お)ちる ; 떨어지다」
「切(き)る ; 끊다, 자르다」 등

② 계속동사이면서 비결과동사인 것
「歌(うた)う ; 노래를 부르다」
「書(か)く ; 쓰다」
「聞(き)く ; 듣다」
「働(はたら)く ; 일하다」
「読(よ)む ; 읽다」 등

③ 순간동사이면서 결과동사인 것
「終(おわ)る ; 부르다」
「知(し)る ; 알다」
「見(み)つかる ; 찾다, 발견되다」
「始(はじ)まる ; 시작되다」
「病気(びょうき)が治(なお)る ; 병이 낫다」
「しゃがむ ; 쭈그리고 앉다」
「雨(あめ)がやむ ; 비가 그치다」

「結婚(けっこん)する ; 결혼하다」
「出発(しゅっぱつ)する ; 출발하다」
「到着(とうちゃく)する ; 도착하다」 등

④ 순간동사이면서 비결과동사인 것
「知(し)り合(あ)う ; 서로 알다」
「表(おもて)へ飛(と)び出(だ)す ; 밖으로 뛰어나가다」
「見送(みおく)る ; 배웅하다」
「事件(じけん)が起(お)こる ; 사건이 일어나다」
「一瞥(いちべつ)する ; 일별하다」
「遭遇(そうぐう)する ; 조우하다」
「目撃(もくげき)する ; 목격하다」

「藤井(ふじい)」는「~ている」의 형태가 결과의 상태를 나타내는 것은 해당 동사가 순간동사이기 때문이 아니라, 결과동사이기 때문이라고 주장하는 것이다.

6. 가능동사(可能動詞)

「**가능동사(可能動詞 ; かのうどうし)**」란 외형상

「言(い)う → 言(い)える」
「書(か)く → 書(か)ける」
「話(はな)す → 話(はな)せる」
「読(よ)む → 読(よ)める」

와 같이, 「5단동사」의 어미 [-u]를 [-eru]로 바꿔, 즉 「하1단동사」와 같이 파생시켜, 가능의 의미를 나타내게 한 것을 말한다. 현재 규범의식 입장에서의 학교문법에서 가능동사를 만들 수 있는 것은 5단동사에 한정된다. 그러나 언어변화라는 통시적 관점에서 보면, 동사의 가능표현이 「~れる・~られる」라는 문법형식에서 어형(語形)변화라는 형태로 이행하고 있는 과정에서 동사의 중핵적인 부분을 차지하고 있는 5단동사에 그 변화가 시작되어 주변부로 확대되고 있다고 해석된다.

「~れる・~られる」는 「**자발(자연가능)**」에서 용법이 확대되어, 「**자발(自発 ; じはつ)**」・「**수동(受動 ; じゅどう)**」・「**가능(可能 ; かのう)**」・「**존경(尊敬 ; そんけい)**」의 의미・용법까지 담당하게 되었는데, 한편으로 단일 형태에 대한 과도한 [기능]이라는 역현상이 나타나게 되었다.

수동과 존경은 구문적인 차이로 충돌하지 않고 문제가 해결되었고, 자발도 그 용법이 의미적 제약으로 인해 사고나 감정을 나타내는 일부 동사에 한정되어 있기 때문에 큰 문제가 되지 않았으나, 가능의 경우는 사정이 여의치 않았다. 결국 [**기능분담**]을 경감시키기 위해서는 다른 형태로의 변신이 요구되었던 바, 의미적 근접성이 인정되고 수적(數的)으로도 과소 상태에 있는 「자발동사(자발표현)」쪽으로의 변신이 자연스러운 해결 방법이었을 것이다. 이러한 요인이 작용하여 현재의 가능동사가 출현하게 된 것이다.

5단 이외의 동사의 경우는,

「見(み)る   → 見(み)られる」
「起(お)きる → 起(お)きられる」
「出(で)る   → 出(で)られる」
「食(た)べる → 食(た)べられる」
「来(く)る   → 来(こ)られる」

와 같이 조동사「~られる」를 접속시킴으로써 **가능표현**이 성립한다. 그러나 이 형태는 가능의 의미뿐만 아니라, 수동, 존경 등의 의미도 나타낼 수 있기 때문에 통상 가능동사라고는 하지 않는다.

5단동사의 경우도 과거에는「行(い)く → 行(い)かれる」「飲(の)む → 飲(の)まれる」「帰(かえ)る → 帰(かえ)られる」와 같이 조동사「~れる」에 의해 가능을 나타냈지만, 현재는 다음의「行(い)かれる・飲(の)まれる・帰(かえ)られる」정도가 사용되고 있을 뿐으로 일반적으로는「行(い)かれる・飲(の)める・帰(かえ)れる」와 같은 가능동사를 주로 사용하는 추세에 있다.

(1) 前(まえ)に一度(いちど)行(い)ったことがあるから、一人(ひとり)で行(い)かれる。
　　(전에 한 번 간 적이 있으니, 혼자서 갈 수 있다.)
(2) お酒(さけ)も高(たか)くて飲(の)まれない。
　　(술도 비싸서 마실 수 없다.)
(3) 羽衣(はごろも)がなければ天(てん)に帰(かえ)られません。
　　(우의(깃옷)가 없으면 하늘에 못 돌아갑니다.)

5단동사의 가능표현은 중세에서 근대에 걸쳐 점차 가능동사가 대신하게 되었다. 이러한 언어변화의 배경에는 앞에서 언급한 바와 같이「~(ら)れる」라는 조동사에 과중한 기능이 부가되어 있었다는 점을 들 수 있다.

그런데 최근 젊은 세대를 중심으로「見(み)れる」・「出(で)れる」・「食(た)べれる」・「来(こ)れる」와 같은 소위「**ラ抜(ぬ)き言葉(ことば)**」의 형태를 사용하는 사람이 증가하자, 이를 규범의식 측면에서「**오용(誤用；ごよう)**」으로 다루는 경우가 있는데, 이것은 5단동사 이외의 동사에도 가능동사의 형태를 확대하고자 하는 언중의 심리가 작용하고 있다. 다시 말하면 5단동사의 가능동사화(可能動詞化)에 **유추(類推)**되어 발생한 것이라고 이해하면 될 것이다. 이와 같은 현상은 동사 활용의 종류에 관계없이 [-u → -eru]와 같은 형태변화에 의해 가능동사가 만들어진다면, 활용의 종류에 따라 가능형의 생성 방식이 다른 종래의 방법보다도 오히려 생산적이고 정합성(整合性)이 있다. 이러한 점에서「ラ抜(ぬ)き言葉(ことば)」의 문제는 **언어운용(言語運用)**이라는 관점에서 보면, 가능동사의 출현과 표리일체의 관계에 있다.

한편으로 5단동사 중에서 기본형이「-ru」로 끝나는 동사의 경우, 이를 가능동사로 하면,

　　「移(うつ)る → 移(うつ)れる」

「帰(かえ)る → 帰(かえ)れる」
「作(つく)る → 作(つく)れる」

와 같이 [-reru]의 형태가 된다. 이러한 형태가 외형상 「ら抜(ぬ)き言葉(ことば)」와 구별이 되지 않기 때문에 역으로 위화감(違和感)을 느끼는 사람이 있을지도 모른다.

그리고 모든 5단동사가 어떤 경우에도 가능동사의 형태로 가능의 의미를 나타내는 것은 아니라는 점에 유의해야 한다. 예를 들어, 공통어(共通語)를 사용하는 사람인 경우도

(4a) 「行(い)けない」를
(4b) 「行(い)かれない」

라고 표현하는 사람이 많고,

(5a) うるさくて読(よ)まりゃしない。(「読(よ)まれはしない」의 축약)
    (시끄러워서 읽을 수가 없다.)

라고 할 경우,

(5b) 読(よ)めや[読(よ)めは]しない。
    (읽을 수가 없다.)

와 같은 정도로 받아들일 것이다. 또한 가능동사로 말할 수 있는 것은 의지적인 동사에 한정된다. 따라서

(6) × この植物(しょくぶつ)は寒(さむ)いところでも育(そだ)てる。[→ 育(そだ)つことができる]
    (이 식물은 추운 곳에서도 자랄 수 있다.)

(7) × 事前(じぜん)に気(き)づけなかった。[→ 気(き)づくことができなかった]
    (사전에 생각하지 못했다.)

따라서 (3)은 「育(そだ)つ → 育(そだ)てる(타동사)」, (4)는 「気(き)づく → 気(き)づける(?)」와 같은 형식으로는 가능표현을 사용하지 않고, 그 대신 「~ことができる」의 형식을 사용한다. 가능표현의 경우 다양한 형식이 공존하고 있는데, 이때 어느 형식을 사용할 것인가는 지역 차·연령 차 등도 관계하고 있다는 것도 고려해야 한다.

제3장 한어의 동사화 I

1. 형식동사「する」
2. 고유어의「する」동사화
3. 한어의 동사화

1. 형식동사「する」

일본어 동사에 있어서「**한어(漢語 ; かんご)**」에 기원을 둔 동사, 즉「**한어동사(漢語動詞 ; かんごどうし)**」가 차지하는 비중은 상당히 높고, 이 점은 한국어에 있어서도 마찬가지이다. 또한 양 언어의 한어동사 사이에는 많은 유사성이 인정되지만, 세부 사항에 있어서는 차이점 또한 적잖이 지적되고 있다. 그러나 외형상의 유사성 못지않게 양 언어의 한어동사간의 차이점, 예를 들어, ①품사간의 이동(異同), ②자동성(自動性)·타동성(他動性)의 차이라는 문법적 이동(異同) 문제, ③동일 한어에 있어서의 의미적 차이 등에 대해서는 아직 체계적인 연구가 이루어지고 있지 않다.

일본어에 있어서 **한어의 동사화(動詞化)**는 한어(漢語)에 형식동사「**する**」가 접속함으로써 실현되는데, 일본어의「する」는 한어의 동사화에만 관여하는 것이 아니라, 일본어의 어휘 전반에 걸쳐 기능하고 있다. 일본어 어휘체계 속에서 **고유어(和語 ; わご)**, **한어(漢語)**, **외래어(外来語)**가 각각의 기능과 역할을 담당하고 있다. 그러나 명사에서 동사로의 전환이라는 점을 고려하면,「동사화접사(動詞化接辞)」인「する」의 기능을 한어의 동사화에 국한시키지 않고, 다른「어종(語種)」의 동사화에 참여하는「する」에 대해서도 함께 관찰할 필요가 있다.

2. 고유어의 「する」동사화

일본어에서 ①명사, ②동사의 연용형, ③형용사의 어간, ④형용동사의 어간, 그리고 ⑤ 부사(의성어 및 의태어를 포함하여)는 기본적으로 명사적 성격을 띠고 있다. 「**명사성(名詞性)**」을 내재하고 있는 이들 「**어기(語基)**」에 「**する**」가 접속되어, 동작·작용 등의 뜻을 부가한다고 할 수 있다.

2.1 「고유어 명사+する」

이하 본서에서 제시하는 어휘 정보에 관해서는

[1] ≪4, 3, 2, 1**級語彙**≫는 [『日本語能力試験出題基準』〈文字·語彙〉, 国際交流基金·財団法人 日本国際教育教会.],

[2] [**基本**]는 [樺島忠夫(1972) ; 「基本語彙」(『国語シリーズ 別冊1 日本語と日本語教育-語彙編-』所収, 文化庁.)],

[3] 〈**外基**〉는 [『外国人のための基本語用例辞典』(第二版), 1971年初版, 1975年第二版, 文化庁 {基本語 4000語＋擬声語·擬態語}]

에 따르고 있다.

또한 현행 일본어 어휘 연구의 문제점 및 그 대안에 관해서는 [李成圭(2003d)『日本語語彙論 構築을 위하여 - 日本語 実用文法의 展開1 -』不二文化.]와 [李成圭(2003e)『日本語語彙I-日本語 実用文法의 展開 II-』不二文化.]에 구체적으로 제시되어 있다.

먼저 고유어 계열의 명사에 「する」가 접속되어 동사화하는 예를 살펴보자.

◇「고유어 계열의 명사+する」
  (1) 額(ひたい)に汗(あせ)する。
      (이마에 땀을 흘리다.)≪2, 1級語彙≫〔外基〕
  (2) 称賛(しょうさん)に値(あたい)する。
      (칭찬할 만하다.)≪1級語彙≫[基本]

(3) マッチをいたずらしてはいけない。
　　(성냥을 가지고 장난 쳐서는 안 된다.)≪2, 1級語彙≫〔外基〕
(4) 人(ひと)の噂(うわさ)する。
　　(남의 이야기를 하다.)≪2, 1級語彙≫〔外基〕
(5) 何事(なにごと)にも心(こころ)せよ。
　　(모든 일에 조심할지어다.)≪2, 1級語彙≫
(6) 旅(たび)する〈여행하다〉≪2, 1級語彙≫〔外基〕
(7) 罪(つみ)する〈벌을 주다 / 처벌하다〉≪2, 1級語彙≫
(8) その話(はなし)を聞(き)いて涙(なみだ)しない者(もの)はなかった。
　　(그 이야기를 듣고 눈물을 흘리지 않는 사람은 없었다.)≪2, 1級語彙≫〔外基〕
(9) 石(いし)に枕(まくら)する。
　　(돌을 베개로 삼고 자다.)≪2, 1級語彙≫〔外基〕
(10) ★やっぱり男性(だんせい)は「視覚(しかく)」で恋(こい)をする。
　　(역시 남성은 시각으로 사랑을 한다.)≪1級語彙≫
(11) 母(はは)はいつも弟(おとうと)に味方(みかた)する。
　　(어머니는 늘 동생 편을 든다.)≪2, 1級語彙≫〔外基〕
(12) 浮気(うわき)する〈바람을 피우다〉≪1級語彙≫
(13) 道(みち)が凸凹(でこぼこ)している。
　　(길이 울퉁불퉁하다.)≪2, 1級語彙≫〔外基〕
(14) 寝坊(ねぼう)して学校(がっこう)に遅(おく)れる。
　　(늦잠을 자서 학교에 늦다.)≪2, 1級語彙≫
(15) ドライアイスで火傷(やけど)する。
　　(드라이아이스에 데다.)≪2, 1級語彙≫
(16) お洒落(しゃれ)したい年頃(としごろ)。
　　(멋을 부리고 싶은 나이.)〔外基〕
(17) 厚着(あつぎ)する〈옷을 두껍게 입다〉〔外基〕
(18) 薄着(うすぎ)する〈옷을 얇게 입다〉〔外基〕
(19) 予算(よさん)を無駄遣(むだづか)いする。
　　(예산을 낭비하다.)≪1級語彙≫〔外基〕
(20) 目(め)で合図(あいず)する。
　　(눈짓하다.)≪2, 1級語彙≫
(21) 深々(ふかぶか)とお辞儀(じぎ)する。
　　(정중히 인사를 하다.)〔外基〕
(22) 後始末(あとしまつ)する〈뒤 마무리를 하다〉〔外基〕
(23) 後片付(あとかたづ)けする〈뒤처리를 하다〉〔外基〕

(24) 雨宿(あまやど)りする〈비를 긋다 / 비가 그치기를 잠시 기다리다〉〔外基〕
(25) うっかり思(おも)い違(ちが)いする。
    (깜빡 착각하다.)
(26) 勘違(かんちが)いするな。
    (착각하지 마.)≪2, 1級語彙≫
(27) 人(ひと)に気兼(きがね)する。
    (남을 스스러워하다.)〔外基〕
(28) 小売(こう)りする〈소매하다 / 산매하다〉≪1級語彙≫
(29) 指図(さしず)する〈지시하다 / 일을 시키다〉〔外基〕
(30) 下書(したがき)する〈초안을 잡다〉≪2, 1級語彙≫〔外基〕
(31) 手入(てい)れする〈손질하다〉≪2, 1級語彙≫〔外基〕
(32) 農閑期(のうかんき)に出稼(でかせ)ぎする。
    (농한기에 타지에 돈 벌러 나가다.)
(33) 手続(てつづ)きする〈수속하다〉≪2, 1級語彙≫〔外基〕
(34) 一(いち)から出直(でなお)しする。
    (처음부터 다시 하다.)≪1級語彙≫
(35) お年寄(としよ)りを手引(てび)きして道(みち)を渡(わた)る。
    (노인을 인도하다 길을 건너다.)≪1級語彙≫〔外基〕
(36) 手分(てわ)けする〈분담하다〉≪1級語彙≫〔外基〕
(37) 子供(こども)ができるまで共働(ともばたら)きする。
    (아이가 생길 때까지 맞벌이하다.)≪1級語彙≫
(38) 相手(あいて)の名前(なまえ)を度忘(どわす)れする。
    (상대 이름을 깜빡 잊다.)≪1級語彙≫
(39) 仲直(なかなお)りする〈화해하다〉≪2, 1級語彙≫〔外基〕
(40) 社会人(しゃかいじん)に仲間入(なかまい)りする。
    (사회인 대열이 합류하다.)〔外基〕〔外基〕
(41) 荷造(にづく)りする〈짐을 싸다〉≪1級語彙≫
(42) 値引(ねび)きする〈가격을 깎다〉≪1級語彙≫
(43) 量産(りょうさん)して値下(ねさ)げする。
    (양산해서 가격을 내리다.)
(44) 運賃(うんちん)を値上(ねあ)げする。
    (운임을 인상하다.)
(45) あらかじめ根回(ねまわ)ししておく。
    (미리 사전에 교섭해 두다.)≪1級語彙≫
(46) 日帰(ひがえ)りする〈당일치기로 왕복하다〉≪2, 1級語彙≫

(47) ここらで一休(ひとやす)みしましょう。
　　(이쯤에서 잠시 쉽시다.)≪2, 1級語彙≫〔外基〕
(48) 真(ま)っ黒(くろ)に日焼(ひや)けする。
　　(새까맣게 피부가 타다.)≪1級語彙≫〔外基〕
(49) 前売(まえう)りする〈예매하다〉≪1級語彙≫
(50) 夜更(よふ)かししてゲームした。
　　(밤을 새워 게임을 했다.)≪1級語彙≫〔外基〕
(51) 一万円札(いちまんえんさつ)を百円玉(ひゃくえんだま)に両替(りょうがえ)する。
　　(1만 엔 권 지폐를 100엔짜리 동전으로 바꾸다.)≪2, 1級語彙≫
(52) 残品(ざんぴん)を割引(わりびき)して売(う)る。
　　(남은 물건을 할인해서 팔다.)
(53) 割引(わりびき)して考(かんが)える必要(ひつよう)がある。
　　(에누리해서 생각할 필요가 있다.) ≪2, 1級語彙≫
(54) 授業中(じゅぎょうちゅう)に居眠(いねむ)りする。
　　(수업 시간에 앉아서 졸다.)≪2,1級語彙≫
(55) お付(つ)き合(あ)いする〈교제하다〉≪2, 1級語彙≫
(56) 出入(でい)りする〈출입하다〉≪2, 1級語彙≫[基本]〔外基〕
(57) 取(と)り扱(あつか)いする〈다루다〉≪1級語彙≫〔外基〕
(58) 取消(とりけ)しする〈취소하다〉≪2, 1級語彙≫〔外基〕
(59) 反対等(はんたいとう)と取引(とりひき)する。
　　(반대당과 흥정하다.)≪1級語彙≫〔外基〕
(60) 引越(ひっこ)しする理由(りゆう)はこんなものもある。
　　(이사하는 이유는 이런 것도 있다.)≪2,1級語彙≫〔外基〕
(61) 真似(まね)する＝真似(まね)る〈흉내 내다 / 모방하다〉≪2, 1級語彙≫〔外基〕
(62) 見合(みあ)いする・お見合(みあ)いする〈맞선을 보다〉≪1級語彙≫
(63) 空港(くうこう)でお見送(みおく)りするとか、駅(えき)で見送(みおく)るとか。
　　(공항에서 전송하거나, 역에서 전송하거나.)〔外基〕
(64) 玄関(げんかん)は、お客様(きゃくさま)をお出迎(でむか)えするところであると同時(どうじ)に、毎日(まいにち)出入(でい)りする空間(くうかん)でもあります。
　　(현관은 손님을 마중하는 곳인 동시에 매일 출입하는 공간이기도 합니다.)
(65) 一発(いっぱつ)お見舞(みま)いするか。
　　(한 대 먹여 줄까.)≪2, 1級語彙≫〔外基〕

「売(う)り+買(か)い；복합명사+する」와「居眠(いねむ)り(복합동사의 연용형)+する」

1.「[売(う)り+買(か)い；복합명사]+する」유형

「売(う)り買(か)いする」；매매하다. 사고팔다. 장사하다. 복합명사「売(う)り買(か)い」에 형식동사「する」가 붙어 동사화한 말로「× 売(う)り買(か)う」의 형태의 복합동사는 존재하지 않는다. 즉, 《「× 売(う)り買(か)う → 売(う)り買(か)い」+「する」》와 같은 파생 과정이 있는 것이 아니라, 《「売(う)り+買(か)い」[복합명사]+「する」》와 같은 구조를 취하는 동사이다.

(1) でも、目(め)に見(み)えないものを売(う)り買(か)いするのはいろいろ面倒(めんどう)なことが起(お)こります。
(하지만 눈에 보이지 않는 것을 매매하는 것은 여러 가지로 귀찮은 일이 생깁니다.)

「出入(でい)りする」는《「× 出入(でい)う → 出入(でい)り」+「する」》와 같은 파생 과정이 있는 것이 아니라, 《「出(で)+入(い)り」[복합명사]+「する」》와 같은 구조를 취하는 동사이다.

(2) FBI捜査官(そうさかん)として、私(わたし)たちはバッジを見(み)せるだけで国内(こくない)のどこの刑務所(けいむしょ)にも出入(でい)りすることができる。
(FBI 수사관으로서 우리들은 배지를 보이기만 하면 국내의 어느 형무소에도 출입할 수 있다.)

「出稼(でかせ)ぎする」는《「× 出稼(でかせ)ぐ → 出稼(でかせ)ぎ」+「する」》와 같은 파생 과정이 있는 것이 아니라, 《「出(で)+稼(かせ)ぎ」[복합명사]+「する」》와 같은 구조를 취하는 동사이다.

(3) 前述(ぜんじゅつ)した三〇年代(さんじゅうねんだい)前半(ぜんはん)の「燃料(ねんりょう)革命(かくめい)」によって、薪炭(しんたん)生産(せいさん)による現金(げんきん)収入(しゅうにゅう)の確保(かくほ)が困難(こんなん)となり、三十五年(さんじゅうごねん)以降(いこう)、主(しゅ)として関東(かんとう)方面(ほうめん)へ出稼(でかせ)ぎする者(もの)が急増(きゅうぞう)した。
(전술한 30년대 전반의「연료 혁명」에 의해 신탄(薪炭) 생산에 의한 현금 수입 확보가 곤란해져서 35년 이후, 주로 간토 방면으로 타지에 나가서 돈을 버는 사람들이 급증했다.)

「駆(か)け引(ひ)きする」는《「× 駆(か)け引(ひ)く → 駆(か)け引(ひ)き」+「する」》와 같은 파생 과정이 있는 것이 아니라, 《「駆(か)け+引(ひ)き」[복합명사]+「する」》와 같은 구조를 취

하는 동사이다.

(4) 彼(かれ)は外国(がいこく)の人々(ひとびと)とうまく駆(か)け引(ひ)きする術(すべ)を知(し)っているし、破壊(はかい)を行(おこな)っている人(ひと)の立場(たちば)にも理解(りかい)を示(しめ)す。
(그는 외국 사람들과 잘 흥정하는 방법도 알고 있었고, 파괴를 행하고 있는 사람의 입장에도 이해를 보인다.)

「取引(とりひき)する ; 거래하다」도 복합명사「取引(とりひき)」에「する」가 후접해서 동사화한 말로「× 取(と)り引(ひ)く」와 같은 복합동사는 없다.

(5) たとえば、潜在的(せんざいてき)顧客(こきゃく)は、経営難(けいえいなん)の企業(きぎょう)と取(と)り引(ひ)きすることに気(き)が進(すす)まない。
(예를 들어 잠재적 고객은 경영난의 기업과 거래하는 것에 마음이 내키지 않는다.)

「読(よ)み書(か)きする ; 읽고 쓰다」도 복합명사「読(よ)み書(か)き」에「する」가 후접해서 동사화한 말로「× 読(よ)み書(か)く」라는 복합동사는 존재하지 않는다.

(6) たとえ、専門家(せんもんか)であったとしても、たとえば、日本人(にほんじん)で日本語(にほんご)を読(よ)み書(か)きする読者(どくしゃ)に物語(ものがたり)を語(かた)るとなれば、日本語(にほんご)を使(つか)うしかありません。
(설령, 전문가였다고 하더라도 예를 들어 일본인으로 일본어를 읽고 쓰는 독자에게 이야기를 하려면 일본어를 사용할 수밖에 없다.)

2.「[居眠(いねむ)り](복합동사의 연용형)＋する」유형

한편,「居眠(いねむ)る ; 앉아서 졸다」와 같은 복합동사의 경우에는 동사의 연용형을 전성명사로 만들어 이것에 다시 형식동사「する」를 후접시켜「居眠(いねむ)り(동사의 연용형)＋する」와 같은「する동사」로도 사용할 수 있다.

(7) 壁(かべ)を背(せ)にして居眠(いねむ)る。
(벽을 등으로 해서 앉아서 졸다.)

(8) 妻(つま)がクラシックに目(め)がなくて、ぼくはどうせ居眠(いねむ)りするつもりで出(で)かけて行(い)ったんです。
(집사람이 클래식에는 안목이 없어 나는 어차피 앉아서 졸 생각으로 나갔습니다.)

「取消(とりけ)す ; 취소하다」와 같은 복합동사의 경우에도 동사의 연용형을 전성명사로 만들어 이것에 다시 형식동사「する」를 후접시켜「[取消(とりけ)し(동사의 연용형)+する」와 같이「する동사」로도 사용할 수 있다.

(9) 危険(きけん)の予防(よぼう)のため必要(ひつよう)があると認(みと)める時(とき)は、その許可(きょか)を取消(とりけ)すことができる。
(위험 예방을 위해 필요가 있다고 인정될 때는 그 허가를 취소할 수 있다.)

(10) この場合(ばあい)は労働(ろうどう)契約(けいやく)が成立(せいりつ)したとみなされますので、会社(かいしゃ)の都合(つごう)で取消(とりけ)しする場合(ばあい)には、相応(そうおう)の補償(ほしょう)が必要(ひつよう)です。
(이 경우에는 노동 계약이 성립되었다고 간주되기 때문에 회사 사정에 따라 취소할 경우에는 상당하는 보상이 필요합니다.)

「支払(しはら)う ; 지불하다」와 같은 복합동사의 경우에도 동사의 연용형을 전성명사로 만들어 이것에 다시 형식동사「する」를 후접시켜「[支払(しはら)い(동사의 연용형)+する」와 같이「する동사」로도 사용할 수 있다.

(11) 同(どう)機構(きこう)は、会社(かいしゃ)に代(か)わって退職金(たいしょくきん)を支払(しはら)う団体(だんたい)です。
(동 기구는 회사를 대신하여 퇴직금을 지불하는 단체입니다.)

(12) 年末(ねんまつ)、銀行(ぎんこう)はいつまで営業(えいぎょう)してますか？ 支払(しはら)いするの忘(わす)れてました。
(연말에 은행은 언제까지 영업합니까? 돈 내는 것을 잊고 있었습니다.)

「取(と)り扱(あつか)う ; 취급하다」와 같은 복합동사의 경우에도 동사의 연용형을 전성명사로 만들어 이것에 다시 형식동사「する」를 후접시켜「[取(と)り扱(あつか)い(동사의 연용형)+する」와 같이「する동사」로도 사용할 수 있다.

(13) 比較的(ひかくてき)軽微(けいび)な交通(こうつう)違反(いはん)を行政(ぎょうせい)処分(しょぶん)によって取(と)り扱(あつか)うために、いくつかの制度(せいど)が設(もう)けられています。
(비교적 경미한 교통 위반을 행정처분에 의해 취급하기 위해 몇 가지 제도가 설치되어 있습니다.)

(14) 四年前(よねんまえ)に情報(じょうほう)公開(こうかい)制度(せいど)ができて、慎重(しんちょう)に取(と)り扱(あつか)いするようになり、私(わたくし)への[偽造(ぎぞう)]

依頼(いらい)もなくなりました。
(4년 전에 정보 공개 제도가 생겨 신중하게 취급함에 따라 사적인[위조의] 의뢰도 없어졌습니다.)

「付(つ)き合(あ)う ; 사귀다」와 같은 복합동사의 경우에도 동사의 연용형을 전성명사로 만들어 이것에 다시 형식동사「する」를 후접시켜「[付(つ)き合(あ)い(동사의 연용형)+する」와 같이「する동사」로도 사용할 수 있다.

(15) 仕事(しごと)に没頭(ぼっとう)したいと思(おも)っている以上(いじょう)に、魅力的(みりょくてき)[好(この)みの]な女(おんな)だったら、付(つ)き合(あ)うよ。
(일에 몰두하고 싶다고 생각하고 있는 이상으로 매력적인 [취향의] 여자라면, 사귈 거야.)

(16) 私(わたし)は今(いま)、すごく遠(とお)くに住(す)んでいる方(かた)とお付(つ)き合(あ)いしているんですが、いい年(とし)なので結婚(けっこん)の事(こと)も考(かんが)えてしまいます。
(저는 지금 무척 먼 곳에 살고 있는 분과 교재하고 있습니다만, 나이도 괜찮아서 결혼까지 생각하게 됩니다.)

「引(ひ)っ越(こ)す ; 이사하다」와 같은 복합동사의 경우에도 동사의 연용형을 전성명사로 만들어 이것에 다시 형식동사「する」를 후접시켜「[引(ひ)っ越(こ)し(동사의 연용형)+する」와 같이「する동사」로도 사용할 수 있다.

(17) そこで母親(ははおや)は市場(いちば)の近(ちか)くに引(ひ)っ越(こ)すことにした。ところが今度(こんど)は商売(しょうばい)の真似(まね)ばかりするので、学校(がっこう)の近(ちか)くに引(ひ)っ越(こ)した。
(그래서 어머니는 시장 근처에 이사 가기로 했다. 그런데 이번에는 장사하는 흉내만 해서 학교 근처로 이사했다.)

(18) アパートを引(ひ)っ越(こ)しすることになったんですが、入居(にゅうきょ)した時(とき)に自分(じぶん)で取(と)りつけたエアコンをそのアパートに置(お)いて行(い)こうと思(おも)います。
(집을 이사하게 되었습니다만, 입주할 때 제가 달은 에어컨을 그 집에 두고 가려고 생각합니다.)

2.2 「형용사의 어간·명사+み+する」

(1) 対面(たいめん)を{重(おも)んずる・重(おも)んじる}。
    (체면을 중시하다.) ≪1級語彙≫

(2) 人(ひと)を{軽(かろ)んずる・軽(かろ)んじる}。
    (사람을 얕보다.)

(3) 一行(いっこう)に{先(さき)んずる・先(さき)んじる}。
    (일행보다 먼저 가다.)

위의 예 중에서 (3)의 「先(さき)んずる・先(さき)んじる〈남보다 먼저 가다〉」를 제외하면, 전부 **「형용사의 어간+み+する」**에서 「~んずる / ~んじる」로 변화된 것이다. 형용사와 형용동사의 경우에는 명사와 달리, 직접 이들 어간에 「する」가 접속되어 새로운 동사가 생성되는 예가 거의 없는 것 같다. 이는 이미 용언으로서의 기능을 부여받은 형용사나 형용동사에서 다시 어간을 분리시켜, 이를 새로이 동사화할 필요가 없다는 데 기인한다.

그러나 한편으로 형용사나 형용동사의 경우에는

(4) 「高(たか)まる ; 높아지다, 고조되다」/「高(たか)める ; 높이다」
    「低(ひく)まる ; 낮아지다」/「低(ひく)める ; 낮추다」
    「強(つよ)まる ; 강해지다」/「強(つよ)める ; 강하게 하다」
    「弱(よわ)まる ; 약해지다」/「弱(よわ)める ; 약하게 하다」

(5) 「広(ひろ)がる ; 넓어지다」/「広(ひろ)げる ; 넓히다」

(6) 「かわいがる ; 귀여워하다」
    「恥(は)ずかしがる ; 부끄러워하다」
    「寒(さむ)がる ; 추위를 타다」

(4)의 「~まる·~める」, (5)의 「~がる·~げる」, (6)의 「~がる」와 같이 별개의 동사화 접사가 있다는 점도 원인(遠因)으로 작용하고 있다고 판단된다.

3. 한어의 동사화

「する」가 형식동사로서 본령(本領)을 발휘하는 것은 다름 아닌「**한어의 동사화**」, 즉「**한어동사(漢語動詞；かんごどうし)**」이다. 「**동작성(動作性)**」및「**작용성(作用性)**」을 내재하고 있는 한어의 경우, 「한어(漢語)＋する」라는 과정을 통해 동사로 기능하게 된다.

한어동사의 유형을 검토하는 데 있어서는「**한어 어간(漢語 語幹)**」을 구성하는 한자의 자수를 하나의 기준으로 삼을 수 있는데, 먼저 비교적 소수인「**1字 漢語＋する**」, 「**3字 漢語＋する**」, 「**4字 漢語＋する**」를 살펴본다.

한어동사에서 다수를 점하고 있는「**2字 漢語＋する**」에 관해서는 [제4장 한어의 동사화 Ⅱ]에서 검토한다.

여기에서는 가급적 불필요한 설명은 피하고, 가능한 한 많은 용례를 제시하고 있는데, 이것은 한·일 양 언어의 동사에서 한어동사가 차지하고 있는 비중을 고려하고, 동시에 양 언어의 한어동사의 유사성보다는 차이점에 주의를 환기시키는 데 주안점이 있기 때문이다.

3.1 「1字 漢語＋する」

「1字 漢語」에「する」가 접속되어 동사화하는 대표적인 예를 제시하면 다음과 같다.

(1) 愛(あい)する人(ひと)のために命(いのち)を捨(す)てる。
   (사랑하는 사람을 위해 목숨을 버리다.)
(2) ふるさとよ、わが愛(あい)するふるさとよ。
   (고향이여, 나의 사랑하는 고향이여.) ≪2,1級語彙≫ 〔外基〕 [基本]

[「愛する」의 부정은?]
이론적으로는「愛(あい)す → 愛(あい)さない」「愛(あい)する → 愛(あい)しない」와 같은 파생을 상정하기 쉬운데, 긍정의 경우, 「愛(あい)す」는 고풍스러운 말씨이고「愛(あい)する」쪽이 일반적으로 많이 쓰이고 있다. 이에 대해 부정의 경우에는, 「愛(あい)さない」쪽이 아직도 세력을 유지하고 있어「愛(あい)しない」를 압도하고 있다.[23]

---
23) http://www.yano.bc.ca/vansin/vansinpo068.htm를 참조.

(3) 敵(てき)を圧(あっ)する。
   (적을 압도하다.)

   聴衆(ちょうしゅう)を圧(あっ)する演説(えんぜつ)
   (청중을 압도하는 연설.)[基本]

(4) {学問(がくもん)・書(しょ)}に淫(いん)する。
   ({학문·독서}에 탐닉하다.)

   酒色(しゅしょく)に淫(いん)する。
   (주색에 빠지다.)

(5) 全国(ぜんこく)に足跡(そくせき)を印(いん)する。
   (전국에 발자취를 남기다.)[外基]

(6) 一堂(いちどう)に会(かい)する。
   (일당에 모이다.)

   旧友(きゅうゆう)に会(かい)する。
   (구우를 만나다.)[外基]

(7) 友情(ゆうじょう)を愛情(あいじょう)と解(かい)する。
   (우정을 애정으로 해석하다.)

   風流(ふうりゅう)を解(かい)する。
   (풍류를 이해하다.)

(8) 人(ひと)を介(かい)して聞(き)く。
   (중간에 사람을 넣어 듣다.)

(9) 健康(けんこう)を害(がい)する。
   (건강을 해치다.)

   人(ひと)を害(がい)する。
   (사람을 해치다.)[外基]

(10) 任務(にんむ)を課(か)する。
   (임무를 주다.)

(11) 復讐(ふくしゅう)の鬼(おに)と化(か)する。
   (복수의 화신으로 변하다.)

   焦土(しょうど)と化(か)する。
   (초토화되다.)[外基]

「愛(あい)さずにはいられない ; 사랑하지 않고는 견딜 수 없다」

(12) 意見(いけん)が合(がっ)する。
　　　(의견이 일치하다.)[基本]
(13) 教育(きょういく)に関(かん)して発言(はつげん)する。
　　　(교육에 관해 발언하다.)[基本]〔外基〕
(14) 非常時(ひじょうじ)に際(さい)する心得(こころえ)。
　　　(비상시에 임하는 마음가짐.)≪2, 1級語彙≫〔外基〕
(15) わたしの気持(きもち)を察(さっ)してください。
　　　(저의 심정을 헤아려 주십시오.)≪1級語彙≫
(16) 桃(もも)の実(み)が熟(じゅく)する。
　　　(복숭아가 익다.)

　　　機(き)が熟(じゅく)するのを待(ま)つ。
　　　(분위기가 무르익는 것을 기다리다.)

　　　革新(かくしん)の機運(きうん)が熟(じゅく)する。
　　　(혁신의 기운이 무르익다.)〔外基〕
(17) 自(みずか)ら名人(めいじん)と称(しょう)する。
　　　(스스로 명인이라고 일컫다.)

　　　遺族(いぞく)と称(しょう)して金品(きんぴん)を騙(だま)し取(と)る。
　　　(유족이라고 사칭하고 금품을 사취하다.)≪1級語彙≫
(18) 本人(ほんにん)であることを証(しょう)する。
　　　(본인인 것을 보증하다.)
(19) 黄帝(こうてい)の徳(とく)を頌(しょう)した歌(うた)。
　　　(황제의 덕을 칭송한 노래.)
(20) 善行(ぜんこう)を賞(しょう)する。
　　　(선행을 칭찬하다.)

　　　{花(はな)・月(つき)}を賞(しょう)する。
　　　({꽃・달}을 완상하다
(21) 空(そら)と海(うみ)とが接(せっ)する。
　　　(하늘과 바다가 접하다.)

　　　多(おお)くの人(ひと)に接(せっ)する。
　　　(많은 사람을 접하다.)[基本]≪2, 1級語彙≫
(22) 栄養(えいよう)を摂(せっ)する。
　　　(영양을 섭취하다.)

(23) {酒(さけ)・食(しょく)}を節(せつ)する。
    ({술・음식}을 절제하다.)

    時間(じかん)を節(せつ)する。
    (시간을 절약하다.)

(24) 実情(じつじょう)に即(そく)する。
    (실정에 맞다.)

    事実(じじつ)に即(そく)して考(かんが)える。
    (사실에 입각해서 생각하다.)≪1級語彙≫

(25) 法(ほう)に則(そく)して。
    (법에 의거하여.)

    前例(ぜんれい)に則(そく)する。
    (전례에 따르다.)

(26) 人間(にんげん)は哺乳類(ほにゅうるい)に属(ぞく)する。
    (인간은 포유류에 속한다.)≪1級語彙≫[基本]

(27) 対(たい)する二(ふた)つの辺(へん)。
    (마주하는 두 변.)

    政治(せいじ)に対(たい)する無関心(むかんしん)。
    (정치에 대한 무관심.)≪2, 1級語彙≫[基本]〔外基〕

(28) 師(し)の教(おし)えを体(たい)する。
    (스승의 가르침을 명심하여 지키다.)

(29) 「現代人(げんだいじん)と健康(けんこう)」と題(だい)する講演(こうえん)。
    (「현대인과 건강」이라고 제하의 강연.)≪1級語彙≫〔外基〕

(30) 目的地(もくてきち)に達(たっ)する。
    (목적지에 이르다.)

    基準(きじゅん)に達(たっ)する。
    (기준에 달하다.)≪2, 1級語彙≫

(31) 窮地(きゅうち)を脱(だっ)する。
    (궁지에서 벗어나다.)

    素人(しろうと)の域(いき)を脱(だっ)する。
    (아마추어의 영역을 벗어나다.)≪1級語彙≫

(32) その仕事(しごと)に適(てき)する人材(じんさい)を捜(さが)す。
    (그 일에 적합한 인재를 찾다.)≪2, 1級語彙≫[基本]

(33) 寒(さむ)さが骨身(ほねみ)に徹(てっ)する。
(뼛속까지 추위가 느껴지다.)

金(かね)儲(もう)けに徹(てっ)する。
(돈벌이에 철저히 매달리다.) ≪1級語彙≫

(34) 障害物(しょうがいぶつ)を撤(てっ)する。
(장애물을 철거하다.)

(35) 国運(こくうん)を賭(と)する。
(국운을 걸다.)

身命(しんめい)を賭(と)して戦(たたか)う。
(신명을 걸고 싸우다.)

(36) 鉄(てつ)を熱(ねっ)する。
(쇠를 달구다.)

熱(ねっ)しやすく冷(さ)めやすい人(ひと)。
(뜨거워지기 쉽고 식기 쉬운 사람.)[基本]

(37) いたずらした生徒(せいと)を罰(ばっ)する。
(장난한 학생을 벌주다.)

法(ほう)で罰(ばっ)せられる。
(법에 따라 처벌받다.) ≪2, 1級語彙≫

(38) 規則(きそく)に反(はん)する。
(규칙에 위반되다.)

親(おや)に反(はん)する。
(부모에게 거역하다.)

国王(こくおう)に反(はん)する。
(국왕에게 배반하다.) ≪2, 1級語彙≫

(39) その旅館(りょかん)は港(みなと)に面(めん)している。
(그 여관은 항구에 면해 있다.)

危機(きき)に面(めん)する。
(위기에 직면하다.) ≪1級語彙≫ 〔外基〕

(40) 再会(さいかい)を約(やく)して別(わか)れる。
(재회를 기약하고 헤어지다.)

長(なが)い名称(めいしょう)を約(やく)して言(い)う。
(긴 명칭을 줄여 말하다.)

経費(けいひ)を約(やく)する。
(경비를 절약하다.)

(41) 腕(うで)を扼(やく)して連行(れんこう)する。
(팔을 부여잡고 연행하다.)

重要(じゅうよう)な地点(ちてん)を扼(やく)する。
(중요한 지점을 장악하다.)

(42) トルストイの小説(しょうせつ)を日本(にほん)に訳(やく)する。
(톨스토이의 소설을 일본어로 번역하다.)≪2, 1級語彙≫〔外基〕

(43) 熟練(じゅくれん)を要(よう)する仕事(しごと)。
(숙련을 요하는 일.)

要(よう)して言(い)えば。
(요약해서 말하면.)

帰路(きろ)を要(よう)して討(う)つ。
(귀로에 잠복하고 있다가 치다.)[基本]

(44) 巨万(きょまん)の富(とみ)を擁(よう)する。
(거만의 재산을 지니다.)

人口(じんこう)百万(ひゃくまん)を擁(よう)する大都市(だいとし)。
(인구 백만을 수용하는 대도시.)

(45) 敬称(けいしょう)を略(りゃく)す。
(경칭을 생략하다.)

いちいちの説明(せつめい)は略(りゃく)する。
(일일이 설명은 생략한다.)≪2, 1級語彙≫

위의 한어동사 중에는 「**サ変活用(する)**」이외에도 다른 활용을 하는 것이 있는데, 둘 다 표준 형태로 인정되고 있다. 「訳(やく)する」・「略(りゃく)する」 등은 구어체에서는 「訳(やく)す」・「略(りゃく)す」와 같이 「**5단동사(五段動詞)**」활용을 한다.

(46) 日本語(にほんご)に訳(やく)されている作品(さくひん)もある。
(일본어로 번역되어 있는 작품도 있다.)

(47) 一切(いっさい)を略(りゃく)さず、詳細(しょうさい)に記録(きろく)する。
(모든 것을 생략하지 않고 상세히 기록한다.)

그리고「案(あん)ずる」・「応(おう)ずる」・「感(かん)ずる」・「信(しん)ずる」와 같은 유형의 한어동사는 구두어에서는「案(あん)じる」・「応(おう)じる」・「感(かん)じる」・「信(しん)じる」와 같이「**하1단동사(下1段動詞)**」로 사용되는 경향이 강하다.

(49) 案(あん)ずるには及(およ)ばない。
 (걱정할 필요가 없다.)

 将来(しょうらい)を{案(あん)ずる・案(あん)じる}。
 (장래를 걱정하다.)

 案(あん)ずるより産(う)むがやすし。
 (일이란 막상 해 보면 생각보다 쉬운 법이다.)

 ご病気(びょうき)はいかがですか。案(あん)じております。
 (병환은 어떠십니까? 걱정하고 있습니다.)〔外基〕

(50) 醜態(しゅうたい)を演(えん)ずる。
 (추태를 부리다.)

 白雪姫(しらゆきひめ)を演(えん)じる。
 (백설 공주를 연기하다.)≪1級語彙≫

(51) 招待(しょうたい)に{応(おう)ずる・応(おう)じる}。
 (초대에 응하다.)

 注文(ちゅうもん)に応(おう)じきれない。
 (주문에 다 응할 수가 없다.)〔外基〕

(52) 寒(さむ)さを{感(かん)ずる・感(かん)じる}。
 (추위를 느끼다.)〔外基〕

(53) 思い出話に{興(きょう)ずる・興(きょう)じる}。
 (추억 이야기에 흥겨워하다.)

 遊(あそ)びに興(きょう)じる。
 (놀이에 흥겨워하다.)≪1級語彙≫

(54) 外泊(がいはく)を{禁(きん)ずる・禁(きん)じる}。
 (외박을 금하다.)≪1級語彙≫

(55) 事故(じこ)が生(しょう)ずる。
 (사고가 발생하다.)

 義務(ぎむ)が生(しょう)じる。[基本]
 (의무가 생기다.)

　　　　よい効果(こうか)を生(しょう)じる。
　　　　　(좋은 효과를 낳다.)
　　　　→「よい効果(こうか)を生(しょう)じさせる；좋은 효과를 낳게 하다」

(56) 神(かみ)の存在(そんざい)を信(しん)ずる。
　　　　　(하나님의 존재를 믿다.)

　　　　我々(われわれ)の神(かみ)を信(しん)ずる者(もの)は、救(すく)われるのです。
　　　　　(우리 하나님을 믿는 사람은 구원받습니다.)

　　　　成功(せいこう)するものと信(しん)じている。
　　　　　(성공할 것으로 믿고 있다.)

　　　　私(わたし)を信(しん)じてね。
　　　　　(나를 믿어.) 〔外基〕

(57) 国道(こくどう)へ{通(つう)ずる・通(つう)じる}道(みち)。
　　　　　(국도로 통하는 길.)

　　　　駅(えき)までバスが{通(つう)ずる・通(つう)じる}。
　　　　　(역까지 버스가 다닌다.) 〔外基〕

(58) 攻勢(こうせい)に{転(てん)ずる・転(てん)じる}。
　　　　　(공세로 전환하다.)

　　　　話題(わだい)を{転(てん)ずる・転(てん)じる}。
　　　　　(화제를 돌리다.) ≪1級語彙≫

(59) 急変(きゅうへん)を{報(ほう)ずる・報(ほう)じる}。
　　　　　(급변을 알리다.) ≪1級語彙≫

(60) 現代(げんだい)文学(ぶんがく)について論(ろん)ずる。
　　　　　(현대문학에 관해 논하다.)

　　　　事(こと)の是非(ぜひ)を論(ろん)じる。
　　　　　(일의 시비를 논하다.) ≪2, 1級語彙≫

3.2 「3字 漢語+する」

그리고 「**3字 漢語**」에 「する」가 접속되어 동사화하는 예는 다음과 같다.

(1) 一般化(いっぱんか)するにはまだ早(はや)い。
  (일반화하기에는 아직 이르다.)

(2) これからは上位(じょうい)二社(にしゃ)がますます巨大化(きょだいか)し、三位(さんみ)以下(いか)は落(お)ち込(こ)んでいくと思(おも)います。
  (이제부터는 상위 2사가 더욱 더 거대화해서 3위 이하는 뚝 떨어져 갈 것 같습니다.)

(3) 自説(じせつ)を強引(ごういん)に合理化(ごうりか)する。
  (자설을 억지로 합리화하다.)

 システムを合理化(ごうりか)するなら、まず他(た)部門(ぶもん)と交流(こうりゅう)しよう。
  (시스템을 합리화할 생각이라면 우선 타 부문과 교류하자.)

(4) 不良債権(ふりょうさいけん)を短期間(たんきかん)に徹底(てってい)処理(しょり)することで金融市場(きんゆうしじょう)の機能(きのう)を正常化(せいじょうか)する。
  (불량채권을 단기간에 철저히 처리함으로써, 금융시장의 기능을 정상화한다.)

(5) 二五歳(にじゅうごさい)以上(いじょう)をみると、全体(ぜんたい)として長期化(ちょうきか)する傾向(けいこう)がある。
  (25세 이상을 보면, 전체로서 장기화할 경향이 있다.)

(6) 企業(きぎょう)の活動(かつどう)範囲(はんい)が拡大(かくだい)するほど、必要(ひつよう)とされる情報(じょうほう)は多様化(たようか)する。
  (기업 활동 범위가 확대될수록, 필요해지는 정보는 다양화한다.)

 社会(しゃかい)で働(はたら)く女性(じょせい)も増(ふ)え、家庭(かてい)生活(せいかつ)や家族関係(かぞくかんけい)のあり方(かた)にも、変化(へんか)が生(しょう)じ、多様化(たようか)している。
  (사회에서 일하는 여성도 늘어 가정생활이나 가족관계의 이상적인 상태에도 변화가 생기고 다양화되고 있다.)

(7) 世界一(せかいいち)の貯金(ちょきん)保有高(ほゆうだか)を誇(ほこ)っていた郵便(ゆうびん)貯金(ちょきん)がさらに肥大化(ひだいか)している。
  (세계 제일의 저금 보유고를 자랑하고 있던 우편 저금이 더욱 비대화하고 있다.)

(8) 博物館(はくぶつかん)を民営化(みんえいか)するということは、とんでもないことだと思(おも)います。
  (박물관을 민영화한다고 하는 것은 당치도 않은 일이라고 생각합니다.)

(9) それを異端視(いたんし)したのは、正統(せいとう)を自負(じふ)するローマ・カトリックの立場(たちば)からである。
(그것을 이단시한 것은, 정통을 자부하는 로마 가톨릭의 입장에서이다.)

(10) 乃木(のぎ)を非難(ひなん)していた国民(こくみん)は、一転(いってん)して乃木(のぎ)を英雄視(えいゆうし)するようになる。
(노기를 비난했던 국민은 일전하여 노기를 영웅시하게 된다.)

(11) 成績(せいせき)より人物(じんぶつ)を重要視(じゅうようし)する。
(성적보다 인물을 중시하다.)

重要視(じゅうようし)すべき問題(もんだい)がまだある。
(중요시해야 할 문제가 아직도 남아 있다.)

(12) 時(とき)が来(き)たら、白眼視(はくがんし)する人(ひと)が減(へ)って、ケンタ君(くん)に味方(みかた)する人(ひと)が増(ふ)えるかもしれないわね。
(때가 오면, 백안시하는 사람이 줄고, 겐타 군의 편을 드는 사람이 늘지도 몰라.)

世間(せけん)から白眼視(はくがんし)される。
(세간으로부터 백안시당하다.)

(13) 気温(きおん)が急上昇(きゅうじょうしょう)する。
(기온이 급상승하다.)

(14) これを使(つか)うと、印象(いんしょう)が急降下(きゅうこうか)する。
(이것을 사용하면 인상이 급강하한다.)

(15) 「日本円(にほんえん)の意味(いみ)」を再検討(さいけんとう)することも必要(ひつよう)だと思(おも)う。
(「일본엔의 의미」를 재검토하는 것이 필요하다고 생각한다.)

(16) この場合(ばあい)には、子(こ)どもの罪悪感(ざいあくかん)が親(おや)の罪悪感(ざいあくかん)を引(ひ)き出(だ)し、二(ふた)つが悪循環(あくじゅんかん)しながら増大(ぞうだい)します。
(이 경우에는 아이의 죄악감이 부모의 죄악감을 끌어내고 두 개가 악순환하면서 증대됩니다.)

(17) 役員(やくいん)が総辞職(そうじしょく)する。
(임원이 총사직하다.)

위에서 알 수 있듯이 「3字 漢語」의 구성을 보면 「2字 漢語」에 접미사 「~化(か)」 「~視(し)」, 또는 접두사 「急(きゅう)~」 「再(さい)~」 「悪(あく)~」가 접속된 예가 대다수이다.

(18) 民間(みんかん)部門(ぶもん)で企業(きぎょう)の投資活動(とうしかつどう)が活発化(かっぱつか)する。

(민간 부문에서 기업의 투자 활동이 활발해지다.)

風邪(かぜ)のウイルス等(など)、低温(ていおん)で繁殖(はんしょく)する雑菌(ざっきん)の活発化(かっぱつか)する季節(きせつ)です。
(감기 바이러스 등, 저온에서 번식하는 잡균이 활발해지는 계절입니다.)

(19) しかし、汚職(おしょく)が深刻化(しんこくか)することは、共産党(きょうさんとう)への信頼(しんらい)をなくし、経済(けいざい)損失(そんしつ)も膨大(ぼうだい)です。
(그러나 오직(汚職 ; 瀆職)이 심각해지는 것은 공산당에 대한 신뢰를 잃고, 경제 손실도 방대(尨大)해집니다.)

(20) 言葉(ことば)にすれば簡単(かんたん)に聞(きこ)えるが、企業(きぎょう)の規模(きぼ)が大(おお)きくなり、組織(そしき)が複雑化(ふくざつか)すると、さほど容易(ようい)ではない。
(말로 하면 간단하게 들리지만, 기업 규모가 커지고 조직이 복잡해지면, 그렇게 용이하지 않다.)

「3字 漢語＋する」의 한어동사 중에서 (18)의 「活発化(かっぱつか)する〈× 활발화하다 / 활발해지다〉」, (19)의 「深刻化(しんこくか)する〈× 심각화하다 / 심각해지다〉」, (20)의 「複雑化(ふくざつか)する〈× 복잡화하다 / 복잡해지다〉」와 같이 한국어 「~하다」에 대응하지 않는 예도 존재한다.

3.3 「4字 漢語+する」

「4字 漢語」에 「する」가 접속되어 동사화하는 예 중에서 대표적인 것을 들면 다음과 같다.

(1) 期限(きげん)に間(ま)に合(あ)わせるようと、空(むな)しく悪戦苦闘(あくせんくとう)するばかりだった。
(기한에 맞추려고 헛되이 악전고투할 뿐이었다.)

(2) たまにはいつもと違(ちが)うコースを歩(ある)き、気分転換(きぶんてんかん)する。
(가끔은 평소와 다른 코스를 걷고, 기분 전환한다.) 〔外基〕

(3) 小数点(しょうすうてん)以下(いか)を四捨五入(ししゃごにゅう)する。
(소수점 이하를 사사오입하다.) ≪2, 1급어彙≫

「4字 漢語」에 의한 한어동사에는 「悪戦苦闘(あくせんくとう)する〈악전고투하다〉」와 같이 4字 漢字 성어(成語)에 기원을 둔 것과 「気分転換(きぶんてんかん)する〈기분 전환하다〉」와

같이 「2字 漢子 숙어(熟語)＋2字 漢子 숙어(熟語)」에서 파생된 것이 있는데, 후자의 경우는 필요에 따라 얼마든지 생성될 가능성이 있기 때문에 전자에 비해 생산적이라고 할 수 있다.

제4장 한어의 동사화 Ⅱ

1. 「2字 漢語 + する」
2. 「2字 漢語する」 ; 자동사
3. 「2字 漢語する」 ; 타동사
4. 「2字 漢語する」 ; 한국어 어휘체계에 없는 일본어 한어동사
5. 한어의 일반동사화(一般動詞化)

1. 「2字 漢語 + する」

일본어에서도 한국어와 마찬가지로 「**2字 漢語**」에 「する」가 접속되어 동사로 쓰이는 유형이 다수를 점하고 있는데, 이 중에서

[1] 『日本語能力試験出題基準』〈文字・語彙〉
[2] 「基本語彙」
   (『国語シリーズ 別冊1 日本語と日本語教育-語彙編-』)
[3] 『外国人のための基本語用例辞典』(第二版)

에 수록된 한어동사를 추출하여 제시한다. 상기 [1][2][3]에서 다루고 있는 어휘(한자 어휘를 포함하여)는 현행 일본어교육 관련 교재와 일본어능력시험(대략 1만 개의 어휘)에 대부분 반영되어 있다. 그러나 실제 일본어능력시험에서 좋은 성적을 거두거나 일본어 현장에서의 운용능력을 제고하기 위해서는 5만 정도의 이해 어휘가 요구된다.

한·일 양 언어의 한어동사를 대비할 경우, 대부분의 한어동사에서는 형태적, 의미적 유사성이 인정되어 「~する」를 「~하다」로 치환해도 그대로 통용되는 것이 상당히 많다. 그러나, 양 언어의 한어동사 중에는 어느 한쪽의 「**어휘체계(語彙体系 ; ごいたいけい)**」에

존재하지 않거나, 혹은 상호 존재하더라도 양 언어의 한어동사 사이에 품사적(品詞的)·구문적(構文的)·의미적(意味的) 차이를 보이는 예도 있다. 양 언어 한어동사에 나타나는 이러한 불일치에 대해서는 이론적으로 설명이 가능한 부류도 있고, 우연의 공백 또는 개별언어(個別言語)의 특수성에 기인하는 경우도 있다.

여기에서는 사용빈도가 높은 일본어 한어동사 중에서 [1]자동사와 [2]타동사로 기능하는 예를 들고, 한국어 역어(訳語)를 달아 둔다. 그리고 [3]한국어에서는 통상 허용되지 않는 일본어 한어동사 및「~する ; ~하다」의 대응관계가 성립하지 않는 한어동사에는 앞에 [※] 표시하여 주의를 환기한다.

2.「2字 漢語する」; 자동사

[1]「握手(あくしゅ)する[自動詞]」　　「악수하다[自動詞]」의 유형

「ア」

(1) 握手(あくしゅ)する[自]≪2, 1級語彙≫　　　[악수하다[自]]
　　出会(であ)った時(とき)は、相手(あいて)の眼(め)をしっかり見(み)て握手(あくしゅ)する。
　　(만났을 때는 상대의 눈을 똑바로 보고 악수한다.)

「イ」

(2) 育児(いくじ)する[自]≪2, 1級語彙≫　　　[육아하다, 아이를 키우다[自]]
　　ベビーカーなしで育児(いくじ)するのは難(むずか)しい。
　　(유모차 없이 아이를 키우는 것은 어렵다.)
　　髪(かみ)振(ふ)り乱(みだ)して育児(いくじ)するのですからね。
　　(머리를 흩날리며 아이를 키우니까요.)

(3) 移行(いこう)する[自]≪1級語彙≫　　　[이행하다[自]]
　　現在(げんざい)のアナログ放送(ほうそう)を終了(しゅうりょう)し、デジタル放送(ほうそう)に全面(ぜんめん)移行(いこう)する予定(よてい)となっている。
　　(현재의 아날로그 방송을 종료하고 디지털 방송으로 전면 이행할 예정으로 되어 있다.)

(4) 移住(いじゅう)する[自]≪1級語彙≫　　　[이주하다[自]]
　　引(ひ)っ越(こ)しの用意(ようい)をしろ。アメリカに移住(いじゅう)するんだ。
　　(이사 준비를 해라. 미국에 이주한다.)

(5) 依存(いそん・いぞん)する[自]≪1級語彙≫　　　[의존하다[自]]
　　行政(ぎょうせい)に依存(いそん)することなく、自分(じぶん)たちの手(て)で住民自治(じゅうみんじち)と住民文化(じゅうみんぶんか)を守(まも)っていく。
　　(행정에 의존하지 않고 자기들 손으로 주민 자치와 주민 문화를 지켜 간다.)

(6) 委託(いたく)する[自]≪1級語彙≫　　　[위탁하다[自]]
　　広告(こうこく)代理店(だいりてん)に委託(いたく)する。
　　(광고대리점에 위탁하다.)

(7) 位置(いち)する[[自]≪2, 1級語彙≫[基本]　　　[위치하다[自]]
　　ダウンタウンの中心(ちゅうしん)に位置(いち)する。

(다운타운(도심지) 중심에 위치하다.)

(8) 移動(いどう)する[自]≪2, 1級語彙≫[基本]　　　　[이동하다[自]]
中国(ちゅうごく)ではなぜ皆(みな)自転車(じてんしゃ)で移動(いどう)するのですか?
(중국에서는 왜 모두 자전거로 이동하는 것입니까?)

(9) 違反(いはん)する[自]≪2, 1級語彙≫　　　　　　[위반하다[自]]
アメリカ軍(ぐん)が日本(にほん)の土地(とち)、施設(しせつ)、資金(しきん)を使(つか)うことは、明(あき)らかに日本国(にほんこく)憲法(けんぽう)に違反(いはん)する。
(미군이 일본의 토지, 시설, 자금을 사용하는 것은 확실히 일본국 헌법에 위반한다.)

(10) 隠居(いんきょ)する[自]≪1級語彙≫　　　　　　　[은거하다[自]]
その後(ご)は、家督(かとく)をそちに譲(ゆず)って隠居(いんきょ)する。
(그 후에는 가독을 그쪽으로 양보하고 은거한다.)

「ウ」

(11) 運動(うんどう)する[自]≪3, 2, 1級語彙≫[基本][外基]　[운동하다[自]]
食事(しょくじ)を減(へ)らすことより、運動(うんどう)するなど体(からだ)を動(うご)かしてエネルギーを消費(しょうひ)するようにしましょう。
(식사를 줄임으로써 운동하는 등 몸을 움직여서 에너지를 소비하도록 합시다.)

「エ」

(12) 営業(えいぎょう)する[自]≪2, 1級語彙≫　　　　[영업하다[自]]
その日(ひ)に仕入(しい)れた商品(しょうひん)が売(う)り切(き)れるまで営業(えいぎょう)する。
(그 날 구입한 상품이 다 팔릴 때까지 영업한다.)

(13) 液化(えきか)する[自][基本]　　　　　　　　　　[액화하다[自]]
気化(きか)した蒸気(じょうき)は冷(つめ)たい面(めん)に触(ふ)れると液化(えきか)する。
(기화된 증기는 차가운 면에 닿으면 액화한다.)

「オ」

(14) 応援(おうえん)する[自]≪2, 1級語彙≫[外基]　　　[응원하다[自]]
本気(ほんき)で彼女(かのじょ)にほれてるというのだったら、おれだって応援(おうえん)するぜ。
(진짜로 그녀에게 반했다고 하는 것이라면, 나도 응원하겠다.)

(15) 往診(おうしん)する[自]≪1級語彙≫　　　　　　　[왕진하다[自]]
結局(けっきょく)予備(よび)知識(ちしき)なしに往診(おうしん)することになった。

(결국 예비지식 없이 왕진하게 되었다.)

(16) 応接(おうせつ)する[自]≪2, 1級語彙≫　　　　　　[응접하다, 접대하다[自]]
　　 次々(つぎつぎ)と訪(おとず)れる客(きゃく)に応接(おうせつ)する。
　　　(계속해서 방문하는 손님을 접대하다.)

(17) 応対(おうたい)する[自]≪2, 1級語彙≫　　　　　　[응대하다[自]]
　　 最初(さいしょ)に応対(おうたい)するのが秘書(ひしょ)の役目(やくめ)だ。
　　　(처음 응대하는 것이 비서의 임무이다.)

(18) 横断(おうだん)する[自]≪2, 1級語彙≫　　　　　　[횡단하다[自]]
　　 大西洋(たいせいよう)を横断(おうだん)する。
　　 (대서양을 횡단하다.)
　　 赤信号(あかしんごう)で強引(ごういん)に横断(おうだん)する歩行者(ほこうしゃ)と自転車(じてんしゃ)が居(い)て、とても危険(きけん)だ。
　　 (적신호에서 억지로 횡단하는 보행자와 자전거가 있어, 무척 위험하다.)

(19) 往復(おうふく)する[自][外基]　　　　　　　　　　[왕복하다[自]]
　　 その頃(ころ)の長太郎(ちょうたろう)は会社(かいしゃ)の研究室(けんきゅうしつ)と自宅(じたく)を往復(おうふく)するだけの生活(せいかつ)で他(ほか)にはほとんど出(で)かけなかった。
　　 (그 때의 초타로는 회사 연구실과 자택을 왕복하기만 하는 생활이어서 다른 데에는 거의 나가지 않았다.)

(20) 応募(おうぼ)する[自]≪1級語彙≫　　　　　　　　[응모하다[自]]
　　 その原稿(げんこう)を、公人(こうじん)の勧(すす)めるとある新人賞(しんじんしょう)に応募(おうぼ)することにした。
　　 (그 원고를 공인이 권하는 어떤 신인상에 응모하기로 했다.)

(21) 会議(かいぎ)する[自][外基]　　　　　　　　　　[회의하다[自]]
　　 編集(へんしゅう)方針(ほうしん)について会議(かいぎ)する。
　　 (편집 방침에 관해 회의하다.)

「カ」

(22) 会見(かいけん)する[自]≪1級語彙≫　　　　　　[회견하다[自]]
　　 二か国(にかこく)首脳(しゅのう)が会見(かいけん)する。
　　 (2개국 정상이 회견하다.)

(23) 会合(かいごう)する[自]≪2, 1級語彙≫　　　　　　[회합하다[自]]
　　 原則(げんそく)として毎年(まいねん)一回(いっかい)、東京(とうきょう)と台北(たいぺい)

で交互(こうご)に会合(かいごう)する。
(원칙적으로 매년 1회 도쿄와 타이베이에서 교대로 회합하다.)

(24) 外出(がいしゅつ)する[自]≪2, 1級語彙≫　　　　[외출하다[自]]
あなたが外出(がいしゅつ)するとき、どんなリスクが予想(よそう)できるでしょうか。
(당신이 외출할 때, 어떤 리스크를 예상할 수 있을까요?)

(25) 会談(かいだん)する[自]≪1級語彙≫　　　　　[회담하다[自]]
外国(がいこく)の首脳(しゅのう)と会談(かいだん)する。
(외국 정상과 회담하다.)

(26) 回転(かいてん)する[自]≪2, 1級語彙≫　　　　[회전하다[自]]
これ、本当(ほんとう)に回転(かいてん)するの?
(이거, 정말 회전해?)
地球(ちきゅう)は地軸(ちじく)を中心(ちゅうしん)に回転(かいてん)する。
(지구는 지축을 중심으로 회전한다.)

(27) 回答(かいとう)する[自]≪2, 1級語彙≫　　　　[회답하다[自]]
依頼者(いらいしゃ)らと相談(そうだん)し、後日(ごじつ)回答(かいとう)する。
(의뢰자들과 의논해서 후일 회답하다.)

(28) 会話(かいわ)する[自]≪2, 1級語彙≫[外基]　　　[회화하다, 대화하다[自]]
親(おや)が娘(むすめ)と会話(かいわ)する努力(どりょく)と工夫(くふう)が要求(ようきゅう)されます。
(부모가 딸과 대화하는 노력과 궁리가 요구됩니다.)

(29) 学習(がくしゅう)する[自]≪2, 1級語彙≫[外基]　　[학습하다[自]]
この節(せつ)では、これらについて学習(がくしゅう)する。
(이 절에서는 이들에 관해 학습한다.)

(30) 下降(かこう)する[自]≪2, 1級語彙≫　　　　　[하강하다[自]]
逆(ぎゃく)に、空気(くうき)が下降(かこう)するような場所(ばしょ)では、空気(くうき)は圧縮(あっしゅく)されて気温(きおん)が上(あ)がるので、雲(くも)は消(き)えてしまう。
(역으로 공기가 하강하는 그런 장소에서는 공기는 압축되어 기온이 오르기 때문에 구름은 사라져 버린다.)

(31) 化合(かごう)する[自]≪1級語彙≫[基本]　　　　[화합하다[自]]
物質(ぶっしつ)が酸素(さんそ)と化合(かごう)することを酸化(さんか)といい、酸化(さんか)によってできた物質(ぶっしつ)を酸化物(さんかぶつ)という。

(물질이 산소와 화합하는 것을 산화라고 하고, 산화에 의해 생긴 물질을 산화물이라고 한다.)

(32) 合唱(がっしょう)する[自]≪1級語彙≫ [합창하다[自]]
世界的(せかいてき)な音楽家(おんがくか)や指揮者(しきしゃ)、そして作曲家(さっきょくか)がまじめな顔(かお)で合唱(がっしょう)する。
(세계적인 음악가나 지휘자, 그리고 작곡가가 진지한 얼굴로 합창한다.)

(33) 合致(がっち)する[自]≪1級語彙≫ [합치하다[自]]
目的(もくてき)に合致(がっち)する。
(목적에 합치하다.)
二人(ふたり)の見解(けんかい)が合致(がっち)する。
(두 사람의 견해가 합치하다.)

(34) 活動(かつどう)する[自]≪2, 1級語彙≫[基本][外基] [활동하다[自]]
学年(がくねん)も意識(いしき)せずに同(おな)じ目的(もくてき)をもって活動(かつどう)する。
(학년도 의식하지 않고 같은 목적을 가지고 활동하다.)

(35) 活躍(かつやく)する[自]≪2, 1級語彙≫ [활약하다[自]]
新日本料理(しんにほんりょうり)〈神田川(かんだがわ)〉を経営(けいえい)するかたわら、マスコミでも活躍(かつやく)する。
(신일본요리〈간다가와〉를 경영하는 한편, 매스컴에서도 활약한다.)

(36) 加入(かにゅう)する[自]≪1級語彙≫ [가입하다[自]]
40歳(よんじゅっさい)以上(いじょう)65歳(ろくじゅうごさい)未満(みまん)のパートタイマーは介護(かいご)保険(ほけん)にも加入(かにゅう)する。
(40세 이상 65세 미만의 시간제 근무자는 개호보험에도 가입한다.)

(37) 加熱(かねつ)する[自]≪2, 1級語彙≫[基本] [가열하다[自]]
電子(でんし)レンジで三分(さんぷん)加熱(かねつ)する。
(전자레인지에서 3분 가열한다.)

(38) 換気(かんき)する[自]≪1級語彙≫ [환기하다[自]]
窓(まど)を開(あ)けて換気(かんき)する。
(창문을 열어 환기하다.)

(39) 換金(かんきん)する[自] [환금하다, 돈을 바꾸다[自]]
きれいな図書券(としょけん)は金券(きんけん)ショップに持(も)ち込(こ)んで換金(かんきん)することもできます。

(깨끗한 도서권은 상품권을 파는 곳에 가지고 가서 환금할 수도 있습니다.)

(40) 関係(かんけい)する[自]≪2, 1級語彙≫[基本][外基]　　　[관계하다[自]]
人間(にんげん)をつくるのには三(みっ)つの要素(ようそ)が関係(かんけい)する。
(인간을 만드는 데에는 3가지 요소가 관계한다.)

(41) 感激(かんげき)する[自]≪2, 1級語彙≫　　　　　　　　[감격하다[自]]
お客様(きゃくさま)のご支持(しじ)に、社員(しゃいん)の働(はたら)きに、取引先(とりひきさき)の協力(きょうりょく)に感謝(かんしゃ)・感動(かんどう)・感激(かんげき)する。
(손님의 지지에, 사원의 활약에, 거래처의 협력에 감사·감동·감격하다.)

(42) 観光(かんこう)する[自]≪2, 1級語彙≫　　　　　　　　[관광하다[自]]
時差(じさ)が一時間(いちじかん)で小(ちい)さな国(くに)ですから、観光(かんこう)するにはいいですよ。
(시차가 1시간으로 작은 나라이라서 관광하기에는 좋아요.)

(43) 感動(かんどう)する[自]≪2, 1級語彙≫　　　　　　　　[감동하다[自]]
日曜日(にちようび)、この歌(うた)を聴(き)いて感動(かんどう)する。
(일요일, 이 노래를 듣고 감동한다.)

(44) 乾杯(かんぱい)する[自]≪2, 1級語彙≫　　　　　　　　[건배하다[自]]
深夜(しんや)の高層(こうそう)ホテルの密室(みっしつ)の中(なか)で、男女(だんじょ)が、乾杯(かんぱい)するのは、特別(とくべつ)の合意(ごうい)を示(しめ)すものと考(かんが)えてよい。
(심야의 고층 호텔의 밀실 안에서 남녀가 건배하는 것은 특별한 합의를 보이는 것이라고 생각해도 무방하다.)

(45) 関与(かんよ)する[自]≪1級語彙≫　　　　　　　　　　[관여하다[自]]
これは事実(じじつ)の問題(もんだい)であって、法(ほう)が関与(かんよ)する問題(もんだい)じゃない。
(이것은 사실의 문제로서 법이 관여할 문제는 아니다.)

「キ」

(46) 棄権(きけん)する[自]≪1級語彙≫　　　　　　　　　　[기권하다[自]]
いや、私(わたし)は乾杯(かんぱい)を棄権(きけん)する。初孫(ういまご)は男(おとこ)の子(こ)がいい!
(아냐, 나는 건배를 기권한다. 첫 손자(손녀)는 남자 아이가 좋아!)

(47) 起床(きしょう)する[自]≪2, 1級語彙≫   [기상하다[自]]
    今朝(けさ)は午前(ごぜん)4時(よじ)過(す)ぎに起床(きしょう)する。
    (오늘 아침은 오전 4시 지나서 기상한다.)

(48) 気絶(きぜつ)する[自][外基]   [기절하다[自]]
    驚(おどろ)きのあまり気絶(きぜつ)する。
    (놀란 나머지 기절하다.)

(49) 機能(きのう)する[自]≪2, 1級語彙≫[基本]   [기능하다[自]]
    徳(とく)のある社会(しゃかい)は機能(きのう)するし、みんなの幸(しあわ)せを支(ささ)えて
    くれる。
    (덕이 있는 사회는 기능하고 모든 사람의 행복을 지탱해 준다.)

(50) 記名(きめい)する[自]≪1級語彙≫   [기명하다[自]]
    図面(ずめん)には、作成(さくせい)の年月日(ねんがっぴ)を記録(きろく)し、
    申請人(しんせいにん)が記名(きめい)するとともに、その作成者(さくせいしゃ)は署名
    (しょめい)するか、または記名(きめい)押印(おういん)をします。
    (도면에는 작성 연월일을 기록하고, 신청인이 기록하고, 동시에 그 작성자는 서명하거
    나 또는 기명날인을 합니다.)

(51) 逆転(ぎゃくてん)する[自]≪1級語彙≫   [역전하다[自]]
    立場(たちば)が変(か)わると、善悪(ぜんあく)が逆転(ぎゃくてん)する。
    (입장이 바뀌면, 선악이 역전한다.)

(52) 休学(きゅうがく)する[自]≪1級語彙≫   [휴학하다[自]]
    九月(くがつ)に休学(きゅうがく)することを決(き)めたが、最終的(さいしゅうてき)に退学
    (たいがく)を選択(せんたく)した。
    (9월에 휴학하는 것을 결정했지만 최종적으로 자주퇴학(자퇴)을 선택했다.)

(53) 休業(きゅうぎょう)する[自]≪2, 1級語彙≫[外基] [휴업하다[自]]
    暮(くれ)から正月(しょうがつ)にかけては、どこの企業(きぎょう)も休業(きゅうぎょう)する。
    (세밑에서 설날에 걸쳐서는 모든 기업도 휴업한다.)

(54) 急行(きゅうこう)する[自]≪2, 1級語彙≫   [급행하다[自]]
    事件(じけん)や事故(じこ)があれば、現場(げんば)に急行(きゅうこう)することがある。
    (사건이나 사고가 있으면, 현장에 급행하는 경우가 있다.)

(55) 休講(きゅうこう)する[自]≪2, 1級語彙≫   [휴강하다[自]]
    大学生(だいがくせい)だった若(わか)い頃(ころ)は、先生(せんせい)が休講(きゅうこう)す

ると大喜(おおよろこ)びしたものです。
(대학생이었던 젊을 때에는, 선생님이 휴강하면 크게 기뻐하곤 했습니다.)

(56) 給食(きゅうしょく)する[自]≪1級語彙≫　　　　　　[급식하다[自]]
つまり、親(おや)が給食(きゅうしょく)するようになれば、もういままでの穴蔵(あなぐら)のように、はじめから完成(かんせい)した部屋(へや)を用意(ようい)しなくとも、子供(こども)の成長(せいちょう)　するにしたがって、その部屋(へや)を大(おお)きくしてやればよいのである。
(즉, 부모가 급식하게 되면, 더 이상 지금까지의 움막과 같이 처음부터 완성된 방을 준비하지 않아도 어린이가 성장함에 따라, 그 방을 크게 해 주면 되는 것이다.)

(57) 休戦(きゅうせん)する[自]≪1級語彙≫　　　　　　[휴전하다[自]]
彼(かれ)らを封印(ふういん)し、人間(にんげん)とは休戦(きゅうせん)することにした。
(그들을 봉인하고 인간과는 휴전하기로 했다.)

(58) 休息(きゅうそく)する[自]≪2, 1級語彙≫　　　　　[휴식하다[自]]
ドイツ人(じん)も日曜日(にちようび)には働(はたら)かない。戒律(かいりつ)が禁(きん)じているからだ。アメリカ人(じん)は日曜日(にちようび)に休息(きゅうそく)する。戒律(かいりつ)がそう要求(ようきゅう)しているからだ。
(독일인도 일요일에는 일하지 않는다. 계율(계명)이 금하고 있기 때문이다. 미국인은 일요일에 휴식한다. 계율(계명)이 그렇게 요구하고 있기 때문이다.)

(59) 寄与(きよ)する[自]≪1級語彙≫　　　　　　　　[기여하다[自]]
それぞれの地域(ちいき)における観光(かんこう)・文化(ぶんか)の振興(しんこう)に寄与(きよ)する。
(각 지역에 있어서의 관광・문화의 진흥에 기여한다.)

(60) 共感(きょうかん)する[自]≪1級語彙≫　　　　　　[공감하다]
社会(しゃかい)変化(へんか)や芸術(げいじゅつ)・文化(ぶんか)に共感(きょうかん)する。
(사회 변화나 예술・문화에 공감한다.)

(61) 競技(きょうぎ)する[自]≪2, 1級語彙≫[外基]　　　[경기하다[自]]
きれいになったグラウンドでグラウンドゴルフを競技(きょうぎ)したり、隣接(りんせつ)する体育館(たいいくかん)で卓球(たっきゅう)などをして楽(たの)しみました。
(깨끗해진 운동장에서 그라운드 골프를 경기하거나, 인접한 체육관에서 탁구 등을 해서 즐겼습니다.)

(62) 競争(きょうそう)する[自]≪3, 2, 1級語彙≫[基本][外基]　[경쟁하다[自]]

多数(たすう)の企業(きぎょう)が市場(しじょう)で競争(きょうそう)する。
(다수의 기업이 시장에서 경쟁한다.)

(63)　共存(きょうそん・きょうぞん)する**[自]**≪1級語彙≫　　　　[공존하다**[自]**]
人間(にんげん)とロボットが共存(きょうそん)するロボット王国(おうこく)。
(인간과 로봇이 공존하는 로봇 왕국.)

(64)　共同(きょうどう)する**[自]**≪2, 1級語彙≫[外基]　　　[공동하다**[自]**]
共同(きょうどう)で経営(けいえい)する。
(공동으로 경영하다.)
共同(きょうどう)で利用(りよう)する。
(공동으로 이용하다.)
三社(さんしゃ)が共同(きょうどう)する事業(じぎょう)。
(3사가 공동으로 하는 사업.)
それは人々(ひとびと)が共同(きょうどう)することで規定(きてい)される。
(그것은 사람들이 공동함으로써 규정된다.)

(65)　協同(きょうどう)する**[自]**[基本][外基]　　　　　　[협동하다**[自]**]
より良(よ)い新生(しんせい)ドイツを協同(きょうどう)して建設(けんせつ)することを望(のぞ)んだ。
(보다 좋은 신생 독일을 협동해서 건설하는 것을 바랬다.)

(66)　共鳴(きょうめい)する**[自]**≪1級語彙≫　　　　　　[공명하다**[自]**]
その透明(とうめい)な響(ひび)きに共鳴(きょうめい)することができる。
(그 투명한 울림에 공명할 수가 있다.)

(67)　行列(ぎょうれつ)する**[自]**≪2, 1級語彙≫[外基]　　[행렬하다, 줄을 서다**[自]**]
　開店前(かいてんまえ)から客(きゃく)が行列(ぎょうれつ)するようになったのである。
　(개점 전부터 손님이 줄을 서도록 된 것이다.)

(68)　居住(きょじゅう)する**[自]**≪1級語彙≫[基本]　　　[거주하다**[自]**]
私(わたし)が居住(きょじゅう)する富山県(とやまけん)でも、隔年(かくねん)で秋(あき)に実施(じっし)している。
(내가 거주하는 도야마현에서도 격년으로 가을에 실시하고 있다.)

(69)　禁煙(きんえん)する**[自]**≪2, 1級語彙≫　　　　　　[금연하다**[自]**]
また、薬(くすり)を長期間(ちょうきかん)使用(しよう)している喫煙者(きつえんしゃ)が禁煙(きんえん)するときは、必(かなら)ず医師(いし)に伝(つた)えましょう。

(그리고 약을 장기간 사용하는 흡연자가 금연할 때는 반드시 의사에게 전합시다.)

- (70) 緊迫(きんぱく)する[自]　　　　　　　　　　[긴박하다[自]]
  世界(せかい)情勢(じょうせい)が極度(きょくど)に緊迫(きんぱく)する。
  (세계정세가 극도로 긴박해지다.)

- (71) 勤務(きんむ)する[自]≪1級語彙≫　　　　　　[근무하다[自]]
  卒業後(そつぎょうご)国連(こくれん)本部(ほんぶ)に勤務(きんむ)するようになる。
  (졸업 후 유엔 본부에 근무하게 된다.)

- (72) 勤労(きんろう)する[自]≪1級語彙≫[基本]　　[근로하다[自]]
  勤労(きんろう)する権利(けんり)と同時(どうじ)に義務(ぎむ)があるというふうに書(か)かれ
  ておりますが。
  (근로할 권리와 동시에 의무가 있다는 식으로 쓰여 있습니다만.)

「ク」

- (73) 苦心(くしん)する[自]≪2, 1級語彙≫[外基]　[고심하다[自]]
  「意匠惨憺(いしょうさんたん)」は物事(ものごと)を工夫(くふう)するのに苦心(くしん)すること。
  意匠(いしょう)は工夫(くふう)、惨憺(さんたん)は苦心(くしん)することを意味(いみ)する。
  (「의장참담」은 사무를 궁리하는 데에 고심하는 것. 의장은 궁리, 참담은 고심하는 것
  을 의미한다.)

- (74) 訓練(くんれん)する[自]≪2, 1級語彙≫[基本]　[훈련하다[自]]
  だから、普段(ふだん)からセルフコントロールを、いろんな時(とき)に訓練(くんれん)する
  ことが大切(たいせつ)なのです。
  (따라서 평소부터 셀프 컨트롤을 다양한 때에 훈련하는 것이 중요한 것입니다.)

「ケ」

- (75) 契約(けいやく)する[自]≪2, 1級語彙≫[基本][外基]　[계약하다[自]]
  他社(たしゃ)と契約(けいやく)する。
  (타사와 계약하다.)

- (76) 経由(けいゆ)する[自]≪2, 1級語彙≫　　　　[경유하다[自]]
  部長(ぶちょう)を経由(けいゆ)して提案(ていあん)する。
  (부장을 경유해서 제안하다.)

- (77) 激減(げきげん)する[自]　　　　　　　　　　[격감하다[自]]

農作物(のうさくぶつ)の収穫(しゅうかく)が激減(げきげん)する。
(농작물 수확이 격감하다.)
自社(じしゃ)の在庫(ざいこ)を激減(げきげん)させることに成功(せいこう)した。
(자사 재고를 격감시키는 것에 성공했다.)

(78) 激増(げきぞう)する[自]≪2, 1級語彙≫　　　　　　[격증하다[自]]
年収(ねんしゅう)180万円(まんえん)の日本人(にほんじん)が激増(げきぞう)する。
(연수 180만 엔의 일본인이 격증하다.)
穀物(こくもつ)消費(しょうひ)を激増(げきぞう)させる。
(곡물 소비를 격증시키다.)

(79) 下山(げさん)する[自]　　　　　　　　　　　　[하산하다[自]]
あと気象班(きしょうはん)が下山(げざん)すれば、一応(いちおう)全員(ぜんいん)下山(げざん)する。
(이제 기상반이 하산하면 일단 전원 하산한다.)

(80) 下車(げしゃ)する[自]≪2, 1級語彙≫　　　　　　[하차하다[自]]
東京駅(とうきょうえき)で下車(げしゃ)する。
(도쿄역에서 하차하다.)

(81) 下宿(げしゅく)する[自]≪3, 2, 1級語彙≫　　　　[하숙하다[自]]
高校生(こうこうせい)は雪(ゆき)が解(と)けるまでは、学校(がっこう)の所在地(しょざいち)に下宿(げしゅく)する。
(고교생은 눈이 녹을 때까지는 학교 소재지에 하숙한다.)

(82) 化粧(けしょう)する[自]≪2, 1級語彙≫[外基]　　[화장하다[自]]
鏡(かがみ)を見(み)て化粧(けしょう)する。
(거울을 보고 화장하다.)

(83) 結婚(けっこん)する[自]≪4, 3, 2, 1級語彙≫[外基]　[결혼하다[自]]
手紙(てがみ)のやりとりはしたが、依然(いぜん)として結婚(けっこん)する気(き)はなかった。
(편지를 주고받기는 했지만, 여전히 결혼할 생각은 없었다.)

(84) 決心(けっしん)する[自]≪2, 1級語彙≫[外基]　　[결심하다[自]]
〈もう、逃(のが)しはしない〉と、僕(ぼく)は決心(けっしん)する。
(〈이제 놓치지는 않겠다〉고 나는 결심한다.)

(85) 欠席(けっせき)する[自]≪2, 1級語彙≫[外基]　　　　[결석하다[自]]
　　不登校(ふとうこう)の子供(こども)に「欠席(けっせき)することはいけないこと」といくら厳(きび)しく言(い)っても効果(こうか)はない。
　　(등교를 거부하는 어린이에게 「결석하는 것은 나쁜 일」이라고 아무리 엄하게 말해도 효과는 없다.)

(86) 謙遜(けんそん)する[自]≪2, 1級語彙≫[外基]　　　　[겸손하다[自]]
　　必要(ひつよう)以上(いじょう)に謙遜(けんそん)するのは、かえって嫌味(いやみ)。
　　(필요 이상으로 겸손하게 구는 것은 오히려 남에게 불쾌감을 주는 것.)

(87) 減点(げんてん)する[自]≪1級語彙≫　　　　　　　　[감점하다[自]]
　　支払(しはらい)基金(ききん)の審査(しんさ)で過剰(かじょう)と判断(はんだん)して減点(げんてん)するケースは多(おお)い。
　　(지불 기금의 심사에서 과잉이라고 판단해서 감점하는 케이스는 많다.)

「コ」

(88) 貢献(こうけん)する[自]≪2, 1級語彙≫　　　　　　[공헌하다[自]]
　　学会(がっかい)の発展(はってん)に貢献(こうけん)する。
　　(학회 발전에 공헌하다.)

(89) 交差(こうさ)する[自]≪2, 1級語彙≫　　　　　　　[교차하다[自]]
　　走者(そうしゃ)と交差(こうさ)するとき、思(おも)わぬ怪我(けが)をしたりするからだ。
　　(주자와 교차할 때, 뜻하지 않게 다치거나 하기 때문이다.)

(90) 交際(こうさい)する[自]≪2, 1級語彙≫[外基]　　　[교제하다[自]]
　　だから、女性(じょせい)と交際(こうさい)する時間(じかん)なんてないんだよ。
　　(따라서 여성과 교제할 시간 같은 것은 없어.)

(91) 交渉(こうしょう)する[自]≪1級語彙≫[外基]　　　　[교섭하다[自]]
　　組合(くみあい)本部(ほんぶ)が会社(かいしゃ)と交渉(こうしょう)する。
　　(조합 본부가 회사와 교섭하다.)

(92) 行進(こうしん)する[自]≪1級語彙≫　　　　　　　　[행진하다[自]]
　　足並(あしな)みそろえて行進(こうしん)する。
　　(발맞춰 행진하다.)
　　「十万(じゅうまん)を越(こ)える」大軍(たいぐん)が威風堂々(いふうどうどう)と堺(さかい)の市街(しがい)を行進(こうしん)していく。
　　(「10만이 넘는」 대군이 위풍당당하게 사카이 시가를 행진해 간다.)

(93) 抗争(こうそう)する[自]≪1級語彙≫　　　　　　　[항쟁하다[自]]
　　　派閥(はばつ)をめぐって各派(かくは)が抗争(こうそう)する。
　　　(파벌을 둘러싸고 각파가 항쟁하다.)

(94) 後退(こうたい)する[自]≪1級語彙≫　　　　　　　[후퇴하다[自]]
　　　敵(てき)に圧倒(あっとう)されて後退(こうたい)する。
　　　(적에게 압도되어 후퇴하다.)
　　　前(まえ)に出(で)るか、後退(こうたい)するかを決(き)める。
　　　(앞으로 나갈지, 후퇴할지를 정하다.)
　　　景気(けいき)が後退(こうたい)する。
　　　(경기가 후퇴하다.)
　　　病気(びょうき)が後退(こうたい)する。
　　　(병이 약화되다.)

(95) 行動(こうどう)する[自]≪2, 1級語彙≫[基本][外基]　[행동하다[自]]
　　　総合的(そうごうてき)な視点(してん)で考(かんが)え、検討(けんとう)し行動(こうどう)する。
　　　(종합적인 시점에서 생각하고 검토해서 행동한다.)

(96) 合同(ごうどう)する[自]≪2, 1級語彙≫　　　　[합동하다, 둘 이상을 하나로 하다[自]]
　　　二政党(にせいとう)が合同(ごうどう)する。
　　　(두 정당이 합치다.)
　　　二(ふた)つの州立(しゅうりつ)学校(がっこう)が合同(ごうどう)する方向(ほうこう)へというアジテーションが強(つよ)まっている。
　　　(2개의 주립 학교가 합동하는 방향으로 라고 하는 애지테이션(선동)이 강화되었다.)

(97) 降伏(こうふく)する[自]≪1級語彙≫　　　　　　　[항복하다[自]]
　　　銃(じゅう)を捨(す)てて、降伏(こうふく)する。
　　　(총을 버리고 항복한다.)

(98) 交流(こうりゅう)する[自]≪2, 1級語彙≫　　　　　[교류하다[自]]
　　　東西(とうざい)の文化(ぶんか)が交流(こうりゅう)する。
　　　(동서 문화가 교류하다.)

「サ」

(99) 再会(さいかい)する[自]≪1級語彙≫　　　　　　　[재회하다[自]]
　　　こうして再会(さいかい)することができた。
　　　(이렇게 재회할 수가 있었다.)

(100) 在学(ざいがく)する[自]≪2, 1級語彙≫　　　　　　[재학하다[自]]

大学(だいがく)に在学(ざいがく)している。
(대학에 재학하고 있다.)

(101) 再発(さいはつ)する[自]≪1級語彙≫　　　　　　[재발하다[自]]
病気(びょうき)が再発(さいはつ)する。
(병이 재발하다.)
子供(こども)の場合(ばあい)、一度(いちど)根治(こんち)しても再発(さいはつ)する恐(おそ)れがあるのです。
(어린이의 경우, 한번 근치해도 재발할 우려가 있습니다.)

(102) 作業(さぎょう)する[自]≪2, 1級語彙≫　　　　[작업하다[自]]
徹夜(てつや)で作業(さぎょう)する。
(철야로 작업하다.)

(101) 錯誤(さくご)する[自]≪1級語彙≫　　　　　　[착오하다[自]]
あれこれ試行錯誤(しこうさくご)する。
(이리저리 시행착오하다.)

(103) 雑談(ざつだん)する[自]≪1級語彙≫　　　　　[잡담하다[自]]
店内(てんない)は雑談(ざつだん)する人(ひと)、飲(の)み食(く)いする人(ひと)、商談(しょうだん)する人(ひと)でざわめいている。
(점내에는 잡담하는 사람, 마시고 먹는 사람, 상담하는 사람으로 웅성거리고 있다.)

(104) 作用(さよう)する[自]≪1級語彙≫[基本][外基]　　[작용하다[自]]
細胞(さいぼう)の老化(ろうか)に作用(さよう)する。
(세포의 노화에 작용하다.)

(105) 参加(さんか)する[自]≪2, 1級語彙≫　　　　　[참가하다[自]]
対策(たいさく)会議(かいぎ)には児童(じどう)問題(もんだい)の専門家(せんもんか)、法律家(ほうりつか)らが参加(さんか)する。
(대책 회의에는 아동 문제 전문가, 법률가 등이 참가한다.)

「シ」

(106) 試合(しあい)する[自]≪2, 1級語彙≫[外基]　　　[시합하다[自]]
ここは俺(おれ)の故郷(こきょう)だぜ。ここで試合(しあい)するのは初(はじ)めてだったんだ。
(여기는 내 고향이다. 여기에서 시합하는 것은 처음이었다.)

(107) 自殺(じさつ)する[自]≪2, 1級語彙≫　　　　　[자살하다[自]]
彼女(かのじょ)に出(で)て行(い)かれたら、ぼくは自殺(じさつ)するしかない。

(그녀가 나가 버리면, 나는 자살할 수밖에 없다.)

(108) 自首(じしゅ)する[自]≪1級語彙≫   [자수하다[自]]
　　　罪(つみ)を犯(おか)した者(もの)が捜査機関(そうさきかん)に発覚(はっかく)する前(まえ)に自首(じしゅ)した場合(ばあい)、その刑(けい)を軽減(けいげん)することができる。
　　　(죄를 범한 사람이 수사기관에 발각되기 전에 자수한 경우, 그 형을 경감할 수 있다.)

(109) 質疑(しつぎ)する[自]≪1級語彙≫   [질의하다[自]]
　　　また、参考人(さんこうにん)は委員(いいん)に対(たい)して質疑(しつぎ)することはできないことになっております。
　　　(그리고 참고인은 위원에 대해 질의할 수는 없게 되어 있습니다.)

(110) 失脚(しっきゃく)する[自]≪1級語彙≫   [실각하다[自]]
　　　国内(こくない)の混乱(こんらん)の責任(せきにん)を問(と)われて失脚(しっきゃく)する。
　　　(국내 혼란의 책임을 지고 실각하다.)

(111) 失職(しっしょく)する[自]   [실직하다[自]]
　　　会社(かいしゃ)が倒産(とうさん)して失職(しっしょく)する。
　　　(회사가 도산해서 실직하다.)

(112) 失敗(しっぱい)する[自]≪3, 2, 1級語彙≫[外基]   [실패하다[自]]
　　　興行(こうぎょう)に失敗(しっぱい)する場合(ばあい)が多(おお)くなった。
　　　(흥행에 실패하는 경우가 많아졌다.)

(113) 失望(しつぼう)する[自]≪2, 1級語彙≫   [실망하다[自]]
　　　でも、会(あ)ったら失望(しつぼう)するわよ。
　　　(하지만 만나면 실망할 거야.)

(114) 失礼(しつれい)する[自]≪3, 2, 1級語彙≫[外基]   [실례하다[自]]
　　　先日(せんじつ)は失礼(しつれい)しました。
　　　(지난번에는 실례가 많았습니다.)
　　　お先(さき)に失礼(しつれい)します。
　　　(먼저 실례하겠습니다.)
　　　失礼(しつれい)、ちょっと前(まえ)を通(とお)してくださいませんか。
　　　(죄송합니다. 조금 앞을 지나가게 해 주시지 않겠습니까?)

(115) 自転(じてん)する[自]≪1級語彙≫   [자전하다[自]]
　　　天体(てんたい)が自転(じてん)する。
　　　(천체가 자전하다.)

(116) 死亡(しぼう)する[自]≪2, 1級語彙≫　　　　　　[사망하다[自]]
　　　転落(てんらく)して死亡(しぼう)するという事故(じこ)がありました。
　　　(전락해서 사망한다는 사고가 있었습니다.)

(117) 集会(しゅうかい)する[自]≪2, 1級語彙≫　　　　[집회하다[自]]
　　　連邦(れんぽう)議会(ぎかい)は、少(すく)なくとも年(ねん)一回(いっかい)集会(しゅうかい)する。
　　　(연방 의회는 적어도 1년에 1번 집회한다.)

(118) 修学(しゅうがく)する[自]≪1級語彙≫　　　　　[수학하다[自]]
　　　兄(あに)は東京(とうきょう)で修学(しゅうがく)している。
　　　(형은 도쿄에서 수학하고 있다.)
　　　子弟(してい)を英国(えいこく)で修学(しゅうがく)させる。
　　　(자제를 영국에 수학시키다.)

(119) 集合(しゅうごう)する[自]≪2, 1級語彙≫[外基]　[집합하다[自]]
　　　お正月(しょうがつ)に親戚(しんせき)全員(ぜんいん)集合(しゅうごう)する。
　　　(설날에 친척 전원이 집합한다.)

(120) 従事(じゅうじ)する[自]≪1級語彙≫[基本]　　　[종사하다[自]]
　　　法令(ほうれい)により公務(こうむ)に従事(じゅうじ)する職員(しょくいん)とみなす。
　　　(법령에 의해 공무에 종사하는 직원으로 간주하다.)

(121) 就職(しゅうしょく)する[自]≪2, 1級語彙≫　　　[취직하다[自]]
　　　高学歴化(こうがくれきか)が進(すす)み、女性(じょせい)が就職(しゅうしょく)することが難(むずか)しくなっている。
　　　(고학력화가 진행되어 여성이 취직하는 것이 어려워지고 있다.)

(122) 執着(しゅうちゃく)する[自]≪1級語彙≫　　　　[집착하다[自]]
　　　したがって、この地上(ちじょう)の世界(せかい)に執着(しゅうちゃく)することは悪(あく)である。
　　　(따라서 이 지상 세계에 집착하는 것은 악이다.)

(123) 就任(しゅうにん)する[自]≪2, 1級語彙≫　　　　[취임하다[自]]
　　　次男坊(じなんぼう)が代表(だいひょう)に就任(しゅうにん)するみたいです。
　　　(차남이 대표에 취임하는 것 같습니다.)

(124) 主演(しゅえん)する[自]≪1級語彙≫　　　　　　[주연하다[自]]
　　　人気(にんき)女優(じょゆう)が主演(しゅえん)する。
　　　(인기 배우가 주연하다.)

(125) 授業(じゅぎょう)する[自]≪2, 1級語彙≫[外基]　　　[수업하다[自]]
　　　この「昔(むかし)の交通(こうつう)」のところを研究(けんきゅう)授業(じゅぎょう)することになった。
　　　(이「옛날 교통」에 관해 연구 수업하게 되었다.)

(126) 宿題(しゅくだい)する[自]≪2, 1級語彙≫[外基]　　　[숙제하다[自]]
　　　学校(がっこう)から戻(もど)って来(き)て宿題(しゅくだい)する。
　　　(학교에서 돌아와서 숙제하다.)

(127) 宿泊(しゅくはく)する[自]≪1級語彙≫　　　　　　　[숙박하다[自]]
　　　送迎(そうげい)バスで、本日(ほんじつ)宿泊(しゅくはく)する保養所(ほようしょ)へと
　　　向(むか)いました。
　　　(송영 버스로 금일 숙박할 보양소로 향했습니다.)

(128) 受精(じゅせい)する[自][基本]　　　　　　　　　　[수정하다[自]]
　　　それが、受精(じゅせい)する確立(かくりつ)にも影響(えいきょう)します。
　　　(그것이 수정하는 확립에도 영향을 미칩니다.)

(129) 出勤(しゅっきん)する[自]≪2, 1級語彙≫　　　　　[출근하다[自]]
　　　早期(そうき)に降(ふ)っていた雨(あめ)が出勤(しゅっきん)するころには雪(ゆき)に変(か)わった。
　　　(일찍 내리고 있었던 비가 출근할 무렵에는 눈으로 바뀌었다.)

(130) 出血(しゅっけつ)する[自]≪1級語彙≫　　　　　　 [출혈하다[自]]
　　　再(ふたた)び出血(しゅっけつ)する可能性(かのうせい)もあるので、すぐ受診(じゅしん)することをお勧(すす)めします。
　　　(다시 출혈할 가능성도 있으니, 즉시 수신할 것을 권합니다.)

(131) 出現(しゅつげん)する[自]≪2, 1級語彙≫　　　　　[출현하다[自]]
　　　大手(おおて)流通業者(りゅうつうぎょうしゃ)が出現(しゅつげん)することとなる。
　　　(대형 유통업자가 출현하게 된다.)

(132) 出生(しゅっしょう・しゅっせい)する[自]≪1級語彙≫　[출생하다[自]]
　　　出生(しゅっしょう)する子(こ)の福祉(ふくし)を考慮(こうりょ)し、子(こ)を出産(しゅっさん)するのであれば、法律的(ほうりつてき)に安定(あんてい)した身分(みぶん)の子(こ)を出産(しゅっさん)してほしい。
　　　(출생하는 아이의 복지를 고려하여, 아이를 출산한다면, 법률적으로 안정된 신분의 아이를 출산해 주었으면 한다.)

(133)　出場(しゅつじょう)する[自]≪2, 1級語彙≫　　　　　　[출장하다[自]]
　　　　全国大会(ぜんこくたいかい)に、茨城県(いばらきけん)代表(だいひょう)として出場(しゅつじょう)することとなりました。
　　　　(전국대회에 이바라키 대표로 출마하게 되었습니다.)

(134)　出世(しゅっせ)する[自]≪1級語彙≫　　　　　　　　[출세하다[自]]
　　　　彼(かれ)は「無能(むのう)な人(ひと)が出世(しゅっせ)する」と解説(かいせつ)した。
　　　　(그는「무능한 사람이 출세한다」고 해설했다.)

(135)　出席(しゅっせき)する[自]≪3, 2, 1級語彙≫[外基]　　[출석하다, 참석하다[自]]
　　　　高校(こうこう)の同窓会(どうそうかい)に出席(しゅっせき)します。
　　　　(고교 동창회에 참석합니다.)

(136)　出動(しゅつどう)する[自]≪1級語彙≫　　　　　　　[출동하다[自]]
　　　　救急車(きゅうきゅうしゃ)を呼(よ)んだ時(とき)、状況(じょうきょう)により消防車(しょうぼうしゃ)も出動(しゅつどう)する時(とき)があります。
　　　　(구급차를 불렀을 때, 상황에 따라 소방차도 출동하는 때도 있습니다.)

(137)　出発(しゅっぱつ)する[自]≪3, 2, 1級語彙≫[基本][外基]　[출발하다[自]]
　　　　兄(あに)は家(いえ)を出発(しゅっぱつ)して弟(おとうと)を追(お)い掛(か)けました。
　　　　(형은 집을 출발해서 남동생을 뒤쫓아 갔습니다.)

(138)　上京(じょうきょう)する[自]≪2, 1級語彙≫　　　　　[상경하다[自]]
　　　　世(よ)の中(なか)のことをもっと知(し)りたいと、叔父(おじ)を頼(たよ)って上京(じょうきょう)する。
　　　　(세상에 관한 것을 더 알고 싶다고 삼촌을 의지하여 상경하다.)

(139)　上昇(じょうしょう)する[自]≪1級語彙≫[基本]　　　[상승하다[自]]
　　　　車内(しゃない)の温度(おんど)が上昇(じょうしょう)する。
　　　　(차내 온도가 상승하다.)

(140)　昇進(しょうしん)する[自]≪1級語彙≫　　　　　　　[승진하다[自]]
　　　　将来(しょうらい)はさらに昇進(しょうしん)することだろう。
　　　　(장차 더욱 승진할 것이다.)

(141)　蒸発(じょうはつ)する[自]≪2, 1級語彙≫　　　　　　[증발하다[自]]
　　　　そこから水分(すいぶん)が蒸発(じょうはつ)する。
　　　　(거기에서 수분이 증발하다.)
　　　　当然(とうぜん)妻(つま)が蒸発(じょうはつ)する[24]。
　　　　(당연히 처가 행방불명이 된다.)

(142) 勝利(しょうり)する[自]≪2, 1級語彙≫　　　　　　　　[승리하다[自]]
　　　 すべてのライバルに勝利(しょうり)する。
　　　 (모든 라이벌에게 승리한다.)

(143) 上陸(じょうりく)する[自]≪1級語彙≫　　　　　　　　[상륙하다[自]]
　　　 台風(たいふう)は直接(ちょくせつ)本土(ほんど)に上陸(じょうりく)することは少(すく)なくなりますが。
　　　 (태풍이 직접 본토에 상륙할 가능성은 적어집니다만.)

(144) 徐行(じょこう)する[自]≪1級語彙≫　　　　　　　　　[서행하다[自]]
　　　 前方(ぜんぽう)をよく見(み)て早(はや)めに徐行(じょこう)する。
　　　 (전방을 잘 보고 일찌감치 서행한다.)

(145) 所属(しょぞく)する[自]≪1級語彙≫　　　　　　　　　[소속하다[自]]
　　　 あなたの所属(しょぞく)する組織(そしき)の事業(じぎょう)範囲(はんい)を定義(ていぎ)する。
　　　 (당신이 소속된 조직의 사업 범위를 정의하다.)

(146) 進化(しんか)する[自]≪1級語彙≫　　　　　　　　　　[진화하다[自]]
　　　 進化(しんか)する人(ひと)と、進化(しんか)しない人(ひと)の違(ちが)いとは？
　　　 (진화하는 사람과 진화하지 않는 사람의 차이란?)

(147) 進学(しんがく)する[自]≪2, 1級語彙≫　　　　　　　　[진학하다[自]]
　　　 なぜ多(おお)くの人(ひと)が高(たか)い学費(がくひ)を払(はら)ってまで私立大学(しりつだいがく)に進学(しんがく)するのでしょう？
　　　 (왜 많은 사람이 비싼 학비를 내면서까지 사립대학에 진학하는 것일까?)

(148) 信号(しんごう)する[自]≪2, 1級語彙≫　　　　　　　　[신호하다[自]]
　　　 ソ連(れん)に信号(しんごう)していたのかも知(し)れませんと報(しら)せに来(き)てくれました。
　　　 (소련에게 신호하고 있었는지 모른다고 알리러 와 주었습니다.)

(149) 進出(しんしゅつ)する[自]≪1級語彙≫　　　　　　　　[진출하다[自]]
　　　 核家族化(かくかぞくか)が進(すす)み、夫婦(ふうふ)で働(はたら)く、女性(じょせい)が社会(しゃかい)に進出(しんしゅつ)する。
　　　 (핵가족화가 진행되어 부부가 다 일하고, 여성이 사회에 진출한다.)

(150) 進展(しんてん)する[自]≪1級語彙≫　　　　　　　　　[진전하다[自]]
　　　 社会(しゃかい)経済(けいざい)のグローバリゼーションが進展(しんてん)する。
　　　 (사회 경제의 글로벌화가 진전한다.)

---

24) 사람이 어느 사이에 그 자리에서 없어지는 것. 또는 사람이 집을 나가서 행방불명이 되는 것.

(151) 振動(しんどう)する[自]≪1級語彙≫[基本]　　　　[진동하다[自]]
　　　携帯電話(けいたいでんわ)が振動(しんどう)する。
　　　(휴대전화가 진동하다.)

(152) 侵入(しんにゅう)する[自]≪2, 1級語彙≫[基本]　　[침입하다[自]]
　　　学校(がっこう)関係者(かんけいしゃ)ならば校舎(こうしゃ)へ侵入(しんにゅう)することはさほど難(むずか)しいことではなかろう。
　　　(학교 관계자라면 교사에 침입하는 것은 그다지 어려운 일도 아닐 것이다.)

「ス」

(153) 水泳(すいえい)する[自]≪2, 1級語彙≫　　　　　　[수영하다[自]]
　　　近(ちか)くの川(かわ)で水泳(すいえい)する。
　　　(근처 강에서 수영하다.)

(154) 炊事(すいじ)する[自]≪2, 1級語彙≫　　　　　　　[취사하다[自]]
　　　キャンプ場(じょう)で炊事(すいじ)する。
　　　(캠프장에서 취사하다.)

(155) 睡眠(すいみん)する[自]≪2, 1級語彙≫　　　　　　[수면하다[自]]
　　　だから、保持(ほじ)期間(きかん)に睡眠(すいみん)すると、忘却(ぼうきゃく)はあまり進行(しんこう)しない。
　　　(그래서 보유기간에 수면하면, 망각은 그다지 진행하지 않는다.)

「セ」

(156) 生育(せいいく)する[自]≪1級語彙≫[基本]　　　[생육하다, 식물이 성장하다[自]]
　　　作物(さくもつ)が生育(せいいく)する。
　　　(작물이 자라다.)

(157) 成育(せいいく)する[自]≪1級語彙≫　　　　　　[성육하다, 자라다[自]]
　　　孫(まご)が立派(りっぱ)に成育(せいいく)する。
　　　(손자가 훌륭하게 자라다.)
　　　稚魚(ちぎょ)が成育(せいいく)する。
　　　(치어가 자라다.)

(158) 生活(せいかつ)する[自]≪3, 2, 1級語彙≫[基本][外基]　[생활하다[自]]
　　　わたしは三十歳(さんじゅっさい)になったとき、精神的(せいしんてき)にも経済的(けいざいてき)にも独立(どくりつ)して生活(せいかつ)することができた。
　　　(나는 30세가 되었을 때, 정신적으로도 경제적으로도 독립해서 생활할 수가 있었다.)

(159)　成功(せいこう)する[自]≪2, 1級語彙≫[外基]　　　　[성공하다[自]]
　　　成功(せいこう)する人(ひと)と成功(せいこう)しない人(ひと)の違(ちが)いはどんなところに
　　　あるのでしょうか。
　　　(성공하는 사람과 성공하지 않는 사람의 차이는 어떤 데에 있을까요?)

(160)　成熟(せいじゅく)する[自]≪1級語彙≫[基本]　　　　[성숙하다[自]]
　　　もう少(すこ)し日本(にほん)の女性(じょせい)も成熟(せいじゅく)してほしいね。
　　　(좀 더 일본 여성도 성숙해 주었으면 해.)

(161)　生存(せいぞん)する[自]≪1級語彙≫[基本]　　　　[생존하다[自]]
　　　この原動力(げんどうりょく)は時(とき)と場合(ばあい)によっては、人類(じんるい)が生存
　　　(せいぞん)する世界(せかい)の様相(ようそう)を変貌(へんぼう)させることがある。
　　　(이 원동력은 때와 경우에 따라서는 인류가 생존하는 세계의 양상을 변모시키는 적
　　　이 있다.)

(162)　成長(せいちょう)する[自]≪2, 1級語彙≫[基本]　　　　[성장하다[自]]
　　　子供(こども)が大人(おとな)へと成長(せいちょう)する。
　　　(어린이가 어른으로 성장한다.)

(163)　整列(せいれつ)する[自]≪1級語彙≫　　　　[정렬하다[自]]
　　　君主(くんしゅ)の左手(ひだりて)には、すべての文官(ぶんかん)たちが整列(せいれつ)する。
　　　(군주의 왼쪽에는 모든 문관들이 정렬한다.)

(164)　接近(せっきん)する[自]≪2, 1級語彙≫　　　　[접근하다[自]]
　　　低気圧(ていきあつ)が接近(せっきん)している。
　　　(저기압이 접근하고 있다.)
　　　二人(ふたり)の仲(なか)が接近(せっきん)する。
　　　(두 사람 사이가 친해지다.)

(165)　接触(せっしょく)する[自]≪1級語彙≫[基本]　　　　[접촉하다[自]]
　　　手(て)と手(て)が接触(せっしょく)する。
　　　(손과 손이 접촉하다.)

(166)　絶望(ぜつぼう)する[自]≪1級語彙≫　　　　[절망하다[自]]
　　　たとえば、自分(じぶん)の有限性(ゆうげんせい)、あるいは不自由(ふじゆう)について絶
　　　望(ぜつぼう)する。
　　　(예를 들어 자기의 유한성, 혹은 부자유에 관해 절망하다.)

(167)　前進(ぜんしん)する[自]≪2, 1級語彙≫　　　　[전진하다[自]]
　　　解決(かいけつ)に向(むか)って一歩(いっぽ)前進(ぜんしん)する。

(해결을 향해 일보 전진하다.)

(168) 潜水(せんすい)する[自]≪1級語彙≫　　　　　[잠수하다[自]]
湯槽(ゆぶね)の底(そこ)を潜水(せんすい)して、浮(う)かび上(あ)がっては、また潜(もぐ)って遊(あそ)んでるんだ。
(욕조 바닥을 잠수해서 떠올랐다가 다시 잠수해서 놀고 있다.)
潜水(せんすい)して船底(せんてい・ふなぞこ)を修理(しゅうり)する。
(잠수해서 배의 밑바닥을 수리하다.)

(169) 戦争(せんそう)する[自]≪3, 2, 1級語彙≫　　　[전쟁하다[自]]
兵器(へいき)の差(さ)を考(かんが)えれば、アメリカと戦争(せんそう)することなど到底(とうてい)無理(むり)である。
(병기의 차를 생각하면, 미국과 전쟁하는 것 등은 도저히 무리이다.)

(170) 戦闘(せんとう)する[自]≪1級語彙≫　　　　　[전투하다[自]]
前線(ぜんせん)で激(はげ)しく戦闘(せんとう)する。
(전선에서 격렬하게 전투하다.)

(171) 潜入(せんにゅう)する[自]≪2, 1級語彙≫　　　[잠입하다[自]]
反政府主義者(はんせいふしゅぎしゃ)の地下(ちか)組織(そしき)に潜入(せんにゅう)する。
(반정부주의자의 지하 조직에 잠입하다.)

(172) 全滅(ぜんめつ)する[自]≪1級語彙≫[外基]　　　[전멸하다[自]]
何(なん)の効果(こうか)もなく、全滅(ぜんめつ)する。
(아무런 효과도 없이 전멸하다.)

(173) 洗面(せんめん)する[自]≪2, 1級語彙≫　　　　[세면하다, 세수하다[自]]
洗面(せんめん)してからコーヒーを飲(の)みたかったが、そんなことは言(い)っていられない。
(세수하고 나서 커피를 마시고 싶었지만, 그런 말을 하고 있을 수는 없다.)

「ソ」

(174) 相応(そうおう)する[自]≪1級語彙≫　　　　　[상응하다[自]]
現在(げんざい)のところ、この条項(じょうこう)に相応(そうおう)する具体例(ぐたいれい)が存在(そんざい)しない。
(현재, 이 조항에 상응하는 구체적인 예가 존재하지 않는다.)

(175) 走行(そうこう)する[自]≪1級語彙≫　　　　　[주행하다[自]]
時速(じそく)三〇〇キロで走行(そうこう)する。
(시속 300킬로로 주행하다.)

제4장 한어의 동사화 Ⅱ   111

(176) 相当(そうとう)する[自]≪2, 1級語彙≫[基本][外基]　　[상당하다[自]]
　　　ハイスクールは日本(にほん)の高校(こうこう)に相当(そうとう)する。
　　　(하이스쿨은 일본의 고교에 상당한다.)

(177) 卒業(そつぎょう)する[自]≪3, 2, 1級語彙≫[外基]　　[졸업하다[自]]
　　　自分(じぶん)が卒業(そつぎょう)するときは卒業(そつぎょう)記念祭(きねんさい)だけに
　　　出席(しゅっせき)しました。
　　　(내가 졸업할 때는 졸업 기념식에만 출석했습니다.)

(178) 存在(そんざい)する[自]≪2, 1級語彙≫[基本]　　[존재하다[自]]
　　　宇宙(うちゅう)はどうして存在(そんざい)するのか。
　　　(우주는 어떻게 해서 존재하는가?)
　　　同(おな)じ名前(なまえ)の患者(かんじゃ)が複数(ふくすう)存在(そんざい)する。
　　　(같은 이름의 환자가 복수 존재한다.)

(179) 存続(そんぞく)する[自]≪1級語彙≫　　[존속하다[自]]
　　　それが第二次(だいにじ)世界大戦後(せかいたいせんご)まで存続(そんぞく)することに
　　　なった。
　　　(그것이 제2차 세계대전 후까지 존속하게 되었다.)

「タ」

(180) 退院(たいいん)する[自]≪2, 1級語彙≫　　[퇴원하다[自]]
　　　ただし、退院(たいいん)する自由(じゆう)は私(わたし)たちにあるはずです。
　　　(다만, 퇴원할 자유는 우리들에게 있을 것입니다.)

(181) 対決(たいけつ)する[自]≪1級語彙≫　　[대결하다[自]]
　　　主婦(しゅふ)は彼女(かのじょ)を救出(きゅうしゅつ)、二人(ふたり)は組織(そしき)と対決
　　　(たいけつ)するのだ。
　　　(주부는 그녀를 구출하고, 두 사람은 조직과 대결하는 것이다.)

(182) 対抗(たいこう)する[自]≪1級語彙≫[基本]　　[대항하다[自]]
　　　新羅(しらぎ)は高句麗(こうくり)との関係(かんけい)を緊密(きんみつ)にして百済(くだら)に
　　　対抗(たいこう)するために人質(ひとじち)を送(おく)った。
　　　(신라는 고구려와의 관계를 긴밀하게 하고 백제에 대항하기 위해 인질을 보냈다.)

(183) 滞在(たいざい)する[自]≪2, 1級語彙≫　　[체재하다[自]]
　　　現在(げんざい)でも長期間(ちょうきかん)滞在(たいざい)する湯治[25]客(とうじきゃく)が多

---

25) 온천에 들어가서 요양하는 것으로 장기간(적어도 일주일 이상) 체류하며 특정 질환의 온천 요양을 행하는 행위.

(おお)い。
(지금도 장기간 체재하는 탕치객이 많다.)

(184) 対処(たいしょ)する[自]≪1級語彙≫　　　　　　　[대처하다[自]]
緊急事態(きんきゅうじたい)に対処(たいしょ)する。
(긴급 사태에 대처하다.)

(185) 退職(たいしょく)する[自]≪1級語彙≫　　　　　　[퇴직하다[自]]
夫(おっと)が公立高校(こうりつこうこう)を退職(たいしょく)する一年前(いちねんまえ)に
住居(じゅうきょ)を大改造(だいかいぞう)しました。
(남편이 공립 고교를 퇴직하기 1년 전에 주거를 크게 개조했습니다.)

(186) 体操(たいそう)する[自]≪2, 1級語彙≫[外基]　　　[체조하다[自]]
背筋(せすじ)をしっかり伸(の)ばして体操(たいそう)するのがポイントです。
(등줄기를 똑바로 펴서 체조하는 것이 포인트입니다.)

(187) 対談(たいだん)する[自]≪1級語彙≫　　　　　　　[대담하다[自]]
小泉(こいずみ)さんが総理(そうり)に就任(しゅうにん)してまもなくの頃(ころ)、番組(ばん
ぐみ)で対談(たいだん)する機会(きかい)がありました。
(고이즈미 씨가 총리에 취임하고 나서 얼마 안 되었을 때, 프로에서 대담할 기회가
있었습니다.)

(188) 対面(たいめん)する[自]≪1級語彙≫　　　　　　　[대면하다[自]]
旧友(きゅうゆう)と二十年(にじゅうねん)ぶりに対面(たいめん)する。
(옛 친구와 20년 만에 대면하다.)

(189) 対話(たいわ)する[自]≪1級語彙≫　　　　　　　[대화하다[自]]
書(か)くことによって、まず自分(じぶん)と対話(たいわ)する時間(じかん)をつくる。
(글을 씀으로써 먼저 자기와 대화하는 시간을 만든다.)

(190) 脱出(だっしゅつ)する[自]≪1級語彙≫　　　　　　[탈출하다[自]]
私(わたし)が娘(むすめ)たちと北朝鮮(きたちょうせん)を脱出(だっしゅつ)するまで、ひと
みはすでに一年半(いちねんはん)以上(いじょう)も佐渡(さど)に暮(く)らしていた。
(내가 딸들과 북한을 탈출할 때까지, 히토미는 이미 1년 반 이상이나 사도에 살고
있었다.)

(191) 達成(たっせい)する[自]≪1級語彙≫　　　　　　　[달성하다[自]]
おかげさまで、無事(ぶじ)達成(たっせい)することができました。
(덕분에 무사히 달성할 수가 있었습니다.)

(192) 脱線(だっせん)する[自]≪2, 1級語彙≫[外基]　　　　[탈선하다[自]]
　　　 列車(れっしゃ)が脱線(だっせん)する。
　　　 (열차가 탈선하다.)

　　　 話(はなし)が脱線(だっせん)する。
　　　 (이야기가 옆길로 빠지다.)

(193) 脱退(だったい)する[自]≪2, 1級語彙≫　　　　　[탈퇴하다[自]]
　　　 新聞(しんぶん)も国際連盟(こくさいれんめい)を政府(せいふ)が脱退(だったい)するときは
　　　 「よくやった」と拍手(はくしゅ)している。
　　　 (신문도 국제연맹을 정부가 탈퇴할 때는 「잘 했다」고 박수를 쳤다.)

(194) 誕生(たんじょう)する[自]≪2, 1級語彙≫[外基]　　[탄생하다, 태어나다[自]]
　　　 新政権(しんせいけん)が誕生(たんじょう)する。
　　　 (신 정권이 탄생하다.)

　　　 長男(ちょうなん)が誕生(たんじょう)する。
　　　 (장남이 태어나다.)

「チ」

(195) 遅刻(ちこく)する[自]≪2, 1級語彙≫[外基]　　　　[지각하다[自]]
　　　 早(はや)く行(い)かないと学校(がっこう)に遅刻(ちこく)するでしょう。
　　　 (빨리 가지 않으면 학교에 지각하겠지요.)

(196) 窒息(ちっそく)する[自]≪1級語彙≫　　　　　　　[질식하다[自]]
　　　 そうなれば房子(ふさこ)は窒息(ちっそく)する。次第(しだい)に窒息(ちっそく)する恐怖
　　　 (きょうふ)を房子(ふさこ)は感(かん)じているのだ。
　　　 (그렇게 하면 후사코는 질식한다. 점차 질식하는 공포를 후사코는 느끼고 있다.)

(197) 着手(ちゃくしゅ)する[自]≪1級語彙≫　　　　　　[착수하다[自]]
　　　 新(あたら)しい研究(けんきゅう)に着手(ちゃくしゅ)する。
　　　 (새 연구에 착수하다.)

(198) 着色(ちゃくしょく)する[自]≪1級語彙≫　　　　　[착색하다[自]]
　　　 衣類(いるい)が茶色(ちゃいろ)く着色(ちゃくしょく)する可能性(かのうせい)があります。
　　　 (의류가 갈색으로 착색할 가능성이 있습니다.)

(199) 着席(ちゃくせき)する[自]≪1級語彙≫　　　　　　[착석하다[自]]
　　　 あらかじめ「陳述書(ちんじゅつしょ)」を用意(ようい)して、法廷内(ほうていない)の原告席
　　　 (げんこくせき)に着席(ちゃくせき)する。

(미리「진술서」를 준비하여 법정 내의 원고석에 착석한다.)

(200) 着陸(ちゃくりく)する[自]≪1級語彙≫　　　　　[착륙하다[自]]
　　　 月面(げつめん)に着陸(ちゃくりく)する。
　　　 (달면에 착륙하다.)

(201) 抽籤・抽選(ちゅうせん)する[自]≪1級語彙≫　　[추첨하다[自]]
　　　 抽籤(ちゅうせん)して順番(じゅんばん)を決(き)めましょう。
　　　 (추첨해서 순번을 정합시다.)

(202) 中立(ちゅうりつ)する[自]≪1級語彙≫　　　　　[중립하다[自]]
　　　 さらに首相(しゅしょう)は政党(せいとう)の首領(しゅりょう)であるが、国王(こくおう)は
　　　 党争外(とうそうがい)に中立(ちゅうりつ)し、国(くに)または国民(こくみん)の永続的(えい
　　　 ぞくてき)利害(りがい)を感(かん)ずる存在(そんざい)である。
　　　 (나아가 수상은 정당의 수장이지만, 국왕은 당쟁 밖에 중립해서, 국가 또는 국민의
　　　 영속적 이해를 느끼는 존재이다.)

(203) 超過(ちょうか)する[自]≪2, 1級語彙≫　　　　[초과하다[自]]
　　　 環境(かんきょう)基準(きじゅん)を超過(ちょうか)する。
　　　 (환경 기준을 초과하다.)

(204) 挑戦(ちょうせん)する[自]≪1級語彙≫　　　　　[도전하다[自]]
　　　 新記録(しんきろく)に挑戦(ちょうせん)する。
　　　 (신기록에 도전하다.)

(205) 直通(ちょくつう)する[自]≪2, 1級語彙≫　　　[직통하다[自]]
　　　 10両(じゅうりょう)編成(へんせい)が森林公園(しんりんこうえん)まで直通(ちょくつう)する。
　　　 (10량 편성이 삼림공원까지 직통하다.)

(206) 直面(ちょくめん)する[自]≪1級語彙≫　　　　　[직면하다[自]]
　　　 困難(こんなん)な事態(じたい)に直面(ちょくめん)する。
　　　 (곤란한 사태에 직면하다.)

(207) 沈殿(ちんでん)する[自]≪1級語彙≫　　　　　　[침전하다[自]]
　　　 不純物(ふじゅんぶつ)が沈殿(ちんでん)する。
　　　 (불순물이 침전하다.)

(208) 沈没(ちんぼつ)する[自]≪1級語彙≫　　　　　　[침몰하다[自]]
　　　 船(ふね)が暴風(ぼうふう)で沈没(ちんぼつ)した。
　　　 (배가 폭풍으로 침몰했다.)

(209)　沈黙(ちんもく)する[自]≪1級語彙≫　　　　　　　[침묵하다[自]]
　　　しゃべるな、語(かた)るな、沈黙(ちんもく)するな。あの声(こえ)が、また聞(き)こえてくる。
　　　(지껄이지 마라, 말하지 마라, 침묵하지 마라. 그 소리가 다시 들려온다.)

「ツ」

(210)　墜落(ついらく)する[自]≪1級語彙≫[外基]　　　　[추락하다[自]]
　　　取材(しゅざい)活動中(かつどうちゅう)の小型(こがた)飛行機(ひこうき)が墜落(ついらく)する。
　　　(취재 활동 중인 소형 비행기가 추락하다.)

(211)　通学(つうがく)する[自]≪2, 1級語彙≫　　　　　　[통학하다[自]]
　　　徒歩(とほ)や自転車(じてんしゃ)で通学(つうがく)する中高生(ちゅうこうせい)の多(おお)くに挨拶(あいさつ)した。
　　　(도보와 자전거로 통학하는 많은 중고생과 인사했다.)

(212)　通勤(つうきん)する[自]≪2, 1級語彙≫　　　　　　[통근하다[自]]
　　　徒歩(とほ)や自転車(じてんしゃ)で通勤(つうきん)する。
　　　(도보와 자전거로 통근하다.)

(213)　通行(つうこう)する[自]≪2, 1級語彙≫　　　　　　[통행하다[自]]
　　　Ｂ地(ち)の所有者(しょゆうしゃ)はＡ地(ち)を通行(つうこう)する権利(けんり)を取得(しゅとく)します。
　　　(Ｂ땅의 소유자는 Ａ땅을 통행할 권리를 취득합니다.)

(214)　通信(つうしん)する[自]≪2, 1級語彙≫[外基]　　　[통신하다[自]]
　　　自分(じぶん)の番号(ばんごう)を用(もち)いて通信(つうしん)する。
　　　(자기 번호를 사용해서 통신하다.)

「テ」

(215)　提携(ていけい)する[自]≪1級語彙≫　　　　　　　[제휴하다[自]]
　　　海外企業(かいがいきぎょう)と提携(ていけい)する。
　　　(해외 기업과 제휴하다.)

(216)　抵抗(ていこう)する[自]≪2, 1級語彙≫[基本]　　　[저항하다[自]]
　　　食(く)うや食(く)わずの農民(のうみん)は必死(ひっし)に抵抗(ていこう)した。
　　　(겨우 연명하고 있는 가난한 농민은 필사적으로 저항했다.)

(217)　停車(ていしゃ)する[自]≪2, 1級語彙≫　　　　　　[정차하다[自]]
　　　汚(きたな)く古(ふる)いトラックが一台(いちだい)停車(ていしゃ)していた。

(더럽고 오래된 트럭 1대가 정차해 있었다.)

(218) 徹夜(てつや)する[自]≪2, 1級語彙≫[基本]　　　　　[철야하다, 밤을 새우다[自]]
徹夜(てつや)すると、体調(たいちょう)が悪(わる)くなるから、したことないんだ。
(철야하면, 몸 상태가 나빠지니까, 한 적이 없다.)

(219) 転居(てんきょ)する[自]≪1級語彙≫　　　　　　　[전거하다, 이사하다[自]]
今般(こんぱん)左記(さき)へ転居(てんきょ)いたしました。
(금번 오른쪽에 쓴 곳으로 이사했습니다.)

(220) 転勤(てんきん)する[自]≪1級語彙≫　　　　　　　[전근하다[自]]
東京(とうきょう)支社(ししゃ)へ転勤(てんきん)する。
(도쿄 지사에 전근하다.)

(221) 転落(てんらく)する[自]≪1級語彙≫　　　　　　　[전락하다[自]]
急成長(きゅうせいちょう)からアッという間(ま)に転落(てんらく)する会社(かいしゃ)が目立(めだ)ちます。
(급성장에서 눈 깜짝할 사이에 전락하는 회사가 눈에 띕니다.)
転落(てんらく)して重傷(じゅうしょう)を負(お)う。
(굴러 떨어져서 중상을 입다.)

「ト」

(222) 同化(どうか)する[自][基本]　　　　　　　　　　[동화하다[自]]
しかし、定住(ていじゅう)生活(せいかつ)、家族(かぞく)生活(せいかつ)を営(いとな)んでいない人々(ひとびと)を、琉球(りゅうきゅう)やアイヌと同(おな)じ方法(ほうほう)で同化(どうか)するのはむずかしいのです。
(그러나 영주 생활, 가족생활을 영위하고 있지 않는 사람들을 오키나와 아이누와 같은 방법으로 동화하는 것은 어렵습니다.)

(223) 同感(どうかん)する[自]≪1級語彙≫　　　　　　　[동감하다[自]]
男女(だんじょ)の役割(やくわり)分担(ぶんたん)の考(かんが)え方(かた)に同感(どうかん)する。
(남녀의 역할 분담의 생각에 동감하다.)

(224) 同居(どうきょ)する[自]≪1級語彙≫　　　　　　　[동거하다[自]]
子(こ)ども夫婦(ふうふ)と同居(どうきょ)するのがよい。
(아이 부부와 동거하는 것이 좋다.)

(225) 登校(とうこう)する[自]≪1級語彙≫　　　　　　　[등교하다[自]]
小学生(しょうがくせい)が集団(しゅうだん)で登校(とうこう)する。
(초등학생이 집단으로 등교하다.)

(226) 動作(どうさ)する[自]≪2, 1級語彙≫[外基]　　　　　　[동작하다, 작동하다[自]]
　　　　大江(おおえ)はまったく北園(きたぞの)とは別人(べつじん)として動作(どうさ)したのです。
　　　　(오에는 기타조노와는 전혀 다른 사람으로 동작했습니다.)
　　　　端末機(たんまつき)からの指示(しじ)に従(したが)い、動作(どうさ)するコンピュータのことです。
　　　　(단말기로부터의 지시에 따라, 작동하는 컴퓨터를 말합니다.)

(227) 倒産(とうさん)する[自]≪1級語彙≫　　　　　　　　　[도산하다[自]]
　　　　再就職(さいしゅうしょく)したが、入(はい)ってみると会社(かいしゃ)の業績(ぎょうせき)が
　　　　悪(わる)く倒産(とうさん)するかもしれない。
　　　　(재취직했지만, 들어가 보니, 회사 업적이 나쁘고 도산할 지도 모른다.)

(228) 登場(とうじょう)する[自]≪2, 1級語彙≫　　　　　　[등장하다[自]]
　　　　神話(しんわ)に登場(とうじょう)する。
　　　　(신화에 등장하다.)

(229) 同情(どうじょう)する[自]≪1級語彙≫[外基]　　　　　[동정하다[自]]
　　　　彼(かれ)は心(こころ)から同情(どうじょう)すると言(い)った。
　　　　(그는 마음으로부터 동정한다고 말했다.)
　　　　他人(たにん)の病気(びょうき)や悲運(ひうん)に同情(どうじょう)することがある。
　　　　(다른 사람의 병이나 비운에 동정하는 경우가 있다.)

(230) 逃走(とうそう)する[自]≪1級語彙≫　　　　　　　　　[도주하다[自]]
　　　　犯人(はんにん)が逃走(とうそう)する。
　　　　(범인이 도주하다.)

(231) 到達(とうたつ)する[自]≪1級語彙≫　　　　　　　　　[도달하다[自]]
　　　　同(おな)じ結論(けつろん)に到達(とうたつ)する。
　　　　(같은 결론에 도달하다.)

(232) 同調(どうちょう)する[自]≪1級語彙≫　　　　　　　　[동조하다[自]]
　　　　彼(かれ)の意見(いけん)に同調(どうちょう)する。
　　　　(그의 의견에 동조하다.)

(233) 投票(とうひょう)する[自]≪2, 1級語彙≫[基本]　　　　[투표하다[自]]
　　　　特定(とくてい)の候補(こうほ)に投票(とうひょう)する。
　　　　(특정 후보에 투표하다.)

(234) 逃亡(とうぼう)する[自]≪1級語彙≫　　　　　　　　　[도망가다[自]]
　　　　彼(かれ)らは降伏(こうふく)する必要(ひつよう)も、逃亡(とうぼう)する必要(ひつよう)もない。
　　　　(그들은 항복할 필요도 도망갈 필요도 없다.)

(235) 冬眠(とうみん)する[自]≪1級語彙≫　　　　　　　　[동면하다[自]]
　　　　寒(さむ)さに弱(よわ)く、冬(ふゆ)は冬眠(とうみん)するとのことです。
　　　　(추위에 약하고 겨울에는 동면한다고 합니다.)

(236) 同盟(どうめい)する[自]≪1級語彙≫　　　　　　　[동맹하다[自]]
　　　　彼(かれ)は信長(のぶなが)と同盟(どうめい)する。
　　　　(그는 노부나가와 동맹을 맺다.)

(237) 動揺(どうよう)する[自]≪1級語彙≫　　　　　　　[동요하다[自]]
　　　　その知(し)らせに彼(かれ)の心(こころ)は動揺(どうよう)した。
　　　　(그 소식에 그의 마음은 동요했다.)

(238) 独裁(どくさい)する[自]≪1級語彙≫[基本]　　　　[독재하다[自]]
　　　　その社長(しゃちょう)が独裁(どくさい)する事(こと)によって会社(かいしゃ)に不利益(ふりえき)をもたらしている。
　　　　(그 사장이 독재함으로써 회사에 불이익을 초래하고 있다.)

(239) 登山(とざん)する[自]≪2, 1級語彙≫　　　　　　　[등산하다[自]]
　　　　入山料(にゅうざんりょう)を払(はら)って、登山(とざん)する。
　　　　(입산료를 내고 등산하다.)

「二」

(240) 入院(にゅういん)する[自]≪3, 2, 1級語彙≫　　　[입원하다[自]]
　　　　胃潰瘍(いかいよう)や十二指腸潰瘍(じゅうにしちょうかいよう)で入院(にゅういん)する。
　　　　(위궤양이나 십이지장궤양으로 입원하다.)

(241) 入学(にゅうがく)する[自]≪3, 2, 1級語彙≫[外基]　[입학하다[自]]
　　　　私(わたし)も学齢(がくれい)に達(たっ)して近(ちか)くの国民学校(こくみんがっこう)[小学校(しょうがっこう)]に入学(にゅうがく)することになった。
　　　　(우리도 학령에 달해 근처 (국민학교·초등학교)에 입학하게 되었다.)

(242) 入社(にゅうしゃ)する[自]≪2, 1級語彙≫　　　　　[입사하다[自]]
　　　　結婚後(けっこんご)、町田(まちだ)社長(しゃちょう)はシャープに入社(にゅうしゃ)する決心(けっしん)をする。
　　　　(결혼 후, 마치다 사장은 샤프에 입사할 결심을 하다.)

(243) 入賞(にゅうしょう)する[自]≪1級語彙≫　　　　　[입상하다[自]]
　　　　ピアノコンクールで入賞(にゅうしょう)する。
　　　　(피아노 콩쿠르에서 입상하다.)

(244) 入場(にゅうじょう)する[自]≪2, 1級語彙≫　　　　[입장하다[自]]

彼(かれ)らより早(はや)く入場(にゅうじょう)する事(こと)に成功(せいこう)。
(그들보다 빨리 입장하는 것에 성공하다.)

(245) 妊娠(にんしん)する[自]≪1級語彙≫ [임신하다[自]]
夫(おっと)が単身(たんしん)赴任中(ふにんちゅう)に妻(つま)が妊娠(にんしん)するということってありますか?
(남편이 단신 부임 중에 처가 임신한다는 일이 있습니까?)

「ネ」

(246) 熱中(ねっちゅう)する[自]≪2, 1級語彙≫ [열중하다[自]]
彼(かれ)は物事(ものごと)に熱中(ねっちゅう)するたちだ。
(그는 일에 열중하는 타입이다.)

「ハ」

(247) 敗戦(はいせん)する[自]≪1級語彙≫ [패전하다[自]]
それが太平洋(たいへいよう)戦争(せんそう)に敗戦(はいせん)するまで続(つづ)いたの。
(그것이 태평양 전쟁에 패전할 때까지 계속되었어.)

(248) 敗北(はいぼく)する[自]≪1級語彙≫ [패배하다[自]]
中国(ちゅうごく)の経済力(けいざいりょく)、技術力(ぎじゅつりょく)の前(まえ)に日本(にほん)が敗北(はいぼく)する日(ひ)がやってくるかもしれない。
(중국의 경제력, 기술력 앞에 일본이 패배할 날이 찾아올지도 모른다.)

(249) 爆発(ばくはつ)する[自]≪2, 1級語彙≫ [폭발하다[自]]
爆弾(ばくだん)が爆発(ばくはつ)する。
(폭탄이 폭발하다.)
不満(ふまん)が爆発(ばくはつ)する。
(불만이 폭발하다.)

(250) 破産(はさん)する[自]≪2, 1級語彙≫ [파산하다[自]]
事業(じぎょう)に失敗(しっぱい)して破産(はさん)する。
(사업에 실패해 파산하다.)

(251) 発育(はついく)する[自]≪1級語彙≫ [발육하다[自]]
立派(りっぱ)に発育(はついく)する。
(훌륭하게 발육하다.)
よく発育(はついく)した身体(しんたい)。
(잘 발육한 신체.)

(252) 発芽(はつが)する[自]≪1級語彙≫　　　　　　　　[발아하다[自]]
　　　 種子(しゅし)が発芽(はつが)する。
　　　 (종자가 발아하다.)

(253) 発車(はっしゃ)する[自]≪2, 1級語彙≫[外基]　　[발차하다[自]]
　　　 定時(ていじ)に発車(はっしゃ)する。
　　　 (정시에 발차하다.)

(254) 発生(はっせい)する[自]≪1級語彙≫[基本]　　　[발생하다[自]]
　　　 熱(ねつ)が発生(はっせい)する。
　　　 (열이 발생하다.)
　　　 事件(じけん)が発生(はっせい)する。
　　　 (사건이 발생하다.)

(255) 発病(はつびょう)する[自]≪1級語彙≫　　　　　[발병하다[自]]
　　　 34歳(さんじゅうよんさい)のときに、膠原病(こうげんびょう)の一種(いっしゅ)である
　　　 多発性(たはつせい)筋炎(きんえん)が発病(はつびょう)しました。
　　　 (34살 때 교원병의 일종인 다발성 근염이 발병했습니다.)
　　　 過労(かろう)がもとで発病(はつびょう)する。
　　　 (과로가 원인이 되어 병이 나다.)

(256) 破裂(はれつ)する[自]≪1級語彙≫　　　　　　　[파열하다, 터지다, 폭발하다[自]]
　　　 心臓(しんぞう)が破裂(はれつ)しそうだ。
　　　 (심장이 터질 것 같다.)
　　　 怒(いか)りが破裂(はれつ)する。
　　　 (분노가 폭발하다.)

(257) 繁栄(はんえい)する[自]≪1級語彙≫　　　　　　[번영하다[自]]
　　　 研究(けんきゅう)開発(かいはつ)だけで会社(かいしゃ)が繁栄(はんえい)すると思(おも)う
　　　 のは、錯覚(さっかく)以外(いがい)の何(なに)ものでもない。
　　　 (연구 개발만으로 회사가 번영할 것이라고 생각하는 것은 착각 이외의 아무 것도 아니다.)

(258) 反抗(はんこう)する[自]≪2, 1級語彙≫　　　　 [반항하다[自]]
　　　 支配者(しはいしゃ)に農民(のうみん)らが反抗(はんこう)する。
　　　 (지배자에게 농민들이 반항하다.)

(259) 反射(はんしゃ)する[自]≪1級語彙≫[基本][外基]　[반사하다[自]]
　　　 光(ひかり)が鏡(かがみ)に反射(はんしゃ)する。
　　　 (빛이 거울에 반사하다.)

(260) 繁盛(はんじょう)する[自]≪1級語彙≫　　　　　　　[번성하다, 번창하다[自]]
　　　 商売(しょうばい)が繁盛(はんじょう)する。
　　　 (장사가 번창하다.)

(261) 繁殖(はんしょく)する[自]≪1級語彙≫[基本]　　 [번식하다[自]]
　　　 これも雑菌(ざっきん)が繁殖(はんしょく)する原因(げんいん)になります。
　　　 (이것도 잡균이 번식하는 원인이 됩니다.)

(262) 反応(はんのう)する[自]≪1級語彙≫[基本]　　　 [반응하다[自]]
　　　 毒物(どくぶつ)に敏感(びんかん)に反応(はんのう)する。
　　　 (독극물에 민감하게 반응하다.)

(263) 反発(はんぱつ)する[自]≪1級語彙≫　　　　　　 [반발하다[自]]
　　　 成長(せいちょう)する過程(かてい)のなかで、父親(ちちおや)に反発(はんぱつ)する。
　　　 (성장하는 과정 속에서 아버지에게 반발하다.)

(264) 氾濫(はんらん)する[自]≪1級語彙≫　　　　　　 [범람하다[自]]
　　　 豪雨(ごうう)で河川(かせん)が氾濫(はんらん)する。
　　　 (호우로 하천이 범람하다.)
　　　 悪書(あくしょ)が氾濫(はんらん)する。
　　　 (악서가 범람하다.)

「ヒ」

(265) 飛行(ひこう)する[自]≪2, 1級語彙≫[外基]　　　 [비행하다[自]]
　　　 航空路(こうくうろ)およびその周辺(しゅうへん)空域(くういき)を飛行(ひこう)する。
　　　 (항공기 및 그 주변 공역(구역)을 비행하다.)

(266) 匹敵(ひってき)する[自]≪1級語彙≫　　　　　　 [필적하다[自]]
　　　 彼(かれ)に匹敵(ひってき)する者(もの)はない。
　　　 (그에게 필적할 사람은 없다.)
　　　 昔(むかし)の一円(いちえん)は今(いま)の千円(せんえん)に匹敵(ひってき)する。
　　　 (옛날의 1엔은 지금의 천 엔에 맞먹는다.)

(267) 避難(ひなん)する[自]≪1級語彙≫　　　　　　　 [피난하다[自]]
　　　 勧告(かんこく)がなくても危険(きけん)と判断(はんだん)したら自主的(じしゅてき)に避難(ひなん)する。
　　　 (권고가 없어도 위험하다고 판단하면, 자주적으로 피난하다.)

(268) 比例(ひれい)する[自][基本]　　　　　　　　　　 [비례하다[自]]
　　　 お金(かね)の儲(もう)かり方(かた)はリスクに比例(ひれい)するという典型的(てんけいて

き)な好例(こうれい)です。
(돈을 버는 방식에는 리스크에 비례한다는 전형적인 좋은 예입니다.)

「フ」

(269) 複合(ふくごう)する[自]≪1級語彙≫　　　　　　[복합하다[自]]
様々(さまざま)な原因(げんいん)が複合(ふくごう)して起(お)きた事故(じこ)。
(갖가지 원인이 복합해서 일어난 사고.)

(270) 服従(ふくじゅう)する[自][基本]　　　　　　　[복종하다[自]]
軍人(ぐんじん)は国家(こっか)の命令(めいれい)に服従(ふくじゅう)するべきだ。
(군인은 국가의 명령에 복종해야 한다.)

(271) 沸騰(ふっとう)する[自]≪1級語彙≫[基本]　　　[비등하다[自]]
沸騰(ふっとう)する非難(ひなん)。
(들끓는 비난.)
水(みず)が沸騰(ふっとう)する。
(물이 끓어오르다.)
{人気(にんき)・輿論(よろん)}が沸騰(ふっとう)する。
({인기가・여론이} 비등하다.)

(272) 赴任(ふにん)する[自]≪1級語彙≫　　　　　　　[부임하다[自]]
アパート探(さが)し以外(いがい)に、外国(がいこく)から赴任(ふにん)する者(もの)たちにとっての関心事(かんしんじ)って何(なん)ですか?
(집을 찾는 것 이외에 외국에서 부임하는 사람들의 관심사는 무엇입니까?)

(273) 噴火(ふんか)する[自]≪2, 1級語彙≫　　　　　　[분화하다[自]]
そのために、噴火(ふんか)すると、溶岩(ようがん)は噴水(ふんすい)のように上空(じょうくう)に向(む)かって噴(ふ)き上(あ)がる。
(그 때문에 분화하면, 용암은 분수처럼 상공을 향해 뿜어 나온다.)

(274) 憤慨(ふんがい)する[自]≪1級語彙≫　　　　　　[분개하다[自]]
それなのに、どうしてこういう問題(もんだい)に憤慨(ふんがい)するのだ?
(그럼에도 불구하고 어찌하여 이런 문제에 분개하느냐?)

(275) 分業(ぶんぎょう)する[自]≪1級語彙≫[基本]　　[분업하다[自]]
時間(じかん)がないので分業(ぶんぎょう)して進(すす)める。
(시간이 없어서 분업해서 진행한다.)

(276) 奮戦(ふんせん)する[自]　　　　　　　　　　　[분전하다[自]]

最後(さいご)まで奮戦(ふんせん)して死(し)ぬ.
(마지막까지 분전하다 죽다.)

(277) 紛争(ふんそう)する[自]≪1級語彙≫　　　　　　[분쟁하다[自]]
　　　領土(りょうど)問題(もんだい)で紛争(ふんそう)する.
　　　(영토 문제로 분쟁하다.)

(278) 奮闘(ふんとう)する[自]≪1級語彙≫　　　　　　[분투하다[自]]
　　　強敵(きょうてき)を相手(あいて)に奮闘(ふんとう)する.
　　　(강적을 상대로 분투하다.)

「ヘ」

(279) 並行(へいこう)する[自]≪1級語彙≫　　　　　　[병행하다[自]]
　　　線路(せんろ)に並行(へいこう)して道路(どうろ)が走(はし)る.
　　　(노선과 병행해서 도로가 뻗어 있다.)

(280) 並列(へいれつ)する[自]≪1級語彙≫　　　　　　[병렬하다[自]]
　　　私(わたし)の若(わか)い経験(けいけん)から言(い)っても請負(うけおい)と直用(ちょくよう)26)が並列(へいれつ)するようなことでない.
　　　(나의 젊은 경험에서 말해도 청부와 직접 고용이 병렬하는 그런 것이 아니다.)

(281) 遍在(へんざい)する[自][基本]　　　　　　　　[편재하다[自]]
　　　神(かみ)は宇宙(うちゅう)に遍在(へんざい)している.
　　　(신은 우주에 편재하고 있다.)

(282) 変遷(へんせん)する[自]≪1級語彙≫　　　　　　[변천하다[自]]
　　　時代(じだい)とともに変遷(へんせん)する.
　　　(시대와 함께 변천하다.)

(283) 変動(へんどう)する[自]≪1級語彙≫　　　　　　[변동하다[自]]
　　　天候(てんこう)で売(う)り上(あ)げが大(おお)きく変動(へんどう)するので、大変(たいへん)ですよね.
　　　(날씨로 매상이 크게 변동하기 때문에 힘들지요? 안 그래요?)

(284) 弁論(べんろん)する[自]≪1級語彙≫　　　　　　[변론하다[自]]
　　　被告(ひこく)のために弁論(べんろん)する.
　　　(피고를 위해 변론하다.)

---

26) 直接雇用(ちょくせつこよう)의 축약어.

「ホ」

(285) 奉仕(ほうし)する[自]≪1級語彙≫　　　　　　　[봉사하다[自]]
彼(かれ)らは十五歳(じゅうごさい)に達(たっ)すると、国家(こっか)に奉仕(ほうし)する義務(ぎむ)が生(しょう)じ、これは死(し)ぬまで続(つづ)く。
(그들은 15세가 되면, 국가에 봉사하는 의무가 생기고 이것은 죽을 때까지 계속된다.)

(286) 暴騰(ぼうとう)する[自]　　　　　　　　　　　[폭등하다[自]]
不作(ふさく)で価格(かかく)が暴騰(ぼうとう)する。
(흉작으로 가격이 폭등하다.)

(287) 発足(ほっそく)する[自]≪1級語彙≫　　　　　　[발족하다[自]]
四月(しがつ)一日(ついたち)から自治会(じちかい)が発足(ほっそく)することとなりました。
(4월 1일부터 자치회가 발족하게 되었습니다.)

(289) 没落(ぼつらく)する[自]≪1級語彙≫　　　　　　[몰락하다[自]]
そして共産主義(きょうさんしゅぎ)が没落(ぼつらく)する。
(그리고 공산주의가 몰락하다.)

(290) 保養(ほよう)する[自]≪1級語彙≫　　　　　　　[보양하다, 휴양하다[自]]
山(やま)の温泉(おんせん)で保養(ほよう)する。
(산에 있는 온천에서 보양하다.)

「マ」

(291) 満足(まんぞく)する[自]≪2, 1級語彙≫[基本][外基]　[만족하다[自]]
今(いま)の生活(せいかつ)に満足(まんぞく)している。
(지금 생활에 만족하고 있다.)

「ミ」

(292) 密集(みっしゅう)する[自]≪1級語彙≫　　　　　[밀집하다[自]]
人家(じんか)が密集(みっしゅう)している。
(인가가 밀집해 있다.)
人家(じんか)が密集(みっしゅう)した地域(ちいき)。
(인가가 밀집한 지역.)

(293) 密接(みっせつ)する[自]≪1級語彙≫　　　　　　[밀접하다, 딱 붙다[自]]
隣家(りんか)に密接(みっせつ)して家(いえ)を建(た)てる。
(옆집에 딱 붙여서 집을 짓다.)
アジアと密接(みっせつ)するオーストラリアとニュージーランドもなぜ加(くわ)えないのか。
(아시아와 밀접한 호주와 뉴질랜드도 왜 가입하지 않는가?)

両国(りょうこく)は密接(みっせつ)な関係(かんけい)にある。
(양국은 밀접한 관계에 있다.)

「ム」

(294) 無理(むり)する[自]≪2, 1級語彙≫[外基]　　　　[무리하다[自]]
無理(むり)する必要(ひつよう)はない、そのぐらいのペースがいい。
(무리할 필요는 없다, 그 정도의 페이스가 좋다.)

「メ」

(295) 命中(めいちゅう)する[自]≪1級語彙≫　　　　[명중하다[自]]
目標(もくひょう)に命中(めいちゅう)する。
(목표에 명중하다.)

(296) 面会(めんかい)する[自]≪1級語彙≫[外基]　　　　[면회하다[自]]
離婚(りこん)当時(とうじ)パパっ子(こ)だった三才(さんさい)の娘(むすめ)は父親(ちちおや)に面会(めんかい)するたびに大泣(おおな)きしました。
(이혼 당시 아빠를 좋아했던 3살 딸은 아버지를 만날 때마다 큰 소리로 울었습니다.)

「ユ」

(297) 優勝(ゆうしょう)する[自]≪2, 1級語彙≫[外基]　　　　[우승하다[自]]
新人戦(しんじんせん)で優勝(ゆうしょう)する。
(신인전에서 우승하다.)

(298) 遊牧(ゆうぼく)する[自]≪1級語彙≫　　　　[유목하다[自]]
草原(そうげん)を遊牧(ゆうぼく)する集団(しゅうだん)もいる。
(초원을 유목하는 집단도 있다.)

「ラ」

(299) 落第(らくだい)する[自]≪2, 1級語彙≫　　　　[낙제하다[自]]
中学(ちゅうがく)を落第(らくだい)する。海軍兵(かいぐんへい)学校(がっこう)入学(にゅうがく)を決意(けつい)、中学(ちゅうがく)に再入学(さいにゅうがく)する。
(중학교를 낙제한다. 해군병 학교 입학을 결의하고, 중학교에 재입학한다.)

(300) 落下(らっか)する[自]≪1級語彙≫[基本]　　　　[낙하하다[自]]
水柱(すいちゅう・みずばしら)が落下(らっか)すると同時(どうじ)に、白煙(はくえん)に変(か)わる。
(물기둥이 낙하함과 동시에 백연(흰 연기)으로 바뀌다.)

「リ」

(301) 離婚(りこん)する[自]≪2, 1級語彙≫　　　　　　[이혼하다[自]]
　　　子(こ)どもがいても、「性格(せいかく)の不一致(ふいっち)」から離婚(りこん)する夫婦(ふうふ)も多(おお)い。
　　　(아이가 있어도 「성격의 불일치」로 이혼하는 부부도 많다.)

(302) 立脚(りっきゃく)する[自][基本]　　　　　　　　[입각하다[自]]
　　　人権(じんけん)擁護(ようご)に立脚(りっきゃく)した措置(そち)。
　　　(인권 옹호에 입각한 조치.)

(303) 留学(りゅうがく)する[自]≪2, 1級語彙≫　　　　[유학하다[自]]
　　　大学(だいがく)を卒業(そつぎょう)し、社会(しゃかい)進出(しんしゅつ)を始(はじ)め、海外(かいがい)に留学(りゅうがく)するようになった。
　　　(대학을 졸업하고 사회 진출을 시작해서 해외에 유학하게 되었다.)

(304) 旅行(りょこう)する[自]≪4, 3, 2, 1級語彙≫[外基]　[여행하다[自]]
　　　北海道(ほっかいどう)へ一週間(いっしゅうかん)旅行(りょこう)する。
　　　(홋카이도에 일주일 여행하다.)

「レ」

(305) 冷房(れいぼう)する[自]≪2, 1級語彙≫　　　　　[냉방하다[自]]
　　　真冬(まふゆ)でも室内(しつない)では半袖(はんそで)一枚(いちまい)でいられるほど暖房(だんぼう)し、真夏(まなつ)には眠(ねむ)るときに毛布(もうふ)が要(い)るくらい冷房(れいぼう)する。
　　　(한 겨울에도 실내에서는 반소매 한 장으로 있을 수 있을 정도로 난방하고, 한 여름에는 잘 때 모포가 필요할 정도로 냉방한다.)

(306) 恋愛(れんあい)する[自]≪1級語彙≫[外基]　　　　[연애하다[自]]
　　　結局(けっきょく)あたしは、同世代(どうせだい)の男(おとこ)の子(こ)と恋愛(れんあい)することなく過(す)ごしてしまった。
　　　(결국 나는 같은 세대의 남자 아이와 사랑하는 일 없이 지내고 말았다.)

(307) 連合(れんごう)する[自]≪2, 1級語彙≫[外基]　　[연합하다[自]]
　　　ファシズムに対抗(たいこう)するため、共産党(きょうさんとう)を含(ふく)む左翼(さよく)勢力(せいりょく)が連合(れんごう)する。
　　　(파시즘에 대항하기 위해, 공산당을 포함하는 좌익 세력이 연합하다.)

(308) 連帯(れんたい)する[自]≪1級語彙≫　　　　　　　[연대하다[自]]

五百万人(ごひゃくまんにん)の障害(しょうがい)当事者(とうじしゃ)が、この目的(もくてき)のもとに連帯(れんたい)することが必要(ひつよう)であろう。
(500만 명의 장애 당사자가 이 목적 하에 연대하는 것이 필요할 것이다.)

「ㅁ」

(309) 老衰(ろうすい)する[自]≪1級語彙≫　　　　　　　　　[노쇠하다[自]]
老衰(ろうすい)すると、この反応(はんのう)が素早(すばや)く起(お)きなくなり、死(し)に至(いた)りやすいのである。
(노쇠하면, 이 반응이 민첩하게 일어나지 않게 되고, 죽음에 이르기 쉽다.)

(310) 労働(ろうどう)する[自]≪2, 1級語彙≫[外基]　　　　　[노동하다[自]]
男(おとこ)は労働(ろうどう)するために生(う)まれついている。
(남자는 노동하기 위해 태어난다.)

3. 「2字 漢語する」；타동사

[2]「圧縮(あっしゅく)する[他動詞]」　「압축하다[他動詞]」의 유형

「ア」

(1) 圧縮(あっしゅく)する[他]≪2, 1級語彙≫[基本]　　[압축하다[他]]
　　人件費(じんけんひ)を圧縮(あっしゅく)する。
　　(인건비를 축소하다.)

(2) 斡旋(あっせん)する[他]≪1級語彙≫　　[알선하다, 주선하다[他]]
　　{就職(しゅうしょく)・取引(とりひき)}を斡旋(あっせん)する。
　　{취직・거래}를 알선하다.

(3) 圧倒(あっとう)する[他]≪1級語彙≫　　[압도하다[他]]
　　彼(かれ)の語学力(ごがくりょく)は他(た)を圧倒(あっとう)している。
　　(그의 어학력은 타를 압도하다.)

(4) 圧迫(あっぱく)する[他]≪1級語彙≫　　[압박하다[他]]
　　大国(たいこく)の軍拡(ぐんかく)は近隣(きんりん)諸国(しょこく)を圧迫(あっぱく)する。
　　(대국의 군비 확장은 근린 제국을 압박한다.)
　　物価高(ぶっかだか)で家計(かけい)が圧迫(あっぱく)される。
　　(물가고 때문에 가계가 압박을 받는다.)

(5) 暗記(あんき)する[他]≪2, 1級語彙≫[外基]　　[암기하다[他]]
　　本(ほん)に書(か)いてあることを暗記(あんき)する。
　　(책에 쓰여 있는 것을 암기하다.)
　　難(むずか)しいと思(おも)いますが、公式(こうしき)を丸暗記(まるあんき)するよりは楽(らく)だと思(おも)いますが。
　　(어렵다고 생각합니다만, 공식을 통째로 암기하는 것보다는 편하다고 생각합니다만.)

(6) 暗殺(あんさつ)する[他]≪1級語彙≫　　[암살하다[他]]
　　利権(りけん)のため外国(がいこく)の要因(よういん)を暗殺(あんさつ)する。
　　(이권을 위해 외국 요인을 암살하다.)

(7) 暗示(あんじ)する[他]≪1級語彙≫　　[암시하다[他]]
　　指(ゆび)の種類(しゅるい)によって当該(とうがい)人物(じんぶつ)の不幸(ふこう)を暗示(あんじ)することがあります
　　(손가락 종류에 따라 당해 인물의 불행을 암시하는 경우가 있습니다.)

제4장 한어의 동사화 Ⅱ   129

「イ」

(8) 育成(いくせい)する**[他]**≪1級語彙≫　　　　　　　　　[육성하다**[他]**]
　　農林水産省(のうりんすいさんしょう)では、優(すぐ)れた農業(のうぎょう)後継者(こうけいしゃ)を育成(いくせい)する。
　　(농림수산성에서는 뛰어난 농업 후계자를 육성한다.)

(9) 維持(いじ)する**[他]**≪2, 1級語彙≫[基本]　　　　　　　[유지하다**[他]**]
　　この業界(ぎょうかい)で有利(ゆうり)な立場(たちば)を維持(いじ)する最善(さいぜん)の方法(ほうほう)は、製品(せいひん)の性能(せいのう)を着実(ちゃくじつ)にあげていくことである。
　　(이 업계에서 유리한 입장을 유지하는 최선의 방법은 제품 성능을 착실히 올려 가는 것이다.)

(10) 意識(いしき)する**[他]**≪2, 1級語彙≫[基本]　　　　　　[의식하다**[他]**]
　　雇傭(こよう)の増加(ぞうか)(あるいは、完全雇用(かんぜんこよう)の達成(たっせい)を強(つよ)く意識(いしき)するようになりました。
　　(고용 증가(혹은 완전고용)의 달성을 강하게 의식하게 되었습니다.)

(11) 意味(いみ)する**[他]**≪2, 1級語彙≫[基本][外基]　　　　[의미하다**[他]**]
　　これが直(ただ)ちに死者(ししゃ)の数(かず)を意味(いみ)するものではない。
　　(이것이 곧 바로 사자의 수를 의미하는 것은 아니다.)

(12) 依頼(いらい)する**[他]**≪2, 1級語彙≫　　　　　　　　　[의뢰하다**[他]**]
　　もう一(ひと)つの問題(もんだい)、企業(きぎょう)の再生(さいせい)を誰(だれ)に依頼(いらい)するか、ということだった。
　　(또 하나의 문제, 기업 재생을 누구에게 의뢰할 것인가, 하는 것이었다.)

(13) 印刷(いんさつ)する**[他]**[外基]　　　　　　　　　　　[인쇄하다**[他]**]
　　ここでは印刷(いんさつ)するデータを住所録(じゅうしょろく)の中(なか)から選(えら)んで印刷(いんさつ)することにします。
　　(여기에서는 인쇄하는 데이터를 주소록 안에서 골라 인쇄하는 것으로 합니다.)

(14) 引用(いんよう)する**[他]**≪2, 1級語彙≫　　　　　　　　[인용하다**[他]**]
　　聖句(せいく)を引用(いんよう)する。
　　(성경 말씀을 인용하다.)

「ウ」

(15) 運営(うんえい)する**[他]**≪1級語彙≫[基本]　　　　　　[운영하다**[他]**]
　　大会(たいかい)を運営(うんえい)する。
　　(대회를 운영하다.)

(16) 運送(うんそう)する[他]≪1級語彙≫　　　　　　　[운송하다[他]]
　　　救援(きゅうえん)物資(ぶっし)をトラックで運送(うんそう)する。
　　　(구원 물자를 트럭으로 운송하다.)

(17) 運転(うんてん)する[他]≪3, 2, 1級語彙≫[外基]　　[운전하다[他]]
　　　75歳(さい)以上(いじょう)の方(かた)は、普通自動車(ふつうじどうしゃ)を運転(うんてん)する場合(ばあい)、『高齢(こうれい)運転者(うんてんしゃ)標識(ひょうしき)』(通称(つうしょう)『もみじマーク』)を表示(ひょうじ)しなければなりません。
　　　(75세 이상의 분은 보통 자동차를 운전할 경우, 『고령 운전자 표지』(통칭『もみじマーク (단풍 마크)』)를 표시해야 합니다.)

(18) 運搬(うんぱん)する[他][基本]　　　　　　　　　[운반하다[他]]
　　　同乗者(どうじょうしゃ)が死体(したい)を運搬(うんぱん)する。
　　　(동승자가 시체를 운반한다.)

(19) 運用(うんよう)する[他]≪1級語彙≫[基本]　　　　[운용하다[他]]
　　　遺族(いぞく)のために著作権(ちょさくけん)を管理(かんり)・運用(うんよう)する。
　　　(유족을 위해 저작권을 관리・운용한다.)

(20) 演出(えんしゅつ)する[他]≪1級語彙≫　　　　　[연출하다[他]]
　　　心(こころ)を癒(いや)す空間(くうかん)を演出(えんしゅつ)する。
　　　(마음을 치유하는 공간을 연출한다.)

(21) 演説(えんぜつ)する[他]≪2, 1級語彙≫　　　　　[연설하다[他]]
　　　政権(せいけん)交代(こうたい)を声高(こえたか)く演説(えんぜつ)する。
　　　(정권 교체를 소리 높여 연설한다.)

(22) 演奏(えんそう)する[他]≪2, 1級語彙≫[外基]　　[연주하다[他]]
　　　天使(てんし)たちは、この世(よ)の人間(にんげん)と同(おな)じように歌(うた)い踊(おど)り、音楽(おんがく)を演奏(えんそう)する。
　　　(천사들은 이 세상의 인간과 똑같이 노래하고 춤추고, 음악을 연주하다.)

「オ」

(23) 応用(おうよう)する[他]≪2, 1級語彙≫[外基]　　[응용하다[他]]
　　　習(なら)ったことを実生活(じっせいかつ)に応用(おうよう)する。
　　　(배운 것을 실생활에 응용한다.)

「カ」

(24) 改悪(かいあく)する[他]≪1級語彙≫　　　　　　　　[개악하다[他]]
　　　独断(どくだん)専行(せんこう)で規約(きやく)を改悪(かいあく)する。
　　　(독단전행으로 규약을 개악한다.)

(25) 改革(かいかく)する[他]≪1級語彙≫　　　　　　　　[개혁하다[他]]
　　　具体的(ぐたいてき)には何(なに)を改革(かいかく)するの?
　　　(구체적으로는 무엇을 개혁하는 거야?)

(26) 解釈(かいしゃく)する[他]≪2, 1級語彙≫[外基]　　　[해석하다[他]]
　　　異(こと)なる文化(ぶんか)を通(とお)して他人(たにん)の行動(こうどう)を解釈(かいしゃく)する。
　　　(다른 문화를 통해 다른 사람의 행동을 해석한다.)

(27) 回収(かいしゅう)する[他]≪1級語彙≫　　　　　　　[회수하다[他]]
　　　代金(だいきん)を回収(かいしゅう)する。
　　　(대금을 회수하다.)

(28) 改修(かいしゅう)する[他]≪1級語彙≫　　　　　　　[개수하다[他]]
　　　決壊(けっかい)した場所(ばしょ)を改修(かいしゅう)する。
　　　(결괴된 곳을 개수하다.)

(29) 解説(かいせつ)する[他]≪2, 1級語彙≫　　　　　　　[해설하다[他]]
　　　以下(いか)、離婚裁判(りこんさいばん)の問題点(もんだいてん)を解説(かいせつ)する。
　　　(이하, 이혼 재판의 문제점을 해설한다.)

(30) 概説(がいせつ)する[他]≪1級語彙≫　　　　　　　　[개설하다[他]]
　　　それらの国内(こくない)での状況(じょうきょう)を概説(がいせつ)する。
　　　(그들 국내에서의 상황을 개설하다.)

(31) 回送(かいそう)する[他]≪1級語彙≫　　　　　　　　[회송하다[他]]
　　　故障(こしょう)した電車(でんしゃ)を車庫(しゃこ)に回送(かいそう)する。
　　　(고장 난 전철을 차고로 회송하다.)

(32) 改装(かいそう)する[他]　　　　　　　　　　　　　[개장하다[他]]
　　　自分(じぶん)たちのアパートを改装(かいそう)する。
　　　(자기들의 아파트를 개장하다.)

(33) 回想(かいそう)する[他]　　　　　　　　　　　　　[회상하다[他]]
　　　当時(とうじ)の恐怖(きょうふ)を河野(こうの)さんは回想(かいそう)する。
　　　(당시 공포를 고노 씨는 회상한다.)

(34) 改造(かいぞう)する[他]≪2, 1級語彙≫   [개조하다[他]]
    学校(がっこう)を「文化(ぶんか)の再創造(さいそうぞう)」の場(ば)に改造(かいぞう)する。
    (학교를 「문화의 재창조」의 자리로 개조하다.)

(35) 開拓(かいたく)する[他]≪1級語彙≫[基本]   [개척하다[他]]
    宮沢(みやざわ)は、新製品(しんせいひん)の販売(はんばい)マーケットを開拓(かいたく)する。
    (미야자와는 신제품의 판매 시장(판로)을 개척한다.)

(36) 改定(かいてい)する27)[他]≪1級語彙≫   [개정하다[他]]
    本年度(ほんねんど)、給食費(きゅうしょくひ)を改定(かいてい)することとしました。
    (금년도, 급식비를 개정하기로 했습니다.)

(37) 改訂(かいてい)する28)[他]≪1級語彙≫   [개정하다[他]]
    教科書(きょうかしょ)を改訂(かいてい)する。
    (교과서를 개정한다.)

(38) 開発(かいはつ)する[他]≪1級語彙≫[基本]   [개발하다[他]]
    農地(のうち)を開発(かいはつ)する。
    (농지를 개발하다.)
    能力(のうりょく)を開発(かいはつ)する。
    (능력을 개발하다.)
    新商品(しんしょうひん)を開発(かいはつ)する。
    (신상품을 개발하다.)

---

27) 「改定(かいてい)」는 「고쳐서 새롭게 정하는 것」을 의미한다.
    今年(ことし)、○○の条例(じょうれい)の一部(いちぶ)が改定(かいてい)された。
    (올해, ○○의 조례 일부가 개정되었다.)
    消費税(しょうひぜい)増税(ぞうぜい)により電車(でんしゃ)の運賃(うんちん)が改定(かいてい)された。
    (소비세 증세에 의해 전철 운임이 개정되었다.)
    学習(がくしゅう)指導(しどう)要領(ようりょう)が○年(ねん)ぶりに改定(かいてい)される。
    (학습 지도 요령이 ○년만에 개정된다.)

    기본적으로는 법률이나 제도에 관한 경우는 「改定(かいてい)」가 되는 경우가 많다.
    이상은 https；//careerpark.jp/27758에서 인용하여 적의 번역함.

28) 「改訂(かいてい)」는 「고쳐서 바르게 하는 것」을 의미한다.
    先日(せんじつ)提出(ていしゅつ)した企画書(きかくしょ)に誤(あやま)りがあったため改訂(かいてい)した。
    (지난번 제출한 기획서에 잘못이 있었기 때문에 개정했다.)
    前(まえ)に出版(しゅっぱん)されたこの小説(しょうせつ)の改訂版(かいていばん)が今年(ことし)出(で)た。
    (전에 출판된 이 소설의 개정판이 올해 나왔다.)
    プレゼン資料(しりょう)に漏(も)れがあるので、至急(しきゅう)改訂(かいてい)いたします。
    (프레젠테이션 자료에 누락이 있어, 급히 개정합니다.)

    이전의 것, 전의 것을 수정하는 경우에 「改訂(かいてい)」가 사용된다.
    이상은 https；//careerpark.jp/27758에서 인용하여 적의 번역함.

(39) 解放(かいほう)する[他]≪2, 1級語彙≫[基本]　　　　　　　[해방하다[他]]
　　人質(ひとじち)を解放(かいほう)する。
　　(인질을 해방하다.)
　　苦痛(くつう)から解放(かいほう)される。
　　(고통에서 해방되다.)

(40) 解剖(かいぼう)する[他]≪1級語彙≫　　　　　　　　　[해부하다[他]]
　　死因(しいん)不明(ふめい)の遺体(いたい)を行政(ぎょうせい)の予算(よさん)で解剖(かいぼう)する。
　　(사인 불명의 송장을 행정 예산으로 해부하다.)

(41) 回覧(かいらん)する[他]≪1級語彙≫　　　　　　　　　[회람하다[他]]
　　それを、関係(かんけい)部署(ぶしょ)に回覧(かいらん)するのだ。
　　(그것을 관계 부서에 회람하는 것이다.)

(42) 改良(かいりょう)する[他]≪1級語彙≫[基本]　　　　　[개량하다[他]]
　　学生(がくせい)はデザインの設計(せっけい)解決案(かいけつあん)を改良(かいりょう)するべきである。
　　(학생들은 디자인 설계 해결안을 개량해야 한다.)

(43) 覚悟(かくご)する[他]≪2, 1級語彙≫[外基]　　　　　　[각오하다[他]]
　　入札(にゅうさつ)する時(とき)はリスクを覚悟(かくご)する必要(ひつよう)があります。
　　(입찰할 때는 리스크를 각오할 필요가 있습니다.)

(44) 拡充(かくじゅう)する[他]≪2, 1級語彙≫　　　　　　　[확충하다[他]]
　　知識(ちしき)の体系(たいけい)を拡充(かくじゅう)する。
　　(지식 체계를 확충하다.)
　　現金(げんきん)以外(いがい)の支払(しはらい)方法(ほうほう)を拡充(かくじゅう)する方向(ほうこう)にある。
　　(현금 이외의 지불 방법을 확충하는 방향에 있다.)

(45) 確信(かくしん)する[他]≪1級語彙≫　　　　　　　　　[확신하다[他]]
　　勝利(しょうり)を確信(かくしん)する。
　　(승리를 확신하다.)
　　成功(せいこう)を確信(かくしん)することが、成功(せいこう)への第一歩(だいいっぽ)である。
　　(성공을 확신하는 것이 성공으로의 제일보이다.)

(46) 革新(かくしん)する[他]≪1級語彙≫　　　　　　　　　[혁신하다[他]]
　　どこの会社(かいしゃ)でも、その会社(かいしゃ)を革新(かくしん)するための問題(もんだい)

意識(いしき)を持(も)った人(ひと)はいるものです。
(어디 회사에서도 그 회사를 혁신하기 위한 문제의식을 가진 사람은 있는 법입니다.)

(47) 獲得(かくとく)する[他]≪1級語彙≫[基本]   [획득하다[他]]
 自民党(じみんとう)が単独(たんどく)過半数(かはんすう)を獲得(かくとく)する。
 (자민당이 단독 과반수를 획득하다.)

(48) 確認(かくにん)する[他]≪2, 1級語彙≫   [확인하다[他]]
 新(あたら)しいビジネスの機会(きかい)を確認(かくにん)する。
 (새로운 비즈니스 기회를 확인하다.)

(49) 確保(かくほ)する[他]≪1級語彙≫   [확보하다[他]]
 まず患者(かんじゃ)の意思疎通(いしそつう)を確保(かくほ)する必要(ひつよう)がある。
 (우선 환자의 의사소통을 확보할 필요가 있다.)

(50) 加減(かげん)する[他]≪2, 1級語彙≫[外基]   [가감하다[他]]
 症状(しょうじょう)に応(おう)じて服用量(ふくようりょう)を加減(かげん)する。
 (증상에 따라 복용량을 가감하다.)

(51) 加工(かこう)する[他]≪1級語彙≫   [가공하다[他]]
 輸入(ゆにゅう)原料(げんりょう)を加工(かこう)する。
 (수입 원료를 가공하다.)

(52) 加速(かそく)する[他]≪2, 1級語彙≫   [가속하다[他]]
 これにより、解析(かいせき)収束(しゅうそく)時間(じかん)を加速(かそく)することができる。
 (이것에 의해 해석 수속 시간을 가속할 수가 있다.)

(53) 活用(かつよう)する[他]≪2, 1級語彙≫   [활용하다[他]]
 学(まな)んだ知識(ちしき)を活用(かつよう)する。
 (배운 지식을 활용하다.)

(54) 仮定(かてい)する[他]≪2, 1級語彙≫   [가정하다[他]]
 今(いま)ここにコップがあると仮定(かてい)してみよう。
 (지금 여기에 컵이 있다고 가정해 보자.)
 その出来事(できごと)の反対(はんたい)を仮定(かてい)する文(ぶん)を書(か)きなさい。
 (그 사건의 반대를 가정하는 문을 써라.)

(55) 加味(かみ)する[他]≪1級語彙≫   [가미하다[他]]
 参加者(さんかしゃ)の意見(いけん)を加味(かみ)して日程(にってい)を決(き)める〈あるものに、別(べつ)の要素(ようそ)を付(つ)け加(くわ)えること〉。
 (참가자의 의견을 가미하여 일정을 결정한다. 〈어떤 것에 다른 요소를 부가하는 것〉.)

数学(すうがく)における空間(くうかん)は、集合(しゅうごう)に適当(てきとう)な数学的(すうがくてき)構造(こうぞう)を加味(かみ)したものをいう。
(수학에 있어서의 공간은 집합에 적당한 수학적 구조를 가미한 것을 말한다.)

(56) 歓迎(かんげい)する[他]≪2, 1級語彙≫　　　　　　　　　　[환영하다[他]]
アメリカは観光客(かんこうきゃく)を歓迎(かんげい)する。
(미국은 관광객을 환영한다.)
建設的(けんせつてき)な批判(ひはん)は歓迎(かんげい)する。
(건설적인 비판은 환영한다.)

(57) 還元(かんげん)する[他]≪1級語彙≫[基本]　　　　　　　　[환원하다[他]]
現象学(げんしょうがく)は世界(せかい)を世界(せかい)の意味(いみ)に還元(かんげん)する。
(현상학은 세계를 세계의 의미로 환원한다.)

(58) 看護(かんご)する[他]≪1級語彙≫　　　　　　　　　　　　[간호하다[他]]
父(ちち)が寝(ね)たきりの母(はは)を看護(かんご)した。
(아버지는 죽 누워 있는 어머니를 간호했다.)

(59) 刊行(かんこう)する[他]≪1級語彙≫　　　　　　　　　　　[간행하다[他]]
日本(にほん)最初(さいしょ)の経済(けいざい)ジャーナルを刊行(かんこう)した。
(일본 최초의 경제 저널을 간행했다.)

(60) 勧告(かんこく)する[他]≪1級語彙≫　　　　　　　　　　　[권고하다[他]]
集団的(しゅうだんてき)措置(そち)を勧告(かんこく)するには総会(そうかい)の３分(さんぶん)の2(に)以上(いじょう)の賛成(さんせい)を必要(ひつよう)とする。
(집단적 조치를 권고하기 위해서는 총회의 3분의 2 이상의 찬성을 필요로 한다.)

(61) 観察(かんさつ)する[他]≪2, 1級語彙≫[基本][外基]　　　　[관찰하다[他]]
その言動(げんどう)を注意(ちゅうい)して観察(かんさつ)する。
(그 언동을 주의해서 관찰한다.)

(62) 換算(かんさん)する[他]≪1級語彙≫　　　　　　　　　　　[환산하다[他]]
ナトリウム量(りょう)から食塩量(しょくえんりょう)(塩化(えんか)ナトリウム)を換算(かんさん)する。
(나트륨 양에서 식염량(염화나트륨)을 환산한다.)

(63) 監視(かんし)する[他]≪1級語彙≫　　　　　　　　　　　　[감시하다[他]]
それによって温度(おんど)の上昇(じょうしょう)を監視(かんし)する。
(그것에 의해 온도의 상승을 감시한다.)

(64) 感謝(かんしゃ)する[他]≪2, 1級語彙≫[外基]　　　　　　　[감사하다[他]]
ご親切(しんせつ)には感謝(かんしゃ)する。でも、あそこには戻(もど)れない。

(친절에 대해서는 감사하게 생각한다. 하지만, 거기에는 돌아갈 수 없다.)

(65) 干渉(かんしょう)する[他]≪1級語彙≫[基本]　　　　　　　　　　　[간섭하다[他]]
　　 また、母親(ははおや)も無意識(むいしき)の内(うち)にこれを期待(きたい)し、過保護(かほご)になり、あるいは厳(きび)しく干渉(かんしょう)する。
　　 (그리고 어머니도 무의식 속에 이것을 기대하고, 과보호가 되거나 혹은 심하게 간섭한다.)

(66) 鑑賞(かんしょう)する[他]≪2, 1級語彙≫　　　　　　　　　　　[감상하다[他]]
　　 しかし、実際(じっさい)には、人々(ひとびと)は作品(さくひん)を鑑賞(かんしょう)する。
　　 (그러나 실제로는 사람들은 작품을 감상한다.)

(67) 観測(かんそく)する[他]≪2, 1級語彙≫　　　　　　　　　　　[관측하다[他]]
　　 各地(かくち)の観測器(かんそくき)で、地震(じしん)の前(まえ)ぶれではないかと考(かんが)えられる現象(げんしょう)を観測(かんそく)する。
　　 (각지의 관측기에서 지진의 전조가 아닌가 생각되는 현상을 관측한다.)

(68) 監督(かんとく)する[他]≪2, 1級語彙≫[外基]　　　　　　　　　[감독하다[他]]
　　 下役人(したやくにん)多数(たすう)が船(ふね)に乗(の)り込(こ)み、積荷(つみに)の搬出(はんしゅつ)を監督(かんとく)する。
　　 (하급 관리 대다수가 배에 올라타고, 적하의 반출을 감독한다.)

(69) 看病(かんびょう)する[他]≪2, 1級語彙≫[外基]　　　　　　　　[간병하다[他]]
　　 そのときは、母親(ははおや)は躊躇(ためら)わずに会社(かいしゃ)を休(やす)んで看病(かんびょう)する。
　　 (그 때, 어머니는 주저하지 않고 회사를 쉬고 간병한다.)

(70) 勧誘(かんゆう)する[他]≪1級語彙≫　　　　　　　　　　　　[권유하다[他]]
　　 商品(しょうひん)を勧誘(かんゆう)するメールが大量(たいりょう)に届(とど)くようになりました。
　　 (상품을 권유하는 메일이 대량으로 배달되게 되었습니다.)

(71) 観覧(かんらん)する[他]≪1級語彙≫　　　　　　　　　　　　[관람하다[他]]
　　 演劇(えんげき)・映画(えいが)などを上演(じょうえん)・観覧(かんらん)するための建物(たてもの)を劇場(げきじょう)という。
　　 (연극·연극 등을 상연·관람하기 위한 건물을 극장이라고 한다.)

(72) 管理(かんり)する[他]≪2, 1級語彙≫[外基]　　　　　　　　　[관리하다[他]]
　　 情報(じょうほう)を、カードで管理(かんり)する場合(ばあい)などに便利(べんり)です。
　　 (정보를 카드로 관리하는 경우 등에 편리합니다.)

(73) 緩和(かんわ)する[他]≪1級語彙≫　　　　　　　　　　　　　[완화하다[他]]

アセスの対象(たいしょう)基準(きじゅん)を緩和(かんわ)する。
(환경 경영 평가(assess)의 대상 기준을 완화하다.)

「キ」

(74) 記憶(きおく)する[他]≪2, 1級語彙≫[外基]　　　　　　　　　[기억하다[他]]
屈辱(くつじょく)の日(ひ)として以後(いご)長(なが)く記憶(きおく)する。
(굴욕의 날로서 이후 오랫동안 기억한다.)

(75) 企画(きかく)する[他]≪1級語彙≫　　　　　　　　　　　　[기획하다[他]]
適当(てきとう)な商業(しょうぎょう)方式(ほうしき)を企画(きかく)する。
(적당한 상업 방식을 기획한다.)

(76) 議決(ぎけつ)する[他]≪1級語彙≫　　　　　　　　　　　　[의결하다[他]]
議会(ぎかい)が出席(しゅっせき)議員(ぎいん)の過半数(かはんすう)で議決(ぎけつ)する。
(의회가 출석 의원의 과반수로 의결한다.)

(77) 記載(きさい)する[他]≪1級語彙≫　　　　　　　　　　　　[기재하다[他]]
レポートには要点(ようてん)を簡潔(かんけつ)に整理(せいり)し、正確(せいかく)に記載(きさい)する。
(리포트에는 요점을 간결하게 정리하고 정확하게 기재한다.)

(78) 記述(きじゅつ)する[他]≪1級語彙≫　　　　　　　　　　　[기술하다[他]]
幽霊(ゆうれい)のことを記述(きじゅつ)した古書(こしょ)がある。
(유령에 관해 기술한 고서가 있다.)

(79) 規制(きせい)する[他]≪1級語彙≫　　　　　　　　　　　　[규제하다[他]]
集団(しゅうだん)行動(こうどう)を規制(きせい)する。
(집단행동을 규제한다.)

(80) 寄贈(きぞう)する[他]≪1級語彙≫　　　　　　　　　　　　[기증하다[他]]
母校(ぼこう)にピアノを寄贈(きぞう)する。
(모교에 피아노를 기증한다.)

(81) 偽造(ぎぞう)する[他]≪1級語彙≫　　　　　　　　　　　　[위조하다[他]]
彼(かれ)は小切手(こぎって)を偽造(ぎぞう)しただけです。
(그는 수표를 위조했을 뿐입니다.)

(82) 期待(きたい)する[他]≪2, 1級語彙≫[外基]　　　　　　　　[기대하다[他]]
君(きみ)には即戦力(そくせんりょく)になることを期待(きたい)している。
(자네에게는 즉전력이 되는 것을 기대하고 있다.)

(83) 規定(きてい)する**[他]**≪1級語彙≫[基本][外基]　　　　　　　　[규정하다**[他]**]
　　　退職(たいしょく)に関(かん)して、退職(たいしょく)の具体的(ぐたいてき)事情(じじょう)、
　　　手続(てつづ)きを規定(きてい)する。
　　　(퇴직에 관해, 퇴직의 구체적인 사정, 수속을 규정한다.)

(84) 記入(きにゅう)する**[他]**≪2, 1級語彙≫　　　　　　　　　　　[기입하다**[他]**]
　　　更(さら)に次回(じかい)は所得額(しょとくがく)とかを記入(きにゅう)する。
　　　(또한 다음번에는 소득액인가를 기입한다.)

(85) 記念(きねん)する**[他]**≪2, 1級語彙≫[外基]　　　　　　　　[기념하다**[他]**]
　　　創立(そうりつ)五十周年(ごじゅっしゅうねん)を記念(きねん)する式典(しきてん)。
　　　(창립 50주년을 기념하는 식전.)

(86) 祈念(きねん)する**[他]**　　　　　　　　　　　　　　　　　[기념하다**[他]**]
　　　本書(ほんしょ)で、法律(ほうりつ)を自分(じぶん)のものにし、豊(ゆた)かな人生(じんせい)
　　　を送(おく)られることを祈念(きねん)する。
　　　(본서에서 법률을 자기 것으로 하여, 풍요로운 인생을 보내시기를 기념한다.)

(87) 寄付(きふ)する**[他]**≪2, 1級語彙≫[外基]　　　　　　　　　[기부하다**[他]**]
　　　それを議員(ぎいん)に対(たい)して選挙(せんきょ)運動(うんどう)資金(しきん)として寄付
　　　(きふ)する。
　　　(그것을 의원에 대해 선거 운동 자금으로 기부한다.)

(88) 脚色(きゃくしょく)する**[他]**≪1級語彙≫　　　　　　　　　[각색하다**[他]**]
　　　司馬遼太郎(しば　りょうたろう)は小説家(しょうせつか)として空海(くうかい)の人物像(じん
　　　ぶつぞう)を脚色(きゃくしょく)する。
　　　(사바 료타로는 소설가로서 구카이의 인물상을 각색하다.)

(89) 救援(きゅうえん)する**[他]**≪1級語彙≫　　　　　　　　　　[구원하다**[他]**]
　　　被災者(ひさいしゃ)を救援(きゅうえん)する。
　　　(이재민을 구원한다.)

(90) 救済(きゅうさい)する**[他]**≪2, 1級語彙≫　　　　　　　　[구제하다**[他]**]
　　　そこで、競争力(きょうそうりょく)の落(お)ちた日本(にほん)企業(きぎょう)を救済(きゅうさ
　　　い)する。
　　　(그리고 경쟁력이 떨어진 일본 기업을 구제한다.)

(91) 吸収(きゅうしゅう)する**[他]**≪2, 1級語彙≫[基本]　　　　　[흡수하다**[他]**]
　　　一方(いっぽう)企業(きぎょう)の投資(とうし)活動(かつどう)も、その貯蓄(ちょちく)を吸収
　　　(きゅうしゅう)するほど活発(かっぱつ)ではないだろう。
　　　(한편, 기업의 투자 활동도 그 저축을 흡수할 만큼 활발하지 않을 것이다.)

(92)　救助(きゅうじょ)する[他]≪2, 1級語彙≫　　　　　　　　　　[구조하다[他]]
　　　　乗組員(のりくみいん)全員(ぜんいん)を救助(きゅうじょ)することができた。
　　　　(승조원 전원을 구조할 수 있었다.)

(93)　教育(きょういく)する[他]≪3, 2, 1級語彙≫[外基]　　　　　[교육하다[他]]
　　　　研究者(けんきゅうしゃ)に知財(ちざい)の知識(ちしき)を教育(きょういく)する絶好(ぜっこう)
　　　　の機会(きかい)ともなる。
　　　　(연구자에게 지재의 지식을 교육하는 절호의 기회도 된다.)

(94)　強化(きょうか)する[他]≪2, 1級語彙≫[基本]　　　　　　　[강화하다[他]]
　　　　各省(かくしょう)における政治(せいじ)任用職(にんようしょく)を増(ふ)やし、首相(しゅしょ
　　　　う)の人事権(じんじけん)を強化(きょうか)する。
　　　　(각 부처에 있어서의 정치 임용직을 늘리고, 수상의 인사권을 강화한다.)

(95)　協議(きょうぎ)する[他]≪1級語彙≫[外基]　　　　　　　　[협의하다[他]]
　　　　二国間(にこくかん)で段階的(だんかいてき)自由化(じゆうか)を協議(きょうぎ)する。
　　　　(2국간에서 단계적 자유화를 협의한다.)

(96)　供給(きょうきゅう)する[他]≪2, 1級語彙≫[基本][外基]　　[공급하다[他]]
　　　　成長(せいちょう)企業(きぎょう)に全量(ぜんりょう)を供給(きょうきゅう)する。
　　　　(성장 기업에 전량을 공급한다.)

(97)　強行(きょうこう)する[他]≪1級語彙≫　　　　　　　　　　[강행하다[他]]
　　　　本機(ほんき)はこれより攻撃(こうげき)を強行(きょうこう)する。
　　　　(본기는 이제부터 공격을 강행한다.)

(98)　教授(きょうじゅ)する[他]≪2, 1級語彙≫[外基]　　　　　　[교수하다[他]]
　　　　九月(くがつ)から東京大学(とうきょうだいがく)で政治学(せいじがく)・理財学(りざいがく)・
　　　　哲学(てつがく)を教授(きょうじゅ)する。
　　　　(9월부터 도쿄대학에서 정치학・이재학・철학을 교수한다.)

(99)　強調(きょうちょう)する[他]≪2, 1級語彙≫　　　　　　　　[강조하다[他]]
　　　　近代化(きんだいか)の指導者(しどうしゃ)たちが行(おこ)なったのは、天皇(てんのう)を
　　　　中心(ちゅうしん)とする日本(にほん)の文化(ぶんか)伝統(でんとう)の絶対性(ぜったいせい)
　　　　を強調(きょうちょう)することでした。
　　　　(근대화의 지도자들이 행한 것은 천황을 중심으로 하는 일본 문화 전통의 절대성을
　　　　강조하는 것이었습니다.)

(100)　協調(きょうちょう)する[他]≪1級語彙≫　　　　　　　　　[협조하다[他]]
　　　　「産業(さんぎょう)自決(じけつ)体制(たいせい)の強化(きょうか)」を協調(きょうちょう)する。
　　　　(「산업 자결 체제의 강화」를 강조한다.)

(101) 協定(きょうてい)する[他]≪1級語彙≫[外基]　　　　　　　[협정하다[他]]
　　　 自然(しぜん)環境(かんきょう)保全(ほぜん)協定(きょうてい)の一部(いちぶ)を次(つぎ)のとおり変更(へんこう)することを協定(きょうてい)する。
　　　 (자연 환경 보전 협정의 일부를 다음과 같이 변경하는 것을 협정한다.)

(102) 脅迫(きょうはく)する[他]≪1級語彙≫　　　　　　　　　[협박하다[他]]
　　　 君(きみ)を脅迫(きょうはく)した覚(おぼ)えはない。
　　　 (자네를 협박한 적은 없다.)

(103) 協力(きょうりょく)する[他]≪2, 1級語彙≫[基本][外基]　　[협력하다[他]]
　　　 これじゃ、警察(けいさつ)に協力(きょうりょく)する気持(きも)ちはなくなるな。
　　　 (이래서는 경찰에 협력할 기분은 없어진다.)

(104) 許可(きょか)する[他]≪2, 1級語彙≫　　　　　　　　　[허가하다[他]]
　　　 神父(しんぷ)は、労働者(ろうどうしゃ)たちが教会(きょうかい)で集会(しゅうかい)を開(ひら)くことを許可(きょか)する。
　　　 (신부는 노동자들이 교회에서 집회를 여는 것을 허가한다.)

(105) 局限(きょくげん)する[他]≪1級語彙≫　　　　　　　　　[국한하다[他]]
　　　 問題(もんだい)を局限(きょくげん)して検討(けんとう)する。
　　　 (문제를 국한해서 검토한다.)

(106) 拒絶(きょぜつ)する[他]≪1級語彙≫　　　　　　　　　　[거절하다[他]]
　　　 聖書(せいしょ)はわたしの人生(じんせい)を助(たす)けて来(き)てくれましたので、わたしには聖書(せいしょ)を拒絶(きょぜつ)することはできないのです。
　　　 (성서는 내 인생을 도와주었기 때문에 나는 성서를 거절할 수는 없었습니다.)

(107) 拒否(きょひ)する[他]≪1級語彙≫　　　　　　　　　　　[거부하다[他]]
　　　 本国(ほんごく)の政府(せいふ)や現地(げんち)の政府(せいふ)の指示(しじ)を拒否(きょひ)することは困難(こんなん)である。
　　　 (본국 정부나 현지 정부의 지시를 거부하는 것은 곤란하다.)

(108) 許容(きょよう)する[他]≪1級語彙≫　　　　　　　　　　[허용하다[他]]
　　　 憲法(けんぽう)の許容(きょよう)する範囲内(はんいない)において、防衛力(ぼうえいりょく)の質的(しつてき)水準(すいじゅん)の向上(こうじょう)を推進(すいしん)していかなければならない。
　　　 (헌법이 허용하는 범위 내에서 방위력의 질적 수준의 향상을 추진해 나가야 한다.)

(109) 記録(きろく)する[他]≪2, 1級語彙≫[外基]　　　　　　[기록하다[他]]
　　　 時間(じかん)を記録(きろく)する必要(ひつよう)もない。

(시간을 기록할 필요도 없다.)

(110) 吟味(ぎんみ)する[他]≪1級語彙≫　　　　　　　　　　　[음미하다[他]]
サプリ29)購入時(こうにゅうじ)は、こうした成分(せいぶん)を吟味(ぎんみ)することも、また大事(だいじ)。
(영양보조식품 구입 시는 이런 성분을 음미하는 것도 또 중요하다.)

「ク」

(111) 空想(くうそう)する[他]≪2, 1級語彙≫　　　　　　　　　[공상하다[他]]
だが、スザンヌを殺(ころ)した犯人(はんにん)を捕(つか)まえるところを空想(くうそう)することはできた。
(하지만 수잔을 죽인 범인을 잡을 곳을 공상할 수는 있었다.)

(112) 区画(くかく)する[他]≪1級語彙≫　　　　　　　　　　[구획하다[他]]
埋(う)め立(た)て地(ち)を区画(くかく)する。
(매립지를 구획하다.)
小(ちい)さく区画(くかく)した分譲地(ぶんじょうち)。
(작게 구획한 분양지.)

(113) 区分(くぶん)する[他]≪2, 1級語彙≫　　　　　　　　　[구분하다[他]]
生徒(せいと)を年齢(ねんれい)によって区分(くぶん)する。
(학생을 연령에 따라 구분하다.)
製造(せいぞう)たばこは、次(つぎ)のように区分(くぶん)する。
(제조 담배는 다음과 같이 구분한다.)

(114) 区別(くべつ)する[他]≪2, 1級語彙≫[基本][外基]　　　　　[구별하다[他]]
良(い)い人(ひと)とか悪(わる)い人(ひと)とかあんまり区別(くべつ)したくはないけど、好(す)きな人(ひと)とか嫌(きら)いな人(ひと)とか区別(くべつ)する時(とき)がある。
(좋은 사람이라든가 나쁜 사람이라든가 너무 구별하고 싶지는 않지만, 좋아하는 사람이라든가 싫어하는 사람이라든가 구별할 때가 있다.)

「ケ」

(115) 経営(けいえい)する[他]≪2, 1級語彙≫[基本][外基]　　　　[경영하다[他]]
いくつかの農家(のうか)が共同(きょうどう)で広(ひろ)い農地(のうち)を経営(けいえい)する農業(のうぎょう)法人(ほうじん)を作(つく)る。

---

29) 「サプリメント(supplement)」의 준말. 영양보조식품(栄養補助食品, えいようほじょしょくひん).

(몇 개의 농가가 공동으로 넓은 농지를 경영하는 농업법인을 만들다.)

(116) 警戒(けいかい)する[他]≪1級語彙≫　　　　　　　　[경계하다[他]]
　　　周囲(しゅうい)を警戒(けいかい)する。
　　　(주위를 경계하다.)

(117) 計画(けいかく)する[他]≪3, 2, 1級語彙≫[基本][外基]　[계획하다[他]]
　　　二人(ふたり)はそのお金(かね)を使(つか)い果(は)たしてしまおうと計画(けいかく)する。
　　　(두 사람은 그 돈을 다 써 버리려고 계획한다.)

(118) 経験(けいけん)する[他]≪3, 2, 1級語彙≫[基本]　　　[경험하다[他]]
　　　この痛(いた)さは経験(けいけん)しなければわからないだろう。
　　　(이 아픔은 경험하지 않으면 알지 못할 것이다.)

(119) 軽減(けいげん)する[他]≪1級語彙≫　　　　　　　　[경감하다[他]]
　　　経済的(けいざいてき)負担(ふたん)を軽減(けいげん)する。
　　　(경제적 부담을 경감한다.)

(120) 警告(けいこく)する[他]≪2, 1級語彙≫　　　　　　　[경고하다[他]]
　　　忠犬(ちゅうけん)になるな! 著者(ちょしゃ)は強(つよ)く警告(けいこく)する。
　　　(충견이 되지 마라! 저자는 강하게 경고한다.)

(121) 掲載(けいさい)する[他]≪1級語彙≫　　　　　　　　[게재하다[他]]
　　　妻(つま)が私(わたし)について語(かた)ったことを、そのまま掲載(けいさい)する。
　　　(처가 나에 관해 말한 것을 그대로 게재한다.)

(122) 計算(けいさん)する[他]≪2, 1級語彙≫[外基]　　　　[계산하다[他]]
　　　また規約(きやく)に基(もと)づき、年金(ねんきん)給付額(きゅうふがく)を計算(けいさん)する。
　　　(그리고 규약에 기초하여 연금 급부액을 계산한다.)

(123) 掲示(けいじ)する[他]≪2, 1級語彙≫　　　　　　　　[게시하다[他]]
　　　要点(ようてん)をまとめて、掲示(けいじ)する。
　　　(요점을 정리하여 게시한다.)

(124) 形成(けいせい)する[他]≪1級語彙≫[基本]　　　　　　[형성하다[他]]
　　　数十戸(すうじっこ)の家(いえ)が一部落(いちぶらく)を形成(けいせい)する。
　　　(수십 호의 집이 한 부락을 형성한다.)

(125) 携帯(けいたい)する[他]≪1級語彙≫　　　　　　　　[휴대하다[他]]
　　　いかなるときも、身分(みぶん)を証明(しょうめい)する書類(しょるい)を携帯(けいたい)する。
　　　(어떤 경우에도 신분을 증명할 서류를 휴대한다.)

제4장 한어의 동사화 Ⅱ   143

(126)　軽蔑(けいべつ)する**[他]**≪1級語彙≫[外基]　　　　　　　　[경멸하다**[他]**]
　　　 彼(かれ)らは栄光(えいこう)を<u>軽蔑(けいべつ)</u>し、多分(たぶん)、<u>軽蔑(けいべつ)</u>自体(じ
　　　 たい)をも<u>軽蔑(けいべつ)</u>する。
　　　 (그들은 영광을 경멸하고 아마도 경멸 그 자체도 경멸한다.)

(127)　激励(げきれい)する**[他]**≪1級語彙≫　　　　　　　　　　　[격려하다**[他]**]
　　　 課長(かちょう)が部下(ぶか)を叱咤(しった)<u>激励(げきれい)</u>する。
　　　 (과장이 부하를 질타 격려한다.)

(128)　決意(けつい)する**[他]**≪1級語彙≫　　　　　　　　　　　　[결의하다**[他]**]
　　　 トムは息子(むすこ)とともに戦(たたか)うことを<u>決意(けつい)</u>する。
　　　 (톰은 아들과 함께 싸울 것을 결의한다.)

(129)　決議(けつぎ)する**[他]**≪1級語彙≫　　　　　　　　　　　　[결의하다**[他]**]
　　　 中央(ちゅうおう)委員会(いいんかい)も総辞職(そうじしょく)を<u>決議(けつぎ)</u>する。
　　　 (중앙위원회도 총사직을 결의한다.)

(130)　決行(けっこう)する**[他]**≪1級語彙≫　　　　　　　　　　　[결행하다**[他]**]
　　　 悪天(あくてん)をついて登頂(とうちょう)を<u>決行(けっこう)</u>する。
　　　 (악천후를 무릅쓰고 등정을 결행하다.)

(131)　決算(けっさん)する**[他]**≪1級語彙≫　　　　　　　　　　　[결산하다**[他]**]
　　　 旅行(りょこう)の費用(ひよう)を<u>決算(けっさん)</u>する。
　　　 (여행비용을 결산하다.)
　　　 事変(じへん)が終(お)わったときに<u>決算(けっさん)</u>するわけですよ。
　　　 (사변이 끝났을 때, 결산하는 셈입니다.)

(132)　結成(けっせい)する**[他]**≪1級語彙≫　　　　　　　　　　　[결성하다**[他]**]
　　　 11社(じゅういっしゃ)が脱退(だったい)して新組織(しんそしき)を<u>結成(けっせい)</u>するなどの
　　　 動(うご)きもあった。
　　　 (11사가 탈퇴하여 새 조직을 결성하는 등의 움직임도 있었다.)

(133)　見学(けんがく)する**[他]**≪2, 1級語彙≫　　　　　　　　　　[견학하다**[他]**]
　　　 それでも彼(かれ)の仕事(しごと)の現場(げんば)を<u>見学(けんがく)</u>する事(こと)が出来(で
　　　 き)た。
　　　 (그래도 그의 일하는 현장을 견학할 수가 있었다.)

(134)　研究(けんきゅう)する**[他]**≪3, 2, 1級語彙≫[基本][外基]　　[연구하다**[他]**]
　　　 当時(とうじ)、それを<u>研究(けんきゅう)</u>することはできなかった。
　　　 (당시 그것을 연구할 수는 없었다.)

(135) 兼業(けんぎょう)する[他]≪1級語彙≫　　　　　　　　　[겸업하다[他]]
　　　会社勤(かいしゃづと)めと塾(じゅく)の教師(きょうし)を兼業(けんぎょう)する。
　　　(회사 근무와 학원 교사를 겸업하다.)

(136) 検査(けんさ)する[他]≪2, 1級語彙≫[外基]　　　　　　[검사하다[他]]
　　　脳(のう)や臓器(ぞうき)の働(はたら)き、代謝(たいしゃ)などを検査(けんさ)する。
　　　(뇌나 장기의 기능, 대사 등을 검사하다.)

(137) 研修(けんしゅう)する[他]≪2, 1級語彙≫　　　　　　　[연수하다[他]]
　　　我(わ)が国(くに)の進(すす)んだ技術(ぎじゅつ)を研修(けんしゅう)する機会(きかい)を
　　　与(あた)える。
　　　(우리나라의 발전한 기술을 연수할 기회를 부여한다.)
　　　職場(しょくば)を離(はな)れて研修(けんしゅう)することは、この上(うえ)ない幸福(こうふ
　　　く)であった。
　　　(직장을 떠나 연수하는 것은 더할 나위 없는 행복이었다.)

(138) 建設(けんせつ)する[他]≪2, 1級語彙≫[基本][外基]　　[건설하다[他]]
　　　賃貸(ちんたい)住宅(じゅうたく)を建設(けんせつ)する。
　　　(임대 주택을 건설하다.)

(139) 建築(けんちく)する[他]≪2, 1級語彙≫　　　　　　　　[건축하다[他]]
　　　特定(とくてい)施設(しせつ)建築物(けんちくぶつ)を建築(けんちく)する。
　　　(특정 시설 건축물을 건축하다.)

(140) 限定(げんてい)する[他]≪1級語彙≫　　　　　　　　　[한정하다[他]]
　　　天皇(てんのう)の権限(けんげん)を「国事(こくじ)に関(かん)する行為(こうい)」と
　　　限定(げんてい)する。
　　　(천황의 권한을「국사에 관한 행위」로 한정하고 있다.)

(141) 検討(けんとう)する[他]≪2, 1級語彙≫　　　　　　　　[검토하다[他]]
　　　請願書(せいがんしょ)の内容(ないよう)を検討(けんとう)する。
　　　(청원서 내용을 검토한다.)

(142) 倹約(けんやく)する[他]≪1級語彙≫　　　　　　　　　[검약하다[他]]
　　　食卓(しょくたく)にかかる経費(けいひ)もことごとく倹約(けんやく)するようになった。
　　　(식탁에 드는 비용도 죄다 검약하게 되었다.)

(143) 兼用(けんよう)する[他]≪1級語彙≫　　　　　　　　　[겸용하다[他]]
　　　街渠(がいきょ)の一部(いちぶ)を兼用(けんよう)することもあります。
　　　(가거(도로의 빗물 등이 흘러 들어갈 수 있게 파 놓은 길가의 도랑)의 일부를 겸용하

는 경우도 있습니다.)

「ㄱ」

(144) 交易(こうえき)する**[他]**≪1級語彙≫ [교역하다**[他]**]
物(もの)と物(もの)とを交易(こうえき)する。
(물건과 물건을 교역하다.)
商人(しょうにん)が往来(おうらい)したり、国境(こっきょう)近(ちか)くで
交易(こうえき)するのはかまいませんが。
(상인이 왕래하거나, 국경 근처에서 교역하는 것은 상관없습니다만.)

(145) 後援(こうえん)する**[他]** [후원하다**[他]**]
新聞社(しんぶんしゃ)が後援(こうえん)する行事(ぎょうじ)。
(신문사가 후원하는 행사.)

(146) 講演(こうえん)する**[他]**≪2, 1級語彙≫ [강연하다**[他]**]
半導体(はんどうたい)業界(ぎょうかい)の現状(げんじょう)や展望(てんぼう)について
講演(こうえん)する。
(반도체 업계 현상이나 전망에 관해 강연하다.)

(147) 公演(こうえん)する**[他]**≪1級語彙≫ [공연하다**[他]**]
どんな劇(げき)を公演(こうえん)してきたんですか。
(어떤 연극을 공연해 왔습니까?)
大阪(おおさか)は二月(にがつ)二十五日(にじゅうごにち)からそれぞれ公演(こうえん)するよ。
(오사카는 2월 25일부터 각각 공연해.)

(148) 後悔(こうかい)する**[他]**≪1級語彙≫[外基] [후회하다**[他]**]
現代(げんだい)社会(しゃかい)において最大(さいだい)のリスクは、「人生(じんせい)を
後悔(こうかい)すること」だと思(おも)うんです。
(현대 사회에 있어서 최대의 리스크는「인생을 후회하는 것」이라고 생각합니다.)

(149) 公開(こうかい)する**[他]**≪1級語彙≫ [공개하다**[他]**]
猥褻(わいせつ)な内容(ないよう)や不愉快(ふゆかい)なデータを公開(こうかい)する。
(외설적인 내용이나 불쾌한 데이터를 공개한다.)

(150) 航海(こうかい)する**[他]**≪1級語彙≫ [항해하다**[他]**]
正(ただ)しく人生(じんせい)を航海(こうかい)しようとする者(もの)はうまく舵(かじ)をとらねばならぬ。
(바르게 인생을 항해하려고 하는 사람은 방향키를 잘 잡아야 한다.)

外国(がいこく)の船(ふね)はインド諸国(しょこく)へ航海(こうかい)することを許(ゆる)されなかった。
(외국 배는 인도 제국에 항해하는 것을 허용하지 않았다.)

(151) 交換(こうかん)する[他]≪2, 1級語彙≫[外基]　　　　　　　[교환하다[他]]
相互(そうご)に情報(じょうほう)を交換(こうかん)し合(あ)うシステムである。
(상호 정보를 서로 교환하는 시스템이다.)
保育者(ほいくしゃ)と保護者(ほごしゃ)とが、意見(いけん)を交換(こうかん)する。
(보육자와 보호자가 의견을 교환한다.)

(152) 講義(こうぎ)する[他]≪2, 1級語彙≫　　　　　　　　　　[강의하다[他]]
カナダで、現代(げんだい)日本(にほん)と比較(ひかく)政治(せいじ)を講義(こうぎ)した。
(캐나다에서 현대 일본과 비교 정치를 강의했다.)

(153) 抗議(こうぎ)する[他]≪1級語彙≫　　　　　　　　　　　[항의하다[他]]
私(わたし)は出品者(しゅっぴんしゃ)へすぐにそのことを抗議(こうぎ)しました。
(나는 출품자에게 즉시 그것을 항의했습니다.)

(154) 合議(ごうぎ)する[他]≪1級語彙≫　　　　　　　　　　　[합의하다[他]]
大酋長(だいしゅうちょう)たちが寄(よ)り合(あ)って、国(くに)に何(なに)をさせるかを合議(ごうぎ)したりする。
(대추장들이 모여 나라에 무엇을 시킬 것인가를 합의하거나 한다.)

(155) 合計(ごうけい)する[他]≪2, 1級語彙≫[外基]　　　　　　[합계하다[他]]
三教科(さんきょうか)の得点(とくてん)を合計(ごうけい)する。
(3교과의 득점을 합계한다.)

(156) 攻撃(こうげき)する[他]≪2, 1級語彙≫[外基]　　　　　　[공격하다[他]]
地球(ちきゅう)軌道上(きどうじょう)の衛星(えいせい)を攻撃(こうげき)する。
(지구 궤도상의 위성을 공격한다.)

(157) 広告(こうこく)する[他]≪2, 1級語彙≫[外基]　　　　　　[광고하다[他]]
新製品(しんせいひん)を広告(こうこく)する。
(신제품을 광고한다.)

(158) 公告(こうこく)する[他][外基]　　　　　　　　　　　　[공고하다[他]]
遅滞(ちたい)なく必要事項(ひつようじこう)を公告(こうこく)する。
(지체 없이 필요 사항을 공고한다.)

(159) 工作(こうさく)する[他]≪1級語彙≫[外基]　　　　　　　[공작하다[他]]
馬具(ばぐ)を工作(こうさく)する。

(마구를 공작하다.)
さらに工作(こうさく)するための機械(きかい)も要(い)る。
(또한 공작하기 위한 기계도 필요하다.)

(160)   耕作(こうさく)する[他]≪1級語彙≫   [경작하다[他]]
        地主(じぬし)は土地(とち)を耕作(こうさく)して供犠(くぎ)のための穀物(こくもつ)を育(そだ)てなければならなかった。
        (지주는 토지를 경작해서 공의(신에게 희생 공물을 바치던 의례)를 위한 곡물을 키우지 않으면 안 되었다.)

(161)   工事(こうじ)する[他]≪2, 1級語彙≫   [공사하다[他]]
        料金所(りょうきんじょ)の辺(あたり)を工事(こうじ)する。
        (요금소 부근을 공사한다.)
        実施図(じっしず)を見(み)て工事(こうじ)する。
        (실시도(실시설계도)를 보고 공사한다.)

(162)   講習(こうしゅう)する[他]≪1級語彙≫   [강습하다[他]]
        各団体(かくだんたい)がそのうちのいくつかを講習(こうしゅう)するのである。
        (각 단체가 그 중의 몇 개를 강습하는 것이다.)

(163)   口述(こうじゅつ)する[他]≪1級語彙≫   [구술하다[他]]
        その後(ご)、彼(かれ)はその修道士(しゅうどうし)にその福音書(ふくいんしょ)の最後(さいご)の数節(すうせつ)を口述(こうじゅつ)し、目(め)を閉(と)じ、最後(さいご)の息(いき)を引(ひ)き取(と)った。
        (그 후, 그는 그 수도사에게 그 복음서의 마지막 몇 절을 구술하고 눈을 감고 마지막 숨을 거두었다.)

(164)   控除(こうじょ)する[他]≪1級語彙≫   [공제하다[他]]
        収入(しゅうにゅう)金額(きんがく)から必要経費(ひつようけいひ)を控除(こうじょ)する。
        (수입 금액으로부터 필요 경비를 공제하다.)
        税金(ぜいきん)が控除(こうじょ)される。
        (세금이 공제되다.)

(165)   構成(こうせい)する[他]≪2, 1級語彙≫[基本]   [구성하다[他]]
        社会(しゃかい)を構成(こうせい)する。
        (사회를 구성하다.)
        理事会(りじかい)は総裁(そうさい)、副総裁(ふくそうさい)と四名(よんめい)の理事(りじ)で構成(こうせい)する。

(이사회는 총재, 부총재와 4명의 이사로 구성한다.)

(166) 合成(ごうせい)する[他]≪1級語彙≫[基本]　　　　　　　　　[합성하다[他]]
タンパク質(しつ)や多糖(たとう)などの複雑(ふくざつ)な化学物質(かがくぶっしつ)を合成(ごうせい)する。
(단백질이나 다당 등의 복잡한 화학 물질을 합성하다.)

(167) 構想(こうそう)する[他]≪1級語彙≫　　　　　　　　　　　[구상하다[他]]
新都市(しんとし)の建設(けんせつ)を構想(こうそう)する。
(신도시의 건설을 구상하다.)

(168) 拘束(こうそく)する[他]≪1級語彙≫　　　　　　　　　　　[구속하다[他]]
身柄(みがら)を拘束(こうそく)する。
(신병을 구속하다.)
これまでに40人(よんじゅうにん)が事件(じけん)に関与(かんよ)した疑(うたが)いで拘束(こうそく)された。
(지금까지 40명이 사건에 관여한 혐의로 구속되었다.)

(169) 肯定(こうてい)する[他]≪2, 1級語彙≫　　　　　　　　　[긍정하다[他]]
日本社会(にほんしゃかい)の現状(げんじょう)を肯定(こうてい)する。
(일본 사회의 현상을 긍정하다.)

(170) 講読(こうどく)する[他]≪1級語彙≫　　　　　　　　　　　[강독하다[他]]
万葉集(まんようしゅう)を講読(こうどく)する。
(만요슈를 강독하다.)

(171) 購読(こうどく)する[他]≪1級語彙≫　　　　　　　　　　　[구독하다[他]]
朝日新聞(あさひしんぶん)を購読(こうどく)する。
(아사히신문을 구독하다.)

(172) 購入(こうにゅう)する[他]≪1級語彙≫　　　　　　　　　　[구입하다[他]]
日用品(にちようひん)を購入(こうにゅう)する。
(일용품을 구입하다.)

(173) 公認(こうにん)する[他]≪1級語彙≫　　　　　　　　　　　[공인하다[他]]
そういう事実(じじつ)を公認(こうにん)したことはございません。
(그런 사실을 공인한 사실은 없습니다.)
党(とう)が公認(こうにん)した候補者(こうほしゃ)。
(당이 공인한 후보자.)

(174) 購買(こうばい)する[他]≪1級語彙≫　　　　　　　　　　　[구매하다[他]]

貧農民(ひんのうみん)が、皮肉(ひにく)にも地主(じぬし)や富農(ふのう)から米穀(べいこく)を購買(こうばい)しなければならない。
(빈농민이 얄궂게도 지주나 부농으로부터 미곡을 구매하지 않으면 안 된다.)

(175) 交付(こうふ)する[他]≪1級語彙≫　　　　　　　　　　　　[교부하다[他]]
助成金(じょせいきん)を交付(こうふ)する。
(조성금을 교부하다.)
運転免許証(うんてんめんきょしょう)を交付(こうふ)する。
(운전면허증을 교부하다.)
国(くに)が地方(ちほう)公共団体(こうきょうだんたい)などに交付(こうふ)する資金(しきん)を「交付金(こうふきん)」と言(い)う。
(국가가 지방공공단체 등에 교부하는 자금을「교부금」이라고 한다.)

(176) 公募(こうぼ)する[他]≪1級語彙≫　　　　　　　　　　　　[공모하다[他]]
広告(こうこく)作品(さくひん)を公募(こうぼ)する。
(광고 작품을 공모하다.)

(177) 考慮(こうりょ)する[他]≪2, 1級語彙≫　　　　　　　　　[고려하다[他]]
わが国(くに)の経済(けいざい)財政(ざいせい)事情(じじょう)を考慮(こうりょ)する。
(우리나라의 경제 재정 사정을 고려하다.)

(178) 護衛(ごえい)する[他]≪1級語彙≫　　　　　　　　　　　　[호위하다[他]]
輸送(ゆそう)船団(せんだん)を護衛(ごえい)する。
(수송 선단을 호위한다.)

(179) 誤解(ごかい)する[他]≪2, 1級語彙≫　　　　　　　　　　[오해하다[他]]
そこを誤解(ごかい)すると、これまた後悔(こうかい)します。
(거기를 오해하면, 이것 또한 오해합니다.)

(180) 呼吸(こきゅう)する[他]≪2, 1級語彙≫[基本][外基]　　　　[호흡하다[他]]
ところが、空気(くうき)を呼吸(こきゅう)するように、私(わたし)の口(くち)からはウソが出(で)るのです。
(그런데 공기를 호흡하는 것처럼 내 입으로부터는 거짓말이 나옵니다.)

(181) 告白(こくはく)する[他]≪1級語彙≫　　　　　　　　　　　[고백하다[他]]
彼(かれ)らは、ミサに行(い)って自分(じぶん)の犯(おか)した罪(つみ)を告白(こくはく)する。
(그들은 미사에 가서 자기가 범한 죄를 고백한다.)
今回(こんかい)は、告白(こくはく)するべきではないタイミングを紹介(しょうかい)します。
(이번에는 고백해서는 안 되는 타이밍을 소개합니다.)

(182) 克服(こくふく)する[他]≪2, 1級語彙≫　　　　　　　　　　[극복하다[他]]
　　　 喫煙(きつえん)衝動(しょうどう)を克服(こくふく)して禁煙(きんえん)に成功(せいこう)する。
　　　 (흡연 충동을 극복해서 금연에 성공한다.)
　　　 彼(かれ)はプレッシャーを克服(こくふく)して見事(みごと)入賞(にゅうしょう)を果(は)たした。
　　　 (그는 프레셔를 극복해서 멋지게 입상했다.)

(183) 雇用(こよう)する[他]≪1級語彙≫　　　　　　　　　　　[고용하다[他]]
　　　 事業主(じぎょうぬし)が労働者(ろうどうしゃ)を雇用(こよう)する。
　　　 (사업주가 노동자를 고용한다.)
　　　 原則(げんそく)として定年(ていねん)まで雇用(こよう)する。
　　　 (원칙적으로 정년까지 고용한다.)

(184) 混同(こんどう)する[他]≪1級語彙≫　　　　　　　　　　[혼동하다[他]]
　　　 公私(こうし)を混同(こんどう)するとか非常識(ひじょうしき)な事(こと)をしなければ別(べつ)にいいと思(おも)います。
　　　 (공사를 혼동한다든가 비상식적인 일을 하지 않으면 별로 나쁘지 않다고 생각합니다.)

「サ」

(185) 採掘(さいくつ)する[他]≪1級語彙≫　　　　　　　　　　[채굴하다[他]]
　　　 坑内員(こうないいん)は希少金属(きしょうきんぞく)インジウムを採掘(さいくつ)している。
　　　 (갱내원은 희소금속 인듐{Indium}을 채굴하고 있다.)

(186) 採決(さいけつ)する[他]≪1級語彙≫　　　　　　　　　　[채결하다[他]]
　　　 憲法(けんぽう)改正案(かいせいあん)を採決(さいけつ)する。
　　　 (헌법 개정안을 채결한다.)

(187) 再建(さいけん)する[他]≪1級語彙≫　　　　　　　　　　[재건하다[他]]
　　　 倒壊(とうかい)した家屋(かおく)を再建(さいけん)する。
　　　 (도괴된(무너진) 가옥을 재건하다.)
　　　 落(お)ち目(め)の政党(せいとう)を再建(さいけん)する。
　　　 (내리막길에 들어선 정당을 재건하다.)

(188) 再現(さいげん)する[他]≪1級語彙≫　　　　　　　　　　[재현하다[他]]
　　　 事件(じけん)の状況(じょうきょう)を再現(さいげん)する。
　　　 (사건 상황을 재현하다.)

(189) 採集(さいしゅう)する[他]≪1級語彙≫[外基]　　　　　　　[채집하다[他]]
　　　 民俗(みんぞく)語彙(ごい)を採集(さいしゅう)する。

(민속 어휘를 채집하다.)

(190) 催促(さいそく)する[他]≪2, 1級語彙≫[外基]　　　[최촉하다, 재촉하다, 독촉하다[他]]
合弁会社(ごうべんがいしゃ)をつくる交渉(こうしょう)を催促(さいそく)した。
(합판(合辦)회사를 만드는 교섭을 재촉했다.)
こういう場合(ばあい)ってどれくらいしたらメールを催促(さいそく)すればいいのでしょう？
(이런 경우는 얼마 정도 있다가 메일을 재촉하면 좋을까요?)
あまりお返事(へんじ)を催促(さいそく)すると、先方(せんぽう)を怒(おこ)らせてしまうかも知(し)れませんので。
(너무 회신을 독촉하면 상대방을 화내게 해 버릴지도 몰라서요.)

(191) 採択(さいたく)する[他]≪1級語彙≫　　　　　　　　[채택하다[他]]
今後(こんご)の交渉(こうしょう)条件(じょうけん)を盛(も)り込(こ)んだ声明(せいめい)を採択(さいたく)する。
(앞으로의 교섭 조건을 담은 성명을 채택하다.)

(192) 採点(さいてん)する[他]≪2, 1級語彙≫　　　　　　[채점하다[他]]
答案(とうあん)を採点(さいてん)する。
(답안을 채점하다.)

(193) 栽培(さいばい)する[他]≪1級語彙≫[基本]　　　　[재배하다[他]]
季節(きせつ)に応(おう)じた野菜(やさい)を栽培(さいばい)する。
(계절에 맞는 야채를 재배하다.)

(194) 裁判(さいばん)する[他]≪2, 1級語彙≫[外基]　　　[재판하다[他]]
各々(おのおの)その議員(ぎいん)の資格(しかく)に関(かん)する訴訟(そしょう)を裁判(さいばん)する。
(각자 그 의원 자격에 관한 소송을 재판하다.)

(195) 裁縫(さいほう)する[他]≪2, 1級語彙≫　　　　　　[재봉하다[他]]
お洋服(ようふく)を裁縫(さいほう)・ハンドメイドされる方(かた)にお聞(き)きしたいのですが。
(옷을 재봉 또는 핸드메이드하시는 분에게 여쭤보고 싶습니다만.)
まさは裁縫(さいほう)すること能(あた)はず。
(마사는 재봉을 할 수 없다.)

(196) 削減(さくげん)する[他]≪1級語彙≫　　　　　　　[삭감하다[他]]
軍縮(ぐんしゅく)とは、単(たん)に予算(よさん)を削(けず)り、人員(じんいん)を削減(さくげん)するだけではない。
(군축이란 단순히 예산을 깎거나 인원을 삭감하는 것만은 아니다.)

(197) 削除(さくじょ)する[他]≪2, 1級語彙≫　　　　　　　　　　　[삭제하다[他]]
　　　 どんなに履歴(りれき)を削除(さくじょ)しても、スマホを使(つか)っていれば、どんどん履歴(りれき)は保存(ほぞん)されていきます。
　　　 (아무리 이력을 삭제해도 스마트폰을 사용하고 있으면 계속해서 이력은 보존됩니다.)

(198) 作成(さくせい)[他]≪2, 1級語彙≫　　　　　　　　　　　　[작성하다[他]]
　　　 報告書(ほうこくしょ)を作成(さくせい)する。
　　　 (보고서를 작성한다.)

(199) 撮影(さつえい)する[他]≪2, 1級語彙≫[外基]　　　　　　　　[촬영하다[他]]
　　　 星雲(せいうん)・星団(せいだん)などの暗(くら)い天体(てんたい)を撮影(さつえい)することはできない。
　　　 (성운·성단 등의 어두운 천체를 촬영할 수는 없다.)

(200) 錯覚(さっかく)する[他]≪1級語彙≫　　　　　　　　　　　[착각하다[他]]
　　　 目撃者(もくげきしゃ)が部屋(へや)の位置(いち)を錯覚(さっかく)した様子(ようす)を悟(さと)った。愛(あい)されていると錯覚(さっかく)する。
　　　 (목격자가 방의 위치를 착각한 상황을 깨달았다. 사랑받고 있다고 착각하다.)

(201) 作曲(さっきょく)する[他]≪2, 1級語彙≫　　　　　　　　　[작곡하다[他]]
　　　 多(おお)くのオペラを作曲(さっきょく)した。
　　　 (많은 오페라를 작곡했다.)

(202) 差別(さべつ)する[他]≪2, 1級語彙≫　　　　　　　　　　　[차별하다[他]]
　　　 新宗教(しんしゅうきょう)を差別(さべつ)する意図(いと)で言うわけではないが。
　　　 (신종교를 차별하는 의도로 말하는 것은 아니지만.)
　　　 人種(じんしゅ)、宗教(しゅうきょう)、政治上(せいじじょう)の理由(りゆう)によって差別(さべつ)する。
　　　 (인종, 종교, 정치상의 이유에 따라 차별된다.)

(203) 左右(さゆう)する[他]≪2, 1級語彙≫[基本]　　　　　　　　[좌우하다[他]]
　　　 それらの国々(くにぐに)の景気(けいき)動向(どうこう)が、その需給(じゅきゅう)と相場(そうば)を左右(さゆう)する傾向(けいこう)が強(つよ)い。
　　　 (그들 나라의 경기 동향이 그 수요와 시세를 좌우하는 경향이 강하다.)

(204) 参考(さんこう)する[他]≪2, 1級語彙≫[外基]　　　　　　　[참고하다[他]]
　　　 実験(じっけん)の結果(けっか)などを参考(さんこう)する。
　　　 (실험 결과 등을 참고하다.)

(205) 産出(さんしゅつ)する[他]≪1級語彙≫[基本]　　　　　　　　[산출하다[他]]

米(こめ)・麦(むぎ)・サツマイモを多(おお)く産出(さんしゅつ)する。
(쌀・보리・고구마를 많이 산출하다.)

(206) 参照(さんしょう)する[他]≪1級語彙≫　　　　　　　　　　　[참조하다[他]]
文脈(ぶんみゃく)に合(あ)った単語(たんご)の意味(いみ)を理解(りかい)するために多(おお)くの辞書(じしょ)を参照(さんしょう)する。
(문맥에 맞는 단어의 의미를 이해하기 위해 많은 사전을 참조한다.)

(207) 賛成(さんせい)する[他]≪2, 1級語彙≫[外基]　　　　　　　[찬성하다[他]]
みんな賛成(さんせい)してくれたので、ぼくはますます強(つよ)きになった。
(다들 찬성해 주었기 때문에 나는 점점 더 강경해졌다.)
予算案(よさんあん)については政府(せいふ)原案(げんあん)を賛成(さんせい)することを満場一致(まんじょういっち)で決(き)めた。
(예산안에 관해서는 정부 원안을 찬성하는 것을 만장일치로 정했다.)
仕事(しごと)をやめたいと父(ちち)に言(い)ったところ、父(ちち)は意外(いがい)にも賛成(さんせい)してくれた。
(일을 그만두고 싶다고 아버지에게 말했더니, 아버지는 의외로 찬성해 주었다.)

(208) 賛美(さんび)する[他]≪1級語彙≫　　　　　　　　　　　　[찬미하다[他]]
挺身隊(ていしんたい)とは動員(どういん)学徒(がくと)を賛美(さんび)する用語(ようご)であった。
(정신대는 동원 학도를 찬미하는 용어였다.)

「シ」

(209) 飼育(しいく)する[他]≪1級語彙≫[基本]　　　　　　　　　[사육하다[他]]
山羊(やぎ)を飼育(しいく)する。
(염소를 사육하다.)

(210) 自覚(じかく)する[他]≪1級語彙≫[基本]　　　　　　　　　[자각하다[他]]
体力(たいりょく)の衰(おとろ)えを自覚(じかく)する。
(체력 쇠퇴를 자각하다.)

(211) 指揮(しき)する[他]≪1級語彙≫　　　　　　　　　　　　[지휘하다[他]]
初演(しょえん)を指揮(しき)した。
(초연을 지휘했다.)
軍隊(ぐんたい)の先頭(せんとう)に立(た)って指揮(しき)する。
(군대 선두에 서서 지휘하다.)

(212) 支給(しきゅう)する[他]≪2, 1級語彙≫　　　　　　　　　[지급하다[他]]

定額(ていがく)の基礎(きそ)年金(ねんきん)をすべての人(ひと)に支給(しきゅう)する。
(정액의 기초 연금을 모든 사람에게 지급하다.)

(213) 自給(じきゅう)する[他][基本]　　　　　　　　　　　　[자급하다[他]]
前々(まえまえ)から申(もう)し上(あ)げておりますように、米(こめ)を自給(じきゅう)する方針(ほうしん)に変(か)わりはございません。
(전부터 말씀드린 바와 같이 쌀을 자급할 방침에 변함은 없습니다.)

(214) 刺激(しげき)する[他]≪2, 1級語彙≫[基本]　　　　　[자극하다[他]]
自分(じぶん)の知的(ちてき)部分(ぶぶん)を刺激(しげき)する。
(자기의 지적 부분을 자극하다.)

(215) 思考(しこう)する[他]≪1級語彙≫　　　　　　　　　[사고하다[他]]
つまり出来事(できごと)を、言(い)い換(か)えれば、到来(とうらい)するものを思考(しこう)するということです。
(즉 사건을 바꾸어 말하면 도래하는 것을 사고한다는 것입니다.)

(216) 志向(しこう)する[他]≪1級語彙≫　　　　　　　　　[지향하다[他]]
健全(けんぜん)な食生活(しょくせいかつ)や安全(あんぜん)な食料品(しょくりょうひん)を志向(しこう)する動(うご)きが強(つよ)まっている。
(건전한 식생활이나 안전한 식료품을 지향하는 움직임이 강화되고 있다.)

(217) 視察(しさつ)する[他]≪1級語彙≫　　　　　　　　　[시찰하다[他]]
諸外国(しょがいこく)の教育事情(きょういくじじょう)を視察(しさつ)してきた。
(여러 외국의 교육 사정을 시찰해왔다.)

(218) 持参(じさん)する[他]≪2, 1級語彙≫　　　　　　　[지참하다[他]]
事前(じぜん)に基本的(きほんてき)な会話(かいわ)を勉強(べんきょう)し、本(ほん)を持参(じさん)すればよい。
(사전에 기본적인 회화를 공부하고, 책을 지참하면 좋다.)
嫁(とつ)いだ先(さき)に、報告(ほうこく)を兼(か)ねて新婚旅行(しんこんりょこう)のお土産(みやげ)とは別(べつ)に「おみやげ」を持参(じさん)する。
(시집간 곳에 보고를 겸해 신혼여행의 선물과는 별도로 선물을 지참한다.)
「持参(じさん)する」の参(さん)は、参(まい)るの参(さん)です。つまり、自分(じぶん)の行動(こうどう)に対(たい)する謙譲語(けんじょうご) 1 。
(「지참하다」의「참(参)」은「참(参)」의「참(参)」입니다. 즉 자기 행동에 대한 겸양어 1.)
「筆記(ひっき)用具(ようぐ)を持参(じさん)します」などと使(つか)います。

(「필기 용구를 지참합니다.」 등과 같이 사용합니다.)

(219) 指示(しじ)する**[他]**≪2, 1級語彙≫ [지시하다**[他]**]
部下(ぶか)に完璧(かんぺき)修理(しゅうり)を指示(しじ)した。
(부하에게 완벽한 수리를 지시했다.)
「本能(ほんのう)は本来(ほんらい)、秩序(ちつじょ)だった行動(こうどう)形式(けいしき)を指示(しじ)する」という説明(せつめい)がある。
(「본능은 본래 질서였던 행동 형식을 지시한다.」라는 설명이 있다.)

(220) 支持(しじ)する**[他]**≪1級語彙≫ [지지하다**[他]**]
政府(せいふ)の見解(けんかい)を支持(しじ)する。
(정부의 견해를 지지한다.)

(221) 自習(じしゅう)する**[他]**≪2, 1級語彙≫[外基] [자습하다**[他]**]
国語(こくご)の教科書(きょうかしょ)で日本語(にほんご)を自習(じしゅう)した。
(국어 교과서로 일본어를 자습했다.)
休日(きゅうじつ)に授業(じゅぎょう)はないけど、学校(がっこう)に行(い)って自習(じしゅう)することを伝(つた)えたいです。
(휴일에 수업은 없지만, 학교에 가서 자습하는 것을 전하고 싶습니다.)

(222) 支出(ししゅつ)する**[他]**≪2,1 級語彙≫[基本][外基] [지출하다**[他]**]
内閣(ないかく)の責任(せきにん)でこれを支出(ししゅつ)することができる。
(내각 책임으로 이것을 지출할 수가 있다.)

(223) 辞職(じしょく)する**[他]**≪1級語彙≫ [사직하다**[他]**]
運転手(うんてんしゅ)が辞職(じしょく)する。
(운전수가 사직하다.)
議員(ぎいん)を辞職(じしょく)しました。
(의원을 사직했습니다.)

(224) 辞退(じたい)する**[他]**≪1級語彙≫ [사퇴하다**[他]**]
ノーベル賞(しょう)を辞退(じたい)するのはよほどのことでしょうが、叙勲(じょくん)を辞退(じたい)するのはたくさんあります。
(노벨상을 사퇴하는 것은 어지간한 일이 아니면 없겠지만, 서훈을 사퇴하는 것은 많이 있습니다.)
大変(たいへん)申(もう)し訳(わけ)ありませんが、一身上(いっしんじょう)の都合(つごう)により内定(ないてい)を辞退(じたい)させて頂(いただ)きます。
(대단히 죄송합니다만, 일신상의 사정으로 내정을 사퇴하고자 합니다.)

その件(けん)でしたら辞退(じたい)させて頂(いただ)きました。
(그 건이라면 사퇴했습니다.)

(225) 実感(じっかん)する[他]≪2, 1級語彙≫ [실감하다[他]]
これが本当(ほんとう)の幸(しあわ)せだというようなことを実感(じっかん)する。
(이것이 진정한 행복이라고 하는 그런 것을 실감하다.)

(226) 実験(じっけん)する[他]≪2, 1級語彙≫[基本][外基] [실험하다[他]]
彼(かれ)は五十五(ごじゅうご)歳(さい)の時(とき)に、はじめて身(み)につけた知識(ちしき)と技術(ぎじゅつ)を実験(じっけん)する。
(그는 55세 때, 처음으로 몸에 익힌 지식과 기술을 실험한다.)

(227) 実行(じっこう)する[他]≪2, 1級語彙≫[外基] [실행하다[他]]
簡単(かんたん)な生活(せいかつ)を実行(じっこう)することです。
(간단한 생활을 실행하는 것입니다.)

(228) 実施(じっし)する[他]≪2, 1級語彙≫ [실시하다[他]]
住民(じゅうみん)投票(とうひょう)を実施(じっし)する。
(주민 투표를 실시하다.)

(229) 実習(じっしゅう)する[他]≪2, 1級語彙≫[外基] [실습하다[他]]
その犬(いぬ)を使(つか)って学生(がくせい)たちは手術(しゅじゅつ)の基本的(きほんてき)なテクニックを実習(じっしゅう)する。
(그 개를 사용하여 대학생들은 수술의 기본적인 테크닉을 실습한다.)

(230) 実践(じっせん)する[他]≪1級語彙≫[基本] [실천하다[他]]
隣人(りんじん)と神(かみ)への愛(あい)を実践(じっせん)する。
(이웃사람과 하나님에 대한 사랑을 실천한다.)

(231) 嫉妬(しっと)する[他]≪1級語彙≫ [질투하다[他]]
愛人(あいじん)が妻(つま)に嫉妬(しっと)し、妻(つま)がもし愛人(あいじん)の存在(そんざい)を知(し)っていれば、愛人(あいじん)に嫉妬(しっと)するのが当然(とうぜん)である。
(애인이 집사람에게 질투하고, 집사람이 만일 애인의 존재를 알고 있으면, 애인에게 질투하는 것이 당연하다.)

(232) 執筆(しっぴつ)する[他]≪2, 1級語彙≫ [집필하다[他]]
同社(どうしゃ)のシリーズに執筆(しっぴつ)するようにとのお話(はなし)であった。
(동사의 시리즈를 집필해 달라는 말씀이었다.)
彼(かれ)自身(じしん)も、後年(こうねん)政治学(せいじがく)の入門書(にゅうもんしょ)を執筆(しっぴつ)した。

(그 자신도 내내년 정치학 입문서를 집필했다.)

(233) 質問(しつもん)する**[他]**≪4, 3, 2, 1級語彙≫[外基]　　　　[질문하다**[他]**]
お店(みせ)でそれぞれの利点(りてん)や使(つか)い方(かた)を質問(しつもん)なさってお決(き)めになってもいいと思(おも)いますよ。
(가게에서 각각의 이점이나 사용법을 질문하시고 정하셔도 좋다고 생각합니다.)

(234) 指定(してい)する**[他]**≪2, 1級語彙≫　　　　　　　　　[지정하다**[他]**]
遺言(ゆごん)で遺言(ゆごん)執行者(しっこうしゃ)を指定(してい)しておくといいでしょう。
(유언으로 유언 집행자를 지정해 두면 좋겠지요.)

(235) 指摘(してき)する**[他]**≪1級語彙≫　　　　　　　　　　[지적하다**[他]**]
かなり微妙(びみょう)な点(てん)まで指摘(してき)することができる。
(상당히 미묘한 점까지 지적할 수가 있다.)

(236) 指導(しどう)する**[他]**≪2, 1級語彙≫[基本][外基]　　　[지도하다**[他]**]
公共(こうきょう)利害(りがい)を啓蒙(けいもう)し、世論(せろん)を指導(しどう)する。
(공공 이해를 계몽하고 여론을 지도한다.)

(237) 支配(しはい)する**[他]**≪2, 1級語彙≫[基本][外基]　　　[지배하다**[他]**]
この思想(しそう)は人間(にんげん)社会史(しゃかいし)をも支配(しはい)するようになったのです。
(이 사상은 인간 사회사도 지배하게 되었던 것입니다.)

(238) 志望(しぼう)する**[他]**≪1級語彙≫　　　　　　　　　　[지망하다**[他]**]
IT業界(ぎょうかい)を志望(しぼう)する。
(IT업계를 지망한다.)

(239) 写生(しゃせい)する**[他]**≪2, 1級語彙≫　　　　　　　　[사생하다**[他]**]
これは目(め)で見(み)たものを写生(しゃせい)するといったタイプの自然(しぜん)な絵画(かいが)ではありません。
(이것은 눈으로 본 것을 사생한다고 하는 유형의 자연스러운 회화는 아닙니다.)

(240) 謝絶(しゃぜつ)する**[他]**≪1級語彙≫　　　　　　　　　[사절하다**[他]**]
親族(しんぞく)の面会(めんかい)も謝絶(しゃぜつ)している状態(じょうたい)なので、施設名(しせつめい)を明(あ)かすことはできない。
(친족의 면회도 사절하고 있는 상태이기 때문에 시설 명을 밝힐 수는 없다.)

(241) 収穫(しゅうかく)する**[他]**≪2, 1級語彙≫[外基]　　　　[수확하다**[他]**]
毎日(まいにち)軽(けい)トラック満杯(まんぱい)にメロンを収穫(しゅうかく)しています。
(매일 경트럭 가득히 메론을 수확하고 있습니다.)

(242) 集計(しゅうけい)する[他]≪1級語彙≫　　　　　　　　　[집계하다[他]]
　　　労働(ろうどう)時間(じかん)を集計(しゅうけい)する。
　　　(노동 시간을 집계한다.)

(243) 襲撃(しゅうげき)する[他]≪1級語彙≫　　　　　　　　　[습격하다[他]]
　　　少年(しょうねん)たちがホームレスを襲撃(しゅうげき)する事件(じけん)が頻発(ひんぱつ)
　　　したけれども。
　　　(소년들이 노숙자를 습격하는 사건이 빈발했지만.)

(244) 重視(じゅうし)する[他]≪2, 1級語彙≫　　　　　　　　[중시하다[他]]
　　　生産(せいさん)の問題(もんだい)より分配(ぶんぱい)の問題(もんだい)を重視(じゅうし)する。
　　　(생산 문제보다 분배의 문제를 중시한다.)

(245) 収集(しゅうしゅう)する[他]≪1級語彙≫[外基]　　　　　[수집하다[他]]
　　　企業(きぎょう)情報(じょうほう)などを収集(しゅうしゅう)する。
　　　(기업 정보 등을 수집한다.)

(246) 修飾(しゅうしょく)する[他]≪1級語彙≫　　　　　　　　[수식하다[他]]
　　　動詞(どうし)・形容詞(けいようし)・副詞(ふくし)を修飾(しゅうしょく)する。
　　　(동사・형용사・부사를 수식한다.)

(247) 修正(しゅうせい)する[他]≪2, 1級語彙≫　　　　　　　[수정하다[他]]
　　　最近(さいきん)はだんだん自分(じぶん)の書(か)いたものを冷静(れいせい)に評価(ひょう
　　　か)できるようになってきて、書(か)くのも修正(しゅうせい)するのも大分(だいぶ)楽(らく)に
　　　なってきました。
　　　(요즘은 점점 자기가 쓴 것을 냉정하게 평가할 수 있게 되어서, 쓰는 것도 수정하는
　　　것도 꽤 편해졌습니다.)

(248) 修繕(しゅうぜん)する[他]≪2, 1級語彙≫　　　　　　　[수선하다[他]]
　　　お父(とう)さんは何(なに)をしていたのだと尋(たず)ねると、靴(くつ)を修繕(しゅうぜん)し
　　　ていたと云(い)うのである。
　　　(아버지께서는 무엇을 하고 있었느냐고 물었더니 구두를 수선하고 있었다고 말하는
　　　것이다.)

(249) 収容(しゅうよう)する[他]≪1級語彙≫　　　　　　　　　[수용하다[他]]
　　　独身(どくしん)男性(だんせい)を収容(しゅうよう)するキャンプがもう一(ひと)つあった。
　　　(독신 남성을 수용하는 캠프가 하나 있었다.)

(250) 修理(しゅうり)する[他]≪2, 1級語彙≫[外基]　　　　　[수리하다[他]]
　　　彼(かれ)は自分(じぶん)の車(くるま)を修理(しゅうり)するのにとても苦労(くろう)した。

(그는 자기 차를 수리하는 데에 무척 고생했다.)

(251) 修了(しゅうりょう)する[他]≪1級語彙≫　　　　　　　[수료하다, 종료하다[他]]
　　　117名(めい)の受験生(じゅけんせい)が一年間(いちねんかん)の学習(がくしゅう)を修了(しゅうりょう)しました。
　　　(117명의 수험생이 1년간의 학습을 수료했습니다.)
　　　しかし、女(おんな)たちは諦(あきら)めたように捜索(そうさく)を修了(しゅうりょう)した。
　　　(그러나 여자들은 체념한 듯이 수색을 종료했다.)

(252) 修行(しゅぎょう)する[他]≪1級語彙≫　　　　　　　[수행하다[他]]
　　　全国(ぜんこく)を修行(しゅぎょう)する。
　　　(수행을 위해 전국을 돌아다니다.)
　　　学問(がくもん)を大(おお)いに修行(しゅぎょう)する。
　　　(학문을 크게 익히다.)

(253) 祝賀(しゅくが)する[他]≪2, 1級語彙≫　　　　　　　[축하하다[他]]
　　　優勝(ゆうしょう)を祝賀(しゅくが)する。
　　　(우승을 축하하다.)

(254) 受験(じゅけん)する[他]≪2, 1級語彙≫　　　　　　[수험하다, 시험을 보다[他]]
　　　高校(こうこう)を卒業(そつぎょう)すれば、大学(だいがく)を受験(じゅけん)する資格(しかく)が得(え)られます。
　　　(고교를 졸업하면, 대학 시험을 볼 자격이 주어진다.)

(255) 主催(しゅさい)する[他]≪1級語彙≫　　　　　　　[주최하다[他]]
　　　さらに93年(ねん)3月(がつ)には東京(とうきょう)特別(とくべつ)会合(かいごう)を主催(しゅさい)する。
　　　(또한 93년 3월에는 도쿄 특별 모임을 주최하다.)

(256) 取材(しゅざい)する[他]≪1級語彙≫　　　　　　　[취재하다[他]]
　　　会社(かいしゃ)独自(どくじ)の経営(けいえい)状況(じょうきょう)をきめ細(こま)かく取材(しゅざい)する。
　　　(회사 독자적인 경영 상황을 세심하게 취재하다.)

(257) 手術(しゅじゅつ)する[他]≪2, 1級語彙≫[外基]　　　[수술하다[他]]
　　　私(わたし)は左足(ひだりあし)の親指(おやゆび)を手術(しゅじゅつ)しました。
　　　(나는 왼쪽 다리의 엄지발가락을 수술했습니다.)

(258) 主張(しゅちょう)する[他]≪2, 1級語彙≫[基本][外基]　[주장하다[他]]
　　　他人(たにん)のためになることを考(かんが)えずに、自分(じぶん)の利益(りえき)と権利

(けんり)だけを主張(しゅちょう)する。
(남의 이익이 되는 것을 생각하지 않고 자기 이익과 권리만을 주장한다.)

(259) 出題(しゅつだい)する[他]≪1級語彙≫　　　　　　　　　　[출제하다[他]]
読解(どっかい)に関(かん)する簡単(かんたん)な問題(もんだい)を出題(しゅつだい)する。
(독해에 관한 간단한 문제를 출제한다.)

(260) 出品(しゅっぴん)する[他]≪2, 1級語彙≫　　　　　　　　[출품하다[他]]
今(いま)の時期(じき)に冬(ふゆ)の洋服(ようふく)を出品(しゅっぴん)しても売(う)れるものでしょうか?
(지금 시기에 겨울옷을 출품해도 팔릴까요?)

(261) 主導(しゅどう)する[他]≪1級語彙≫　　　　　　　　　　[주도하다[他]]
政府(せいふ)には構造的(こうぞうてき)な改革(かいかく)を主導(しゅどう)する能力(のうりょく)がない。
(정부에는 구조적인 개혁을 주도할 능력이 없다.)

(262) 守備(しゅび)する[他]≪1級語彙≫　　　　　　　　　　　[수비하다[他]]
要塞(ようさい)を守備(しゅび)する。
(요새를 수비하다.)
ここは俺(おれ)が守備(しゅび)する。
(여기는 내가 수비하겠다.)

(263) 準備(じゅんび)する[他]≪3, 2, 1級語彙≫[外基]　　　　　[준비하다[他]]
大学入試(だいがくにゅうし)の英語(えいご)教科(きょうか)を準備(じゅんび)する。
(대학입시의 영어 교과를 준비하다.)

(264) 使用(しよう)する[他]≪2, 1級語彙≫[基本][外基]　　　　[사용하다[他]]
会議室(かいぎしつ)を使用(しよう)するには許可(きょか)が要(い)る。
(회의실을 사용하기 위해서는 허가가 필요하다.)

(265) 上演(じょうえん)する[他]≪1級語彙≫　　　　　　　　　[상연하다[他]]
演劇(えんげき)やコンサートを定期的(ていきてき)に上演(じょうえん)する。
(연극이나 콘서트를 정기적으로 상연하다.)

(266) 消化(しょうか)する[他]≪2, 1級語彙≫[基本]　　　　　　[소화하다[他]]
食後(しょくご)は食(た)べたものを消化(しょうか)するために胃(い)の筋肉(きんにく)にたくさんの血液(けつえき)が必要(ひつよう)になります。
(식후에는 먹은 것을 소화하기 위해 위의 근육에 많은 혈액이 필요해집니다.)

(267) 紹介(しょうかい)する[他]≪3, 2, 1級語彙≫[外基]　　　　[소개하다[他]]

제4장 한어의 동사화 Ⅱ   161

日本文化(にほんぶんか)を海外(かいがい)に紹介(しょうかい)する。
(일본문화를 해외에 소개한다.)

(268) 消去(しょうきょ)する[他]≪1級語彙≫   [소거하다[他]]
　　　自動的(じどうてき)にデータを消去(しょうきょ)する。
　　　(자동적으로 데이터를 소거한다.)

(269) 招待(しょうたい)する[他]≪3, 2, 1級語彙≫[外基]   [초대하다[他]]
　　　職場(しょくば)の同僚(どうりょう)や同級生(どうきゅうせい)、近所(きんじょ)の住人(じゅうにん)などを招待(しょうたい)する。
　　　(직장 동료나 동급생, 근처의 주민 등을 초대한다.)

(270) 承諾(しょうだく)する[他]≪1級語彙≫   [승낙하다[他]]
　　　この遠征(えんせい)に参加(さんか)することを承諾(しょうだく)した。
　　　(이 원정에 참가하는 것을 승낙했다.)

(271) 象徴(しょうちょう)する[他]≪1級語彙≫   [상징하다[他]]
　　　「社長(しゃちょう)の椅子(いす)」という言葉(ことば)がむしろ地位(ちい)を象徴(しょうちょう)する言葉(ことば)として用(もち)いられている。
　　　(「사장의 의자」라는 말이 오히려 지위를 상징하는 말로서 사용되고 있다.)

(272) 消毒(しょうどく)する[他]≪2, 1級語彙≫[外基]   [소독하다[他]]
　　　また月(つき)二回(にかい)は、犬舎(けんしゃ)と周囲(しゅうい)を消毒(しょうどく)します。
　　　(그리고 한 달에 2회는 개집과 주위를 소독합니다.)

(273) 承認(しょうにん)する[他]≪2, 1級語彙≫   [승인하다[他]]
　　　両件(りょうけん)を承認(しょうにん)することに賛成(さんせい)の諸君(しょくん)の起立(きりつ)を求(もと)めます。
　　　(양 건을 승인하는 것에 찬성하는 제군의 기립을 요청합니다.)

(274) 消費(しょうひ)する[他]≪2, 1級語彙≫[基本]   [소비하다[他]]
　　　日本(にほん)は世界(せかい)の石油(せきゆ)の約(やく)８％を消費(しょうひ)している。
　　　(일본은 세계 석유의 약 8%를 소비하고 있다.)

(275) 勝負(しょうぶ)する[他]≪2, 1級語彙≫[外基]   [승부하다[他]]
　　　でも、安値(やすね)安定(あんてい)がこう何年(なんねん)も続(つづ)いちゃ、量(りょう)で勝負(しょうぶ)するしかない。
　　　(하지만 저가 안정이 이렇게 몇 년이나 계속되면 양으로 승부를 낼 수밖에 없다.)

(276) 譲歩(じょうほ)する[他]≪1級語彙≫   [양보하다[他]]
　　　価格(かかく)をもうこれ以上(いじょう)譲歩(じょうほ)するわけにはいかない。

(가격을 이제 더 이상 양보할 수는 없다.)

(277) 証明(しょうめい)する**[他]**≪2, 1級語彙≫[外基]　　　　　[증명하다**[他]**]
このことを証明(しょうめい)するいくつかの聖書(せいしょ)の個所(かしょ)を挙(あ)げてみましょう。
(이 일을 증명하는 몇 가지 성서 개소를 들어 보자.)

(278) 消耗(しょうもう)する**[他]**≪2, 1級語彙≫　　　　　　　[소모하다**[他]**]
多(おお)くのエネルギーを消耗(しょうもう)する。
(많은 에너지를 소모한다.)

(279) 省略(しょうりゃく)する**[他]**≪2, 1級語彙≫　　　　　　[생략하다**[他]**]
説明(せつめい)を省略(しょうりゃく)する。
(설명을 생략한다.)

(280) 蒸留(じょうりゅう)する**[他]**≪1級語彙≫[基本]　　　　　[증류하다**[他]**]
不法(ふほう)にアルコールを蒸留(じょうりゅう)する。
(불법으로 알코올을 증류한다.)

(281) 奨励(しょうれい)する**[他]**≪1級語彙≫[基本]　　　　　　[장려하다**[他]**]
発音(はつおん)練習(れんしゅう)を奨励(しょうれい)するには、達成度(たっせいど)の評価(ひょうか)を行(おこ)なう必要(ひつよう)がある。
(발음 연습을 장려하기 위해서는 달성도 평가를 행할 필요가 있다.)

(282) 除外(じょがい)する**[他]**≪1級語彙≫　　　　　　　　　[제외하다**[他]**]
この二(ふた)つのうち、主観的(しゅかんてき)用件(ようけん)を除外(じょがい)する。
(이 두 가지 중에서 주관적 용건을 제외한다.)

(283) 除去(じょきょ)する**[他]**[基本]　　　　　　　　　　　[제거하다**[他]**]
汚染(おせん)物質(ぶっしつ)を除去(じょきょ)することのみが最善(さいぜん)の方法(ほうほう)ではない。
(오염 물질을 제거하는 것만이 최선의 방법은 아니다.)

(284) 食事(しょくじ)する**[他]**≪3, 2, 1級語彙≫[外基]　　　　[식사하다**[他]**]
火(ひ)をおこして小(ちい)さな野(の)ウサギを食事(しょくじ)した。
(불을 피워 작은 산토끼를 식사했다.)
仲間(なかま)と食事(しょくじ)するときは、だいたい割(わ)り勘(かん)[割(わ)り前(まえ)勘定(かんじょう)]。
(동료와 식사할 때는 대개 각자 부담.)

(285) 助言(じょげん)する**[他]**≪1級語彙≫　　　　　　　　　[조언하다**[他]**]

제4장 한어의 동사화 Ⅱ   163

同時(どうじ)に彼(かれ)は何(なに)かを助言(じょげん)することもできない。
(동시에 그는 무엇인가 조언할 수도 없다.)

(286) 所持(しょじ)する[他]≪2, 1級語彙≫　　　　　　　　　[소지하다[他]]
その後(ご)、中国(ちゅうごく)はほとんど自力(じりき)で原爆(げんばく)や水爆(すいばく)を開発(かいはつ)し、所持(しょじ)することになる。
(그 후, 중국은 거의 자력으로 원자폭탄과 수소폭탄을 개발하고, 소지하게 된다.)

(287) 処置(しょち)する[他]≪1級語彙≫　　　　　[처치하다, 조처하다, 조치하다[他]]
消防署(しょうぼうしょ)では、死(し)んだ人(ひと)を処置(しょち)してはくれません。
(소방서에서는 죽은 사람을 조치해 주지는 않습니다.)

(288) 処罰(しょばつ)する[他]≪1級語彙≫　　　　　　　　　[처벌하다[他]]
日(ひ)の丸(まる)・君(きみ)が代(よ)に服(ふく)しない教師(きょうし)を処罰(しょばつ)する。
(「히노마루, 국기」・「기미가요, 국가」에 따르지 않는 교사를 처벌한다.)

(289) 処分(しょぶん)する[他]≪1級語彙≫　　　　　　　　　[처분하다[他]]
特定(とくてい)の名義(めいぎ)で、その財産(ざいさん)の全部(ぜんぶ)又(また)は一部(いちぶ)を処分(しょぶん)することができる。
(특정 명의로 그 재산 전부 혹은 일부를 처분할 수가 있다.)

(290) 所有(しょゆう)する[他]≪1級語彙≫[外基]　　　　　　[소유하다[他]]
彼(かれ)は山林(さんりん)を所有(しょゆう)している。
(그는 산림을 소유하고 있다.)
これが私(わたし)の所有(しょゆう)するカメラです。
(이것이 내가 가지고 있는 카메라입니다.)

(291) 処理(しょり)する[他]≪2, 1級語彙≫　　　　　　　　　[처리하다[他]]
事務(じむ)を手早(てばや)く処理(しょり)する。
(사무를 재빠르게 처리하다.)

(292) 指令(しれい)する[他]≪1級語彙≫　　　　　[지령하다, 지시 하다, 명령하다[他]]
司令官(しれいかん)はミサイルの発車(はっしゃ)を指令(しれい)する。
(사령관은 미사일 발사를 지시한다.)

(293) 審議(しんぎ)する[他]≪1級語彙≫　　　　　　　　　[심의하다[他]]
適切(てきせつ)な方向性(ほうこうせい)を審議(しんぎ)する。
(적절한 방향성을 심의한다.)

(294) 振興(しんこう)する[他]≪1級語彙≫　　　　　　　　　[진흥하다[他]]
商業(しょうぎょう)・サービス業(ぎょう)を振興(しんこう)する。

(상업・서비스업을 진흥한다.)

(295) 申告(しんこく)する[他]≪1級語彙≫　　　　　　　　　[신고하다[他]]
　　　住民税(じゅうみんぜい)の申告時(しんこくじ)には、株(かぶ)の利益(りえき)を所得(しょとく)として申告(しんこく)する必要(ひつよう)はありません。
　　　(주민세 신고 시에는 주식 이익을 소득으로 신고할 필요는 없습니다.)

(296) 審査(しんさ)する[他]≪1級語彙≫　　　　　　　　　[심사하다[他]]
　　　結果(けっか)に至(いた)るまでの判断(はんだん)過程(かてい)や手続(てつづ)きを審査(しんさ)する方法(ほうほう)がある。
　　　(결과에 이르기까지의 판단 과정이나 수속을 심사하는 방법이 있다.)

(297) 診察(しんさつ)する[他]≪2, 1級語彙≫[外基]　　　　[진찰하다[他]]
　　　彼(かれ)は彼女(かのじょ)を診察(しんさつ)した医師(いし)に会(あ)った。
　　　(그는 그녀를 진찰한 의사를 만났다.)

(298) 申請(しんせい)する[他]≪2, 1級語彙≫　　　　　　　[신청하다[他]]
　　　彼(かれ)は永住権(えいじゅうけん)を申請(しんせい)している。
　　　(그는 영주권을 신청하고 있다.)

(299) 診断(しんだん)する[他]≪2, 1級語彙≫　　　　　　　[진단하다[他]]
　　　病気(びょうき)を診断(しんだん)する。
　　　(병을 진단하다.)

(300) 新築(しんちく)する[他]≪1級語彙≫　　　　　　　　[신축하다[他]]
　　　小(ちい)さい一軒家(いっけんや)を新築(しんちく)する。
　　　(작은 독채 집을 신축하다.)

(301) 審判(しんぱん)する[他]≪2, 1級語彙≫[外基]　　　　[심판하다[他]]
　　　前項(ぜんこう)によって分離(ぶんり)した事件(じけん)については、同一(どういつ)の裁判所(さいばんしょ)で審判(しんぱん)することはできない。
　　　(전항에 의해 분리된 사건에 관해서는 동일 재판소에서 심판할 수는 없다.)

(302) 信用(しんよう)する[他]≪2, 1級語彙≫[外基]　　　　[신용하다, 믿다[他]]
　　　実際(じっさい)にこれを信用(しんよう)する関係者(かんけいしゃ)は少(すく)ない。
　　　(실제로 이것을 믿는 관계자는 적다.)

(303) 信頼(しんらい)する[他]≪2, 1級語彙≫[基本]　　　　[신뢰하다[他]]
　　　このようにして育(そだ)った子供(こども)は、自分(じぶん)を信頼(しんらい)し、まわりの人(ひと)を信頼(しんらい)するようになります。
　　　(이와 같이 해서 자란 아이는 자기를 신뢰하고 주위 사람을 신뢰하게 됩니다.)

제4장 한어의 동사화 II   165

(304) 侵略(しんりゃく)する[他]≪1級語彙≫   [침략하다[他]]
    もともと中国(ちゅうごく)を侵略(しんりゃく)する軍事的(ぐんじてき)地理的(ちりてき)便宜(べんぎ)の独占(どくせん)が、帝国主義(ていこくしゅぎ)日本(にほん)の最大(さいだい)の武器(ぶき)であった。
    (원래 중국을 침략할 군사적 지리적 편의의 독점이 제국주의 일본의 최대의 무기이었다.)

(305) 診療(しんりょう)する[他]≪1級語彙≫   [진료하다[他]]
    情報(じょうほう)機器(きき)を通(つう)じて、遠隔地(えんかくち)で小児(しょうに)を診療(しんりょう)する。
    (정보 기기를 통해 원격지에서 소아(어린이)를 진료한다.)

「ス」

(306) 推進(すいしん)する[他]≪1級語彙≫   [추진하다[他]]
    合理化(ごうりか)を推進(すいしん)する。
    (합리화를 추진하다.)

(307) 推薦(すいせん)する[他]≪2, 1級語彙≫   [추천하다[他]]
    二回(にかい)留年(りゅうねん)になったら、学校(がっこう)が推薦(すいせん)する他校(たこう)に転校(てんこう)します。
    (2회 유급이 되면 학교가 추천하는 타교에 전교(전학)됩니다.)
    菊池陽子(きくちようこ)さんを委員長(いいんちょう)に強(つよ)く推薦(すいせん)いたします。
    (기쿠치 요코 씨를 위원장으로 강하게 추천합니다.)

(308) 水洗(すいせん)する[他]≪1級語彙≫   [수세하다, 물로 씻다[他]]
    現像(げんぞう)したフィルムを水洗(すいせん)する。
    (현상한 필름을 수세하다.)

(309) 吹奏(すいそう)する[他]≪1級語彙≫   [취주하다[他]]
    管楽器(かんがっき)を吹奏(すいそう)する。
    (관악기를 취주하다.)

(310) 推測(すいそく)する[他]≪1級語彙≫   [추측하다[他]]
    別(べつ)の人物(じんぶつ)の存在(そんざい)を推測(すいそく)する。
    (다른 인물의 존재를 추측한다.)

(311) 推定(すいてい)する[他]≪2, 1級語彙≫   [추정하다[他]]
    出火(しゅっか)の原因(げんいん)を推定(すいてい)する。
    (출화의 원인을 추정하다.)

(312) 推理(すいり)する**[他]**≪1級語彙≫　　　　　　　　　　[추리하다**[他]**]
　　　日本(にほん)にいつ頃(ごろ)ヒトが住(す)み着(つ)いたかを推理(すいり)することにした。
　　　(일본에 언제쯤 인간이 정주했는가를 추리하기로 했다.)

(313) 崇拝(すうはい)する**[他]**≪1級語彙≫　　　　　　　　　[숭배하다**[他]**]
　　　マルクスを神(かみ)の如(ごと)く崇拝(すうはい)する。
　　　(마르크스를 하나님처럼 숭배한다.)

「セ」

(314) 請求(せいきゅう)する**[他]**≪2, 1級語彙≫[外基]　　　　[청구하다**[他]**]
　　　送料(そうりょう)を相手(あいて)に請求(せいきゅう)する。
　　　(송료를 상대에게 청구한다.)

(315) 制限(せいげん)する**[他]**≪2, 1級語彙≫[外基]　　　　[제한하다**[他]**]
　　　目的外(もくてきがい)利用(りよう)・提供(ていきょう)などを厳(きび)しく制限(せいげん)する。
　　　(목적 외 이용·제공 등을 엄하게 제한한다.)

(316) 制裁(せいさい)する**[他]**≪1級語彙≫　　　　　　　　[제재하다**[他]**]
　　　裁判(さいばん)手続(てつづ)きによって違法(いほう)行為(こうい)を制裁(せいさい)していくための権力的(けんりょくてき)基礎(きそ)を確立(かくりつ)していった。
　　　(재판 수속에 의해 위법 행위를 제재해 나가기 위한 권력적 기초를 확립해 나갔다.)

(317) 製作(せいさく)する**[他]**30)≪2, 1級語彙≫[外基]　　　[제작하다**[他]**]
　　　模型(もけい)飛行機(ひこうき)を製作(せいさく)する。
　　　(모형 비행기를 제작한다.)
　　　サンプルを製作(せいさく)する。
　　　(샘플을 제작한다.)

(318) 制作(せいさく)する**[他]**31)≪2, 1級語彙≫[外基]　　　[제작하다**[他]**]
　　　テレビの特別番組(とくべつばんぐみ)を制作(せいさく)する。
　　　(텔레비전 특별 프로그램을 제작한다.)

(319) 生産(せいさん)する**[他]**≪2, 1級語彙≫[基本][外基]　　[생산하다**[他]**]
　　　世界(せかい)はグローバル化(か)し、アイディアが莫大(ばくだい)な富(とみ)を生産(せいさん)する時代(じだい)に入(はい)っている。
　　　(세계는 글로벌화되고 아이디어가 막대한 부를 생산하는 시대에 들어왔다.)

---

30) 도구나 기계 등을 이용해서 물품을 만드는 것.
31) 영화나 텔레비전 등의 프로그램을 만드는 일이나 그런 일, 역할을 말한다.

(320)　精算(せいさん)する[他]≪1級語彙≫　　　　　　　　　　[정산하다[他]]
　　　　乗(の)り越(こ)し精算(せいさん)する。
　　　　(승차 초과 요금을 정산하다.)
　　　　出張費(しゅっちょうひ)を精算(せいさん)する。
　　　　(출장비를 정산하다.)
　　　　後(あと)で精算(せいさん)するので、高速道路(こうそくどうろ)の料金所(りょうきんじょ)で、お金(かね)を払(はら)わなくてもすむようになりました。
　　　　(나중에 정산하기 때문에 고속도로 요금소에서 돈을 내지 않아도 되게 되었습니다.)

(321)　清算(せいさん)する[他]　　　　　　　　　　　　　　[청산하다, 정산하다[他]]
　　　　莫大(ばくだい)な負債(ふさい)を清算(せいさん)する。
　　　　(막대한 부채를 청산하다.)
　　　　医療費(いりょうひ)を清算(せいさん)するために、病院(びょういん)に出(で)かける間(あいだ)、孫(まご)を預(あず)かっていてということだ。
　　　　(의료비를 정산하기 위해 병원에 갈 동안, 손자를 맡아 달라는 것이다.)
　　　　過去(かこ)を清算(せいさん)する。
　　　　(과거를 청산하다.)
　　　　彼(かれ)との関係(かんけい)を清算(せいさん)する。
　　　　(그와의 관계를 청산하다.)

(322)　制止(せいし)する[他]　　　　　　　　　　　　　　　　[제지하다[他]]
　　　　警察官(けいさつかん)が私(わたし)たちを制止(せいし)しました。
　　　　(경찰관이 우리를 제지했습니다.)

(323)　生成(せいせい)する[他][基本]　　　　　　　　　　　　[생성하다[他]]
　　　　肉体的(にくたいてき)苦痛(くつう)が脳内(のうない)に麻薬(まやく)物質(ぶっしつ)を生成(せいせい)する。
　　　　(육체적 고통이 뇌 속에 마약 물질을 생성한다.)

(324)　精製(せいせい)する[他][基本]　　　　　　　　　　　　[정제하다[他]]
　　　　グラム単位(たんい)の純粋(じゅんすい)なタンパク質(しつ)を精製(せいせい)する。
　　　　(그램 단위의 순수한 단백질을 정제한다.)

(325)　清掃(せいそう)する[他]≪2, 1級語彙≫　　　　　　　　[청소하다[他]]
　　　　道路(どうろ)などの公共(こうきょう)の場所(ばしょ)に捨(す)てられたゴミを清掃(せいそう)する。
　　　　(도로 등의 공공장소에 버려진 쓰레기를 청소한다.)
　　　　ご自分(じぶん)で口(くち)の中(なか)を清掃(せいそう)するということです。

(본인이 직접 입 안을 청소한다는 것입니다.)

(326) 製造(せいぞう)する[他]≪2, 1級語彙≫　　　　　　　[제조하다[他]]
核兵器(かくへいき)を製造(せいぞう)する。
(핵무기를 제조하다.)

(327) 制定(せいてい)する[他]≪1級語彙≫[基本]　　　　　[제정하다[他]]
中国人(ちゅうごくじん)に対(たい)して特別(とくべつ)な規則(きそく)を制定(せいてい)する。
(중국인에 대해 특별한 규칙을 제정하다.)

(328) 整頓(せいとん)する[他][外基]　　　　　　　　　　[정돈하다[他]]
最初(さいしょ)にすべきことは、救援(きゅうえん)物資(ぶっし)の医療品(いりょうひん)を整頓(せいとん)することだった。
(먼저 해야 할 것은 구원 물질의 의료품을 정돈하는 것이었다.)

(329) 整備(せいび)する[他]≪2, 1級語彙≫　　　　　　　[정비하다[他]]
災害時(さいがいじ)における医療(いりょう)の確保(かくほ)および搬送(はんそう)体制(たいせい)を整備(せいび)する。
(재해 시에 있어서의 의료 확보 및 반송 체제를 정비한다.)

(330) 征服(せいふく)する[他]≪1級語彙≫　　　　　　　[정복하다[他]]
人間(にんげん)が自然(しぜん)を征服(せいふく)する。
(인간이 자연을 정복한다.)

(331) 制約(せいやく)する[他]≪1級語彙≫[基本]　　　　　[제약하다[他]]
欧州(おうしゅう)自動車(じどうしゃ)メーカー保護(ほご)のために日本(にほん)からの輸出(ゆしゅつ)台数(だいすう)を制約(せいやく)するものである。
(유럽 자동차 메이커 보호를 위해 일본으로부터의 수출 대수를 제약하는 것이다.)

(332) 整理(せいり)する[他]≪2, 1級語彙≫[外基]　　　　　[정리하다[他]]
私(わたし)はまさに整理(せいり)するための整理(せいり)だと言(い)わざるを得(え)ないと思(おも)うんですね。
(나는 정말 정리하기 위한 정리라고 말하지 않을 수 없다고 생각합니다.)

(333) 是正(ぜせい)する[他]≪1級語彙≫[基本]　　　　　　[시정하다[他]]
不均衡(ふきんこう)を是正(ぜせい)する。
(불균형을 시정한다.)

(334) 切開(せっかい)する[他]≪1級語彙≫　　　　　　　[절개하다[他]]
患部(かんぶ)を切開(せっかい)する。
(환부를 절개하다.)

(335) 設計(せっけい)する[他]≪2, 1級語彙≫   [설계하다[他]]
       前代未聞(ぜんだいみもん)の巨大(きょだい)な大聖堂(だいせいどう)を設計(せっけい)する。
       (전대미문의 거대한 대성당을 설계한다.)

(336) 接待(せったい)する[他][外基]   [접대하다[他]]
       急(きゅう)に近藤(こんどう)さんを接待(せったい)することになったんで、その約束(やくそく)はキャンセルしたんだよ。
       (갑자기 곤도 씨를 접대하게 되어서 그 약속은 취소했어.)

(337) 設置(せっち)する[他]≪1級語彙≫   [설치하다[他]]
       路上(ろじょう)駐車場(ちゅうしゃじょう)を設置(せっち)する。
       (노상 주차장을 설치하다.)

(338) 折衷(せっちゅう)する[他]≪1級語彙≫   [절충하다[他]]
       同党(どうとう)所属(しょぞく)国会議員間(こっかいぎいんかん)の異見(いけん)を折衷(せっちゅう)する。
       (동 당 소속 국회의원 간의 이견을 절충하다.)

(339) 設定(せってい)する[他]≪1級語彙≫   [설정하다[他]]
       評価(ひょうか)の基準(きじゅん)を設定(せってい)する。
       (평가 기준을 설정한다.)

(340) 説得(せっとく)する[他]≪1級語彙≫   [설득하다[他]]
       そしていま、論理的(ろんりてき)な思考(しこう)と相手(あいて)を説得(せっとく)する技術(ぎじゅつ)はビジネスマンや政治家(せいじか)だけでなく、一般(いっぱん)の人々(ひとびと)にも必要(ひつよう)不可欠(ふかけつ)なものとなった。
       (그리고 또 논리적인 사고와 상대를 설득하는 기술은 비즈니스맨이나 정치가뿐만 아니라 일반 사람들에게도 필요 불가결한 것이 되었다.)

(341) 設備(せつび)する[他]32)≪2, 1級語彙≫[外基]   [설비하다, 설치하다[他]]
       情報(じょうほう)機器(きき)を設備(せつび)する。
       (정보기기를 설치하다.)
       また、庭園風(ていえんふう)の露天風呂(ろてんぶろ)も設備(せつび)する。
       (그리고 정원풍의 노천 온천도 설치한다.)

(342) 説明(せつめい)する[他]≪2, 1級語彙≫[基本][外基] [설명하다[他]]

---

32) 「設置(せっち)する ; 설치하다」와 「設備(せつび)する ; 설비하다」는 둘 다 사용하기 위한 그 물건을 그 장소에 두는 것을 말한다. 「設置(せっち)する」가 동작을 나타내는 것에 대해, 「設備(せつび)する」는 상태를 나타낸다. 단 근년에는 「設備(せつび)する」는 별로 사용되지 않고, 그 대신 「設備(せつび)してある ; 설비되어 있다」가 많이 사용된다. 이상은 https://hinative.com/ja/questions/4383434에서 인용하여 적의 번역함.

謎(なぞ)を説明(せつめい)する。
(수수께끼를 설명하다.)

(343) 節約(せつやく)する[他]≪2, 1級語彙≫[外基]　　　　　　　[절약하다[他]]
これによって、ある一定量(いっていりょう)の保険料(ほけんりょう)を節約(せつやく)している。
(이것에 의해 어느 일정량의 보험료를 절약하고 있다.)
やむを得(え)ない出費(しゅっぴ)以外(いがい)は極力(きょくりょく)節約(せつやく)する。
(어쩔 수 없는 비용 이외는 극력 절약하다.)

(344) 設立(せつりつ)する[他]≪1級語彙≫　　　　　　　　　[설립하다[他]]
世界(せかい)の主要(しゅよう)市場(しじょう)に地域(ちいき)統括(とうかつ)会社(がいしゃ)を設立(せつりつ)する。
(세계 주요 시장에 지역 통괄 회사를 설립하다.)

(345) 選挙(せんきょ)する[他]≪1級語彙≫[基本][外基]　　　[선거하다, 선출하다[他]]
地方公共団体(ちほうこうきょうだんたい)における団体(だんたい)自治(じち)としての議会(ぎかい)の議員(ぎいん)を選定(せんてい)し、また首長(しゅちょう)を選挙(せんきょ)する。
(지방 공공 단체에 있어서의 단체 자치로서의 의회의 의원을 선정하고, 또한 수장을 선출한다.)

(346) 宣教(せんきょう)する[他]≪1級語彙≫　　　　　　　[선교하다[他]]
このような宗教的(しゅうきょうてき)伝統(でんとう)の中(なか)に登場(とうじょう)し、神(かみ)の福音(ふくいん)(喜(よろこ)びの知(し)らせ)を宣教(せんきょう)したのがイエスである。
(이와 같은 종교적 전통 속에 등장하고 하나님의 복음(기쁨의 알림)을 선교한 것이 예수이다.)

(347) 宣言(せんげん)する[他]≪1級語彙≫　　　　　　　　[선언하다[他]]
国家(こっか)の独立(どくりつ)を宣言(せんげん)する。
(국가 독립을 선언하다.)

(348) 専攻(せんこう)する[他]≪2, 1級語彙≫　　　　　　　[전공하다[他]]
国際法(こくさいほう)、国際(こくさい)関係論(かんけいろん)、東欧(とうおう)地域(ちいき)を専攻(せんこう)する新進気鋭(しんしんきえい)の日本人(にほんじん)研究者(けんきゅうしゃ)が集(あつ)まって編纂(へんさん)された力作(りきさく)である。
(국제법, 국제 관계론, 동유럽 지역을 전공하는 신진기예의 일본인 연구자가 모여 편찬된 역작이다.)

(349) 選考(せんこう)する[他]≪1級語彙≫　　　　　　　　[선고하다, 선정하다[他]]
処分場(しょぶんじょう)の候補地(こうほち)を選考(せんこう)しました。

(처분장의 후보지를 선고했습니다.)

(350) 洗濯(せんたく)する**[他]**≪4, 3, 2, 1級語彙≫[外基]　　　　　　[세탁하다**[他]**]
洗(あら)い、すすぎ、脱水(だっすい)の時間(じかん)を確認(かくにん)し、洗濯(せんたく)する。
(세탁, 헹굼, 탈수의 시간을 확인해서 세탁한다.)
「いつ、何(なに)を洗濯(せんたく)したか」をメモしておけば、この次(つぎ)にはいつごろ何(なに)を洗濯(せんたく)すればいいのだなど、スケジュールが組(く)めます。
(「언제 무엇을 세탁했는지」를 메모해 두면, 이 다음에는 언제쯤 무엇을 세탁하면 좋은지 등, 스케줄을 짤 수 있습니다.)

(351) 選択(せんたく)する**[他]**≪2, 1級語彙≫[基本]　　　　　　[선택하다**[他]**]
教育(きょういく)学部(がくぶ)の卒論(そつろん)に心理学(しんりがく)を選択(せんたく)する。
(교육 학부의 졸업논문으로 심리학을 선택하다.)

(352) 前提(ぜんてい)する**[他]**≪1級語彙≫　　　　　　　　　　[전제하다**[他]**]
信頼(しんらい)についての理論(りろん)は、時間(じかん)の理論(りろん)を前提(ぜんてい)する。
(신뢰에 관한 이론은 시간 이론을 전제한다.)

(353) 宣伝(せんでん)する**[他]**≪2, 1級語彙≫[外基]　　　　　　[선전하다**[他]**]
日本(にほん)の戦争(せんそう)がいかに不当(ふとう)なものであったかを宣伝(せんでん)した。
(일본의 전쟁이 얼마나 부당한 것이었는가를 선전했다.)

(354) 専用(せんよう)する**[他]**≪1級語彙≫　　　　　　　　　　[전용하다**[他]**]
会員(かいいん)が専用(せんよう)するプール。
(회원이 전용하는 수영장.)
国産品(こくさんひん)を専用(せんよう)する。
(국산품을 전용하다.)

(355) 占領(せんりょう)する**[他]**≪1級語彙≫　　　　　　　　　[점령하다**[他]**]
ヒトラーがヨーロッパのまるまる半分(はんぶん)を占領(せんりょう)することに事実上(じじつじょう)同意(どうい)してか。
(히틀러가 유럽의 거의 절반을 점령하는 것에 사실상 동의해서 그런지.)

「ソ」

(356) 創刊(そうかん)する**[他]**≪1級語彙≫　　　　　　　　　　[창간하다**[他]**]
経済人(けいざいじん)による季刊(きかん)文芸誌(ぶんげいし)を創刊(そうかん)する。

(경제인에 의한 계간 문예지를 창간하다.)

(357) 増強(ぞうきょう)する[他]≪1級語彙≫　　　　　　　　　　　　[증강하다[他]]
核兵器(かくへいき)を含(ふく)む兵器(へいき)を増強(ぞうきょう)する競争(きょうそう)を始(はじ)めました。
(핵병기를 포함한 병기를 증강하는 경쟁을 시작했습니다.)

(358) 送金(そうきん)する[他]≪1級語彙≫　　　　　　　　　　　　[송금하다[他]]
生活費(せいかつひ)を送金(そうきん)する。
(생활비를 송금하다.)

(359) 総合・綜合33)(そうごう)する[他]≪1級語彙≫　　　　　　　　[종합하다[他]]
全員(ぜんいん)の意見(いけん)を総合(そうごう)する。
(전원의 의견을 종합하다.)

(360) 操作(そうさ)する[他]≪2, 1級語彙≫　　　　　　　　　　　　[조작하다[他]]
ハンドルを操作(そうさ)する。
(핸들을 조작하다.)
株価(かぶか)を操作(そうさ)する。
(주가를 조작하다.)
帳簿(ちょうぼ)を操作(そうさ)する。
(장부를 조작하다.)

(361) 捜査(そうさ)する[他]≪1級語彙≫　　　　　　　　　　　　　[수사하다[他]]
殺人(さつじん)事件(じけん)を捜査(そうさ)する。
(살인 사건을 수사하다.)
「捜査(そうさ)を行(おこ)なう」は「捜査(そうさ)する」でよいし、「記者会見(きしゃかいけん)を行(おこ)なった」は「記者会見(きしゃかいけん)した」、「調査(ちょうさ)を行(おこ)なった」は「調(しら)べた」「調査(ちょうさ)した」と、熟語(じゅくご)動詞(どうし)はなるべくくだいて書(か)く。
(「수사를 행하다」는「수사하다」로 되고,「기자회견을 행했다」는「기자회견했다」,「조사를 행했다」는「조사했다」와 같이 숙어 동사는 되도록 풀어서 쓴다.)

(362) 創作(そうさく)する[他]≪2, 1級語彙≫　　　　　　　　　　　[창작하다[他]]
新式(しんしき)の工具(こうぐ)を創作(そうさく)する。

---

33) 동일한 의미인데,「総」는 [常用漢字(じょうようかんじ)]・[教育漢字(きょういくかんじ)]이지만,「綜」는 상용한자 상용한자외(じょうようかんじがい)로 인명한자(名漢字)이다. 따라서 통상은「総合」를 사용한다.
이상은 https ; //detail.chiebukuro.yahoo.co.jp/qa/question_detail/q116984711에서 인용하여 적의 번역함.

(신식의 공구를 새로 만들어내다.)
既存(きぞん)の作品(さくひん)からオペラを創作(そうさく)する。
(기존 작품에서 오페라를 창작하다.)

(363) 捜索(そうさく)する[他]≪1級語彙≫　　　　　　　　　　[수색하다[他]]
遭難者(そうなんしゃ)を捜索(そうさく)する。
(조난자를 수색하다.)
同署(どうしょ)は館内(かんない)の公園(こうえん)などを捜索(そうさく)する。
(동 서는 관내 공원 등을 수색한다.)

(364) 操縦(そうじゅう)する[他]≪1級語彙≫　　　　　　　　[조종하다[他]]
旅客機(りょかくき)を操縦(そうじゅう)する。
(여객기를 조종하다.)
この本(ほん)を使(つか)って女性(じょせい)の心理(しんり)を理解(りかい)し、妻(つま)や恋人(こいびと)を操縦(そうじゅう)することも可能(かのう)だろう。
(이 책을 사용해서 여성의 심리를 이해하고 처나 연인을 조종하는 것도 가능할 것이다.)

(365) 装飾(そうしょく)する[他]≪1級語彙≫[外基]　　　　　[장식하다[他]]
貴族(きぞく)の間(あいだ)に船(ふね)を華麗(かれい)に装飾(そうしょく)するのが流行(はや)った。
(귀족 사이에 배를 화려하게 장식하는 것이 유행했다.)

(366) 想像(そうぞう)する[他]≪2, 1級語彙≫[外基]　　　　[상상하다[他]]
僕(ぼく)は自分(じぶん)が青木(あおき)を殴(なぐ)っている光景(こうけい)を想像(そうぞう)することがやめられませんでした。
(나는 내가 아오키를 때리고 있는 광경을 상상하는 것을 그만둘 수 없었습니다.)

(367) 創造(そうぞう)する[他]≪1級語彙≫　　　　　　　　　[창조하다[他]]
広(ひろ)く科学(かがく)・技術(ぎじゅつ)を追求(ついきゅう)し、新(あたら)しい価値(かち)を創造(そうぞう)する。
(널리 과학・기술을 추구하고 새로운 가치를 창조한다.)

(368) 装置(そうち)する[他]≪2, 1級語彙≫　　　　　　　　[장치하다[他]]
濾過器(ろかき)を装置(そうち)する。
(여과기를 설치하다.)

(369) 送別(そうべつ)する[他]≪2, 1級語彙≫　　　　　　　[송별하다[他]]
転勤(てんきん)する同僚(どうりょう)を送別(そうべつ)する。
(전근하는 동료를 송별하다.)

(370) 創立(そうりつ)する[他]≪1級語彙≫　　　　　　　　　　　　[창립하다[他]]
　　　 帰国後(きこくご)、共産党(きょうさんとう)を創立(そうりつ)する。
　　　 (귀국 후, 공산당을 창립한다.)

(371) 促進(そくしん)する[他]≪1級語彙≫　　　　　　　　　　　　[촉진하다[他]]
　　　 発展途上国(はってんとじょうこく)の経済的(けいざいてき)独立(どくりつ)の強化(きょうか)
　　　 を促進(そくしん)する。
　　　 (발전도상국의 경제적 독립의 강화를 촉진하다.)

(372) 測定(そくてい)する[他]≪2, 1級語彙≫[基本]　　　　　　　　[측정하다[他]]
　　　 重力(じゅうりょく)加速度(かそくど)の大(おお)きさを測定(そくてい)する。
　　　 (중력 가속도의 크기를 측정하다.)

(373) 束縛(そくばく)する[他]≪1級語彙≫[基本]　　　　　　　　　[속박하다[他]]
　　　 愛(あい)は、相手(あいて)を束縛(そくばく)するものではなく解放(かいほう)するものだ。
　　　 (사랑은 상대를 속박하는 것이 아니라 해방하는 것이다.)

(374) 測量(そくりょう)する[他]≪2, 1級語彙≫　　　　　　　　　　[측량하다[他]]
　　　 土地(とち)を測量(そくりょう)する。
　　　 (토지를 측량하다.)
　　　 イギリス人(じん)は新(あら)たに測量(そくりょう)することを断念(だんねん)し、その写(うつ)
　　　 しだけを持(も)ち帰(かえ)ったという。
　　　 (영국인은 새로 측량하는 것을 단념하고 그 사본만을 가지고 돌아갔다고 한다.)

(375) 組織(そしき)する[他]≪2, 1級語彙≫[基本]　　　　　　　　 [조직하다[他]]
　　　 市場経済(しじょうけいざい)は社会(しゃかい)全体(ぜんたい)を組織(そしき)する自律的
　　　 (じりつてき)なメカニズムとしては理解(りかい)されえない。
　　　 (시장 경제는 사회 전체를 조직하는 자율적인 메커니즘으로서는 이해될 수 없다.)

(376) 阻止(そし)する[他]≪1級語彙≫　　　　　　　　　　　　　 [저지하다[他]]
　　　 中国(ちゅうごく)製品(せいひん)の急増(きゅうぞう)を、セーフガードなどの
　　　 保護主義的(ほごしゅぎてき)貿易(ぼうえき)政策(せいさく)で阻止(そし)する。
　　　 (중국 제품의 급증을 세이프 가드 등의 보호주의적 무역 정책으로 저지한다.)

(377) 訴訟(そしょう)する[他]≪1級語彙≫　　　　　　　　　　　　[소송하다[他]]
　　　 自動車(じどうしゃ)メーカーを訴訟(そしょう)する人(ひと)も居(い)そうですし。
　　　 (자동차 메이커를 소송하는 사람도 있는 것 같고.)

(378) 組成(そせい)する[他][基本]　　　　　　　　　　　　　　　[조성하다[他]]
　　　 逆(ぎゃく)に蛋白質(たんぱくしつ)は筋肉(きんにく)を組成(そせい)する物質(ぶっしつ)で

ある。
(역으로 단백질은 근육을 조성하는 물질이다.)

(379) 措置(そち)する[他]≪1級語彙≫ [조치하다[他]]
工科(こうか)学系(がっけい)学部(がくぶ)の創設(そうせつ)準備(じゅんび)を行(おこ)なうための経費(けいひ)を措置(そち)した。
(공과 학계 학부 창설 준비를 행하기 위한 경비를 조치했다.)

(380) 尊敬(そんけい)する[他]≪2, 1級語彙≫[外基] [존경하다[他]]
早(はや)い話(はなし)が、人殺(ひとごろ)しを尊敬(そんけい)する経営者(けいえいしゃ)というのは、一体(いったい)どんな神経(しんけい)を持(も)っているのだろう。
(간단히 말해서, 살인자를 존경하는 경영자라고 하는 것은 도대체 어떤 신경을 가지고 있는 것일까?)

(381) 尊重(そんちょう)する[他]≪2, 1級語彙≫[基本][外基] [존중하다[他]]
相手(あいて)の立場(たちば)を理解(りかい)し、自分(じぶん)と異(こと)なる意見(いけん)を尊重(そんちょう)する。
(상대의 입장을 이해하고, 자기와 다른 의견을 존중한다.)

「タ」

(382) 対応(たいおう)する[他]≪1級語彙≫[基本] [대응하다[他]]
直轄(ちょっかつ)施工(しこう)によってこれを対応(たいおう)していこうという考(かんが)え方(かた)。
(직할 시공에 의해 이것을 대응해 간다고 하는 생각.)

(383) 待遇(たいぐう)する[他]≪1級語彙≫ [대우하다[他]]
平常語(へいじょうご)で待遇(たいぐう)するよりは上位者(じょういしゃ)として優遇(ゆうぐう)する表現(ひょうげん)が敬語(けいご)表現(ひょうげん)なのである。
(평상어에서 대우하는 것보다는 상위자로서 대우하는 표현이 경어 표현인 것이다.)
料亭(りょうてい)は家族主義的(かぞくしゅぎてき)な経営(けいえい)ができて、家族主義的(かぞくしゅぎてき)にお客(きゃく)を待遇(たいぐう)することができるのである。
(요정은 가족주의적인 경영을 할 수 있어, 가족주의적으로 손님을 대우할 수가 있는 것이다.)

(384) 体験(たいけん)する[他]≪1級語彙≫ [체험하다[他]]
自然(しぜん)のなかでの共同(きょうどう)生活(せいかつ)、あるいは体験学習(たいけんがくしゅう)を体験(たいけん)すると創造性(そうぞうせい)や協調性(きょうちょうせい)、実行力(じっこうりょく)がついてくる。

(자연 속에서의 공동생활, 혹은 체험 학습을 체험하면 창조성이나 협조성, 실행력이 생기게 된다.)

(385) 退治(たいじ)する[他]≪1級語彙≫[外基]　　　　　　　　　　[퇴치하다[他]]
　　　　害虫(がいちゅう)を退治(たいじ)する。
　　　　(해충을 퇴치하다.)

(386) 対照(たいしょう)する[他]≪2, 1級語彙≫　　　　　　　　　[대조하다[他]]
　　　　筆者(ひっしゃ)が違(ちが)う同一(どういつ)人物(じんぶつ)の伝記(でんき)を{対照(たいしょう)・対比(たいひ)}して讀(よ)む。
　　　　(필자가 다른 동일 인물의 전기를 {대조・대비}해서 읽다.)

(387) 対比(たいひ)する[他]≪1級語彙≫　　　　　　　　　　　　[대비하다[他]]
　　　　同時(どうじ)に、生活(せいかつ)の上(うえ)で何(なに)が起(お)こっているのかを調(しら)べ、両者(りょうしゃ)を対比(たいひ)する必要(ひつよう)がある。
　　　　(동시에 생활하는 데 있어 무엇이 일어나고 있는지를 조사하고 양자를 대비할 필요가 있다.)

(388) 代表(だいひょう)する[他]≪2, 1級語彙≫[基本][外基]　　　[대표하다[他]]
　　　　日本(にほん)を代表(だいひょう)する風景(ふうけい)。
　　　　(일본을 대표하는 풍경.)
　　　　若者(わかもの)を代表(だいひょう)する意見(いけん)。
　　　　(젊은이를 대표하는 의견.)

(389) 代弁(だいべん)する[他]≪1級語彙≫　　　　　　　　　　　[대변하다[他]]
　　　　若手(わかて)社員(しゃいん)の不満(ふまん)を代弁(だいべん)する。
　　　　(젊은 사원의 불만을 대변하고 있다.)

(390) 逮捕(たいほ)する[他]≪2, 1級語彙≫[外基]　　　　　　　　[체포하다[他]]
　　　　真犯人(しんはんにん)を逮捕(たいほ)する。
　　　　(진범을 체포하다.)
　　　　現行犯(げんこうはん)は、だれでも逮捕状(たいほじょう)なしに逮捕(たいほ)できる。
　　　　(현행범은 누구라도 체포 영장 없이 체포할 수 있다.)

(391) 代用(だいよう)する[他]≪1級語彙≫[基本]　　　　　　　　[대용하다[他]]
　　　　糊(のり)がないので、飯粒(めしつぶ)を代用(だいよう)する。
　　　　(풀이 없어서 밥알을 대용한다.)

(392) 代理(だいり)する[他]≪2, 1級語彙≫　　　　　　　　　　　[대리하다[他]]
　　　　委員(いいん)が、その職務(しょくむ)を代理(だいり)する。

(위원이 그 직무를 대리한다.)

(393) 打開(だかい)する**[他]**≪1級語彙≫　　　　　　　　　　　[타개하다**[他]**]
　　　 難局(なんきょく)を打開(だかい)する。
　　　 (난국을 타개하다.)

(394) 妥協(だきょう)する**[他]**≪1級語彙≫　　　　　　　　　　[타협하다**[他]**]
　　　 何(なに)かを妥協(だきょう)しなくてはならない。
　　　 (무엇인가를 타협하지 않으면 안 된다.)

(395) 探検・探険(たんけん)する**[他]**34)≪1級語彙≫　　　　　[탐험하다**[他]**]
　　　 極地(きょくち)を探検(たんけん)する。
　　　 (극지를 탐험하다.)
　　　 山(やま)を探検(たんけん)する。
　　　 (산을 탐험하다.)
　　　 洞窟(どうくつ)を探険(たんけん)する。
　　　 (동굴을 탐험하다.)

(396) 断言(だんげん)する**[他]**≪1級語彙≫　　　　　　　　　　[단언하다**[他]**]
　　　 摂理(せつり)の絶対性(ぜったいせい)を断言(だんげん)している。
　　　 (섭리의 절대성을 단언하고 있다.)

(397) 断定(だんてい)する**[他]**≪2, 1級語彙≫　　　　　　　　　[단정하다**[他]**]
　　　 すべてのことを断定(だんてい)できるわけではない。
　　　 (모든 것을 단정할 수 있는 것은 아니다.)

(398) 担当(たんとう)する**[他]**≪2, 1級語彙≫　　　　　　　　　[담당하다**[他]**]
　　　 修了生(しゅうりょうせい)を中心(ちゅうしん)とした人材(じんざい)の登録(とうろく)、派遣
　　　 (はけん)を担当(たんとう)する。
　　　 (수료생을 중심으로 한, 인재의 등록, 파견을 담당한다.)

(399) 暖房(だんぼう)する**[他]**≪2, 1級語彙≫　　　　　　　　　[난방하다**[他]**]
　　　 家(いえ)を電気(でんき)で暖房(だんぼう)する。
　　　 (집을 전기로 난방하다.)
　　　 温水(おんすい)放熱器(ほうねつき)か電気(でんき)パネルヒーターで暖房(だんぼう)される。
　　　 (온수 방열기가 전기 패널 히터(일본식 조어, panel+heater)로 난방된다.)

---

34) 「検(けん)」은 「조사하다」라는 의미, 「険(けん)」은 「험하다. 위험하다」라는 의미의 한자이다. 따라서 [1] 어떤 조사로 나갈 때에는 「探検(たんけん)」, [2] 위험을 무릅쓰고 나갈 때에는 「探険(たんけん)」을 사용한다. [2]의 「探険(たんけん)」은 「冒険(ぼうけん) ; 모험」과 거의 같은 의미이다. 한자 받아쓰기 시험 등에서는 「探険(たんけん)」이라고 쓰면 틀린 것으로 하는 경우도 있다.
　이상은 https://detail.chiebukuro.yahoo.co.jp/qa/question_detail/q109574365에서 인용하여 적의 번역함.

「チ」

(400) 着工(ちゃっこう)する[他]≪1級語彙≫　　　　　　　　　　[착공하다[他]]
　　　市(し)の承認(しょうにん)を受(う)けて工事(こうじ)を着工(ちゃっこう)する。
　　　(시의 승인을 받아 공사를 착공하다.)

(401) 注意(ちゅうい)する[他]≪3, 2, 1級語彙≫[基本][外基]　　　[주의하다[他]]
　　　以下(いか)の点(てん)を注意(ちゅうい)しましょう。
　　　(이하의 점을 주의합시다.)

(402) 中継(ちゅうけい)する[他]≪1級語彙≫　　　　　　　　　[중계하다[他]]
　　　東京六大学野球(とうきょうろくだいがくやきゅう)を中継(ちゅうけい)した。
　　　(도쿄 육 대학 야구를 중계했다.)

(403) 忠告(ちゅうこく)する[他]≪1級語彙≫　　　　　　　　　[충고하다[他]]
　　　友好国(ゆうこうこく)に戦争(せんそう)という誤(あやま)った道(みち)を進(すす)んでいることを忠告(ちゅうこく)する権利(けんり)がある。
　　　(우호국에 전쟁이라는 잘못된 길을 나아가고 있다는 것을 충고하는 권리가 있다.)

(404) 調印(ちょういん)する[他]≪1級語彙≫　　　　　　　　　[조인하다[他]]
　　　政治的(せいじてき)には、オーストリアは国家(こっか)条約(じょうやく)を調印(ちょういん)してから、安定(あんてい)の時代(じだい)に入(はい)ったように思(おも)われる。
　　　(정치적으로는 오스트리아는 국가 조약을 조인하고 나서 안정 시대에 들어간 것처럼 생각된다.)

(405) 聴講(ちょうこう)する[他]≪1級語彙≫　　　　　　　　　[청강하다[他]]
　　　ドイツの大学(だいがく)では学生(がくせい)がその講義(こうぎ)を聴講(ちょうこう)する教師(きょうし)に、直接(ちょくせつ)、聴講料(ちょうこうりょう)を支払(しはら)う制度(せいど)があった。
　　　(독일 대학에서는 대학생이 그 강의를 청강하는 교사에게 직접 청강료를 지불하는 제도가 있었다.)

(406) 彫刻(ちょうこく)する[他]≪2, 1級語彙≫　　　　　　　　[조각하다[他]]
　　　仏像(ぶつぞう)を彫刻(ちょうこく)する。
　　　(불상을 조각하다.)

(407) 調査(ちょうさ)する[他]≪2, 1級語彙≫[外基]　　　　　　[조사하다[他]]
　　　提出(ていしゅつ)された証拠(しょうこ)書類(しょるい)を調査(ちょうさ)する。
　　　(제출된 증거 서류를 조사하다.)

(408) 徴収(ちょうしゅう)する[他]≪1級語彙≫　　　　　　　　[징수하다[他]]
　　　15%の企業(きぎょう)所得税(しょとくぜい)を徴収(ちょうしゅう)する。
　　　(15%의 기업 소득세를 징수하다.)

제4장 한어의 동사화 Ⅱ   179

(409) 調整(ちょうせい)する[他]≪2, 1級語彙≫[基本]　　　　　[조정하다[他]]
　　　洗濯(せんたく)時間(じかん)を調整(ちょうせい)する。
　　　(세탁 시간을 조정하다.)

(410) 調節(ちょうせつ)する[他]≪2, 1級語彙≫[基本]　　　　　[조절하다[他]]
　　　企業(きぎょう)の資産(しさん)・負債構造(ふさいこうぞう)を調節(ちょうせつ)する。
　　　(기업 자산·부채 구조를 조절하다.)

(411) 調停(ちょうてい)する[他]≪1級語彙≫　　　　　　　　　[조정하다[他]]
　　　巡検使(じゅんけんし)には、国(くに)と国(くに)との紛争(ふんそう)を調停(ちょうてい)する権限(けんげん)すらあった。
　　　(순검사에게는 지역과 지역의 분쟁을 조정하는 권한조차 있었다.)

(412) 重複(ちょうふく・じゅうふく)する[他]≪1級語彙≫　　　[중복하다[他]]
　　　「部長様(ぶちょうさま)」は丁寧語(ていねいご)を重複(ちょうふく・じゅうふく)しますので、間違(まちが)いです。
　　　(「部長様(ぶちょうさま)」는 정녕어를 중복하기 때문에 틀린 것입니다.)

(413) 調理(ちょうり)する[他]≪1級語彙≫　　　　　　　　　　[조리하다[他]]
　　　どんな魚(さかな)をどう調理(ちょうり)する時(とき)の場合(ばあい)ですか?
　　　(어떤 생선을 어떻게 조리할 때의 경우입니까?)

(414) 貯金(ちょきん)する[他]≪2, 1級語彙≫[外基]　　　　　　[저금하다[他]]
　　　結婚(けっこん)の資金(しきん)を貯金(ちょきん)するのにはまだ後(あと)3~4年(ねん)はかかりそうです。
　　　(결혼 자금을 저금하는 데에는 앞으로 3, 4년은 걸릴 것 같습니다.)

(415) 貯蔵(ちょぞう)する[他]≪2, 1級語彙≫　　　　　　　　　[저장하다[他]]
　　　穀物(こくもつ)を貯蔵(ちょぞう)する。
　　　(곡물을 저장하다.)

(416) 貯蓄(ちょちく)する[他][≪1級語彙≫[基本]　　　　　　　[저축하다[他]]
　　　家計(かけい)は可処分所得(かしょぶんしょとく)の一部(いちぶ)を消費(しょうひ)に充(あ)て、その他(た)の部分(ぶぶん)を貯蓄(ちょちく)する。
　　　(가계는 가처분소득의 일부를 소비에 충당하고, 그 밖의 부분을 저축한다.)

(417) 治療(ちりょう)する[他]≪1級語彙≫　　　　　　　　　　[치료하다[他]]
　　　疾患(しっかん)を治療(ちりょう)する。
　　　(질환을 치료하다.)

(418) 陳列(ちんれつ)する[他]≪1級語彙≫　　　　　　　　　　[진열하다[他]]

品物(しなもの)を陳列(ちんれつ)する。
(물건을 진열하다.)

「ツ」

(419) 追跡(ついせき)する[他]≪1級語彙≫　　　　　　　　　　　[추적하다[他]]
逃亡者(とうぼうしゃ)を追跡(ついせき)する。
(도망자를 추적하다.)

(420) 追放(ついほう)する[他]≪1級語彙≫　　　　　　　　　　　[추방하다[他]]
リストラという形(かたち)で社員(しゃいん)を追放(ついほう)する会社(かいしゃ)にも似(に)
ています。
(구조조정이라는 형태로 사원을 추방하는 회사와도 닮았습니다.)

(421) 痛感(つうかん)する[他]≪1級語彙≫　　　　　　　　　　　[통감하다[他]]
責任(せきにん)の重大(じゅうだい)さを痛感(つうかん)する。
(책임의 중대함을 통감하다.)
日頃(ひごろ)の運動不足(うんどうぶそく)を痛感(つうかん)する。
(평소의 운동 부족을 통감하다.)

(422) 通知(つうち)する[他]≪2, 1級語彙≫　　　　　　　　　　　[통지하다[他]]
次(つぎ)の事項(じこう)を警視庁(けいしちょう)に通知(つうち)する。
(다음 사항을 경시청에 통지하다.)

(423) 通訳(つうやく)する[他]≪2, 1級語彙≫　　　　　　　　　　　[통역하다[他]]
案内人(あんないにん)の説明(せつめい)を通訳(つうやく)する。
(안내인의 설명을 통역하다.)

「テ」

(424) 提案(ていあん)する[他]≪2, 1級語彙≫　　　　　　　　　　　[제안하다[他]]
彼(かれ)は国際連盟(こくさいれんめい)の設立(せつりつ)を提案(ていあん)した。
(그는 국제연맹의 설립을 제안했다.)

(425) 定義(ていぎ)する[他]≪1級語彙≫　　　　　　　　　　　[정의하다[他]]
まず「宗教(しゅうきょう)」をキリスト教(きょう)、イスラム教(きょう)、仏教(ぶっきょう)など
の世界(せかい)宗教(しゅうきょう)と定義(ていぎ)しますね。
(먼저「종교」를 기독교, 이슬람교, 불교 등의 세계 종교라고 정의합니다.)

(426) 提供(ていきょう)する[他]≪1級語彙≫　　　　　　　　　　　[제공하다[他]]
資料(しりょう)を提供(ていきょう)する。

(자료를 제공하다.)

(427) 提示(ていじ)する**[他]**≪1급語彙≫   [제시하다**[他]**]
    条件(じょうけん)を提示(ていじ)する。
    (조건을 제시하다.)

(428) 提出(ていしゅつ)する**[他]**≪2, 1급語彙≫   [제출하다**[他]**]
    辞表(じひょう)を提出(ていしゅつ)する。
    (사표를 제출하다.)

(429) 訂正(ていせい)する**[他]**≪1급語彙≫   [정정하다**[他]**]
    内容(ないよう)の一部(いちぶ)を訂正(ていせい)する。
    (내용의 일부를 정정하다.)

(430) 適応(てきおう)する**[他]**≪1급語彙≫[基本]   [적응하다**[他]**]
    すべてのGPS(ジーピーエス)受信機(じゅしんき)に高価(こうか)な原子時計(げんしどけい)を適応(てきおう)することは困難(こんなん)である。
    (모든 지피에스 수신기에 비싼 원자시계를 적응하는 것은 곤란하다.)

(431) 適用(てきよう)する**[他]**≪2, 1급語彙≫   [적용하다**[他]**]
    資産(しさん)の種類(しゅるい)により時価主義(じかしゅぎ)を適用(てきよう)したりしなかったりする。
    (자산의 종류에 따라 시가주의를 적용하거나 하지 않거나 한다.)

(432) 手配(てはい)する**[他]**≪1급語彙≫   [수배하다, 준비하다**[他]**]
    何度(なんど)人(ひと)を手配(てはい)しても辞(や)めてしまう派遣先(はけんさき)などには派遣会社(はけんがいしゃ)からクレームを行(い)ってくれるはずです。
    (몇 번 사람을 수배해도(알선해도) 그만두어 버리는 파견 근무 회사 등에는 파견회사로부터 클레임을 말할 것입니다.)
    新幹線(しんかんせん)に乗(の)るのに指定席券(していせきけん)を手配(てはい)しない人(ひと)がいる。
    (신칸센을 타는 데에 지정석권을 준비하지 않는 사람이 있다.)

(433) 点検(てんけん)する**[他]**≪1급語彙≫   [점검하다**[他]**]
    外国(がいこく)の状況(じょうきょう)を点検(てんけん)してみることも重要(じゅうよう)です。
    (외국 상황을 점검해 보는 것도 중요합니다.)

(434) 転向(てんこう)する**[他]**[基本]   [전향하다**[他]**]
    釣(つ)りからゴルフに転向(てんこう)する。
    (낚시에서 골프로 전향하다.)

清朝(しんちょう)がひたすら中国人民(ちゅうごくじんみん)の攘夷心(じょういしん)を転向(てんこう)しようとした。
(청나라는 오로지 중국 인민의 양이심을 전향하려고 했다.)

(435) 伝言(でんごん)する[他]≪1級語彙≫　　　　　　　　　[전언하다[他]]
午後(ごご)十時(じゅうじ)までに連絡先(れんらくさき)を伝言(でんごん)しておく。
(오후 10시까지 연락처를 전언해 두겠다.)
彼(かれ)には妹(いもうと)から伝言(でんごん)してもらう。
(그에게는, 여동생에게 전해 달라고 부탁해 둔다.)

(436) 展示(てんじ)する[他]≪1級語彙≫　　　　　　　　　[전시하다[他]]
考古(こうこ)・歴史(れきし)・民俗(みんぞく)資料(しりょう)を展示(てんじ)する。
(고고・역사・민속자료를 전시하다.)

(437) 転々(てんてん)する[他]≪2, 1級語彙≫　　　　　　[전전하다[他]]
ほかの店(みせ)を転々(てんてん)すると、かえって噂(うわさ)が広(ひろ)がるから、このほうがいい、ともいう。
(다른 가게를 전전하면, 오히려 소문이 퍼지니 그쪽이 좋다고도 한다.)
由良(ゆら)はそうした小屋(こや)から小屋(こや)を転々(てんてん)した。
〈久保田万太郎(くぼたまんたろう)・春泥(しゅんでい)〉
(유라는 그런 오두막집에서 오두막집을 전전했다.)
遠(とお)い異郷(いきょう)を転々(てんてん)としている。
(머나먼 타향을 전전하고 있다.)

(438) 展望(てんぼう)する[他]≪1級語彙≫　　　　　　　　[전망하다, 내다보다[他]]
政局(せいきょく)を展望(てんぼう)する。
(정국을 전망하다.)

「ト」

(439) 同意(どうい)する[他]≪1級語彙≫　　　　　　　　　[동의하다[他]]
わたしは著者(ちょしゃ)のこのような考(かんが)えや姿勢(しせい)に基本的(きほんてき)に同意(どうい)する。
(나는 저자의 이와 같은 생각이나 자세에 기본적으로 동의한다.)
あらかじめ権利者(けんりしゃ)が利用(りよう)を同意(どうい)しているため、改(あらた)めて許諾(きょだく)を得(え)る必要(ひつよう)はない。
(미리 권리자가 이용을 동의하고 있기 때문에 새로 허락을 얻을 필요는 없다.)

제4장 한어의 동사화 Ⅱ   183

(440) 統一(とういつ)する[他]≪2, 1級語彙≫[基本]   [통일하다[他]]
意見(いけん)を統一(とういつ)する。
(의견을 통일하다.)

(441) 動員(どういん)する[他]≪1級語彙≫   [동원하다[他]]
反対運動(はんたいうんどう)に住民(じゅうみん)を動員(どういん)する。
(반대 운동에 주민을 동원한다.)

(442) 討議(とうぎ)する[他]≪1級語彙≫   [토의하다[他]]
政策(せいさく)事項(じこう)を討議(とうぎ)する。
(정책 사항을 토의하다.)

(443) 統合(とうごう)する[他]≪1級語彙≫   [통합하다[他]]
それら多様(たよう)な集団(しゅうだん)を統合(とうごう)する。
(그들 다양한 집단을 통합하다.)

(444) 投資(とうし)する[他]≪1級語彙≫[基本][外基]   [투자하다[他]]
莫大(ばくだい)な資金(しきん)を投資(とうし)する。
(막대한 자금을 투자하다.)

(445) 投書(とうしょ)する[他]≪2, 1級語彙≫   [투서하다[他]]
新聞(しんぶん)やＴＶ局(ティーブイきょく)へ投書(とうしょ)する。
(신문이나 텔레비전 방송국에 투서하다.)
一度(いちど)苦情(くじょう)を投書(とうしょ)したら、役員(やくいん)の方(かた)がうちの会社(かいしゃ)まで謝罪(しゃざい)に来(こ)られました。
(한번 불평을 투서했더니, 임원 분이 우리 회사까지 사죄하러 오셨습니다.)

(446) 統制(とうせい)する[他]≪1級語彙≫[基本]   [통제하다[他]]
言論(げんろん)を統制(とうせい)する。
(언론을 통제하다.)

(447) 統率(とうそつ)する[他]≪1級語彙≫   [통솔하다[他]]
陸海軍(りくかいぐん)を統率(とうそつ)する。
(육해군을 통솔하다.)

(448) 統治(とうち)する[他]≪1級語彙≫   [통치하다[他]]
広大(こうだい)な領土(りょうど)を統治(とうち)する。
(광대한 영도를 통치하다.)

(449) 投入(とうにゅう)する[他]≪1級語彙≫   [투입하다[他]]
これを阻止(そし)するためにマッカーサーは大兵力(だいへいりょく)を朝鮮半島(ちょうせんはんとう)に投入(とうにゅう)することにした。

(이것을 저지하기 위해 맥아더는 많은 병력을 한반도에 투입하기로 했다.)

(450) 導入(どうにゅう)する[他]≪1級語彙≫[基本]　　　　　　[도입하다[他]]
新技術(しんぎじゅつ)を導入(どうにゅう)する。
(신기술을 도입하다.)

(451) 同封(どうふう)する[他]≪1級語彙≫　　　　　　　　　　[동봉하다[他]]
招待状(しょうたいじょう)にゲストカード35)を同封(どうふう)することにしました。
(초대장에 게스트 카드를 동봉하기로 했습니다.)

(452) 等分(とうぶん)する[他]≪2, 1級語彙≫　　　　　　　　[등분하다[他]]
二人(ふたり)以上(いじょう)の特別(とくべつ)関係者(かんけいしゃ)に補償(ほしょう)をするときは、これを等分(とうぶん)する。
(두 사람 이상의 특별 관계자에게 보상을 할 때는 이것을 등분한다.)

(453) 登録(とうろく)する[他]≪1級語彙≫　　　　　　　　　　[등록하다[他]]
商標権(しょうひょうけん)を登録(とうろく)する。
(상표권을 등록하다.)

(454) 討論(とうろん)する[他]≪1級語彙≫　　　　　　　　　　[토론하다[他]]
議会(ぎかい)でこの問題(もんだい)を討論(とうろん)しないことを表明(ひょうめい)した。
(의회에서 이 문제를 토론하지 않을 것을 표명했다.)

(455) 読書(どくしょ)する[他]≪2, 1級語彙≫　　　　　　　　[독서하다[他]]
いろいろな分野(ぶんや)の本(ほん)を幅広(はばひろ)く読書(どくしょ)する。
(여러 가지 분야의 책을 폭 넓게 독서하다.)

(456) 独占(どくせん)する[他]≪1級語彙≫　　　　　　　　　　[독점하다[他]]
国内(こくない)での血液(けつえき)事業(じぎょう)をほぼ独占(どくせん)する巨大(きょだい)企業(きぎょう)。
(국내에서의 혈액 사업을 거의 독점하는 거대 기업.)

(457) 得点(とくてん)する[他]≪1級語彙≫　　　　　　　　　　[득점하다[他]]
前回(ぜんかい)一点(いってん)もとれなかった相手(あいて)に得点(とくてん)することが出来(でき)た。
(지난번 한 점도 따지 못했던 상대에게 득점할 수가 있었다.)

(458) 特売(とくばい)する[他]36)≪2, 1級語彙≫　　　　　　　[특매하다[他]]

---

35) 결혼식 초대장에 동봉하는 것으로, 손님이 신랑 신부에게 메시지를 써서 결혼식 당일 지참한다.
36) 기간을 한정하여, 특별히 싼 가격으로 물건을 파는 것.

冬物(ふゆもの)衣類(いるい)を特売(とくばい)する。
(겨울 의류 상품을 특매하다.)

(459) 突破(とっぱ)する[他]≪1級語彙≫　　　　　　　　　　[돌파하다[他]]
ナポレオンの封鎖線(ふうさせん)を突破(とっぱ)する。
(나폴레옹의 봉쇄선을 돌파하다.)

(460) 努力(どりょく)する[他]≪2, 1級語彙≫[基本][外基]　　[노력하다[他]]
この五(いつ)つを願(ねが)い、この五(いつ)つのことを努力(どりょく)したら、神様(かみさま)も「本当(ほんとう)に気持(きも)ちのいいやつだ」と言(い)いますよ。
(이 5개의 소원, 이 5개의 것을 노력하면, 하나님도 「정말 기분이 좋은 녀석이다.」라고 말합니다.)

「ナ」

(461) 内蔵(ないぞう)する[他]≪1級語彙≫　　　　　　　　　[내장하다, 내포하다[他]]
分裂(ぶんれつ)の危険(きけん)を内蔵(ないぞう)する。
(분열의 위험을 내포하다.)
さまざまな問題(もんだい)を内蔵(ないぞう)している。
(갖가지 문제를 안고 있다.)

(462) 納得(なっとく)する[他]≪2, 1級語彙≫　　　　　　　　[납득하다[他]]
奇跡(きせき)を納得(なっとく)するしかない。
(기적을 납득할 수밖에 없다.)

「ニ」

(463) 入手(にゅうしゅ)する[他]≪1級語彙≫　　　　　　　　[입수하다[他]]
有力(ゆうりょく)な情報(じょうほう)を入手(にゅうしゅ)した。
(유력한 정보를 입수했다.)

(464) 認識(にんしき)する[他]≪1級語彙≫　　　　　　　　　[인식하다[他]]
自己(じこ)の不完全性(ふかんぜんせい)を認識(にんしき)する。
(자기의 불완전성을 인식하다.)

(465) 任命(にんめい)する[他]≪1級語彙≫[基本]　　　　　　[임명하다[他]]
内閣総理大臣(ないかくそうりだいじん)を任命(にんめい)する。
(내각총리대신을 임명하다.)

「ネ」

(466)　念願(ねんがん)する[他]≪1級語彙≫　　　　　　　　　　[염원하다[他]]
　　　　福音(ふくいん)宣教(せんきょう)の一助(いちじょ)となることを念願(ねんがん)する。
　　　　(복음 선교의 일조가 되기를 염원하다.)

「ノ」

(467)　納入(のうにゅう)する[他]≪1級語彙≫　　　　　　　　　[납입하다[他]]
　　　　合計(ごうけい)約(やく)四千億円(よんせんおくえん)もの税金(ぜいきん)を納入(のうにゅう)する。
　　　　(합계 약 4천억 엔이나 되는 세금을 납입하다.)

「ハ」

(468)　把握(はあく)する[他]≪1級語彙≫　　　　　　　　　　　[파악하다[他]]
　　　　運転手(うんてんしゅ)の勤務(きんむ)状況(じょうきょう)を把握(はあく)する。
　　　　(운전수의 근무 상황을 파악하다.)

(469)　拝顔(はいがん)する[他]　　　　　　　　　　[배안하다, 삼가 얼굴을 뵙다[他]]
　　　　仮(かり)に彼女(かのじょ)の美貌(びぼう)を聞(き)き及(およ)んで、ぜひ一目(ひとめ)拝顔(はいがん)したいという者(もの)が現(あら)われたら、それには何(なん)の抵抗(ていこう)も感(かん)じない。
　　　　(가령 그녀의 미모를 전해 듣고 꼭 한 번 배안하고 싶다는 사람이 나타난다면 그것에는 아무런 저항도 느끼지 않는다.)

(470)　廃棄(はいき)する[他]≪1級語彙≫　　　　　　　　　　　[폐기하다[他]]
　　　　条約(じょうやく)を廃棄(はいき)する。
　　　　(조약을 폐기하다.)
　　　　悪法(あくほう)を即時(そくじ)に廃棄(はいき)せよ。
　　　　(악법을 즉시 폐기하라.)

(471)　配給(はいきゅう)する[他]≪1級語彙≫[外基]　　　　　　[배급하다[他]]
　　　　食糧(しょくりょう)を配給(はいきゅう)する。
　　　　(식량을 배급하다.)

(472)　拝見(はいけん)する[他]≪4, 3, 2, 1級語彙≫　　[배견하다, 삼가 보다[他]]
　　　　お写真(しゃしん)も拝見(はいけん)してますわ、ですから、すぐあなただとわかりましたの。
　　　　(사진도 배견했어요. 그러니 금방 당신이라고 알았어요.)

(473) 拝借(はいしゃく)する[他]≪1級語彙≫　　　　　　　[배차하다, 삼가 빌리다[他]]
　　こうなったら馬(うま)を拝借(はいしゃく)するしかない。
　　(이렇게 되면 말을 빌릴 수밖에 없다.)
　　ＣＭ(シーエム)の決(き)まり文句(もんく)から拝借(はいしゃく)しました。
　　(시엠의 상투적인 문구에서 배차했습니다.)

(474) 拝受(はいじゅ)する[他]　　　　　　　　　　　　[배수하다, 삼가 받다[他]]
　　先日(せんじつ)、お手紙(てがみ)拝受(はいじゅ)しました。早急(さっきゅう)なご連絡(れんらく)ありがとうございました。
　　(지난번에 편지 잘 배수했습니다. 빨리 연락을 해 주셔서 감사합니다.)
　　貴社(きしゃ)の資料(しりょう)を拝受(はいじゅ)しました。ぜひ無料(むりょう)体験(たいけん)セミナーに参加(さんか)させていただきたく、よろしくお願(ねが)いいたします。
　　(귀사의 자료를 배수했습니다. 꼭 무료 체험 세미나에 참가해 주시기를 잘 부탁드립니다.)
　　お見積書(みつもりしょ)の方(ほう)、確(たし)かに拝受(はいじゅ)いたしました。まずはお礼(れい)までに報告(ほうこく)いたします。37)
　　(견적서는 정히 배수했습니다. 먼저 인사 말씀을 드리면서 보고 드리겠습니다.)

(475) 排出(はいしゅつ)する[他]　　　　　　　　　　　[배출하다[他]]
　　汚水(おすい)を排出(はいしゅつ)する。
　　(오수를 배출하다.)

(476) 排除(はいじょ)する[他]≪1級語彙≫　　　　　　　[배제하다[他]]
　　暴力(ぼうりょく)を排除(はいじょ)する。
　　(폭력을 배제하다.)

(477) 賠償(ばいしょう)する[他]≪1級語彙≫　　　　　　[배상하다[他]]
　　患者(かんじゃ)に与(あた)えた損害(そんがい)を賠償(ばいしょう)する。
　　(환자에게 끼친 손해를 배상하다.)

(478) 配水(はいすい)する[他]≪1級語彙≫　　　　　　　[배수하다[他]]
　　約(やく)八千八百(はっせんはっぴゃく)世帯(せたい)に近(ちか)くを流(なが)れる中ノ口川(なかのくちがわ)の水(みず)を配水(はいすい)していた。
　　(약 8천8백 세대에 근처를 흐르는 나카노쿠치 강의 물을 배수하고 있었다.)

(479) 排斥(はいせき)する[他][外基]　　　　　　　　　[배척하다[他]]
　　軍国思想(ぐんこくしそう)を排斥(はいせき)する。

---

37) https；//eigobu.jp/magazine/haijyu에서 인용하여 적의 번역함.

(군국주의 사상을 배척하다.)

(480) 配達(はいたつ)する[他]≪2, 1級語彙≫[外基]　　　　　　　[배달하다[他]]
お得意様(とくいさま)に他(た)の商品(しょうひん)を配達(はいたつ)する。
(단골손님에게 다른 상품을 배달하다.)

(481) 配置(はいち)する[他]≪1級語彙≫　　　　　　　　　　　[배치하다[他]]
写真(しゃしん)を配置(はいち)する。
(사진을 배치하다.)

(481) 拝聴(はいちょう)する[他]　　　　　　　　　　[배청하다, 삼가 듣다[他]]
珠子様(たまこさま)を直(じか)に拝顔(はいがん)することができるし、お声(こえ)も拝聴(はいちょう)することができるでしょう。
(다마코 님을 직접 배안할 수 있고, 목소리도 배청할 수 있겠지요?)

(482) 拝読(はいどく)する[他]　　　　　　　　　　　　　　　[배독하다[他]]
社主(しゃしゅ)の著書(ちょしょ)を拝読(はいどく)しました。
(사주의 저서를 배독했습니다.)

(483) 売買(ばいばい)する[他]≪2, 1級語彙≫　　　　　　　　　[매매하다[他]]
土地(とち)を売買(ばいばい)する。
(토지를 매매하다.)

(484) 配布(はいふ)する[他]≪1級語彙≫　　　　　　　　　　　[배포하다[他]]
家庭(かてい)教育(きょういく)手帳(てちょう)をすべての親(おや)に配布(はいふ)する。
(가정교육수첩을 모든 부모에게 배포하다.)

(485) 配分(はいぶん)する[他]≪1級語彙≫　　　　　　　　　　[배분하다[他]]
利益(りえき)を配分(はいぶん)する。
(이익을 배분하다.)

(486) 配慮(はいりょ)する[他]≪1級語彙≫[基本]　　　　　　　[배려하다[他]]
具体的(ぐたいてき)な手続(てつづき)に際(さい)して、手続(てつづき)の迅速化(じんそくか)を配慮(はいりょ)する。
(구체적인 수속 시, 수속의 신속화를 배려하다.)
自殺(じさつ)報道(ほうどう)に対(たい)して次(つぎ)のような点(てん)に配慮(はいりょ)することを望(のぞ)みたい。
(자살 보도에 대해, 다음과 같은 점에 배려할 것을 희망하고 있다.)

(487) 配列(はいれつ)する[他]≪1級語彙≫[基本]　　　　　　　[배열하다[他]]
以上(いじょう)から、理論(りろん)正(ただ)しく文(ぶん)を配列(はいれつ)することの重要性

(じゅうようせい)がご理解(りかい)いただけたと思(おも)う。
(이상으로, 이론적으로 바른 문을 배열하는 것의 중요성을 이해하셨으리라 생각한다.)

(488)   破棄(はき)する**[他]**≪1級語彙≫   [파기하다**[他]**]
        条約(じょうやく)を破棄(はき)する。
        (조약을 파기하다.)
        不要(ふよう)書類(しょるい)を破棄(はき)する。
        (필요 없는 서류를 파기하다.)

(489)   迫害(はくがい)する**[他]**≪1級語彙≫   [박해하다**[他]**]
        異教徒(いきょうと)を迫害(はくがい)する。
        (이교도를 박해하다.)

(490)   爆破(ばくは)する**[他]**≪1級語彙≫   [폭파하다**[他]**]
        弾薬庫(だんやくこ)を爆破(ばくは)する。
        (탄약고를 폭파하다.)

(491)   派遣(はけん)する**[他]**≪1級語彙≫   [파견하다**[他]**]
        選手(せんしゅ)を派遣(はけん)する。
        (선수를 파견하다.)

(492)   発音(はつおん)する**[他]**≪2, 1級語彙≫[外基]   [발음하다**[他]**]
        その正(ただ)しい英語(えいご)を、そのまま発音(はつおん)するようにするのだ。
        (이 올바른 영어를 그대로 발음하도록 하는 것이다.)

(493)   発揮(はっき)する**[他]**≪2, 1級語彙≫   [발휘하다**[他]**]
        職人(しょくにん)としての腕(うで)を発揮(はっき)する。
        (장인으로서의 실력을 발휘하다.)

(494)   発掘(はっくつ)する**[他]**≪1級語彙≫   [발굴하다**[他]**]
        埋(うず)もれた古典(こてん)作品(さくひん)を発掘(はっくつ)する。
        (묻힌 고전 작품을 발굴하다.)

(495)   発見(はっけん)する**[他]**≪2, 1級語彙≫[基本]   [발견하다**[他]**]
        「新彗星(しんすいせい)発見(はっけん)」
        (「신 혜성 발견」)
        犯人(はんにん)のアジトを発見(はっけん)する。
        (범인의 아지트를 발견하다.)

(496)   発言(はつげん)する**[他]**≪1級語彙≫   [발언하다**[他]**]
        私(わたし)がこのようなことを発言(はつげん)するのははじめてですが。

(내가 이와 같은 것을 발언하는 것은 처음입니다만.)

(497) 発行(はっこう)する[他]≪2, 1級語彙≫[基本][外基]　　　　[발행하다[他]]
　　　 週刊誌(しゅうかんし)を発行(はっこう)する。
　　　 (주간지를 발행하다.)
　　　 旅券(りょけん)を発行(はっこう)する。
　　　 (여권을 발행하다.)

(498) 発射(はっしゃ)する[他]≪2, 1級語彙≫　　　　　　　　　발사하다[他]
　　　 魚雷(ぎょらい)を発射(はっしゃ)する。
　　　 (어뢰를 발사하다.)

(499) 発電(はつでん)する[他]≪2, 1級語彙≫　　　　　　　　　[발전하다[他]]
　　　 4kw(よんキロワット)規模(きぼ)の設備(せつび)で、年間(ねんかん)3700~3800kwを
　　　 発電(はつでん)しています。
　　　 (4킬로와트 규모의 설비로 연간 3,700~3800kw를 발전하고 있습니다.)

(500) 発明(はつめい)する[他]≪2, 1級語彙≫[基本][外基]　　　[발명하다[他]]
　　　 新(あたら)しい機械(きかい)を発明(はつめい)する。
　　　 (새로운 기계를 발명하다.)

(501) 反映(はんえい)する[他]≪2, 1級語彙≫　　　　　　　　　[반영하다[他]]
　　　 流行歌(りゅうこうか)は世相(せそう)を反映(はんえい)する。
　　　 (유행가는 세상의 반영한다.)

(502) 反撃(はんげき)する[他]≪1級語彙≫　　　　　　　　　　[반격하다[他]]
　　　 あまり侵略的(しんりゃくてき)な国(くに)に対(たい)しては防衛(ぼうえい)するだけでなく、
　　　 敵国(てっこく)領土(りょうど)を一時的(いちじてき)に反撃(はんげき)することです。
　　　 (너무 침략적인 국가에 대해서는 방위하는 것뿐만 아니라 적국 영토를 일시적으
　　　 로 반격해야 합니다.)

(503) 判決(はんけつ)する[他]≪1級語彙≫　　　　　　　　　　[판결하다[他]]
　　　 イングランド議会(ぎかい)は、彼女(かのじょ)の有罪(ゆうざい)、死刑(しけい)を判決(は
　　　 んけつ)した。
　　　 (잉글랜드 의회는 그녀의 유죄, 사형을 판결했다.)

(504) 反省(はんせい)する[他]≪2, 1級語彙≫[基本][外基]　　　[반성하다[他]]
　　　 あまりに主観的(しゅかんてき)に解釈(かいしゃく)していないかを反省(はんせい)する必要
　　　 (ひつよう)がある。
　　　 (너무 주관적으로 해석하고 있지 않은가를 반성할 필요가 있다.)

(505) 反対(はんたい)する**[他]**≪3, 2, 1級語彙≫[基本][外基]　　　　　[반대하다**[他]**]
　　　1. 일본어의 「**反対(はんたい)する**」는 동작의 목적을 나타낼 때
　　　「{こと・これ・戦争(せんそう)・~化(か)・法案(ほうあん)・政策(せいさく)・結婚(けっこん)・案(あん)・それ・計画(けいかく)・~主義(しゅぎ)・親(おや)・改革(かいかく)・~説(せつ)・政権(せいけん)・建設(けんせつ)・両親(りょうしん)・提案(ていあん)・条約(じょうやく)……}に反対(はんたい)する；
　　　{~것・이것・전쟁・~화・법안・정책・결혼・안・그것・계획・~주의・부모・개혁・~설・정권・건설・부모・제안・조약……}에 반대하다」

　　　2. 困(こま)ったときは助(たす)けてくれて、寂(さび)しいときはいつもそばにいてくれて、自分(じぶん)の意見(いけん)に反対(はんたい)しない人(ひと)とでも思(おも)っていませんか?
　　　(곤란할 때는 도와주고, 외로울 때는 언제나 옆에 있어 주고, 자기 의견에 반대하지 않는 사람이라고도 생각하고 있지 않습니까?)

　　　와 같이 「~に」격을 취하는 것이 일반적인데, 실례 중에는

　　　3. 「{結婚(けっこん)・~化(か)・付(つ)き合(あ)い・交際(こうさい)・~たち・それ・これ・援助(えんじょ)・文通(ぶんつう)・条文(じょうぶん)・法案(ほうあん)・皆(みな)さん・自分(じぶん)・運動(うんどう)・披露宴(ひろうえん)・戦争(せんそう)・ほとんど・不一致(ふいっち)・事業(じぎょう)・何(なに)・反乱(はんらん)・同盟(どうめい)・革命(かくめい)・外泊(がいはく)}を反対(はんたい)する；
　　　{결혼・~화・사귀는 것・교제・~들・그것・이것・원조・편지 왕래・조문・법안・모두・자기・운동・피로연・전쟁・대부분・불일치・사업・무엇・반란・동맹・혁명・외박}을 반대하다.」

　　　息子(むすこ)には予々(かねがね)「選(えら)んだ女性(じょせい)を反対(はんたい)しない。責任(せきにん)を持(も)て」と宣言(せんげん)していた。
　　　(아들에게는 진작부터「선택한 여성을 반대하지 않는다. 책임을 져라」고 선언했다.)

　　　와 같이 「~を」격을 취하는 것도 발견된다.[38]

(506) 判断(はんだん)する**[他]**≪2, 1級語彙≫[外基]　　　　　[판단하다**[他]**]
　　　その株価(かぶか)が割安(わりやす)か割高(わりだか)かを判断(はんだん)する。
　　　(그 주가가 비교적 싼지 비싼지를 판단하다.)

(507) 判定(はんてい)する**[他]**≪1級語彙≫　　　　　[판정하다**[他]**]
　　　合否(ごうひ)を判定(はんてい)する。
　　　(합부를 판정하다.)

---

[38] 李成圭(2019a), 『일본어 구어역 마가복음의 언어학적 분석Ⅱ』, 시간의물레, pp.223~224.

(508) 販売(はんばい)する[他]≪2, 1級語彙≫[外基]　　　　　　　[판매하다[他]]
　　　 輸入(ゆにゅう)雑貨(ざっか)を販売(はんばい)する。
　　　 (수입 잡화를 판매하다.)

「ヒ」

(509) 比較(ひかく)する[他]≪2, 1級語彙≫　　　　　　　　　　[비교하다[他]]
　　　 投資(とうし)のパターンとしては、次(つぎ)の五(いつ)つの投資(とうし)形態(けいたい)を比較(ひかく)する。
　　　 (투자 패턴으로서는 다음 5개의 투자 형태를 비교한다.)

(510) 悲観(ひかん)する[他]≪1級語彙≫　　　　　　　　　　　[비관하다[他]]
　　　 彼(かれ)のいない人生(じんせい)なんて生(い)きていく意味(いみ)がないと将来(しょうらい)を悲観(ひかん)してしまったんじゃないですか?
　　　 (그가 없는 인생이란 살아갈 의미가 없다고 미래를 비관해 버린 것은 아닙니까?)

(511) 否決(ひけつ)する[他]≪1級語彙≫　　　　　　　　　　　[부결하다[他]]
　　　 予算案(よさんあん)を否決(ひけつ)する。
　　　 (예산안을 부결하다.)

(512) 筆記(ひっき)する[他]≪2, 1級語彙≫　　　　　　　　　　[필기하다[他]]
　　　 講義(こうぎ)を筆記(ひっき)する。
　　　 (강의를 필기하다.)

(513) 否定(ひてい)する[他]≪2, 1級語彙≫　　　　　　　　　　[부정하다[他]]
　　　 戦後(せんご)、半島(はんとう)南部(なんぶ)への倭(わ)の干渉(かんしょう)や進出(しんしゅつ)を否定(ひてい)する。
　　　 (전후, 한반도 남부에 대한 왜의 간섭과 진출을 부정한다.)

(514) 非難(ひなん)する[他]≪1級語彙≫　　　　　　　　　　　[비난하다[他]]
　　　 他人(たにん)を非難(ひなん)するのではなく、逆(ぎゃく)に他人(たにん)に迎合(げいごう)することで自分(じぶん)を守(まも)ろうとするのです。
　　　 (다른 사람을 비난하는 것이 아니라, 역으로 다른 사람에게 영합함으로써 자신을 지키려고 하는 것입니다.)

(515) 批判(ひはん)する[他]≪2, 1級語彙≫[外基]　　　　　　　[비판하다[他]]
　　　 戦後(せんご)日本(にほん)の普遍主義(ふへんしゅぎ)を批判(ひはん)する。
　　　 (전후 일본의 보편주의를 비판하다.)

(516) 批評(ひひょう)する[他]≪2, 1級語彙≫[外基]　　　　　　[비평하다[他]]

제4장 한어의 동사화 II　193

世間(せけん)の人(ひと)の中(なか)には、好(この)んで人物(じんぶつ)を批評(ひひょう)する人(ひと)がある。
(세상 사람들 중에는 즐겨 인물을 비평하는 사람이 있다.)

(517) 評価(ひょうか)する[他]≪2, 1級語彙≫　　　　　　　　　　[평가하다[他]]
流通(りゅうつう)課業(かぎょう)への個別(こべつ)技術(ぎじゅつ)の影響(えいきょう)を評価(ひょうか)する。
(유통 과업으로의 개별 기술의 영향을 평가하다.)

(518) 表現(ひょうげん)する[他]≪2, 1級語彙≫[基本]　　　　　　[표현하다[他]]
土俗的(どぞくてき)なものを映像(えいぞう)の中(なか)で表現(ひょうげん)する。
(토속적인 것을 영상 속에서 표현한다.)

(519) 描写(びょうしゃ)する[他]≪1級語彙≫　　　　　　　　　　[묘사하다[他]]
短(みじか)い会話(かいわ)と、その外見(がいけん)によって、人間(にんげん)を描写(びょうしゃ)する。
(짧은 회화와 그 외견에 의해 인간을 묘사한다.)

(520) 評論(ひょうろん)する[他]≪2, 1級語彙≫　　　　　　　　　[평론하다[他]]
私(わたし)の小説(しょうせつ)を評論(ひょうろん)してくださっていた。
(내 소설을 평론해 주시고 있었다.)

「フ」

(521) 封鎖(ふうさ)する[他]≪1級語彙≫　　　　　　　　　　　　[봉쇄하다[他]]
軍隊(ぐんたい)で国境(こっきょう)を封鎖(ふうさ)する。
(군대로 국경을 봉쇄하다.)

(522) 複写(ふくしゃ)する[他]≪2, 1級語彙≫　　　　　　　　　　[복사하다[他]]
古(ふる)い記念(きねん)写真(しゃしん)を複写(ふくしゃ)する。
(오래된 기념사진을 복사하다.)

(523) 復習(ふくしゅう)する[他]≪2, 1級語彙≫[外基]　　　　　　[복습하다[他]]
演習(えんしゅう)や答練(とうれん)[答案練習(とうあんれんしゅう)]を復習(ふくしゅう)する。
(연습과 답안 연습을 복습하다.)

(524) 布告(ふこく)する[他]≪1級語彙≫　　　　　　　　　　　　[포고하다[他]]
ドイツはベルギーの中立(ちゅうりつ)を侵犯(しんぱん)した上(うえ)で八月(はちがつ)三日(みっか)フランスに宣戦(せんせん)を布告(ふこく)する。
(독일은 벨기에의 중립을 침범하고 나서, 8월 3일 프랑스에 선전 포고를 한다.)

(525) 侮辱(ぶじょく)する[他]≪1級語彙≫　　　　　　　　　　　[모욕하다[他]]
本気(ほんき)でそう思(おも)っているかどうかは、関係(かんけい)なかった。目的(もくてき)は、父(ちち)を侮辱(ぶじょく)することなのだ。
(정말로 그렇게 생각하고 있는지 어떤지는 관계없었다. 목적은 아버지를 모욕하는 것이다.)

(526) 武装(ぶそう)する[他]≪1級語彙≫　　　　　　　　　　　[무장하다[他]]
商船(しょうせん)二百五十万(にひゃくごじゅうまん)トンを武装(ぶそう)する。
(상선 250만 톤을 무장한다.)

(527) 負担(ふたん)する[他]≪1級語彙≫　　　　　　　　　　　[부담하다[他]]
費用(ひよう)をだれが負担(ふたん)するかという問題(もんだい)も出(で)てくる。
(비용을 누가 부담할 것인가 하는 문제도 생긴다.)

(528) 扶養(ふよう)する[他]≪1級語彙≫　　　　　　　　　　　[부양하다[他]]
高齢者(こうれいしゃ)と子供(こども)を扶養(ふよう)する。
(고령자와 아이를 부양하다.)

(529) 分解(ぶんかい)する[他]≪2, 1級語彙≫[基本]　　　　　　[분해하다[他]]
時計(とけい)を分解(ぶんかい)する。
(시계를 분해하다.)
水(みず)を酸素(さんそ)と水素(すいそ)に分解(ぶんかい)する。
(물을 산소와 수소로 분해하다.)

(530) 分割(ぶんかつ)する[他][基本]　　　　　　　　　　　　[분할하다[他]]
土地(とち)を分割(ぶんかつ)して分(わ)け与(あた)える。
(토지를 분할해서 나누어주다.)

(531) 分析(ぶんせき)する[他]≪2, 1級語彙≫　　　　　　　　　[분석하다[他]]
事故(じこ)の原因(げんいん)を分析(ぶんせき)する。
(사고의 원인을 분석하다.)

(532) 分担(ぶんたん)する[他]≪1級語彙≫　　　　　　　　　　[분담하다[他]]
組(く)み立(た)て作業(さぎょう)を分担(ぶんたん)する。
(조립 작업을 분담하다.)

(533) 分配(ぶんぱい)する[他]≪1級語彙≫　　　　　　　　　　[분배하다[他]]
毎年(まいねん)の決算(けっさん)で生(しょう)じた剰余金(じょうよきん)を分配(ぶんぱい)する。
(매년 결산에서 생기는 잉여금을 분배하다.)

(534) 分類(ぶんるい)する[他]≪2, 1級語彙≫[基本]　　　　　　[분류하다[他]]
これまでに発表(はっぴょう)されている仮説(かせつ)を分類(ぶんるい)する。
(지금까지 발표된 가설을 분류하다.)

「ヘ」

(535) 平行(へいこう)する[他]≪2, 1級語彙≫[基本][外基]　　　[평행하다[他]]
手(て)を地上(ちじょう)と平行(へいこう)するまで振(ふ)り上(あ)げて行進(こうしん)する。
(손을 지상과 평행할 때까지 흔들어 올리고 행진하다.)

(536) 弁護(べんご)する[他]≪1級語彙≫　　　　　　　　　　　[변호하다[他]]
批難(ひなん)の矢面(やおもて)に立(た)たされた友人(ゆうじん)を弁護(べんご)する。
(비난을 집중적으로 받는 입장에 서게 된 친구를 변호하다.)

(537) 返済(へんさい)する[他]≪1級語彙≫　　　　　　　　　　[변제하다[他]]
毎月(まいつき)一定額(いっていがく)を返済(へんさい)する。
(매달 일정액을 변제하다.)

(538) 編集(へんしゅう)する[他]≪2, 1級語彙≫　　　　　　　　[편집하다[他]]
週刊誌(しゅうかんし)を編集(へんしゅう)する。
(주간지를 편집하다.)

(539) 弁償(べんしょう)する[他]≪1級語彙≫[外基]　　　　　　[변상하다[他]]
割(わ)った窓(まど)ガラスを弁償(べんしょう)する。
(깬 창유리를 변상하다.)

「ホ」

(540) 保育(ほいく)する[他]≪1級語彙≫　　　　　　　　　　　[보육하다[他]]
親(おや)が子(こ)を保育(ほいく)するのは、親(おや)の責任(せきにん)であることは、古今東西(ここんとうざい)変(か)わらない真理(しんり)である。
(부모가 아이를 보육하는 것은, 부모의 책임인 것은, 동서고금 변하지 않는 진리이다.)

(541) 防衛(ぼうえい)する[他]≪1級語彙≫　　　　　　　　　　[방위하다[他]]
自衛隊(じえいたい)は、我(わ)が国(くに)を防衛(ぼうえい)するため、必要(ひつよう)な武力(ぶりょく)を行使(こうし)することができる。
(자위대는 우리나라를 방위하기 위해, 필요한 무력을 행사할 수 있다.)

(542) 貿易(ぼうえき)する[他]≪2, 1級語彙≫[基本][外基]　　　[무역하다[他]]
そもそも外国(がいこく)の使節(しせつ)がもたらした貨物(かもつ)を勝手(かって)に貿易(ぼうえき)することは法(ほう)で禁止(きんし)されていた。

(대저 외국 사절이 가져온 화물을 멋대로 무역하는 것은 법으로 금지되어 있었다.)

(543) 妨害(ぼうがい)する[他]≪1級語彙≫　　　　　　　　　　[방해하다[他]]
これはきっと、自分(じぶん)を妨害(ぼうがい)する敵(てき)の電波(でんぱ)だ。
(이것은 틀림없이 나를 방해하는 적의 전파다.)

(544) 放棄(ほうき)する[他]≪1級語彙≫　　　　　　　　　　[방기하다[他]]
責任(せきにん)を放棄(ほうき)する親(おや)も少(すく)なくない。
(책임을 방기하는 부모도 적지 않다.)

(545) 冒険(ぼうけん)する[他]≪2, 1級語彙≫[外基]　　　　　　[모험하다[他]]
異世界(いせかい)を冒険(ぼうけん)するという、素晴(すば)らしい体験(たいけん)もできました。
(다른 세계를 모험한다고 하는, 멋진 체험도 할 수 있었습니다.)

(546) 報告(ほうこく)する[他]≪2, 1級語彙≫[外基]　　　　　　[보고하다[他]]
そこでの議論(ぎろん)の進展(しんてん)を報告(ほうこく)するよう命(めい)じた。
(거기에서의 논의의 진전을 보고하도록 명했다.)

(547) 防止(ぼうし)する[他]≪2, 1級語彙≫　　　　　　　　　[방지하다[他]]
事故(じこ)を未然(みぜん)に防止(ぼうし)する。
(사고를 미연에 방지하다.)

(548) 放射(ほうしゃ)する[他]≪1級語彙≫[基本]　　　　　　　[방사하다[他]]
ラジウムは絶(た)えず放射線(ほうしゃせん)を放射(ほうしゃ)している。
(라듐은 끊임없이 방사선을 방사하고 있다.)

(549) 放出(ほうしゅつ)する[他]≪1級語彙≫[基本]　　　　　　[방출하다[他]]
エネルギーを放出(ほうしゅつ)する。
(에너지를 방출하다.)

(550) 放送(ほうそう)する[他]≪3, 2, 1級語彙≫[外基]　　　　　[방송하다[他]]
虚偽(きょぎ)の事項(じこう)を放送(ほうそう)したり、事実(じじつ)を歪(ゆが)めて放送(ほうそう)する。
(허위 사항을 방송하거나, 사실을 왜곡해서 방송하다.)

(551) 包装(ほうそう)する[他]≪2, 1級語彙≫　　　　　　　　 포장하다[他]]
売(う)られた魚(さかな)を素早(すばや)く包装(ほうそう)する。
(팔린 생선을 재빠르게 포장하다.)

(552) 放置(ほうち)する[他]≪1級語彙≫[基本]　　　　　　　　[방치하다[他]]

問題(もんだい)を未解決(みかいけつ)のままに放置(ほうち)する。
(문제를 미해결 상태로 방치하다.)

(553) 報道(ほうどう)する[他]≪1級語彙≫　　　　　　　　　　[보도하다[他]]
弾劾(だんがい)政局(せいきょく)を報道(ほうどう)する。
(단핵 정국을 보도하다.)

(554) 訪問(ほうもん)する[他]≪2, 1級語彙≫[外基]　　　　　　[방문하다[他]]
友人宅(ゆうじんたく)を訪問(ほうもん)する。
(친구 집을 방문하다.)

(555) 保温(ほおん)する[他]≪1級語彙≫　　　　　　　　　　[보온하다[他]]
体温(たいおん)を保温(ほおん)するためのものです。
(체온을 보온하기 위한 것입니다.)

(556) 捕獲(ほかく)する[他]≪1級語彙≫　　　　　　　　　　[포획하다[他]]
虫(むし)を大量(たいりょう)捕獲(ほかく)すると、生態系(せいたいけい)の破壊(はかい)につながる。
(벌레를 다량 포획하면, 생태계의 파괴로 연결된다.)

(557) 保管(ほかん)する[他]≪1級語彙≫　　　　　　　　　　[보관하다[他]]
大事(だいじ)なデータを保管(ほかん)する。
(중요한 데이터를 보관하다.)

(558) 補給(ほきゅう)する[他]≪1級語彙≫　　　　　　　　　[보급하다[他]]
店(みせ)にいる間(あいだ)はほとんど水分(すいぶん)を補給(ほきゅう)することが出来ません。
(가게에 있는 동안은 거의 수분을 보급할 수가 없습니다.)

(559) 保持(ほじ)する[他][基本]　　　　　　　　　　　　　[보지하다[他]]
心(こころ)と身体(しんたい)の健康(けんこう)を保持(ほじ)する。
(마음과 신체의 건강을 보지하다.)

(560) 補充(ほじゅう)する[他]≪1級語彙≫　　　　　　　　　[보충하다[他]]
その兵器(へいき)を補充(ほじゅう)するために軍需産業(ぐんじゅさんぎょう)が栄(さか)える。
(그 병기를 보충하기 위해 군수산업이 번창한다.)

(561) 募集(ぼしゅう)する[他]≪2, 1級語彙≫　　　　　　　　[모집하다[他]]
また民間(みんかん)から一般(いっぱん)の方(かた)の御意見(ごいけん)を募集(ぼしゅう)する。
(그리고 민간으로부터 일반 분들의 의견을 모집하다.)

(562) 補助(ほじょ)する[他]≪1級語彙≫[基本]　　　　　　　[보조하다[他]]
結局(けっきょく)ダイエットは自分(じぶん)の意思(いし)であり、マイクロはそれを補助(ほ

じょ)するものだと思(おも)ってください。
(결국 다이어트는 자기 의사이고, 마이크로는 그것을 보조하는 것이라고 생각하세요.)

(563) 保証(ほしょう)する[他]≪2, 1級語彙≫[外基]　　　　　　　[보증하다[他]]
場合(ばあい)によっては性能(せいのう)を保証(ほしょう)することができなくなります。
(경우에 따라서는 성능을 보증할 수 없게 됩니다.)
第二次(だいにじ)世界大戦後(せかいたいせんご)、信教(しんきょう)の自由(じゆう)が保証(ほしょう)されました。
(제2차 세계대전 후, 신교의 자유가 보증되었습니다.)

(564) 保障(ほしょう)する[他]≪1級語彙≫[基本][外基]　　　　　[보장하다[他]]
父(ちち)の幸(しあわ)せな老後(ろうご)を保障(ほしょう)するために以下(いか)の合意(ごうい)をなした。
(아버지의 행복한 노후를 보장하기 위해 이하의 합의를 했다.)

(565) 補償(ほしょう)する[他]≪1級語彙≫　　　　　　　　　　[보상하다[他]]
家財保険(かざいほけん)では、漏水時(ろうすいじ)の損害(そんがい)賠償(ばいしょう)を補償(ほしょう)するものもあります。
(가재보험에서는 누수 시의 손해 배상을 보상하는 것도 있습니다.)

(567) 保存(ほぞん)する[他]≪2, 1級語彙≫[外基]　　　　　　[보존하다[他]]
私(わたし)は写真(しゃしん)をアルバムに保存(ほぞん)する。
(나는 사진을 앨범에 보존한다.)

(568) 没収(ぼっしゅう)する[他]≪1級語彙≫　　　　　　　　　[몰수하다[他]]
犯人(はんにん)が収受(しゅうじゅ)した賄賂(わいろ)を没収(ぼっしゅう)する。
(범인이 수수한 회뢰(뇌물)를 몰수하다.)

(569) 翻訳(ほんやく)する[他]≪3, 2, 1級語彙≫　　　　　　　[번역하다[他]]
実(じつ)は、この会話(かいわ)を英語(えいご)に翻訳(ほんやく)することは至難(しなん)の業(わざ)です。
(실은 이 회화를 영어로 번역하는 것은 극히 어려운 일입니다.)

「マ」

(570) 埋蔵(まいぞう)する[他]≪1級語彙≫　　　　　　　　　　[매장하다[他]]
そこに死者(ししゃ)の記憶(きおく)データを埋葬(まいそう)する。
(거기에 사자의 기억 데이터를 매장하다.)

(571) 摩擦(まさつ)する[他]≪2, 1級語彙≫[基本][外基]　　　　[마찰하다[他]]
乾(かわ)いた布(ぬの)で皮膚(ひふ)を摩擦(まさつ)することによって血管(けっかん)が拡張

제4장 한어의 동사화 Ⅱ   199

(かくちょう)し、冷(ひ)え改善(かいぜん)に効果(こうか)あり。
(마른 천으로 피부를 마찰함으로써 혈관이 확장되고 냉증 개선에 효과가 있음.)

(572) 麻酔(ますい)する[他]≪1級語彙≫   [마취하다[他]]
両者(りょうしゃ)を併用(へいよう)して麻酔(ますい)することもあります。
(양자를 병용해서 마취하는 경우도 있습니다.)

「ム」

(573) 無視(むし)する[他]≪2, 1級語彙≫[基本]   [무시하다[他]]
だが、今回(こんかい)ばかりは命令(めいれい)を無視(むし)する。
(다만, 이번만은 명령을 무시하다.)

「メ」

(574) 命令(めいれい)する[他]≪2, 1級語彙≫[外基]   [명령하다[他]]
しまいには便所(べんじょ)掃除(そうじ)を命令(めいれい)する。
(마지막에는 변소 청소를 명령하다.)

(575) 免除(めんじょ)する[他]≪1級語彙≫   [면제하다[他]]
そのため、法人(ほうじん)住民税(じゅうみんぜい)を免除(めんじょ)する。
(그 때문에 법인 주민세를 면제한다.)

(576) 免税(めんぜい)する[他]≪2, 1級語彙≫   [면세하다[他]]
免税店(めんぜいてん)とは正(ただ)しくは「輸出(ゆしゅつ)物品(ぶっぴん)販売場(はんばいば)」と呼(よ)ばれます。外国人(がいこくじん)旅行者(りょこうしゃ)等(など)のための消費税(しょうひぜい)を免除(めんじょ)する販売店(はんばいてん)です。
(면세점이란, 올바르게는 「수출 물품 판매장」이라고 불립니다. 외국인 여행자 등을 위한 소비세를 면제하는 판매점입니다.)
海外(かいがい)からの観光客(かんこうきゃく)の方(かた)は日本政府(にほんせいふ)に税金(ぜいきん)を支払(しはら)う必要(ひつよう)がないので、免税(めんぜい)されます。
(해외로부터의 관광객 분들은 일본 정부에 세금을 지불할 필요가 없어서 면세됩니다.)

(577) 面接(めんせつ)する[他]≪2, 1級語彙≫   [면접하다[他]]
多数(たすう)の学生(がくせい)を面接(めんせつ)する。
(다수의 대학생을 면접하다.)
ある日(ひ)、一人(ひとり)の男性(だんせい)患者(かんじゃ)と面接(めんせつ)することになった。
(어느 날, 한 사람의 남성 환자와 면접하게 되었다.)

「モ」

(578) 模索(もさく)する[他]≪1級語彙≫　　　　　　　　　　　[모색하다[他]]
解決(かいけつ)の道(みち)を模索(もさく)する。
(해결의 길을 모색하다.)

(579) 模倣(もほう)する[他]≪1級語彙≫　　　　　　　　　　　[모방하다[他]]
自然(しぜん)の組織(そしき)の構造(こうぞう)や弾力性(だんりょくせい)を模倣(もほう)することはできない。
(자연의 조직의 구조와 탄력성을 모방할 수는 없다.)

「ヤ」

(580) 約束(やくそく)する[他]≪3, 2, 1級語彙≫[外基]　　　　　[약속하다[他]]
支払(しはらい)約束(やくそく)は一定(いってい)の金額(きんがく)の支払(しはらい)を約束(やくそく)するものでなければならない。
(지불 약속은 일정한 금액의 지불을 약속하는 것이어야 한다.)
わかった。約束(やくそく)する。正々堂々(せいせいどうどう)と勝負(しょうぶ)しようじゃないか。
(알았다. 약속한다. 정정당당하게 승부하지 않겠느냐?)

「ユ」

(581) 融資(ゆうし)する[他]≪1級語彙≫　　　　　　　　　　　[융자하다[他]]
入学時(にゅうがくじ)や在学中(ざいがくちゅう)に必要(ひつよう)な資金(しきん)を融資(ゆうし)する。
(입학 시나 재학 중에 필요한 자금을 융자하다.)

(582) 融通(ゆうずう)する[他]≪1級語彙≫　　　　　　　　　　[융통하다[他]]
黒字(くろじ)主体(しゅたい)が赤字(あかじ)主体(しゅたい)に直接(ちょくせつ)資金(しきん)を融通(ゆうずう)する。
(흑자 주체가 적자 주체에게 직접 자금을 융통하다.)

(583) 優先(ゆうせん)する[他]≪1級語彙≫　　　　　　　　　　[우선하다[他]]
人命(じんめい)救助(きゅうじょ)を優先(ゆうせん)する。
(인명 구조를 우선하다.)

(584) 郵送(ゆうそう)する[他]≪1級語彙≫　　　　　　　　　　[우송하다[他]]
この封筒(ふうとう)は、各課(かっか)から市内外(しないがい)の方(ほう)に文書(ぶんしょ)などを郵送(ゆうそう)するときに使用(しよう)します。

(이 봉투는 각 과에서 시내외 쪽에 문서 등을 우송할 때, 사용합니다.)

(585) 誘導(ゆうどう)する[他]≪1級語彙≫　　　　　　　　[유도하다[他]]
車(くるま)を停止位置(ていしいち)に誘導(ゆうどう)する。
(차를 정지 위치에 유도하다.)

客(きゃく)を非常口(ひじょうぐち)へ誘導(ゆうどう)する。
(손님을 비상구에 유도하다.)

(586) 誘惑(ゆうわく)する[他]≪1級語彙≫　　　　　　　　[유혹하다[他]]
不特定(ふとくてい)多数(たすう)の人(ひと)たちを誘惑(ゆうわく)する。特(とく)に最(もっと)も重要(じゅうよう)な人(ひと)たちを誘惑(ゆうわく)する。
(불특정 다수 사람들을 유혹한다. 특히 가장 중요한 사람들을 유혹한다.)

(587) 輸血(ゆけつ)する[他]≪2, 1級語彙≫　　　　　　　　[수혈하다[他]]
他人(たにん)の血液(けつえき)を輸血(ゆけつ)する。
(타인의 혈액을 수혈하다.)

(588) 輸出(ゆしゅつ)する[他]≪3, 2, 1級語彙≫[基本][外基]　　[수출하다[他]]
資本(しほん)を輸出(ゆしゅつ)する帝国主義(ていこくしゅぎ)国家(こっか)となったことにその原因(げんいん)があります。
(자본을 수출하는 제국주의 국가가 된 것에 그 원인이 있습니다.)

(589) 輸送(ゆそう)する[他]≪2, 1級語彙≫　　　　　　　　[수송하다[他]]
人(ひと)や貨物(かもつ)などを輸送(ゆそう)する。
(사람이나 화물 등을 수송하다.)

(590) 輸入(ゆにゅう)する[他]≪2, 1級語彙≫[外基]　　　　　[수입하다[他]]
化学(かがく)肥料(ひりょう)を輸入(ゆにゅう)する際(さい)の税関(ぜいかん)手続(てつづき)を改正(かいせい)する。
(화학 비료를 수입할 때의 세관 수속을 개정한다.)

「ヨ」

(591) 要求(ようきゅう)する[他]≪2, 1級語彙≫[基本][外基]　　[요구하다[他]]
元(もと)慰安婦(いあんふ)らが社長(しゃちょう)との面会(めんかい)を要求(ようきゅう)する。
(전 위안부들이 사장과의 면담을 요구하다.)

(592) 養護(ようご)する[他]≪1級語彙≫　　　　　　　　　[양호하다[他]]
老人(ろうじん)を収容(しゅうよう)し、擁護(ようご)する。
(노인을 수용해서 옹호하다.)

(593) 養成(ようせい)する[他]≪1級語彙≫　　　　　　　　　　　　[양성하다[他]]
　　　中堅(ちゅうけん)幹部(かんぶ)を養成(ようせい)する学校(がっこう)ですね。
　　　(중견 간부를 양성하는 학교군요.)

(594) 要請(ようせい)する[他]≪2, 1級語彙≫　　　　　　　　　　[요청하다[他]]
　　　会長(かいちょう)就任(しゅうにん)を要請(ようせい)する。
　　　(회장 취임을 요청하다.)

(595) 要望(ようぼう)する[他]≪1級語彙≫　　　　　　　　　　　[요망하다[他]]
　　　福祉(ふくし)の拡充(かくじゅう)を要望(ようぼう)する。
　　　(복지의 확충을 요망하다.)

(596) 予感(よかん)する[他]≪1級語彙≫　　　　　　　　　　　　[예감하다[他]]
　　　運命的(うんめいてき)な出会(であ)いを予感(よかん)する。
　　　(운명적인 만남을 예감하다.)

(597) 予期(よき)する[他]≪2, 1級語彙≫　　　　　　　　　　　　[예기하다[他]]
　　　それまでわたしは、自分(じぶん)が負(ま)けることを予期(よき)するほど負(ま)け続(つづ)
　　　けていたのである。
　　　(그때까지 나는 내가 지는 것을 예기할 정도로 계속해서 지고 있었던 것이다.)

(598) 預金(よきん)する[他]≪1級語彙≫　　　　　　　　　　　　[예금하다[他]]
　　　毎月(まいつき)定額(ていがく)を預金(よきん)する。
　　　(매달 정액을 예금하다.)

(599) 抑圧(よくあつ)する[他]≪1級語彙≫　　　　　　　　　　　[억압하다[他]]
　　　人間(にんげん)の本質(ほんしつ)を抑圧(よくあつ)する社会(しゃかい)は野蛮的(やばんて
　　　き)な社会(しゃかい)である。
　　　(인간의 본질을 억압하는 사회는 야만적인 사회이다.)

(600) 抑制(よくせい)する[他]≪1級語彙≫[基本]　　　　　　　　[억제하다[他]]
　　　一(ひと)つは、相対的(そうたいてき)に言(い)うと労働者(ろうどうしゃ)の負担率(ふたんり
　　　つ)を抑制(よくせい)する。
　　　(하나는 상대적으로 말하면 노동자의 부담률을 억제한다.)

(601) 予言(よげん)する[他]≪1級語彙≫　　　　　　　　　　　　[예언하다[他]]
　　　それが、いきなり死期(しき)を予言(よげん)するとは。
　　　(그것이 갑자기 임종을 예언하다니.)
　　　彼(かれ)は近(ちか)いうちに大災害(だいさいがい)が起(お)こるだろうと予言(よげん)した。
　　　(그는 가까운 시일에 대재해가 일어날 것이라고 예언했다.)

(602) 予習(よしゅう)する[他]≪2, 1級語彙≫[外基]　　　　　　　[예습하다[他]]
　　　私(わたし)はそれを予習(よしゅう)し、ビルはだいぶ前(まえ)に渡(わた)された新聞記事(しんぶんきじ)を予習(よしゅう)した。
　　　(나는 그것을 예습하고, 빌은 상당히 전에 받은 신문 기사를 예습했다.)

(603) 予想(よそう)する[他]≪1級語彙≫[外基]　　　　　　　　[예상하다[他]]
　　　雲(くも)の色(いろ)で天気(てんき)を予想(よそう)することができるかもしれない。
　　　(구름 색으로 날씨를 예상할 수 있을지도 모른다.)

(604) 予測(よそく)する[他]≪2, 1級語彙≫　　　　　　　　　[예측하다[他]]
　　　対戦(たいせん)相手(あいて)となる人間(にんげん)の思考(しこう)を予測(よそく)する。
　　　(대전 상대가 되는 사람의 사고를 예측하다.)

(605) 予定(よてい)する[他]≪2, 1級語彙≫[外基]　　　　　　[예정하다[他]]
　　　先週(せんしゅう)の土日(どにち)は運動会(うんどうかい)を予定(よてい)していた学校(がっこう)が多(おお)くあった。
　　　(지난주 토요일과 일요일은 운동회를 예정하고 있었던 학교가 많이 있었다.)

(606) 予報(よほう)する[他]≪2, 1級語彙≫　　　　　　　　　[예보하다[他]]
　　　天気予報(てんきよほう)で警報(けいほう)を予報(よほう)してくれればいいのにね。
　　　(일기예보에서 경보를 예보해 주면 좋은데 말이야.)

(607) 予防(よぼう)する[他]≪2, 1級語彙≫[外基]　　　　　　[예방하다[他]]
　　　病気(びょうき)の蔓延(まんえん)を予防(よぼう)する。
　　　(병의 만연을 예방하다.)

(608) 予約(よやく)する[他]≪2, 1級語彙≫　　　　　　　　　[예약하다[他]]
　　　ホテルに部屋(へや)を予約(よやく)する。
　　　(호텔에 방을 예약하다.)
　　　座席(ざせき)を予約(よやく)する。
　　　(좌석을 예약하다.)

「ラ」

(609) 乱用(らんよう)・濫用(らんよう)する[他]≪1級語彙≫[基本]　[남용하다[他]]
　　　人類(じんるい)が自然(しぜん)を誤(あやま)って使(つか)ったり、乱用(らんよう)するとその結果(けっか)はすぐに環境(かんきょう)に現(あら)われます。
　　　(인류가 자연을 잘못 사용하거나, 남용하면 그 결과는 금방 환경에 나타납니다.)
　　　そうでなければ、役人(やくにん)が権力(けんりょく)を濫用(らんよう)するようになる。
　　　(그렇지 않으면 관리가 권력을 남용하게 된다.)

「リ」

(610) 理解(りかい)する[他]≪2, 1級語彙≫[基本][外基]　　　　　　[이해하다[他]]
　　　人(ひと)を理解(りかい)するって、簡単(かんたん)にはできないよ。
　　　(사람을 이해한다는 것은 쉽게는 할 수 없어.)

(611) 略奪(りゃくだつ)する[他]≪1級語彙≫　　　　　　　　　　　[약탈하다[他]]
　　　兵士(へいし)たちが、英国(えいこく)、日本(にほん)、米国(べいこく)の領事館(りょうじかん)を襲(おそ)い、外国人(がいこくじん)六人(ろくにん)を殺(ころ)し、金品(きんぴん)を略奪(りゃくだつ)する事件(じけん)が起(お)こった。
　　　(병사들이 영국, 일본, 미국 영사관을 습격하여 외국인 6명을 죽이고 금품을 약탈하는 사건이 일어났다.)

(612) 利用(りよう)する[他]≪3, 2, 1級語彙≫[基本][外基]　　　　[이용하다[他]]
　　　まず適当(てきとう)な会話(かいわ)教材(きょうざい)を利用(りよう)するのがよいでしょう。
　　　(먼저 적당한 회화 교재를 이용하는 것이 좋겠지요.)

(613) 量産(りょうさん)する[他][外基]　　　　　　　　　　　　[양산하다[他]]
　　　世界的(せかいてき)なヒット作(さく)を量産(りょうさん)する。
　　　(세계적인 히트작을 양산하다.)

(614) 領収(りょうしゅう)する[他]≪2, 1級語彙≫　　　　　　　　[영수하다[他]]
　　　延滞金(えんたいきん)なしを確認(かくにん)して領収(りょうしゅう)するように見(み)えました。
　　　(연체금이 없다는 것을 확인하고 영수하는 것처럼 보였습니다.)

(615) 料理(りょうり)する[他]≪2, 1級語彙≫[外基]　　　　　　　[요리하다[他]]
　　　沖縄(おきなわ)では、豚(ぶた)を料理(りょうり)する時(とき)は脂(あぶら)は徹底的(てっていてき)に取(と)り除(のぞ)く。
　　　(오키나와에서는 돼지를 요리할 때는 기름을 철저하게 제거한다.)
　　　この慌(あわ)ただしい日々(ひび)の中(なか)で、料理(りょうり)する時間(じかん)を作(つく)るのが難(むずか)しい。
　　　(이 분주한 나날 속에서 요리하는 시간을 만드는 것이 어렵다.)

「ル」

(616) 類推(るいすい)する[他]≪1級語彙≫　　　　　　　　　　　[유추하다[他]]
　　　いまの食事(しょくじ)から過去(かこ)を類推(るいすい)することは、きわめて危険(きけん)です。
　　　(지금의 식사에서 과거를 유추하는 것은 극히 위험합니다.)

「レ」

(617) 冷却(れいきゃく)する**[他]**[基本]　　　　　　　　　　　　[냉각하다**[他]**]
　　　水(みず)を冷却(れいきゃく)する装置(そうち)などは市販(しはん)されてるのですか?
　　　(물을 냉각하는 장치 등은 시판되고 있습니까?)

(618) 冷蔵(れいぞう)する**[他]**≪1級語彙≫　　　　　　　　　　[냉장하다**[他]**]
　　　茹(ゆ)でたパスタを冷蔵(れいぞう)しておいて、あとで美味(おい)しく食(た)べる方法(ほうほう)ありませんか?
　　　(삶은 파스타를 냉장해 두고 나중에 맛있게 먹는 방법 없습니까?)
　　　スーパーで食(た)べ物(もの)を買(か)って冷蔵(れいぞう)する。
　　　(슈퍼에서 음식을 사서 냉장하다.)

(619) 冷凍(れいとう)する**[他]**≪2, 1級語彙≫　　　　　　　　[냉동하다**[他]**]
　　　そんなときのために材料(ざいりょう)を冷凍(れいとう)しておくと便利(べんり)。
　　　(그럴 때를 위해 재료를 냉동해 두면 편리하다.)

(620) 練習(れんしゅう)する**[他]**≪4, 3, 2, 1級語彙≫　　　　[연습하다**[他]**]
　　　言(い)い方(かた)、声(こえ)の大(おお)きさを工夫(くふう)し、練習(れんしゅう)する。
　　　(말씨, 목소리의 크기를 궁리해서 연습한다.)

(621) 連想(れんそう)する**[他]**≪2, 1級語彙≫　　　　　　　　[연상하다**[他]**]
　　　それにしてもこの名前(なまえ)、某(ぼう)事務用品(じむようひん)の通信(つうしん)販売会社(はんばいがいしゃ)を連想(れんそう)してしまう。
　　　(그렇다고 하더라도 이 이름, 모 사무용품의 통신 판매 회사를 연상하고 만다.)

(622) 連絡(れんらく)する**[他]**≪3, 2, 1級語彙≫[基本]　　　[연락하다**[他]**]
　　　実際(じっさい)に、当方(とうほう)が送付先(そうふさき)を連絡(れんらく)した翌日(よくじつ)には品物(しなもの)が届(とど)いてました。
　　　(실제로 이쪽에서 송부처에 연락한 다음 날에는 물건이 배달되어 있었습니다.)

「ロ」

(623) 朗読(ろうどく)する**[他]**≪1級語彙≫　　　　　　　　　[낭독하다**[他]**]
　　　二人(ふたり)が五十年(ごじゅうねん)に渡(わた)って交(か)わした手紙(てがみ)を朗読(ろうどく)する。
　　　(두 사람이 50년에 걸쳐 주고받은 편지를 낭독하다.)

(624) 浪費(ろうひ)する**[他]**≪1級語彙≫　　　　　　　　　　[낭비하다**[他]**]
　　　資源(しげん)を浪費(ろうひ)する。
　　　(자원을 낭비하다.)

大学(だいがく)なんて所詮(しょせん)、時間(じかん)を浪費(ろうひ)する場所(ばしょ)だ。
(대학 같은 데는 어차피 시간을 낭비하는 곳이다.)

(625) 録音(ろくおん)する[他]≪2, 1級語彙≫[外基]　　　　　　[녹음하다[他]]
地下鉄(ちかてつ)の中(なか)での会話(かいわ)を録音(ろくおん)して、後(あと)から再生(さいせい)する。
(지하철 속에서의 회화를 녹음해서 나중에 재생한다.)

(626) 論議(ろんぎ)する[他]≪1級語彙≫　　　　　　　　　　[논의하다[他]]
通商(つうしょう)の見通(みとお)しを論議(ろんぎ)し、貿易(ぼうえき)立国(りっこく)の思想(しそう)を明示(めいじ)した。
(통상의 전망을 논의하고 무역 입국 사상을 명시했다.)

(627) 論争(ろんそう)する[他]≪2, 1級語彙≫　　　　　　　　[논쟁하다[他]]
しかし、一世紀前(いっせいきまえ)には、神経(しんけい)に細胞(さいぼう)があるのかどうかを論争(ろんそう)していたのである。
(그러나 1세기 전까지는 신경에 세포가 있는지 어떤지를 논쟁하고 있었던 것이다.)

4. 「2字 漢語する」 ; 한국어 어휘체계에 없는 일본어 한어동사

[3] 한국어 어휘체계에 없는 일본어 한어동사

「ア」

(1) ※ 挨拶(あいさつ)する≪2, 1級語彙≫[外基]　　　　[인사하다]
　　笑顔(えがお)で挨拶(あいさつ)する。[挨拶(애찰)]
　　(웃는 얼굴로 인사하다.)

(2) ※ 暗転(あんてん)する　　　　　　　　　　　　　[암전하다, 사태가 악화되다]
　　舞台(ぶたい)が暗転(あんてん)する。
　　(무대가 암전하다.)
　　事態(じたい)が暗転(あんてん)する。
　　(사태가 악화되다.)

「イ」

(3) ※ 意見(いけん)する[外基]　　　　　　　　　　　[훈계하다, 잔소리하다]
　　ところが、いざ意見(いけん)すると怒(おこ)られます。
　　(그런데 막상 의견을 내면, 화를 냅니다.)
　　姑(しゅうとめ)に意見(いけん)するのは、多少(たしょう)勇気(ゆうき)が要(い)ると思(おも)う。
　　(시어머니에게 잔소리하는 것은 다소 용기가 필요하다고 생각한다.)

(4) ※ 一目(いちもく)する≪1級語彙≫　　　　　　　　[한번 보다]
　　一目(いちもく)して偽物(にせもの)とわかる。
　　(한 번 보고 가짜라는 것을 알다.)

(5) ※ 引退(いんたい)する≪2, 1級語彙≫　　　　　　[은퇴하다, 물러나다]
　　現役(げんえき)を引退(いんたい)する。
　　(현역에서 은퇴하다.)
　　だからといって引退(いんたい)するつもりもないらしい。
　　(그렇다고 해서 물러날 생각도 없는 것 같다.)

「エ」

(6) ※ 影響(えいきょう)する≪2, 1級語彙≫[基本][外基]　[영향을 미치다]
　　それは恋人(こいびと)どうし、超大国(ちょうたいこく)どうし、氏族(しぞく)どうし、人類間(じ

んるいかん)、階級間(かいきゅうかん)、男女間(だんじょかん)の関係(かんけい)に影響(えいきょう)する。
(그것은 연인끼리, 초강대국끼리, 씨족끼리, 인류 간, 계급 간, 남녀 간의 관계에 영향을 미친다.)

(7) ※ 遠慮(えんりょ)する≪3, 2, 1級語彙≫[外基]　　　　[사양하다]
今度(こんど)はパパが再婚(さいこん)する番(ばん)ね。わたしたちに遠慮(えんりょ)することはないのよ。
(이번에는 재혼할 순서예요. 우리에게 사양할 필요가 없어요.)
ここがお寺(てら)だからって、遠慮(えんりょ)する必要(ひつよう)はないんですよ、
(여기가 절이라고 해서, 사양할 필요는 없어요.)

「カ」

(8) ※ 介護(かいご)する≪1級語彙≫　　　　　　　　[개호하다, 간호하다]
しかし、他人(たにん)を介護(かいご)するのと、家族(かぞく)を介護(かいご)するのでは、同(おな)じ介護(かいご)メニューでも、疲(つか)れ方(かた)が違(ちが)います。
(그러나 다른 사람을 간호하는 것과 가족을 간호하는 것에서는 같은 간호 시스템이라고 해도 피곤해지는 것이 다릅니다.)

(9) ※ 快諾(かいだく)する　　　　　　　　　　　　[쾌히 승낙하다]
資金(しきん)の援助(えんじょ)を快諾(かいだく)する。
(자금 원조를 쾌히 승낙하다.)

(10) ※ 介抱(かいほう)する≪1級語彙≫　　[간호하다, 도움이 필요한 사람을 돌보다]
自分(じぶん)が戻(もど)るまで怪我人(けがにん)を介抱(かいほう)するように依頼(いらい)した。
(자기가 돌아올 때까지 부상당한 사람을 간호하도록 의뢰했다.)

(11) ※ 我慢(がまん)する[外基]　　　　　　　　　　[참다]
彼女(かのじょ)は「クリスマスは仕事(しごと)で大変(たいへん)だから、我慢(がまん)する」と言(い)った。
(그녀는 「크리스마스는 일 때문에 힘드니 참는다」고 말했다.)

(12) ※ 灌漑(かんがい)する≪1級語彙≫[基本]　　　　[관개 공사를 하다]
日本(にほん)から46億円(おくえん)の円借款(えんしゃっかん)が供与(きょうよ)され、4,960ha(ヘクタール)の農地(のうち)を灌漑(かんがい)するはずでした。
(일본에서 46억 엔 엔 차관이 공여되어, 4,960ha의 농지에 관개 공사를 할 예정이었다.)

(13) ※ 勘定(かんじょう)する≪2, 1級語彙≫[外基]　　　　[계산하다]

人員(じんいん)を勘定(かんじょう)する。
(인원을 계산하다.)

(14) ※ 感心(かんしん)する≪2, 1級語彙≫[外基]　　　[감탄하다]
素晴(すば)らしいプレゼンテーションに感心(かんしん)した。
(멋진 프레젠테이션에 감탄했다.)

(15) ※ 観念(かんねん)する≪2, 1級語彙≫　　　[체념하다]
運(うん)が悪(わる)かったと観念(かんねん)する。
(운이 나빴다고 체념하다.)

最後(さいご)にはもはやこれまでと観念(かんねん)する。
(마지막에는 이제 여기까지라고 체념하다.)

(16) ※ 勘弁(かんべん)する≪1級語彙≫[外基]　　　[봐주다, 용서하다]
「悪(わる)かった。謝(あやま)るよ、おじさん。警察(けいさつ)だけは勘弁(かんべん)してくれよ」と、わたしは穏(おだ)やかに答(こた)えた。
(「잘못 했어요. 사과해요. 아저씨. 경찰에게 알리는 것만은 하지 말아 주세요」라고 나는 부드럽게 대답했다.)

「キ」

(17) ※ 犠牲(ぎせい)にする≪1級語彙≫[外基]　　　[희생하다]
ほんとうの幸(しあわ)せを犠牲(ぎせい)にする。
(진정한 행복을 희생하다.)

そのために多(おお)くの血(ち)と財産(ざいさん)を犠牲(ぎせい)にする。
(그를 위해 많은 피와 재산을 희생하다.)

(18) ※ 犠牲(ぎせい)になる　　　[희생되다]
何(なん)の罪(つみ)もない夫(おっと)や子供(こども)が犠牲(ぎせい)になる。
(아무런 죄도 없는 남편이나 아이가 희생되다.)

(19) ※ 帰社(きしゃ)する　　　[회사에 돌아오다]
毎月(まいつき)一回(いっかい)、本社(ほんしゃ)にほぼ社員(しゃいん)全員(ぜんいん)が帰社(きしゃ)する日(ひ)があります。
(매달 한 번 본사에 거의 사원 전체가 모이는 날이 있습니다.)

(20) ※ 帰宅(きたく)する≪2, 1級語彙≫　　　[집에 {돌아오다/돌아가다}]
それにしても最近(さいきん)、深夜(しんや)に帰宅(きたく)することがあまりにも多(おお)すぎる。
(그렇다고 하더라도 요즘 심야에 귀가하는 일이 너무 지나치게 많다.)

(21) ※ 希望(きぼう)する≪2, 1級語彙≫[外基]　　　　[희망하다, 바라다]
　　すべての講座(こうざ)に出席(しゅっせき)を希望(きぼう)する人(ひと)は、第一回目(だいいっかいめ)の申込時(もうしこみじ)にお知(し)らせください。
　　(모든 강좌에 출석을 희망하는 사람들은 첫 번째 신청 시에 알려 주십시오.)

(22) ※ 休憩(きゅうけい)する≪2, 1級語彙≫[外基]　　　[휴게하다, 휴식하다]
　　左手(ひだりて)に公園(こうえん)があり、休憩(きゅうけい)するにはいいところ。
　　(왼쪽에 공원이 있고, 휴식하는 데에는 좋은 곳이다.)

(23) ※ 給与(きゅうよ)する≪2, 1級語彙≫　　　　　　[급여하다, 제공하다]
　　制服(せいふく)を給与(きゅうよ)する。
　　(제복을 제공하다.)
　　つまりは一日(いちにち)二食(にしょく)、昼食(ちゅうしょく)は働(はたら)く者(もの)だけに特別(とくべつ)に給与(きゅうよ)する習慣(しゅうかん)から出(で)て居(い)る。
　　(요컨대, 1일 2식, 중식은 일하는 사람에게만 특별히 제공하는 습관에서 유래한다.)

(24) ※ 享受(きょうじゅ)する≪1級語彙≫　　　　　　[향수하다, 음미하고 즐기다]
　　消費者(しょうひしゃ)が享受(きょうじゅ)する利便性(りべんせい)などのメリットは大(おお)きくなった。
　　(소비자가 즐기는 편리성 등의 장점은 커졌다.)

(25) ※ 恐縮(きょうしゅく)する≪2, 1級語彙≫　　　　[황송하다]
　　お褒(ほ)めにあずかって恐縮(きょうしゅく)するが、古(こ)エルマナの叡知(えいち)を受(う)け継(つ)ぐのは、なにもわたし一人(ひとり)ではない。
　　(칭찬해 주셔서 황송하지만, 고 에루마나의 예지를 이어받는 것은 뭐 나 혼자는 아니다.)

(26) ※ 強制(きょうせい)する≪1級語彙≫　　　　　　[강제하다, 강제로 시키다]
　　法制化(ほうせいか)するということは、日(ひ)の丸(まる)・君(きみ)が代(よ)を国旗(こっき)・国歌(こっか)として強制(きょうせい)するということを意味(いみ)している。
　　(법제화한다는 것은 「히노마루・기미가요」를 국기・국가로서 강제한다는 것을 의미하고 있다.)

(27) ※ 恐怖(きょうふ)する≪2, 1級語彙≫　　　　　　[공포를 느끼다]
　　たいていの場合(ばあい)、人(ひと)は自分(じぶん)と向(む)き合(あ)うことを恐怖(きょうふ)する。
　　(대개의 경우, 사람은 자기와 마주하는 것에 공포를 느낀다.)

(28) ※ 議論(ぎろん)する≪2, 1級語彙≫　　　　　　　[의논하다, 토론하다]
　　今(いま)の時点(じてん)で議論(ぎろん)する意味(いみ)はないと私(わたし)は思(おも)っています。
　　(지금 시점에서 토론하는 의미는 없다고 나는 생각합니다.)

公共事業(こうきょうじぎょう)を議論(ぎろん)する際(さい)、どうしても必要(ひつよう)な視点(してん)がある。
(공공사업을 논의할 때, 반드시 필요한 시점이 있다.)

(29) ※ 均衡(きんこう)する≪1級語彙≫ [균형을 이루다]
94年(ねん)の収支(しゅうし)はほぼ均衡(きんこう)する状態(じょうたい)にある。
(94년 수지는 거의 균형을 이루는 상태에 있다.)

「ク」

(30) ※ 工夫(くふう)する≪2, 1級語彙≫[外基] [궁리하다]
水(みず)が漏(も)らさないように工夫(くふう)する。
(물이 새지 않도록 궁리하다.)

(31) ※ 苦労(くろう)する≪2, 1級語彙≫[外基] [고생하다]
生活(せいかつ)が豊(ゆた)かになって、楽(たの)しみのために苦労(くろう)する時代(じだい)になったのかも。
(생활이 풍부해져서 즐거움을 위해 고생하는 시대가 되었는지도 모른다.)

「ケ」

(32) ※ 稽古(けいこ)する≪2, 1級語彙≫[外基] [예능·무술·기술 등을 배우다, 연습하다]
毎日(まいにち)稽古(けいこ)して上達(じょうたつ)する。
(매일 연습해서 늘다.)
暑(あつ)さを耐(た)え忍(しの)んで稽古(けいこ)する。
(더위를 참아내고 연습하다.)

(33) ※ 傾斜(けいしゃ)する≪1級語彙≫[外基] [경사하다, 기울어지다]
このように左右(さゆう)に傾斜(けいしゃ)する。
(이와 같이 좌우로 기울어지다.)

(34) ※ 怪我(けが)する≪3, 2, 1級語彙≫[外基] [다치다]
判断力(はんだんりょく)がないからぶつかって怪我(けが)する。
(판단력이 없어서 부딪혀서 다친다.)

(35) ※ 決断(けつだん)する≪1級語彙≫ [결단하다, 결단을 내리다]
軽率(けいそつ)に間違(まちが)って決断(けつだん)すると、あとで後悔(こうかい)する。
(경솔하게 잘못해서 결단을 내리면 나중에 후회한다.)

(36) ※ 下痢(げり)する≪2, 1級語彙≫ [설사하다]
私(わたし)も牛乳(ぎゅうにゅう)を飲(の)むと、下痢(げり)する体質(たいしつ)でしたが、これ

は治(なお)ります。
(나는 우유를 먹으면, 설사하는 체질이었습니다만, 이것은 고쳐집니다.)

(37) ※ 原因(げんいん)する≪2, 1級語彙≫   [기인하다]
不注意(ふちゅうい)に原因(げんいん)する事故(じこ)。
(부주의에 기인하는 사고.)
これに原因(げんいん)するコレラの大発生(だいはっせい)などあったのが近代(きんだい)水道(すいどう)の建設(けんせつ)を促進(そくしん)した。
(이것에 기인하는 콜레라의 대발생 등이 있었던 것이 근대 수도 건설을 촉진했다.)

(39) ※ 喧嘩(けんか)する≪3, 2, 1級語彙≫[外基]   [싸우다]
デンバーでは、公衆(こうしゅう)の場(ば)で喧嘩(けんか)することは違法(いほう)です。
(덴버에서는 공중 장소에서 싸우는 것은 위법입니다.)

(40) ※ 見物(けんぶつ)する≪3, 2, 1級語彙≫[外基] [구경하다]
野性動物(やせいどうぶつ)をオリの中(なか)に入(い)れて見物(けんぶつ)するという行為(こうい)の不自然(ふしぜん)さを感(かん)じる。
(야생동물을 우리 안에 넣고 구경한다는 행위의 부자연스러움을 느낀다.)

「ㄱ」

(41) ※ 行為(こうい)する≪1級語彙≫[外基]   [행하다]
行為(こうい)する者(もの)にとって、行為(こうい)せざる者(もの)は最(もっと)も過酷(かこく)な批判者(ひはんしゃ)である。
(행하는 사람에게 행하지 않는 자는 가장 가혹한 비판자이다. [한 적이 없는 사람일수록 혹독한 비판을 하는 법이다.])

(42) ※ 孝行(こうこう)する≪2, 1級語彙≫[外基]   [효도하다]
孝行(こうこう)な息子(むすこ)。
(효도를 잘 하는 아들.)
親(おや)が元気(げんき)なうちに孝行(こうこう)する。
(부모가 건강할 때 효도한다.)

(43) ※ 紅葉(こうよう)する≪2, 1級語彙≫   [단풍이 들다]
全山(ぜんざん)みごと紅葉(こうよう)する。
(온 산에 단풍이 멋지게 들다.)

(44) ※ 故障(こしょう)する≪4, 3, 2, 1級語彙≫[外基] [고장이 나다]
電車(でんしゃ)が故障(こしょう)する。
(전철이 고장 나다.)

猛練習(もうれんしゅう)で故障(こしょう)する選手(せんしゅ)が相次(あいつ)ぐ。
(맹연습으로 고장이 나는 선수들이 잇달아 생기다.)

(45) ※ 御馳走(ごちそう)する≪2, 1級語彙≫　　　　　[식사 등을 대접하다]
来(き)てくれても俺(おれ)のところには何(なに)も御馳走(ごちそう)するものが無(な)い。
(와 주어도 우리 집에는 대접할 만한 것이 없다.)

(46) ※ 混血(こんけつ)する≪2, 1級語彙≫　　　　　[혼혈하다, 피가 섞이다]
混血(こんけつ)する古代(こだい)、創発(そうはつ)[39]される中世(ちゅうせい)。
(혼혈하는 고대, 창발되는 중세.)

(47-1) ※ 婚約(こんやく)する≪2, 1級語彙≫　　　　　[혼약하다, 약혼하다]
恋愛(れんあい)したからといって婚約(こんやく)するとは限(かぎ)りません。
(연애했다고 해서 반드시 약혼하는 것은 아닙니다.)

(47-2) ※ 混乱(こんらん)する≪2, 1級語彙≫　　　　　[혼란하다, 혼란해지다]
あんまり考(かんが)えると、頭(あたま)が混乱(こんらん)するね。
(너무 생각하면, 머리가 혼란해져.)

「サ」

(48) ※ 細工(さいく)する≪1級語彙≫　　　　　[세공하다, 농간을 부리다]
竹(たけ)で細工(さいく)する。
(대나무로 세공하다.)
へたに細工(さいく)しないほうがいい。
(서투르게 농간을 부리지 않는 것이 좋다.)
へたな細工(さいく)をするな。
(서툰 잔꾀를 부리지 마라.)

(49) ※ 在校(ざいこう)する　　　　　　　　　　　[재교하다, 재학하다]
彼(かれ)はかつて我(わ)が校(こう)に在校(ざいこう)していた。
(그는 이전에 우리 학교에 재학하고 있었다.)

(50) ※ 詐欺(さぎ)する≪2, 1級語彙≫　　　　　　[사기 치다]
つまり是(これ)は、保険金(ほけんきん)を詐欺(さぎ)すると同時(どうじ)にその男(おとこ)を自殺(じさつ)させて女房(にょうぼう)を取(と)る考(かんが)えなのですね。
(즉 이것은 보험금을 사기 침과 동시에 그 남자를 자살하게 하고 그 마누라를 취할 생각이에요.)

---

[39] 창발 ; 요소 간의 국소적 상호 작용이 전체에 영향을 미쳐 새로운 질서가 형성되는 현상을 말한다.

(51) ※ 作製(さくせい)する≪2, 1級語彙≫　　　　[작제하다, 제작하다]
　　　ブロンズ像(ぞう)を作製(さくせい)する。
　　　(청동상을 만들다.)

(52) ※ 指図(さしず)する≪1級語彙≫　　　　　　[지시하다]
　　　あれこれ日常(にちじょう)のことを聞(き)いても夫(おっと)は命令(めいれい)口調(くちょう)で指図(さしず)するばかりでした。
　　　(이리저리 일상에 관해 물어도 남편은 명령조로 지시할 뿐이었습니다.)

(53) ※ 散歩(さんぽ)する≪4, 3, 2, 1級語彙≫[外基]　[산보하다, 산책하다]
　　　周(まわ)りを散歩(さんぽ)するのもよい。
　　　(주위를 산책하는 것도 좋다.)

「シ」

(54) ※ 自衛(じえい)する[基本]　　　　　　　　[자위하다, 스스로 지키다]
　　　暴力(ぼうりょく)に対(たい)して自衛(じえい)する。
　　　(폭력에 대해 스스로 지키다.)
　　　迷惑(めいわく)メール問題(もんだい)の根本的(こんぽんてき)な解決(かいけつ)は、当面(とうめん)は難(むずか)しそうだ。しばらくは自衛(じえい)するしかない。
　　　(스팸 메일 문제의 근본적인 해결은 현재로서는 어려워 보인다. 얼마 동안은 스스로 지킬 수밖에 없다.)

(55) ※ 司会(しかい)する≪2, 1級語彙≫　　　　[사회하다, 사회를 보다]
　　　友人(ゆうじん)の結婚式(けっこんしき)を司会(しかい)する。
　　　(친구 결혼식의 사회를 보다.)

(56) ※ 試験(しけん)する≪2, 1級語彙≫[外基]　　[시험하다, 시험을 보다]
　　　新建材(しんけんざい)の耐久性(たいきゅうせい)を試験(しけん)する。
　　　(새 건재의 내구성을 시험하다.)
　　　あのテストは英語(えいご)をどれだけ使(つか)えるかどうか試験(しけん)するものである。
　　　(그 테스트는 영어를 얼마나 사용할 수 있는지 어떤지 시험하는 것이다.)

(56) ※ 仕事(しごと)する≪2, 1級語彙≫[外基]　　[일을 하다]
　　　でも、頭(あたま)の悪(わる)い人(ひと)たちはどんどん排除(はいじょ)されていくので、生(い)き残(のこ)った頭(あたま)のよい人(ひと)たちと仕事(しごと)するのはとても楽(たの)しいです。
　　　(하지만 머리가 나쁜 사람들은 점점 배제되어 가기 때문에 살아남은 머리가 좋은 사람들과 일하는 것은 무척 즐겁습니다.)

(57) ※ 支度(したく)する≪3, 2, 1級語彙≫[外基]   [준비하다]
    夕食(ゆうしょく)を支度(したく)する。
    (저녁 식사를 준비하다.)
    出(で)かけるから早(はや)く支度(したく)しなさい。
    (나갈 테니 빨리 준비해.)

(58) ※ 失業(しつぎょう)する≪2, 1級語彙≫[基本]   [실직하다]
    会社(かいしゃ)が倒産(とうさん)して失業(しつぎょう)する。
    (회사가 도산해서 실직하다.)

(59) ※ 失調(しっちょう)する≪1級語彙≫   [조화를 잃다]
    これは自律神経(じりつしんけい)が失調(しっちょう)したことによっているという。
    (이것은 자율신경이 조화를 잃은 것에 의한다고 한다.)

(60) ※ 失恋(しつれん)する≪2, 1級語彙≫   [실연당하다]
    私は、いつも好(す)きな人(ひと)がいて、誰(だれ)かを好(す)きでいないと、何(なに)もやる気(き)が起(お)きず、失恋(しつれん)するたびに、寂(さび)しくて死(し)にそうになります。
    (나는 항상 좋아하는 사람이 있어, 누구를 좋아하지 않으면 아무 것도 할 생각이 생기지 않고, 실연당할 때마다, 외로워서 죽을 것 같습니다.)

(61) ※ 芝居(しばい)する[外基]   [연극하다, 연기하다, 속임수를 쓰다]
    自分自身(じぶんじしん)のために芝居(しばい)すると同時(どうじ)に人(ひと)のためにも芝居(しばい)をした。
    (자기 자신을 위해 연극함과 동시에 남을 위해서도 연극을 했다.)

(62) ※ 始末(しまつ)する≪1級語彙≫[外基]   [처리하다, 절약하다]
    書類(しょるい)は即座(そくざ)に始末(しまつ)する。
    (서류는 즉각 처리한다.)
    何(なん)でも始末(しまつ)して使(つか)う人(ひと)。
    (무엇이든 절약해서 쓰는 사람.)

(63) ※ 自慢(じまん)する≪2, 1級語彙≫[外基]   [자만하다, 자랑하다]
    すぐ昔(むかし)のことを自慢(じまん)する人(ひと)をどう思(おも)いますか?
    (금방 옛날 일을 자랑하는 사람을 어떻게 생각합니까?)

(64) ※ 借金(しゃっきん)する≪2, 1級語彙≫   [차금하다, 돈을 빌리다]
    古書(こしょ)を買(か)うために銀行(ぎんこう)から借金(しゃっきん)するというのは前例(ぜんれい)がないのかもしれない。
    (고서를 사기 위해 은행에서 돈을 빌린다고 하는 것은 전례가 없을지도 모른다.)

(65) ※ 邪魔(じゃま)する≪2, 1級語彙≫[外基]　　　　　[방해하다, 방문하다]
　　　勉強(べんきょう)を邪魔(じゃま)する。
　　　(공부를 방해하다.)
　　　今晩(こんばん)お邪魔(じゃま)してよろしいでしょうか。
　　　(오늘밤 방문해도 괜찮을까요?)

(65) ※ 就業(しゅうぎょう)する≪1級語彙≫　　　　　　[취직하다, 일을 시작하다]
　　　また、子供(こども)のいる世帯(せたい)の妻(つま)で、新規(しんき)に正規(せいき)従業員(じゅうぎょういん)・職員(しょくいん)として就業(しゅうぎょう)する者(もの)は少(すく)ない。
　　　(그리고 아이가 있는 세대의 처로, 신규로 정규 종업원・직원으로 취직하는 자는 적다.)
　　　毎朝(まいあさ)定時(ていじ)に就業(しゅうぎょう)する。
　　　(매일 아침 정시에 일을 시작하다.)

(66) ※ 集金(しゅうきん)する≪2, 1級語彙≫[外基]　　　[집금하다, 수금하다]
　　　その人(ひと)たちから、「じゃ、先払(さきばら)いね。3万円(さんまんえん)ずつ振(ふ)り込(こ)んでください」と、先(さき)に集金(しゅうきん)するのです。
　　　(그 사람들로부터 「그럼, 선불이에요. 3만 엔씩 입금해 주세요.」라고 먼저 수금하는 것입니다.)
　　　計画倒産(けいかくとうさん)が一番(いちばん)怖(こわ)いですね。集金(しゅうきん)するだけ集金しての計画倒産。
　　　(계획 도산이 가장 무섭습니다. 집금할 만큼 집금하고 나서 하는 계획 도산.)

(67) ※ 出社(しゅっしゃ)する[40]≪1級語彙≫　　　　　[회사에 출근하다]
　　　午前(ごぜん)九時(くじ)に出社(しゅっしゃ)する。
　　　(오전 9시에 출근한다.)

(68) ※ 出張(しゅっちょう)する≪2, 1級語彙≫　　　　　[출장 가다]
　　　あ、そう言(い)えば来週(らいしゅう)、京都(きょうと)に出張(しゅっちょう)することになったんだ。
　　　(아, 참. 다음 주에 교토에 출장 가게 되었다.)

(69) ※ 照合(しょうごう)する≪1級語彙≫　　　　　　　[대조하여 확인하다]
　　　指紋(しもん)を照合(しょうごう)する。
　　　(지문을 대조하다.)

(70) ※ 上達(じょうたつ)する≪2, 1級語彙≫　　　　　[실력이 늘다]
　　　正(ただ)しい姿勢(しせい)は早(はや)く上達(じょうたつ)するためには必要(ひつよう)不可欠

---

40) 「出勤(しゅっきん)」은 일의 종류나 일하는 장소 등과 관계없이 '일을 하고 있다는 것'을, 「出社(しゅっしゃ)」는 '근무하고 있는 회사에 일을 하러 가다'는 것을 가리킨다. 이상은 http://u-note.me/note/47495780에서 인용하여 적의 번역함.

(ふかけつ)だが。
(바른 자세는 빨리 늘기 위해서는 필요 불가결하지만.)

(71) ※ 承知(しょうち)する≪3, 2, 1級語彙≫[外基]　　　　[알아듣다, 승낙하다]
その話(はなし)なら承知(しょうち)しています。
(그 이야기라면 잘 알고 있습니다.)
はい、承知(しょうち){しました・いたしました}。
(네, 잘 알았습니다.)
彼(かれ)はなかなか承知(しょうち)しない。
(그는 좀처럼 승낙하지 않는다.)

(72) ※ 商売(しょうばい)する≪2, 1級語彙≫[外基]　　　　[장사하다]
世界(せかい)の企業(きぎょう)を相手(あいて)に商売(しょうばい)する。
(세계의 기업을 상대로 장사하다.)

(73) ※ 小便(しょうべん)する≪2, 1級語彙≫　　　　[소변을 보다]
洋式(ようしき)便所(べんじょ)で小便(しょうべん)する。
(양식 변소에서 소변을 보다.)

(74) ※ 信仰(しんこう)する≪1級語彙≫　　　　[종교를 믿다]
守護神(しゅごしん)として信仰(しんこう)する。
(수호신으로서 믿다.)

(75) ※ 心中(しんじゅう)する≪1級語彙≫　　　　[정사하다, 동반 자살하다]
そして、万事(ばんじ)を打(う)ち明(あ)けて、同情(どうじょう)してくれれば心中(しんじゅう)するのがいい。
(그리고 모든 일을 고백하고 동정해 주면 정사하는 것이 좋다.)

(76) ※ 進呈(しんてい)する≪1級語彙≫　　　　[진정하다, 증정하다]
なお、年(ねん)三万円(さんまんえん)相当(そうとう)の食事券(しょくじけん)を進呈(しんてい)する。
(그리고 1년에 3만 엔 상당의 식사권을 증정한다.)

(77) ※ 心配(しんぱい)する≪3, 2, 1級語彙≫[外基]　　　　[걱정하다]
水道(すいどう)はむろん断水(だんすい)だが、隣(となり)に井戸(いど)があるので、心配(しんぱい)することもなかった。
(수도는 물론 단수지만, 옆에 우물이 있어서 걱정하는 일도 없었다.)

(78) ※ 辛抱(しんぼう)する≪1級語彙≫[外基]　　　　[참다]
この店(みせ)で十年間(じゅうねんかん)辛抱(しんぼう)してきた。
(이 가게에서 10년간 참아왔다.)

「セ」

(79) ※ 清書(せいしょ)する≪2, 1級語彙≫　　　　　　[정서를 하다]
　　　原稿(げんこう)を清書(せいしょ)している。
　　　(원고를 정서하고 있다.)

(80) ※ 盛装(せいそう)する≪1級語彙≫　　　　　　[성장하다, 화려하게 치장하다]
　　　盛装(せいそう)して外出(がいしゅつ)する。
　　　(성장하고 외출한다.)

(81) ※ 贅沢(ぜいたく)する≪2, 1級語彙≫　　　　　[사치하다]
　　　途中(とちゅう)で、贅沢(ぜいたく)するかもしれませんが、旅(たび)に出(で)ます。
　　　(도중에 사치를 부릴지도 모르지만, 여행을 떠납니다.)

(82) ※ 生長(せいちょう)する≪2, 1級語彙≫　　　　[성장하다, 식물이 자라다][41]
　　　庭(にわ)の木(き)がすくすくと生長(せいちょう)する。
　　　(뜰의 나무가 쑥쑥 자라다.)

(83) ※ 絶命(ぜつめい)する≪2, 1級語彙≫　　　　　[절명하다, 죽다]
　　　死(し)ぬ時(とき)は誰(だれ)でも血圧(けつあつ)が下(さ)がる。そして絶命(ぜつめい)すると血圧(けつあつ)はゼロになる。
　　　(죽을 때는 누구나 혈압이 내려간다. 그리고 죽으면 혈압은 제로가 된다.)

(84) ※ 世話(せわ)する≪3, 2, 1級語彙≫[外基]　　　[돌보다 / 알선하다 / 소개하다]
　　　そこには上下(じょうげ)関係(かんけい)はなく、世話(せわ)する人(ひと)とされる人(ひと)もなく、感謝(かんしゃ)する人(ひと)とされる人(ひと)もない。
　　　(거기에는 상하 관계는 없고, 돌보는 사람과 도움을 받는 사람도 없고, 감사하는 사람과 감사를 받을 사람도 없다.)
　　　高校(こうこう)三年生(さんねんせい)に就職(しゅうしょく)を世話(せわ)する。
　　　(고교 3년생에게 취직을 알선하다.)

(85) ※ 全快(ぜんかい)する≪1級語彙≫　　　　　　[전쾌하다, 완쾌하다]
　　　とにかく、全快(ぜんかい)するまでは、家(うち)にいてもらいますからね。
　　　(아무튼 완쾌될 때까지는 집에 있어야 해요.)

---

41) 『成長(せいちょう)』가 사람이나 동물에 관해 사용되는 것에 대해, 『生長(せいちょう)』는 식물이 발달하여 커지는 것을 가리킨다. 「種(たね) ; 씨앗」이나 「苗(なえ) ; 모종」「花(はな) ; 꽃」「草木(くさき) ; 초목」 등의 식물에는 전부 『生長(せいちょう)』를 사용한다. 현재는 학교 교과서를 중심으로, 동물에 관해서도 식물에 관해서도 『成長(せいちょう)』로 쓰는 것으로 통일되어 있다. 다만, 『成長(せいちょう)』로 통일되어 있다고 해서, 식물에 『生長(せいちょう)』를 사용하는 것은 틀린 것이 아니다. 이상은 https://chu-channel.com/seicyo-meaning-5067에서 인용하여 적의 번역함.

(86) ※ 先行(せんこう)する　　　　　　　　　　　[선행하다 / 앞서다]
　　　実力(じつりょく)より人気(にんき)が先行(せんこう)する。
　　　(실력보다 인기가 앞서다.)」
　　　時代(じだい)に先行(せんこう)する意見(いけん)。
　　　(시대에 앞서는 의견.)

(87) ※ 先攻(せんこう)する≪1級語彙≫　　　　　[먼저 공격하다]
　　　ジャパンSは前半(ぜんはん)二点(にてん)を先攻(せんこう)した。
　　　(재팬S가 전반에 2점을 먼저 땄다.)

(88) ※ 専修(せんしゅう)する≪1級語彙≫　　　　[전수하다, 전공하다]
　　　経済学(けいざいがく)を専修(せんしゅう)する。
　　　(경제학을 전공하다.)

(89) ※ 先着(せんちゃく)する≪1級語彙≫　　　　[선착하다, 먼저 오다]
　　　荷物(にもつ)が先着(せんちゃく)する。
　　　(짐이 먼저 오다.)

「ソ」

(90) ※ 相違(そうい)する≪2, 1級語彙≫　　　　　[상위하다, 상이하다]
　　　これらは日本(にほん)とは大(おお)いに相違(そうい)するところである。
　　　(이들은 일본과는 크게 상이하는 점이다.)

(91) ※ 掃除(そうじ)する≪4, 3, 2, 1級語彙≫[外基]　[청소하다, 해악을 제거하다]
　　　部屋(へや)を掃除(そうじ)した。
　　　(방을 청소했다.)
　　　悪(あく)の温床(おんしょう)を掃除(そうじ)する。
　　　(악의 온상을 없애다.)

(92) ※ 造船(ぞうせん)する≪2, 1級語彙≫　　　　[조선하다, 건조하다]
　　　タンカーを造船(ぞうせん)する。
　　　(유조선을 건조하다.)

(93) ※ **相続(そうぞく)する≪2, 1級語彙≫**　　　**[상속시키다, 상속받다]**
　　　子供(こども)に相続(そうぞく)するつもりは無(な)い。子供(こども)には二十三歳(にじゅうさんさい)のとき積立債権(つみたてさいけん)をさせ、独立心(どくりつしん)を持(も)たせている。
　　　(아이에게 상속시킬 생각은 없는 아이에게는 23살 때, 적립채권을 사게 해서 독립심을 갖도록 하고 있다.)

母(はは)には付(つ)き合(あ)っている相手(あいて)がいます。僕(ぼく)が小(ちい)さい頃(ころ)に離婚(りこん)をし、母(はは)はその人(ひと)とずっと付(つ)き合(あ)っている状態(じょうたい)です。その後(ご)一緒(いっしょ)に住(す)むようになって5年(ごねん)くらい経(た)ちましたが、その人(ひと)名義(めいぎ)でマンションを買(か)うことになり、そこで一緒(いっしょ)に住(す)むことになりました。この場合(ばあい)自分(じぶん)に相続(そうぞく)する権利(けんり)は全(まった)くないのでしょうか？
(어머니에게는 사귀고 있는 상대가 있습니다. 내가 어릴 때 이혼을 해서, 어머니는 그 사람과 쭉 사귀고 있는 상태입니다. 그 후 함께 살게 되어 5년 정도 지났습니다만, 그 사람 명의로 아파트를 사게 되어, 거기에서 함께 살게 되었습니다. 이 경우 내게 상속받을 권리는 전혀 없는 것일까요?)

しかし彼(かれ)は、以前(いぜん)にも弁護士(べんごし)から話(はなし)があったが、遺産(いさん)を相続(そうぞく)する気(き)はない。
(그러나 그는 전에도 변호사로부터 이야기가 있었지만, 유산을 상속받을 생각은 없다.)

(94) ※ 相談(そうだん)する≪3, 2, 1級語彙≫[外基]　　　　[상담하다, 의논하다]
あなたのほかには相談(そうだん)する相手(あいて)がいないんです。
(당신 이외에는 의논할 상대가 없습니다.)

(95) ※ 遭難(そうなん)する≪1級語彙≫　　　　　　　　[조난당하다]
たとえば、屈強(くっきょう)な若者(わかもの)でも冬山(ふゆやま)で遭難(そうなん)すると外傷(がいしょう)を負(お)わなくても死(し)ぬことがある。
(예를 들어, 아주 튼튼한 젊은이라도 겨울 산에서 조난당하면 외상을 입지 않아도 죽는 일이 있다.)

(96) ※ 損害(そんがい)する≪2, 1級語彙≫　　　　　　[손해를 입히다]
「吾人(ごじん)の安全(あんぜん)幸福(こうふく)を損害(そんがい)するは必然(ひつぜん)なり」
〈植木枝盛(うえきえもり)・天賦人権弁(てんぷじんけんべん)〉
(오인(우리들)의 안전 행복에 손해를 입히는 것은 필연적이다.)

損害(そんがい)を与(あた)える。
(손해를 입히다.)

膨大(ぼうだい)な損害(そんがい)を被(こうむ)る。
(방대한 손해를 입다.)

(97) ※ 損失(そんしつ)する≪1級語彙≫　　　　　　　　[손실을 입다]
収益(しゅうえき)が最終的(さいしゅうてき)に確定(かくてい)するまでに為替(かわせ)変動(へんどう)によって損失(そんしつ)してしまう可能性(かのうせい)がある。
(수익이 최종적으로 확정될 때까지 시세 변동에 의해 손실을 입을 가능성이 있다.)

「タ」

(98) ※ 退学(たいがく)する42)≪1級語彙≫ [자퇴하다, 퇴학당하다]
また、博士論文(はかせろんぶん)を完成(かんせい)出来(でき)ず、単位(たんい)取得(しゅとく)満期(まんき)退学(たいがく)する人(ひと)も多(おお)いですよ。
(그리고 박사 논문을 완성하지 못해, 단위 취득 만기 퇴학하는 사람들도 많아요.)
退学処分(たいがくしょぶん)。
(퇴학 처분.)
ですから、あなたは、意(い)に反(はん)して、退学(たいがく)させられることはありません。
(따라서 귀하는 귀하의 뜻에 반해, 퇴학당하지는 않습니다.)

(99) ※ 対策(たいさく)する≪2, 1級語彙≫[外基] [대책을 세우다]
各家庭(かくかてい)で対策(たいさく)すると水質(すいしつ)浄化(じょうか)に大変(たいへん)効果的(こうかてき)です。
(각 가정에서 대책을 세우면 수질 정화에 대단히 효과적입니다.)

(100) ※ 帯電(たいでん)する[基本] [대전하다, 전기를 띠다]
このため車(くるま)は、負(ふ)に帯電(たいでん)する。
(이 때문에 차는 음전기로 대전한다.)
棒(ぼう)を絹布(けんぷ)でこすると帯電(たいでん)する。
(막대기를 비단 헝겊으로 문지르면 전기를 띤다.)

(101) ※ 待望(たいぼう)する≪1級語彙≫ [대망하다, 기대하고 기다리다]
救世主(メシア)の出現(しゅつげん)を待望(たいぼう)する信仰(しんこう)がうまれた。
(구세주(메시아)의 출현을 기대하고 기다리는 신앙이 생겼다.)

「チ」

(102) ※ 着目(ちゃくもく)する≪1級語彙≫ [착안하다, 주목하다]
発想(はっそう)の奇抜(きばつ)さに着目(ちゃくもく)して評価(ひょうか)する。
(발상의 기발함에 주목하여 평가하다.)

(103) ※ 注射(ちゅうしゃ)する≪3, 2, 1級語彙≫[外基] [주사를 놓다]
痩(や)せたい部分(ぶぶん)に三回(さんかい)に分(わ)けて注射(ちゅうしゃ)するそうです。
(마르고 싶은 부분에 3회 나누어 주사를 놓는다고 합니다.)
本人(ほんにん)が自分(じぶん)自身(じしん)で注射(ちゅうしゃ)を打(う)つときは、大腿部(だいたいぶ)に打(う)ちます。

---

42) 「退学(たいがく)」는 대학생・중고생이 재학 중에 특별한 이유로, 자발적으로 학교를 그만두는 것 또는 학교 측에서 강제로 그만두게 하는 것을 의미한다.

(본인이 직접 주사를 놓을 때는 대퇴부에 놓습니다.)

病院(びょういん)で痛(いた)み止(ど)めの注射(ちゅうしゃ)を打(う)ってもらうと、楽(らく)になりますが、薬(くすり)が切(き)れてくると、痛(いた)みもしびれも再発(さいはつ)します。
(병원에서 진통제 주사를 받으면 편해집니다만, 약 기운이 떨어지면 통증도 마비도 재발됩니다.)

(104) ※ 頂戴(ちょうだい)する≪2,1級語彙≫[外基]　　　　[삼가 받다]
まずこの自覚(じかく)がなければ、神(かみ)の命(めい)を直々(じきじき)に頂戴(ちょうだい)することはできないのです。
(우선 이 자각이 없으면 하나님의 명을 직접 받을 수 없습니다.)
食(た)べる相手(あいて)に対(たい)しては「召(め)し上(あ)がる」自分(じぶん)のことを言(い)うときは「いただく」「頂戴(ちょうだい)する」を使(つか)う。
(먹는 상대에 대해서는 「召(め)し上(あ)がる；드시다〈존경어〉」자신에 관해 말할 때에는 「いただく；먹다〈겸양어1〉」「頂戴(ちょうだい)する；먹다〈겸양어1〉」을 사용한다.

(105) ※ 重宝(ちょうほう)する≪1級語彙≫　　　　　　[소중하게 쓰다, 유용하게 쓰다]
彼(かれ)らは征服(せいふく)の手段(しゅだん)としてキリスト教(きょう)よりも社会主義(しゃかいしゅぎ)思想(しそう)を重宝(ちょうほう)していた。
(그들은 정복 수단으로서 기독교보다도 사회주의 사상을 유용하게 사용했었다.)
いまでも狼(おおかみ)はそういう聴力(ちょうりょく)を重宝(ちょうほう)しているにちがいない。
(지금까지 이리는 그런 청력을 유용하게 사용했음에 틀림없다.)

(106) ※ 調和(ちょうわ)する≪1級語彙≫[基本]　　　　[조화되다, 조화를 이루다]
この規定(きてい)は当事者主義(とうじしゃしゅぎ)と調和(ちょうわ)する形(かたち)で解釈(かいしゃく)されなければならない。
(이 규정은 당사자주의와 조화하는 형태로 해석되지 않으면 안 된다.)
色(いろ)がよく調和(ちょうわ)する。
(빛깔이 잘 조화되다.)

「ツ」

(107) ※ 追及(ついきゅう)する≪1級語彙≫　　　　　　[추구하다, 추궁하다]
個人(こじん)もしくは私的(してき)企業(きぎょう)がそれぞれの利益(りえき)を追及(ついきゅう)する。
(개인 혹은 사적 기업이 각각의 이익을 추구하다.)
責任(せきにん)の所在(しょざい)を追及(ついきゅう)する。
(책임 소재를 추궁하다.)

「テ」

(108) ※ 転回(てんかい)する≪1級語彙≫　　　　　　[방향을 바꾸다]
　　　船(ふね)の進路(しんろ)を北(きた)に転回(てんかい)する。
　　　(배의 진로를 북으로 돌리다.)

(109) ※ 転校(てんこう)する≪1級語彙≫　　　　　　[전학하다]
　　　地方(ちほう)の高校(こうこう)に転校(てんこう)する。
　　　(지방 고교에 전학하다.)

「ニ」

(110) ※ 入浴(にゅうよく)する≪1級語彙≫　　　　　[입욕하다, 목욕하다]
　　　寝(ね)る前(まえ)には必(かなら)ず入浴(にゅうよく)する。
　　　(자기 전에는 반드시 목욕한다.)

「ハ」

(111) ※ 拍手(はくしゅ)する≪2, 1級語彙≫　　　　　[박수치다]
　　　真実(しんじつ)を描(えが)けば私(わたし)は拍手(はくしゅ)する。
　　　(진실을 그리면 나는 박수친다.)

(112) ※ 白状(はくじょう)する≪1級語彙≫　　　　　[자백하다]
　　　すべてを白状(はくじょう)する。
　　　(모든 것을 자백하다.)

(113) ※ 反響(はんきょう)する≪1級語彙≫　　　　　[반향하다, 메아리치다]
　　　歌声(うたごえ)が建物(たてもの)の中(なか)に反響(はんきょう)する。
　　　(노랫소리가 건물 안에 메아리치다.)

(114) ※ 反乱(はんらん)する≪1級語彙≫　　　　　　[반란을 일으키다]
　　　「反乱(はんらん)する管理職(かんりしょく)」
　　　(「반란을 일으키는 관리직」)

「ヒ」

(115) ※ 微笑(びしょう)する≪1級語彙≫　　　　　　[미소를 짓다]
　　　いたずらっぽく微笑(びしょう)する。
　　　(장난기 있게 미소를 짓다.)

(116) ※ 病気(びょうき)する≪2, 1級語彙≫[外基]　　[아프다]
　　　どの子(こ)も病気(びょうき)する時期(じき)が必(かなら)ずあると思(おも)います。
　　　(어느 아이 할 것 없이 아픈 시기가 반드시 있다고 생각합니다.)

「フ」

(117) ※ 負傷(ふしょう)する≪1級語彙≫　　　　　　[부상을 당하다, 부상을 입다]
　　　足(あし)を負傷(ふしょう)する。
　　　(발을 부상당하다.)

「ヘ」

(118) ※ 閉口(へいこう)する≪1級語彙≫　　　　　　[질리다, 두 손 들다]
　　　彼(かれ)のおしゃべりには閉口(へいこう)した。
　　　(그 사람 수다에는 질렸다.)
　　　無理(むり)を言(い)われて閉口(へいこう)した。
　　　(억지를 말하는 바람에 두 손 들었다.)

(119) ※ 辟易(へきえき)する≪1級語彙≫　　　　　　[질리다, 물러나다, 난감해하다]
　　　相手(あいて)の剣幕(けんまく)に辟易(へきえき)する。
　　　(상대방의 기세에 질려서 물러나다.)
　　　彼(かれ)は容易(ようい)に辟易(へきえき)する男(おとこ)ではない。
　　　(그는 쉽사리 물러설 남자가 아니다.)
　　　辟易(へきえき)した態度(たいど)を示(しめ)す。
　　　(난감해 하는 태도를 보이다.)

(120) ※ 弁解(べんかい)する≪1級語彙≫　　　　　　[변해하다, 변명하다]
　　　成績(せいせき)の悪(わる)さを弁解(べんかい)するつもりはありません。
　　　(성적이 나쁜 것을 변명할 생각은 없습니다.)
　　　今更(いまさら)弁解(べんかい)してもだめだ。・
　　　(이제 와서 변명해도 소용없다.)

(121) ※ 勉強(べんきょう)する≪4, 3, 2, 1級語彙≫[外基]　[공부하다]
　　　夕食後(ゆうしょくご)も自分(じぶん)から進(すす)んで勉強(べんきょう)した。
　　　(저녁 식사 후에도 자진해서 공부했다.)

(122) ※ 返事(へんじ)する≪3, 2, 1級語彙≫[外基]　　[대답하다]
　　　松浦(まつうら)さんに連絡(れんらく)を取(と)って今日中(きょうじゅう)に返事(へんじ)すると
　　　のことです。
　　　(마쓰우라 씨에게 연락을 취해 오늘 중에 대답한다고 합니다.)

(123) ※ 返答(へんとう)する≪1級語彙≫　　　　　　[대답하다]
　　　下記(かき)サイトで相場(そうば)を調(しら)べて返答(へんとう)するようにしています。
　　　(하기 사이트에서 시세를 조사해서 대답하려고 합니다.)

「ホ」

(124) ※ 補足(ほそく)する《1級語彙》　　　　　　[보충하다]
公的(こうてき)年金(ねんきん)を補足(ほそく)する役割(やくわり)を担(にな)うものといえる。
(공적 연금을 보충하는 역할을 담당한다고 할 수 있다.)

「メ」

(125) ※ 迷惑(めいわく)する《2, 1級語彙》[外基]　　[민폐를 입다, 곤란을 받다]
君(きみ)のために迷惑(めいわく)した。
(자네 때문에 {애를 먹었다·곤란을 겪었다}).
迷惑(めいわく)するのはいつも私(わたし)のような現場(げんば)の人間(にんげん)なのだ。
(민폐를 입는 것은 항상 나와 같이 현장에 있는 사람이다.)

「モ」

(126) ※ 問答(もんどう)する《2, 1級語彙》[外基]　　[문답하다, 말다툼하다]
人生(じんせい)について問答(もんどう)する。
(인생에 관해 문답하다.)
君(きみ)と問答(もんどう)している暇(ひま)はない。
(자네와 말다툼할 시간은 없다.)

「ユ」

(127) ※ 油断(ゆだん)する《2, 1級語彙》[外基]　　[방심하다]
決(けっ)して油断(ゆだん)するな。
(절대로 방심하지 마라.)

「ヨ」

(128) ※ 用意(ようい)する《4, 3, 2, 1級語彙》[外基]　　[준비하다]
「用意(ようい)する」는 한국어의「준비하다」에 해당하는 말인데, 일본어에는「준비(하다)」에 해당하는 표현이 많으니 그 사용에 주의가 요구된다. 그리고「用意」는 한어 명사의 특성상「~の用意(ようい)をする ; ~의 준비를 하다」와 같이 한어와「する」가 분리되어 쓰이는 경우도 있다.
{金(かね)・傘(かさ)・車(くるま)・雨具(あまぐ)・資料(しりょう)}を用意(ようい)する。
({돈·우산·차·비옷·자료}를 준비하다.)
念(ねん)のために、お弁当(べんとう)を用意(ようい)しました。
(혹시 몰라서[만일의 경우를 생각해서] 도시락을 준비했습니다.)

彼(かれ)は真面目(まじめ)な学生(がくせい)で、毎日(まいにち)質問(しつもん)を<u>用意(ようい)</u>して来(き)て、先生(せんせい)に聞(き)きます。
(그는 착실한 학생으로 매일 질문을 준비해 와서 선생님에게 묻습니다.)

あしたの会議(かいぎ)に備(そな)えて、<u>資料(しりょう)の用意(ようい)をして</u>ください。
(내일 회의를 대비해서 자료 준비를 해 주세요.)

午後(ごご)から雨(あめ)が降(ふ)るそうですから、<u>雨具(あまぐ)の用意(ようい)をして</u>行(い)きなさい。
(오후부터 비가 온다고 했으니까, 비옷 준비를 하고 가요.)[43]

(129) ※ 用心(ようじん)する≪2, 1級語彙≫[外基]　　　　[조심하다]
風邪(かぜ)をひかないように<u>用心(ようじん)</u>する。
(감기에 걸리지 않도록 조심하다.)

「ラ」

(130) ※ 来演(らいえん)する　　　　　　　　[그 곳에 와서 연기・연주하다]
十一月(じゅういちがつ)になると、彼(かれ)が再度(さいど)<u>来演(らいえん)する</u>という話(はなし)もあった。
(11월이 되면 그가 다시 와서 연주한다는 이야기도 있었다.)

(108) ※ 来館(らいかん)する　　　　　　[영화관・도서관・박물관 등의 시설에 오다]
書道展(しょどうてん)を見(み)に<u>来館(らいかん)した</u>人(ひと)たち。
(서도 전시회를 보러 온 사람들.)

(131) ※ 来場(らいじょう)する≪1級語彙≫　　　　　　[회의장에 오다]
本日(ほんじつ)は<u>御来場(ごらいじょう)</u>いただきましてありがとうございます。
(오늘은 왕림해 주셔서 감사합니다.)

(132) ※ 来店(らいてん)する　　　　　　　　　　　[가게에 오다]
<u>来店(らいてん)した</u>客(きゃく)に記念品(きねんひん)を渡(わた)す。
(가게에 온 손님에게 기념품을 건네다.)
<u>ご来店(らいてん)</u>くださいまして、ありがとうございます。
(가게에 와 주셔서 감사합니다.)

(133) ※ 来日(らいにち)する≪2, 1級語彙≫　　　　　　[일본에 오다]
警備上(けいびじょう)の理由(りゆう)から, 国賓(こくひん)などの<u>来日(らいにち)する</u>スケジュールは公開(こうかい)されていません。
(경비상의 이유에서 국빈 등이 내일하는 스케줄은 공개되지 않습니다.)

---

43) 李成圭等著(1996)『홍익나가누마 일본어 3 해설서』홍익미디어. p.293에서 인용.

제4장 한어의 동사화 II   227

(134) ※ 乱暴(らんぼう)する≪2, 1級語彙≫　　　　　　[난폭하다, 난폭하게 굴다]
やがて長男(ちょうなん)の男(おとこ)の子(こ)は、妹(いもうと)や近所(きんじょ)の小(ちい)さな女(おんな)の子(こ)に乱暴(らんぼう)するようになった。
(얼마 있다가 장남인 남자 아이는 여동생이나 근처에 사는 어린 여자 아이에게 난폭한 행동을 하게 되었다.)

「リ」

(135) ※ 留年(りゅうねん)する　　　　　　　　　　　[유급하다, 낙제하다]
留年(りゅうねん)して研究(けんきゅう)をやり直(なお)す。
(유급해서 연구를 다시 시작하다.)

(136) ※ 了解(りょうかい)・諒解(りょうかい)する≪1級語彙≫[外基]　　[양해하다, 납득하다]
新(あら)たな一月(ひとつき)が始(はじ)まったことを私(わたし)たちはあらためて了解(りょうかい)するのだった。
(새로운 한 달이 시작된 것을 우리들은 새삼 납득하는 것이었다.)

　A ;「本当(ほんとう)に、わかったのかね？」
　　　(정말 이해한 거야?)

　B ;「部長(ぶちょう)の言(い)われたことは、了解(りょうかい)しました」
　　　(부장님께서 말씀하신 것은 잘 알았습니다.)

　C ;「君(きみ)のその言(い)い方(かた)に、いつも抵抗(ていこう)を感(かん)じるんだがね」
　　　(자네의 그 말씨에 항상 저항감을 느끼는데.)

ビジネスシーンでは「承知(しょうち)しました」「かしこまりました」が最適(さいてき)。原則(げんそく)として「了解(りょうかい)しました」は上司(じょうし)、取引先(とりひきさき)、お客様(きゃくさま)相手(あいて)には使(つか)わない。「了承(りょうしょう)しました」は上司(じょうし)に対(たい)して使(つか)う。
(비즈니스 장면에서는 「承知(しょうち)しました；알겠습니다」「かしこまりました；알겠습니다」가 가장 적합하다. 원칙적으로 「了解(りょうかい)しました；알겠습니다」는 상사, 거래처, 손님을 상대로는 사용하지 않는다. 「了承(りょうしょう)しました；알겠습니다」는 상사에 대해 사용한다.)

(137) ※ 了承(りょうしょう)する≪1級語彙≫　　　[승낙하다, 납득하다, 양해하다]
登録(とうろく)解除(かいじょ)の件(けん)、了承(りょうしょう)しました。
(등록 해제 건은 잘 알았습니다.)

(138) ※ 留守(るす)する≪2, 1級語彙≫[外基]　　　[집을 비우다]
その夜(よる)、果然(かぜん)、王子(おうじ)は主人(しゅじん)の留守(るす)する家(いえ)を訪(おとず)れた。

(그 날 밤, 과연 왕자는 주인이 부재중인 집을 방문했다.)

「ル」

(139) ※ 留守番(るすばん)する≪2, 1級語彙≫[外基] [집을 지키다]
ママが病院(びょういん)へ行(い)っているあいだ、おばあちゃんと留守番(るすばん)する。
(엄마가 병원에 가 있는 동안에 할머니와 집을 보다.)

이상「2字 漢語+する」를 대상으로 하여 한일 양 언어의 일본어 한어동사에 있어서의 공통점과 차이점을 검토했다. 그런데 여기에서 유의할 것은, 위에 나타난 대응관계는 일본어 한어동사를 대상으로 한 것이기 때문에 만일 관찰 대상을 한국어 한어동사로 할 경우에는 이와는 다른 결과가 나올 것이라는 점이다. 따라서 위의 대응관계에 근거하여 '한국어 한어동사에 비해 일본어 한어동사가 생산적이다' 또는 '양 언어의 한어동사 사이에 일치하지 않는 한어동사가 상당수 존재한다'와 같은 성급한 결론을 내려서는 안 된다는 것이다.

5. 한어의 일반동사화(一般動詞化)

그리고 한어(한어명사)가 한어동사를 구성하지 않고, 다음과 같이 고유어 계열의 일반동사로 전용하여 쓰이는 예도 존재한다.

5.1　5단동사화

◇ 1유형

(1) 力(りき)んで石(いし)を持(も)ち上(あ)げる。
　　(힘을 들여서 돌을 집어 들다.)

(2) 陰謀(いんぼう)を目論(もくろ)む。
　　(음모를 꾀하다.)

(3) 帰(かえ)りが遅(おそ)いとよく愚痴(ぐち)る。
　　(귀가가 늦다고 자주 바가지를 긁는다.)

5.2　상1단동사화

◇ 2유형

(4) 害虫(がいちゅう)を退治(たいじ)る。
　　(해충을 퇴치하다.)

(5) 下卑(げび)た振(ふ)る舞(ま)いをするな。
　　(상스러운 행위를 하지 마.)

5.3　하1단동사화

◇ 3유형

(6) 海苔(のり)が湿気(しけ)る。≪1급語彙≫
　　(김이 눅눅해지다.)

(7) 海(うみ)が時化(しけ)て、船(ふね)を出(だ)せない。
　　(바다가 거칠어져서 배를 낼 수 없다.)

(8) この模様(もよう)はちょっと洒落(しゃれ)てるね。≪1級語彙≫
    (이 무늬는 좀 세련되어 있군.)

　[1유형]은 (1)의 「力(りき) → 力(りき)む」, (2)의 「＊目論(もくろん) → 目論(もくろ)む」, (3)의 「愚痴(ぐち) → 愚痴(ぐち)る」와 같이 **한어명사(漢語名詞)**가 **5단동사(五段動詞)**로 전성된 것이고, [2유형]은 (4)의 「退治(たいじ) → 退治(たいじ)る」, (5)의 「下卑(げび) → 下卑(げび)る」와 같이 한어명사가 **상1단동사(上一段動詞)**로, 그리고 [3유형]은 (6)의 「湿気(しけ) → 湿気(しけ)る」, (7)의 「時化(しけ) → 時化(しけ)る」, (8)의 「洒落(しゃれ) → 洒落(しゃれ)る」와 같이 **하1단동사(下一段動詞)**로 전성된 예이다. 이들 동사의 기원은 한어이지만, 일반동사로 변용(変容)되어 쓰이게 되면 한어로서의 의식이 희박해지고 그 결과 일본의 고유어로 인식하게 된다.

제5장 한어동사의 이동(異同) 문제

1. 품사간의 이동(異同)
2. 자동사에 있어서의 이동(異同)

1. 품사 간의 이동(異同)

「**한어(漢語)**」도 광의(広義)의 「**외래어(外来語)**」이기 때문에 한·일 양 언어에서 한어를 차용했을 경우, 초기 단계에 있어서는 한어의 명사성(名詞性)에 착안하여 수용했을 것이다. 한어는 그 성격상 실질적 의미는 구비하고 있지만 용언으로서의 문법적 기능을 구비하고 있지 않기 때문에 용언으로 기능하기 위해서는 한국어나 일본어나 공히 형식용언의 도움을 필요로 한다.

일본어에서 한어는 일부 예외를 제외하면 「悪化(あっか)する ; 악화되다」·「発展(はってん)する ; 발전하다 / 발전되다」·「参加(さんか)する ; 참가하다」와 같이 「~する」의 첨가에 의해 동사로 기능하고, 「便利(べんり)」·「単純(たんじゅん)」·「複雑(ふくざつ)」과 같은 「**상태성 한어**」는 「便利だ ; 편리하다」·「単純だ ; 단순하다」·「複雑だ ; 복잡하다」와 같이 「~だ」의 첨가에 의해 「형용동사」로 기능하게 된다.

한국어의 경우도 한어가 용언으로서 기능하기 위해서는 「~하다」라는 형식용언의 도움이 필요한데, 일본어의 그것과는 역할에 있어서 차이가 있다. 즉, 한국어에서는 「악화(悪化)되다」·「공통(共通)되다」와 같이 일부 한어동사에 있어서의 「~되다」 형태를 제외하면, 형용사나 동사의 구별 없이 「~하다」가 쓰인다. 일본어에서는 동사는 「~する」, 형용동사는 「~だ」라는 형태상 구별을 엄격하게 유지하고 있으나, 한국어에서는 동사와 형용사가 모두 「~하다」를 취하고 있어, 형태적으로 「**한어(漢語)＋하다**」의 「**품사성(品詞性)**」을 구별하는 것은 용이하지 않다.

물론 한국어에서도 권유·의지·진행 등의 일부 문법 형식의 성립 여부로 동사와 형용사의 판별이 가능하기는 하지만, 외형상으로는 일본어와 같은 명확한 구별을 보이지 않는다. 즉 한국어에서는 형태적으로 형용사와 동사를 엄밀히 구별하지 않는다고 할 수 있다. 이런 제반 문제를 십분 고려하면 한국어의 「~하다」와 일본어의 「~する」 사이에 정연한 대응관계를 기대하는 것은 그 자체가 무리라고 할 수 있다.

「**한어의 용언화(用言化)**」에 관련하여 이하, 한국어와 일본어가 어떤 대응 관계를 보이는가를 살펴보겠다. 설명의 편의상, 한어의 용언화에 쓰이는 형식용언은 한국어의 「**~하다**」「**~되다**」, 일본어의 「**~だ**」「**~する**」로 한정한다.

아래의 표에 의하면, 「곤란 / 困難(こんなん)」·「중요 / 重要(じゅうよう)」·「친절 / 親切(しんせつ)」·「정확 / 正確(せいかく)」·「단순 / 単純(たんじゅん)」·「적당 / 適当(てきとう)」과 같은 소위 「**상태성 한어**」는 한국어나 일본어에서 「**형용사 어류(形容詞 語類)**」로 실현된다.

한어용언에 있어서의 **품사간의 이동(異同)**은 우선 다음 예에서 확인된다.

〈표 1〉「~하다 / ~되다」;「~だ / ~する」의 대응관계

語例	韓国語			日本語		
	~하다	~되다	품사	품사	~だ	~する
困難(こんなん)·重要(じゅうよう)·親切(しんせつ)·正確(せいかく)·単純(たんじゅん)·適当(てきとう)·複雑(ふくざつ)·便利(べんり)	○		형용사	형용동사	○	
不足(ふそく)	○		형용사	형용동사·동사	○	○
乾燥(かんそう)·混雑(こんざつ)·衰弱(すいじゃく)·卓越(たくえつ)·疲労(ひろう)·類似(るいじ)	○		형용사	동사		○
悪化(あっか)·安定(あんてい)·感染(かんせん)·共通(きょうつう)·伝染(でんせん)·矛盾(むじゅん)		○	동사	동사		○
安心(あんしん)·興奮(こうふん)·到着(とうちゃく)·発達(はったつ)·発展(はってん)·分布(ぶんぷ)	○	○	동사	동사		○
参加(さんか)·挫折(ざせつ)·完成(かんせい)·実現(じつげん)·延期(えんき)·中止(ちゅうし)	○		동사	동사		○

제5장 한어동사의 이동(異同) 문제   233

(1a) 요즘은 공기가 乾燥하다.
(1b) 最近(さいきん)空気(くうき)が{ × 乾燥だ / 乾燥(かんそう)している}。

(2a) 서울역은 항상 混雜하다.
(2b) ソウル駅(えき)はいつも{ × 混雜だ / 混雜(こんざつ)する・混雜している}。

(3a) 그녀의 사무 능력은 卓越하다.
(3b) 彼女の事務(じむ)能力(のうりょく)は{ × 卓越だ / 卓越(たくえつ)している}。

(1a)의 「乾燥하다」, (2a)의 「混雜하다」, (3a)의 「卓越하다」는 한국어에서는 형용사로 쓰이지만, 일본어에서는 (1b)의 「乾燥する」, (2b)의 「混雜する」, (3b)의 「卓越する」와 같이 「~する」를 취하고 있기 때문에 외형상 동사로 인정된다. 그렇다고 해서 이와 같은 양 언어 사이의 형태적·문법적 차이가 곧 바로 의미적 차이를 의미하는 것은 아니다. 일본어의 「乾燥する」·「卓越する」 등은 외형상 동사의 형태를 취하고 있지만, 이들 동사가 「**문말종지**」에서 통상 「**형용사적 동사**」의 특징으로 되어 있는 「~ている」 형태를 취한다는 점에서 의미적으로는 형용사 쪽에 가깝다고 할 수 있다.

한편 (2b)의 「混雜する」는 「~する」 형과 「~している」의 형이 둘 다 가능하지만 양자는 기본적으로 주체의 속성을 나타낸다는 점에서 차이가 없다.

따라서 한국어와 일본어 사이의 이러한 차이점을 제대로 인식하지 않으면 한국어를 「**모어(母語)**」로 하는 일본어 학습자의 경우, 모어인 한국어의 간섭으로 인하여 자칫하면 「× 乾燥だ」·「× 混雜だ」·「× 卓越だ」와 같은 「**오용(誤用)**」을 산출하게 된다.

일본어에서 동사로 쓰이는 한어 용언이 한국어에서 형용사로 쓰이는 예를 제시하면 다음과 같다.

[4] 「乾燥する[自動詞]」　　「乾燥하다[形容詞]」의 유형

(4) ※ 一定(いってい)する[自]≪2, 1級語彙≫[基本]　　[일정하다[形]]
　　一定(いってい)した人気(にんき)を保(たも)つ.
　　(일정한 인기를 유지하다.)

(5) ※ 円熟(えんじゅく)する[自]　　　　　　　　　[원숙하다[形]]
　　円熟(えんじゅく)した人格(じんかく).
　　(원숙한 인격.)

後半(こうはん)になって江戸(えど)の文化(ぶんか)が円熟(えんじゅく)する。
(후반이 되어 에도의 문화가 원숙해지다.)

(6) ※ 乾燥(かんそう)する[自]≪2, 1級語彙≫[基本]　　　[건조하다[形]]

中緯度(ちゅうい)地方(ちほう)には亜熱帯(あねったい)高圧帯(こうあつたい)があり、その中心部(ちゅうしんぶ)は雨(あめ)が少(すく)なく乾燥(かんそう)する。
(중위도 지방에는 아열대 고압대가 있고 그 중심부는 비가 적고 건조하다.)

セゴビアは標高(ひょうこう)一〇〇〇メートルもの台地(だいち)にあり、常(つね)に気候(きこう)は乾燥(かんそう)している。
(세고비아는 표고 1000미터나 되는 대지에 있고, 항상 기후가 건조하다.)

(7) ※ 窮屈(きゅうくつ)する[自][外基]　　　[답답하다, 거북하다[形]]

窮屈(きゅうくつ)した時代(じだい)背景(はいけい)の中(なか)、お客(きゃく)に選(えら)ばれる店(みせ)になるには何(なに)より心地(ここち)よい空間(くうかん)の演出(えんしゅつ)が不可欠(ふかけつ)だ。
(답답한 시대적 배경 속에 손님에게 선택받는 가게가 되기 위해서는 무엇보다 편한 공간의 연출이 필요 불가결이다.)

あの人(ひと)の前(まえ)に出(で)ると、窮屈(きゅうくつ)だ。
(저 사람 앞에 나가면 거북하다.)

(8) ※ 混雑(こんざつ)する[自]≪2, 1級語彙≫　　　[혼잡하다[形]]

お昼(ひる)はレストランが混雑(こんざつ)するので、早(はや)めに入(はい)るか、遅(おそ)めに入(はい)るなどずらすのも手(て)です。
(점심은 레스토랑이 혼잡하니, 좀 일찍 들어가든가 좀 늦게 들어가는 등 시간을 겹치지 않도록 미루는 것도 방법입니다.)

ゴールデンウイーク中(ちゅう){とあって・という状況(じょうきょう)なので}、午前中(ごぜんちゅう)から駅(えき)は混雑(こんざつ)している。
(골든 위크 중이라서 오전 중부터 역은 혼잡하다.)

(9) ※ 衰弱(すいじゃく)する[自]　　　[쇠약하다[形]]

ここ数日(すうじつ)は、満足(まんぞく)な食事(しょくじ)もない。体(からだ)が衰弱(すいじゃく)するのも無理(むり)はない。体(からだ)が衰弱(すいじゃく)すれば、精神(せいしん)も衰弱(すいじゃく)する。
(최근 며칠은 만족스러운 식사도 없다. 몸이 쇠약해지는 것도 어쩔 수 없다. 몸이 쇠약하면 정신도 쇠약해진다.)

病気(びょうき)で衰弱(すいじゃく)する。
(병으로 쇠약해지다.)

(10) ※ 卓越(たくえつ)する[自]　　　　　　　　[탁월하다[形]]
　　　数字(すうじ)が高(たか)いほど技能(ぎのう)が卓越(たくえつ)している。
　　　(숫자가 높을수록 기능이 탁월하다.)
　　　卓越(たくえつ)した技術(ぎじゅつ)。
　　　(탁월한 기술.)
　　　大陸(たいりく)の内部(ないぶ)には砂漠(さばく)が広(ひろ)がり、乾燥(かんそう)空気(くうき)が卓越(たくえつ)することが多(おお)かった。
　　　(대륙 내부에는 사막이 펼쳐지고, 건조한 공기가 탁월한 것이 많았다.)
　　　卓越(たくえつ)した能力(のうりょく)を示(しめ)す。
　　　(탁월한 능력을 보이다.)

(11) ※ 疲労(ひろう)する[自]≪1級語彙≫[基本][外基]　　　[피로하다[形]]
　　　心身(しんしん)ともに疲労(ひろう)する。
　　　(심신 모두 피로하다.)

(4) ※ 不足(ふそく)する[自]≪2, 1級語彙≫　　　　　[부족하다[形]]
　　　低栄養(ていえいよう)は、エネルギーと各(かく)栄養(えいよう)の摂取(せっしゅ)が不足(ふそく)することによって発生(はっせい)する。
　　　(저영양은 에너지와 각 영양의 섭취가 부족해서 발생한다.)

(12) ※ 優越(ゆうえつ)する[自]≪2, 1級語彙≫[基本]　　　[우월하다[形]]
　　　スポーツではわが母校(ぼこう)が優越(ゆうえつ)している。
　　　(스포츠에서는 우리 모교가 우월하다.)

(13) ※ 類似(るいじ)する[自]≪1級語彙≫　　　　　[유사하다[形]]
　　　実(じつ)は、それと類似(るいじ)する違(ちが)いが日本語(にほんご)にも見(み)られる。
　　　(실은 그것과 유사한 차이가 일본어에도 보인다.)

(14) ※ 退屈(たいくつ)する[自]≪2, 1級語彙≫[外基]　　　[지루하다[形]]
　　　反対(はんたい)に、退屈(たいくつ)する、つまり、時間(じかん)がなかなか進(すす)まない、というときはどうだろう。
　　　(반대로 지루하다, 즉 시간이 좀처럼 진행되지 않는다고 할 때는 어떨까?)

2. 자동사에 있어서의 이동(異同)

2.1 「悪化되다」;「悪化する」

(1a) 그의 병은 갑자기 {悪化되었다 / × 悪化했다}.
(1b) 彼(かれ)の病気(びょうき)は急(きゅう)に{悪化(あっか)した / ×悪化された}。

(2a) 생활이 {安定되었다 / × 安定했다}.
(2b) 生活(せいかつ)が{安定(あんてい)した / ×安定された}。

(3a) 결핵에 {感染되었다 / × 感染했다}.
(3b) 結核(けっかく)に{感染(かんせん)した / × 感染された}。

(4a) 사고 원인이 {判明되었다 / ×判明했다}.
(4b) 事故(じこ)の原因(げんいん)が{判明(はんめい)した / ×判明された}。

한국어의 「**한자어(漢字語)**」 중에는 (1a)의「悪化되다」, (2a)의「安定되다」, (3a)의「感染되다」, (4a)의「判明되다」와 같이「~하다」가 아니라「~되다」를 취해 「**동사화(動詞化)**」하는 일군의 동사가 있다. 「悪化(악화)」・「安定(안정)」・「感染(감염)」・「判明(판명)」등의 한어는 한국어에서「~하다」를 취하지 않고「~되다」형태로 고정된 자동사이다.

이에 대해 일본어의「悪化(あっか)」・「安定(あんてい)」・「感染(かんせん)」・「判明(はんめい)」등은「参加(さんか)」・「優勝(ゆうしょう)」등의 다른「한어(漢語)」와 마찬가지로「~する」가 접속하여 자동사로만 쓰인다. 이러한 대응 관계를 올바로 인식하지 못하면 한국어의「悪化되다」・「安定되다」・「感染되다」・「判明되다」등의「~되다」를「**수동접사(受動接辞)**」로 오인하여,「× 悪化される」・「× 安定される」・「× 感染される」・「× 判明される」등의 오용을 생성하고 만다. 이런 유형의 오용은「**태(態)의 대립**」에 있어서의「~하다 ＝ ~する」「~되다 ＝ ~される」의 대응관계를 도식적(図式的)으로 적용한 결과에서 발생하는 문제이다. 당연지사(当然之事)이지만, 외국어를 제대로 이해하기 위해서는 우선 먼저 자신의 모어인 한국어에 관한 일성 수순의 지식이 요구된다. 한국어의 일부 한어동사에 있어서「~되다」로 고정된 것에는 다음과 같은 예가 있다. 이들 동사는「~하다」를 취하지 않고「~되다」에 의해 동사로 기능한다는 점에서 이때의「~되다」를 본서에서는「**수동접사(受動接辞)**」가 아니라 동사 파생에 관여하는「**어형성(語形成) 접사(接辞)**」즉「**동사화 접사(動詞化**

接辞)」로 규정한다.

[5]「悪化する[自動詞]」 「悪化되다[自動詞]」의 유형

(5) ※ 悪化(あっか)する[自]≪1級語彙≫　　　　　　[악화되다[自]]
症状(しょうじょう)が悪化(あっか)する。
(증상이 악화된다.)

(6) ※ 安定(あんてい)する[自]≪2, 1級語彙≫[基本][外基]　[안정되다[自]]
消費者(しょうひしゃ)物価(ぶっか)が安定(あんてい)する。
(소비자 물가가 안정된다.)

(7) ※ 萎縮(いしゅく)する[自]　　　　　　　　　　　[위축되다[自]]
寒(さむ)いので体(からだ)も心(こころ)も萎縮(いしゅく)する。
(추워서 몸도 마음도 위축된다.)
それで子猫(こねこ)が萎縮(いしゅく)するかと言(い)うとそうでもなく。
(그래서 새끼고양이가 위축되는가 하면 그렇지도 않고.)

(8) ※ 乖離(かいり)する[自]　　　　　　　　　　　　[괴리되다[自]]
市場(しじょう)価格(かかく)が理論(りろん)価格(かかく)から乖離(かいり)する。
(시장 가격이 이론 가격에서 괴리되다.)

(9) ※ 感染(かんせん)する[自]≪1級語彙≫　　　　　　[감염되다[自]]
彼女(かのじょ)は天然痘(てんねんとう)に感染(かんせん)した。
(그녀는 천연두에 감염되었다.)
わずか一日(いちにち)で世界(せかい)二〇カ国(にじゅっかこく)、
四五〇〇万台(よんせんごひゃくまんだい)のコンピュータが感染(かんせん)した。
(불과 하루 사이에 세계 20개국 4500만대의 컴퓨터가 감염되었다.)

(10) ※ 帰結(きけつ)する[自]　　　　　　　　　　　[귀결되다[自]]
議論(ぎろん)の結果(けっか)は反対(はんたい)に帰結(きけつ)した。
(토론 결과는 반대로 귀결됐다.)
しかし、宇野氏(うのし)個人(こじん)の責任(せきにん)に帰結(きけつ)する女性(じょせい)
問題(もんだい)が起(お)きて、様相(ようそう)が一変(いっぺん)した。
(그러나 우노 씨 개인 책임으로 귀결되는 여성 문제가 발생해서 양상이 일변했다.)

(11) ※ 共通(きょうつう)する[自]≪2, 1級語彙≫[基本][外基]　[공통되다[自]]
共通(きょうつう)の理解(りかい)。

(공통의 이해.)
国民(こくみん)に共通(きょうつう)な意見(いけん)。
(국민의 공통된 의견.)
両者(りょうしゃ)に共通(きょうつう)する特徴(とくちょう)。
(양자에 공통된 특징.)
それは食文化(しょくぶんか)にも共通(きょうつう)している。
(그것은 식문화에도 공통되어 있다.)

(12) ※ 決裂(けつれつ)する[自]　　　　　　　　　　　[결렬되다[自]]
日本側(にほんがわ)の回答(かいとう)が、四項目(よんこうもく)の固執(こしつ)または最終(さいしゅう)通告(つうこく)であれば、談判(だんぱん)は決裂(けつれつ)する。
(일본 측 회답이 4항목의 고집 또는 최후 통고라면 단판은 결렬된다.)
会談(かいだん)は決裂(けつれつ)した。
(회담이 결렬되었다.)

(13) ※ 骨折(こっせつ)する[自]≪2, 1級語彙≫　　　　[골절되다[自]]
また、これとは逆(ぎゃく)に脂肪(しぼう)組織(そしき)が増加(ぞうか)し、体重(たいじゅう)は増加(ぞうか)するために、少(すこ)しの外力(がいりょく)で容易(ようい)に骨折(こっせつ)する。
(그리고 이것과는 거꾸로 지방 조직이 증가하여 체중은 증가하기 때문에 약간의 외력으로 쉽게 골절된다.)

(14) ※ 弛緩(ちかん・しかん)する[自]　　　　　　　　[이완되다[自]]
企業間(きぎょうかん)関係(かんけい)が弛緩(ちかん)する。
(기업 간 관계가 이완되다.)

(15) ※ 失格(しっかく)する[自]≪1級語彙≫　　　　　[실격되다[自]]
反則(はんそく)五回(ごかい)で失格(しっかく)する。
(반칙 5회로 실격되다.)

(16) ※ 収縮(しゅうしゅく)する[自][基本]　　　　　　[수축되다[自]]
筋肉(きんにく)が収縮(しゅうしゅく)する。
(근육이 수축되다.)

(17) ※ 従属(じゅうぞく)する[自][基本]　　　　　　　[종속되다[自]]
大国(たいこく)に従属(じゅうぞく)する。
(대국에 종속되다.)

(18) ※ 渋滞(じゅうたい)する[自]≪2, 1級語彙≫　　　[정체되다[自]]

私(わたし)が住(す)んでいる市(し)の道路(どうろ)まで渋滞(じゅうたい)するんですから。
(내가 살고 있는 시의 도로까지 정체되니까요.)

(19) ※ 進捗(しんちょく)する[自]　　　　　　　　　　[진척되다【自】]
計画(けいかく)は順調(じゅんちょう)に進捗(しんちょく)していた。
(계획은 순조롭게 진척되고 있었다.)

(20) ※ 中毒(ちゅうどく)する[自]≪1級語彙≫　　　　[중독되다【自】]
ちょうど、内蔵(ないぞう)さえ食(た)べなければ、中毒(ちゅうどく)することのないフグによく似(に)ている。
(마치 내장만 먹지 않으면 중독되는 일이 없는 복어와 많이 닮았다.)

(21) ※ 停電(ていでん)する[自]≪2, 1級語彙≫[外基]　[정전되다【自】]
架線(かせん)が切(き)れて停電(ていでん)する。
(가선이 끊어져 정전되다.)

(22) ※ 伝染(でんせん)する[自]≪2, 1級語彙≫[外基]　[전염되다【自】]
はしかが伝染(でんせん)するそうだ。
(홍역이 전염된다고 한다.)

(23) ※ 当籤(とうせん)・当選(とうせん)・当(とう)せんする[自]　[당첨되다【自】]
当(とう)せんするための秘訣(ひけつ)が書(か)かれた書籍(しょせき)やネット情報(じょうほう)。
(당첨되기 위한 비결이 쓰인 서적이나 웹 정보.)

　わたしたちは普段(ふだん)、「宝(たから)くじに"当選(とうせん)"する」と書(か)きがちですが、本来(ほんらい)は「宝(たから)くじに当籤(とうせん)"する」と書(か)きます。では、「当籤(とうせん)」ではなく「当(とう)せん」と書(か)く理由(りゆう)は何(なん)でしょうか。宝(たから)くじ公式(こうしき)サイトはもちろんのこと、テレビや新聞(しんぶん)では宝(たから)くじやくじ引(び)き関連(かんれん)のテロップが流(なが)れる場合(ばあい)は、全(すべ)て「当(とう)せん」と記載(きさい)されています。「漢字(かんじ)が難(むずか)しいから……。」と言(い)ってしまえばそれまでなのですが、実際(じっさい)に"籤(せん)"は日本(にほん)工業(こうぎょう)規格(きかく)が制定(せいてい)するJISX0208によって、第1水準(だいいちすいじゅん)よりも使用(しよう)頻度(ひんど)の低(ひく)い漢字(かんじ)「JIS第2水準(だいにすいじゅん)漢字(かんじ)」だとされています。そのため、以前(いぜん)は、テレビや新聞(しんぶん)などで使(つか)える"籤(せん)"に対応(たいおう)するフォントがありませんでした。
　つまり、「当籤(とうせん)」ではなく「当(とう)せん」と書(か)く理由(りゆう)は、「漢字(かんじ)が難(むずか)しい」という理由(りゆう)のほかに、「以前(いぜん)からのなごり」があると考(かんが)えられます。[44]
　(우리들은 보통 「복권에 당첨(当選)되다」라고 쓰기 쉽지만, 원래는 「복권에 당첨(当

---

44) https://money-goround.jp/article/2017/09/27/54622.html에서 인용하여 적의 번역함.

籤)되다」라고 씁니다. 그러면 「当籤(とうせん)」이 아니라 「当(とう)せん」이라고 쓰는 이유는 무엇일까요? 복권 공식 사이트는 물론, 텔레비전이나 신문에서는 복권이나 제비뽑기 관련의 텔롭(telop)이 나오는 경우에는 전부 「当(とう)せん」이라고 기재되어 있습니다. 「한자가 어려워서……」라고 말해 버리면 그뿐이지만, 실제로 "籤(せん)"은 일본 공업 규격이 제정하는 JISX0208에 의해, 제1수준보다도 사용빈도가 낮은 한자 「JIS 제2수준 한자」라고 되어 있습니다. 그래서 이전에는 텔레비전이나 신문 등에서 사용할 수 있는 "籤(せん)"에 대응하는 폰트는 없었습니다.

즉 「当籤(とうせん)」이 아니라 「当(とう)せん」라고 쓰는 이유는 「한자가 어렵다」는 이유 이외에 「이전부터의 잔재」가 있다고 생각됩니다.)

(24) ※ 途絶・跡絶・杜絶(とぜつ)する[自]　　　　　　[두절되다[自]]
インドネシアのシンガポール経由(けいゆ)輸入(ゆにゅう)が杜絶(とぜつ)するという事件(じけん)がおこった。
(인도네시아의 싱가포르 경유의 수입이 두절된다고 하는 사건이 발생했다.)
退職(たいしょく)に伴(ともな)い退職年金(たいしょくねんきん)が途絶(とぜつ)することとなる。
(퇴직과 더불어 퇴직 연금이 두절되게 된다.)

(25) ※ 判明(はんめい)する[自]　　　　　　　　　　[판명되다[自]]
問題(もんだい)の事実(じじつ)が判明(はんめい)したのは、昨夜(さくや)のことでした。
(문제의 사실이 판명된 것은 어젯밤 일이었습니다.)

(26) ※ 付属(ふぞく)する[自]≪2, 1級語彙≫[外基]　　　[부속되다[自]]
会社(かいしゃ)に付属(ふぞく)する研究所(けんきゅうじょ)。
(회사에 부속된 연구소.)
本島(ほんとう)に付属(ふぞく)する小島(こじま)。
(본섬에 부속된 작은 섬.)

(27) ※ 麻痺(まひ)する[自]≪1級語彙≫　　　　　　　[마비되다[自]]
認知症(にんちしょう)の症状(しょうじょう)によっては痛(いた)みまで麻痺(まひ)する場合(ばあい)がある。
(인지증 증상에 따라서는 통증까지 마비되는 경우가 있다.)

(28) ※ 矛盾(むじゅん)する[自]≪2, 1級語彙≫[基本]　　[모순되다[自]]
二人(ふたり)の話(はなし)が矛盾(むじゅん)する。
(두 사람의 이야기가 모순되다.)
それは、自分(じぶん)の言(い)っていることとやっていることが矛盾(むじゅん)する。
二重人格(にじゅうじんかく)だ。
(그것은 자기가 말하고 있는 것과 하고 있는 것이 모순되다. 이중인격이다.)

2.2 「到着하다 / 到着되다」;「到着する」

(1a) 열차가 {到着했다 / 到着되었다}.
(1b) 列車(れっしゃ)が{到着(とうちゃく)した / × 到着された}。

(2a) 그 당시 이 도시는 공업이 {發展했다 / 發展되었다}.
(2b) 当時(とうじ)、この都市(とし)は工業(こうぎょう)が{発展(はってん)した / × 発展された}。

(3a) 일본어는 경어가 {發達해 있다 / 發達되어 있다}.
(3b) 日本語(にほんご)は敬語(けいご)が{発達(はったつ)している / × 発達されている}。

(4a) 불교가 동부지방에서 {流行했다 / 流行되었다}.
(4b) 仏教(ぶっきょう)が東部(とうぶ)地方(ちほう)で{流行(りゅうこう)した / × 流行された}。

한국어에서 한어(漢語)를 동사로 전성시킬 때는 한어의 어휘적 의미에 따라 「~하다」 또는 「~되다」를 취하는 것이 일반적인데, (1a)의 「도착하다 / 도착되다」, (2a)의 「발전하다 / 발전되다」, (3a)의 「발달하다 / 발달되다」, (4a)의 「유행하다 / 유행되다」와 같이 일부 한어의 경우 「~하다」와 「~되다」가 둘 다 가능한 일군(一群)의 **「자동사(自動詞)」**가 있다.

이들 일군의 자동사가 어떤 이유에 의해 2가지 형태가 모두 가능한 것인가에 대한 정설은 없다. 「~하다」의 수동형이 어떤 요인에 의해 결락(欠落)되었는가 하는 문제는 언어사적인 고찰이 필요한 사항이기 때문에 여기에서는 다루지 않기로 한다. 현대한국어에서 「되다」는 「~하다」동사의 **수동접사**로서 뿐만 아니라, 「동사 파생 접사」로서도 기능하고 있다. **「동사 파생 접사」**로서의 「~되다」는 「~하다」와 결합하지 않는 한어와 관계하여 이를 동사화하는 기능을 한다. 즉 한어동사라는 **「어형성 과정」**에 있어서 「~하다」와 「~되다」가 한어의 의미적 특징에 상응하여, 어느 한쪽이 선택되게 되는 것이다. 이 단계에서 성립되는 것이 「参加하다」, 「悪化되다」 등이다.

그리고 타동사로 기능하는 「延期하다」・「解決하다」에 대응하는 「延期되다」・「解決되다」의 「~되다」는 형태적・문법적・의미적 대응관계가 성립하기 때문에 **수동접사**로 인정된다. 즉 「~되다」가 수동접사로 기능할 경우 「~하다 / ~되다」의 치환은 개별적인 것이 아니라, 수동태 일반의 형태적・구문적・의미적 조건을 만족하고 있기 때문에, **「문법적 태(態)」**로서 규정된다.

「~되다」의 기능 중에서 「어형성 접사」로서의 용법이 먼저인가 아니면, 「수동접사」로서의 용법이 먼저인가를 결정하는 것은 과거의 언어자료를 정밀하게 검토하지 않는 한, 결국은 추측의 영역에 머물게 된다. 아무튼 본동사「되다」에서「**접사화 과정**」을 거쳐,「**한어의 동사화(動詞化)**」와「**한어동사의 수동화(受動化)**」에 참여하고 있는 것은 움직일 수 없는 사실이다.「~되다」가 어형성 접사에서 시작되어 수동접사로 그 용법이 확대되어 갔는지 그렇지 않으면 수동접사에서 그 용법이 시작되어「발달하다 / 발달되다」와 같은 자동사로, 그리고「~하다」를 취하지 못하는 한어에까지 그 용법이 확대되어 간 것인가, 이 문제는 언어사적 입장에서는 상당히 흥미로운 과제임에 틀림없지만, 이를 입증하기 위해서는 고대 문헌에까지 거슬러 올라가 구체적인 자료를 찾아야 한다. 여기에서는 문제의 소재를 지적하는 선에서 그치겠다.

여하튼 현대한국어를 대상으로 할 경우에는 어떤 쪽에서 용법이 발생하여, 그것이 확대되어 갔는가는 증명할 수 없지만, 그 중간 단계에「到着하다 / 到着되다」・「発展하다 / 発展되다」와 같이 자동사(自動詞)이면서도 2가지 형태가 가능한 일군이 존재하게 되었다. 언어활동을 영위하는 일반 화자가 해당 한어동사의「**품사성(品詞性)**」을 준별하고, 각각의 한어동사의「**자타성(自他性)**」에 대응해서「~하다 / ~되다」를 구별해서 사용하는 것은 아니다. 이런 시각에서 접근하면, 일부 한어동사(자동사)에서 나타나는「~하다 / ~되다」의 교체현상은 -언어적인 측면에서 보면- 지극히 자연스러운 결과일 것이다.

이상 검토한「乾燥する[自動詞]」・「乾燥하다[形容詞]」의 유형,「悪化する[自動詞]」・「悪化되다[自動詞]」의 유형,「到着する[自動詞]」・「到着하다 / 倒着되다[自動詞]」의 유형은 한・일 양 언어의 한어동사에 있어서, 품사간의 불일치를 보여주는 예이다.

본론으로 돌아가서, 일본어교육에서는 자동사로 쓰이는 이들 한어동사가「~하다」형으로 실현될 경우에는 별 문제가 없지만,「~되다」형태로 실현될 경우, 어형성(語形成) 접사의「~되다」를 수동접사로 오인하면,「到着되다 = × 到着される」「発達되다 = × 発達される」와 같은 오용을 생성한다. 그런데 이런 일군의 동사에 대해서는 현재로서는 유형화가 사실상 불가능에 가깝기 때문에 개별적인 어휘 정보에 의존할 수밖에 없다. 한국어 한어동사 중에서 자동사이면서도「~하다 / ~되다」둘 다 가능한 예를 들면 다음과 같다.

[6] 「到着する[自動詞]」 ―――「到着{하다/되다}[自動詞]」의 유형

(5) ※ 安心(あんしん)する[自]≪3, 2, 1級語彙≫[外基]　　[안심하다[自] / 안심되다[自]]
安心(あんしん)する人(ひと)なんていませんね。
(안심하는 사람 등은 없어요.)
ここに来(く)ると、なんとなく安心(あんしん)する。
(여기에 오면 왠지 모르게 안심이 된다.)

(6) ※ 一致(いっち)する[自]≪2, 1級語彙≫[基本][外基]　　[일치하다[自] / 일치되다[自]]
指紋(しもん)が一致(いっち)する。
(지문이 일치한다.)
この傾向(けいこう)は、前述(ぜんじゅつ)した国民(こくみん)生活(せいかつ)センターの
成績(せいせき)とよく一致(いっち)する。
(이 경향은 전술한 국민 생활 센터 성적과 잘 일치한다.)

(7) ※ 延着(えんちゃく)する[自]　　　　　　　　　[연착하다[自] / 연착되다[自]]
列車(れっしゃ)が延着(えんちゃく)する。
(열차가 {연착하다 / 연착되다}.)
空港(くうこう)でも飛行機(ひこうき)が延着(えんちゃく)する。
(공항에서도 비행기가 연착된다.)

(8) ※ 開化(かいか)する[自]　　　　　　　　　　[개화하다[自] / 개화되다[自]]
この様子(ようす)ではすぐに文明(ぶんめい)開化(かいか)するだろうということである。
(이 상태로는 금방이라도 문명이 {개화할 / 개화될} 것이라고 하는 것이다.)

(9) ※ 該当(がいとう)する[自]≪1級語彙≫　　　　[해당하다[自] / 해당되다[自]]
以下(いか)の選択肢(せんたくし)の中(なか)から、ご自身(じしん)の年齢(ねんれい)に該当(がいとう)するものに○をつけてください。
(이하의 선택지 중에서 자신의 연령에 해당하는 것에 ○표시를 해 주세요.)

(10) ※ 介入(かいにゅう)する[自]≪1級語彙≫　　　[개입하다[自] / 개입되다[自]]
世界中(せかいじゅう)の紛争(ふんそう)に介入(かいにゅう)する。
(전 세계의 분쟁에 개입하다.)
テーマに関(かん)しては我々(われわれ)が介入(かいにゅう)する様々(さまざま)な分野(ぶんや)にわたって、この問題(もんだい)を考(かんが)えなければなりません。
(주제에 관해서는 우리들이 {개입하는 / 개입되는} 각종 분야에 걸쳐 이 문제를 생각해야 합니다.)

(11) ※ 合併(がっぺい)する[自]≪1級語彙≫　　　　　　[합병하다[自] / 합병되다[自]]
　　　 大阪(おおさか)と奈良(なら)と和歌山(わかやま)が合併(がっぺい)する。
　　　 (오사카와 나라와 와카야마가 {합병하다 / 합병되다}.)

(12) ※ 関連(かんれん)する[自]≪2, 1級語彙≫[基本]　　[관련하다[自] / 관련되다[自]]
　　　 特(とく)に農業(のうぎょう)及(およ)びそれに関連(かんれん)する運輸(うんゆ)分野(ぶんや)
　　　 に重点(じゅうてん)を置(お)いている。
　　　 (특히 농업 및 그것과 관련된 운수 분야에 중점을 두고 있다.)

(13) ※ 緊張(きんちょう)する[自]≪2, 1級語彙≫　　　　[긴장하다[自] / 긴장되다[自]]
　　　 かなり旅(たび)なれた者(もの)でも、自分自身(じぶんじしん)が異邦人(いほうじん)となる海
　　　 外(かいがい)では緊張(きんちょう)する。
　　　 (상당히 여행에 익숙한 사람도 자기 자신이 이방인이 되는 해외에서는{긴장한다 /
　　　　 긴장된다}.

(14) ※ 屈折(くっせつ)する[自]≪1級語彙≫[基本]　　　[굴절하다[自] / 굴절되다[自]]
　　　 光(ひかり)が空中(くうちゅう)から水中(すいちゅう)に入(はい)る場合(ばあい)に屈折(くっせつ)
　　　 するのは、水(みず)と空気(くうき)に密度(みつど)の相違(そうい)があるためである。
　　　 (빛이 공중에서 수중에 들어갈 경우에 굴절하는 것은 물과 공기에 밀도의 차이가 있
　　　 기 때문이다.)
　　　 屈折(くっせつ)した心理(しんり)。
　　　 (굴절된 심리.)

(15) ※ 経過(けいか)する[自]≪1級語彙≫　　　　　　　[경과하다[自] / 경과되다[自]]
　　　 長(なが)い時間(じかん)が経過(けいか)する。
　　　 (긴 시간이 {경과하다 / 경과되다}.)

(16) ※ 激化(げきか)する[自][基本]　　　　　　　　　[격화하다[自] / 격화되다[自]]
　　　 その対立(たいりつ)はいっそう激化(げきか)する。
　　　 (그 대립은 한층 격화한다.)

(17) ※ 合格(ごうかく)する[自][外基]≪2, 1級語彙≫　　[합격하다[自] / 합격되다[自]]
　　　 英語(えいご)検定(けんてい)試験(しけん)に合格(ごうかく)する。
　　　 (영어 검정 시험에 {합격하다 / 합격되다}.)

(18) ※ 荒廃(こうはい)する[自]≪1級語彙≫　　　　　　[황폐하다[自] / 황폐해지다[自]]
　　　 住(す)む人(ひと)の心(こころ)が荒廃(こうはい)すれば、その人(ひと)が住(す)む家(いえ)も
　　　 荒廃(こうはい)する。
　　　 (사는 사람의 마음이 황폐해지면, 그 사람이 사는 집도 황폐해진다.)

(19) ※ 興奮(こうふん)する[自]≪1級語彙≫[基本]　　　　[흥분하다[自] / 흥분되다[自]]
焦(あせ)っても仕方(しかた)がない、無(な)いものは出(で)てこない、興奮(こうふん)するな。
(초조하게 굴어도 소용이 없다. 없는 것은 안 나온다. 흥분하지 마.)
夕暮(ゆうぐ)れの銀座(ぎんざ)はやはり興奮(こうふん)する。
(해질녘의 긴자는 역시 흥분된다.)

(20) ※ 合流(ごうりゅう)する[自]≪2, 1級語彙≫　　　　[합류하다[自] / 합류되다[自]]
東京(とうきょう)に行(い)くために、駅(えき)で合流(ごうりゅう)しよう。
(도쿄에 가기 위해 역에서 합류하자.)
本隊(ほんたい)に合流(ごうりゅう)する。
(본대에 합류하다.)

(21) ※ 孤立(こりつ)する[自]≪1級語彙≫[基本]　　　　[고립하다[自] / 고립되다[自]]
そこからはずれたら、いじめられ、孤立(こりつ)し、時(とき)に孤立(こりつ)すること自体(じたい)が犯罪(はんざい)となります。
(거기에서 제외되면 괴롭힘을 당하고 고립되고, 때로는 고립하는 것 자체가 범죄가 됩니다.)
社会的(しゃかいてき)に孤立(こりつ)することは辛(つら)い。
(사회적으로 고립되는 것은 힘들다.)

(22) ※ 衝突(しょうとつ)する[自]≪2, 1級語彙≫[基本][外基] [충돌하다[自] / 충돌되다[自]]
直属(ちょくぞく)の上司(じょうし)など近(ちか)い関係(かんけい)にある場合(ばあい)、考(かんが)え方(かた)の違(ちが)いで衝突(しょうとつ)することは多(おお)いかも。
(직속 상사 등 가까운 관계에 있는 경우, 생각의 차이 때문에 충돌하는 경우가 많을지도 모릅니다.)

(23) ※ 消滅(しょうめつ)する[自][基本]　　　　[소멸하다[自] / 소멸되다[自]]
もし労働(ろうどう)が消滅(しょうめつ)するとしたら、現代的(げんだいてき)な意味(いみ)での余暇(よか)もまた労働(ろうどう)とともに消滅(しょうめつ)することになる。
(만일 노동이 소멸된다고 한다면 현대적 의미에서의 여가도 또한 노동과 함께 소멸하게 된다.)

(24) ※ 進歩(しんぽ)する[自]≪2, 1級語彙≫[外基]　　　　[진보하다[自] / 진보되다[自]]
過去(かこ)十年間(じゅうねんかん)に、電子(でんし)顕微鏡(けんびきょう)は電界(でんかい)放出型(ほうしゅつがた)電子銃(でんしじゅう)の開発(かいはつ)で格段(かくだん)に進歩(しんぽ)した。
(과거 10년간에 전자 현미경은 전계 방출형 전자총 개발에서 현격히 {진보했다 / 진보되었다}.

(25) ※ 成立(せいりつ)する[自]≪2, 1級語彙≫[基本]　　　[성립하다[自] / 성립되다[自]]
　　　それで売買(ばいばい)取引(とりひき)の契約(けいやく)が成立(せいりつ)する。
　　　(그것으로 매매 거래의 계약이 {성립하다 / 성립되다}.)

(26) ※ 退化(たいか)する[自]≪1級語彙≫　　　　　　　[퇴화하다[自] / 퇴화되다[自]]
　　　記憶力(きおくりょく)が退化(たいか)する。
　　　(기억력이 {퇴화하다 / 퇴화되다}.)

(27) ※ 対立(たいりつ)する[自]≪2, 1級語彙≫[基本]　　[대립하다[自] / 대립되다[自]]
　　　カトリック教会(きょうかい)と対立(たいりつ)する勢力(せいりょく)が無視(むし)できぬ力(ちから)をもっていました。
　　　(가톨릭교회와 대립하는 세력이 무시할 수 없는 힘을 가지고 있었습니다.)
　　　意見(いけん)が対立(たいりつ)する。
　　　(의견이 {대립하다 / 대립되다}.

(28) ※ 脱落(だつらく)する[自]　　　　　　　　　　　[탈락하다[自] / 탈락되다[自]]
　　　上位者(じょういしゃ)のグループから脱落(だつらく)する。
　　　(상위자 그룹에서 {탈락하다 / 탈락되다}.)
　　　脱落(だつらく)する中小(ちゅうしょう)零細(れいさい)企業(きぎょう)は労働者(ろうどうしゃ)と同(おな)じような運命(うんめい)をたどることになります。
　　　(탈락되는 중소 영세 기업은 노동자와 같은 운명을 겪게 됩니다.)
　　　文章(ぶんしょう)が一行(いちぎょう)脱落(だつらく)している。
　　　(문장이 한 줄 탈락되어 있다.)

(29) ※ 通過(つうか)する[自]≪2, 1級語彙≫　　　　　[통과하다[自] / 통과되다[自]]
　　　どうにかこうにか試験(しけん)を通過(つうか)する。
　　　(이럭저럭 시험을 통과하다.)
　　　ギリシア側(がわ)は何(なん)の問題(もんだい)もなく通過(つうか)することができた。
　　　(그리스 쪽은 아무런 문제도 없이 통과할 수 있었다.)

(30) ※ 通用(つうよう)する[自]≪2, 1級語彙≫　　　　[통용하다[自] / 통용되다[自]]
　　　普遍的(ふへんてき)で、どこの国(くに)でも通用(つうよう)する。
　　　(보편적으로 어느 나라에서도 통용된다.)
　　　そんな古(ふる)くさい議論(ぎろん)は今日(こんにち)では通用(つうよう)しない。
　　　(그런 케케묵은 논의는 오늘날에는 통용되지 않는다.)

(31) ※ 低下(ていか)する[自]≪2, 1級語彙≫[基本]　　[저하되다[自] / 저하되다[自]]
　　　企業価値(きぎょうかち)が低下(ていか)することになる。

(기업 가치가 저하하게 되다.)

痴呆(ちほう)になると、判断(はんだん)能力(のうりょく)が低下(ていか)するのが普通(ふつう)です。
(치매가 되면, 판단 능력이 저하되는 것이 보통입니다.)

(32) ※ 停滞(ていたい)する[自]≪1級語彙≫　　　　　　[정체하다[自] / 정체되다[自]]
景気(けいき)が停滞(ていたい)する。
(경기가 정체하다.)
流(なが)れが停滞(ていたい)する。
(흐름이 정체되다.)

(33) ※ 定着(ていちゃく)する[自][基本]　　　　　　[정착하다[自]/정착되다[自]]
人々(ひとびと)が食肉(しょくにく)処理(しょり)産業(さんぎょう)のある町(まち)に集(あつ)まり定着(ていちゃく)する。
(사람들이 식육 처리 산업이 있는 도시에 모여 정착하다.)
今日(こんにち)では60歳(ろくじゅっさい)定年制(ていねんせい)がほぼ定着(ていちゃく)した。
(현재는 60세 정년제가 거의 정착되었다.)

(34) ※ 伝来(でんらい)する[自]≪1級語彙≫　　　　　　[전래하다[自] / 전래되다[自]]
西洋(せいよう)の化学(かがく)技術(ぎじゅつ)が伝来(でんらい)する。
(서양의 과학기술이 {전래하다 / 전래되다}.)

(35) ※ 当選(とうせん)する[自]≪1級語彙≫　　　　　　[당선하다[自] / 당선되다[自]]
懸賞小説(けんしょうしょうせつ)に当選(とうせん)する。
(현상 소설에 당선되다.)
私(わたし)は女性(じょせい)です。来年(らいねん)、選挙(せんきょ)に当選(とうせん)しなければタダの人(ひと)、浪人(ろうにん)です。
(저는 여성입니다. 내년에 선거에 당선되지 않으면 그냥 보통 사람, 낭인입니다.)

(36) ※ 到着(とうちゃく)する[自]≪2, 1級語彙≫　　　　　　[도착하다[自] / 도착되다[自]]
それまでにわたしの乗(の)っているバスが到着(とうちゃく)するかどうか、わからないよ。
(그때까지 내가 타고 있는 버스가 도착할지 어떨지 몰라.)

(37) ※ 独立(どくりつ)する[自]≪2, 1級語彙≫[基本][外基]　[독립하다[自] / 독립되다[自]]
家(いえ)を出(で)て親(おや)から独立(どくりつ)した。
(집을 나와 부모로부터 독립했다.)
公私(こうし)を区別(くべつ)するには、まず、仕事場(しごとば)として独立(どくりつ)した部屋(へや)を確保(かくほ)するのが理想(りそう)です。

(공사를 구별하기 위해서는 우선 작업장으로서 독립된 방을 확보하는 것이 이상입니다.)

(38) ※ 波及(はきゅう)する[自]　　　　　　　　　　[파급하다[自] / 파급되다[自]]
他(た)の国々(くにぐに)に波及(はきゅう)するという意味(いみ)で非常(ひじょう)に深刻(しんこく)な問題(もんだい)を持(も)っている。
(다른 나라들에 파급된다는 의미에서 대단히 심각한 문제를 가지고 있다.)
金融(きんゆう)引(ひ)き締(し)めの影響(えいきょう)が家計(かけい)にまで波及(はきゅう)する。
(금융 긴축의 영향이 가계에까지 파급된다.)

(39) ※ 発達(はったつ)する[自][基本][外基]≪2,1級語彙≫
　　　　　　　　　　　　　[발달하다≪2,1級語彙≫自] /발달되다≪2,1級語彙≫自]
知能(ちのう)が発達(はったつ)する。
(지능이 발달하다.)
発達(はったつ)した低気圧(ていきあつ)。
(발달된 저기압.)
犬(いぬ)の嗅覚(きゅうかく)は発達(はったつ)している。
(개의 후각은 발달되어 있다.)

(40) ※ 発展(はってん)する[自][基本][外基]≪2,1級語彙≫　[발전하다[自] / 발전되다[自]]
経済(けいざい)が発展(はってん)する。
(경제가 발전하다.)
大事件(だいじけん)に発展(はってん)する。
(큰 사건으로 발전되다.)

(41) ※ 腐敗(ふはい)する[自]≪1級語彙≫　　　　　　[부패하다[自] / 부패되다[自]]
腐敗(ふはい)しきった政界(せいかい)。
(완전히 부패된 정계.)

(42) ※ 分化(ぶんか)する[自][基本]　　　　　　　　[분화하다[自] / 분화되다[自]]
二種類(にしゅるい)の細胞(さいぼう)に分化(ぶんか)する。
(두 종류의 세포로 {분화하다 / 분화되다}.)

(43) ※ 分布(ぶんぷ)する[自]≪2, 1級語彙≫[基本]　[분포하다[自] / 분포되다[自]]
印欧(いんおう)諸語(しょご)は、東部(とうぶ)と西部(せいぶ)において、きわめて
対照的(たいしょうてき)な語順(ごじゅん)が分布(ぶんぷ)している。
(인구제어는 동부와 서부에 있어서 극히 대조적인 어순이 분포하고 있다.)
日本(にほん)には多(おお)くの種類(しゅるい)の動物(どうぶつ)や植物(しょくぶつ)が
分布(ぶんぷ)していますが。

(일본에는 많은 종류의 동물과 식물이 분포되고 있습니다만.)

(44) ※ 分裂(ぶんれつ)する[自]≪1級語彙≫　　　　　[분열하다[自] / 분열되다[自]]
世界(せかい)が互(たが)いに対立(たいりつ)する軍事(ぐんじ)・政治(せいじ)ブロックに分裂(ぶんれつ)する。
(세계가 서로 대립하는 군사・정치 블록으로 {분열되다 / 분열되다}.)

(45) ※ 変化(へんか)する[自]≪2, 1級語彙≫[基本][外基]　　[변화하다[自] / 변화되다[自]]
気温(きおん)が急激異(きゅうげきい)変化(へんか)する。
(기온이 급격히 변화하다.)
自然(しぜん)は常(つね)に一定(いってい)で人間(にんげん)は無限(むげん)に変化(へんか)する。
(자연은 항상 일정하고 인간은 무한히 {변화한다 / 변화된다}.)

(46) ※ 崩壊(ほうかい)する[自]≪1級語彙≫[基本]　　　　[붕괴하다[自] / 붕괴되다[自]]
仕事(しごと)は駄目(だめ)になるし、家庭(かてい)は崩壊(ほうかい)するに違(ちが)いない。
(일은 잘 안 되고, 가정은 붕괴할 것임에 틀림없다.)
家庭(かてい)が崩壊(ほうかい)する。
(가정이 붕괴되다.)
フィリピンでマルコス独裁(どくさい)が崩壊(ほうかい)する。
(필리핀에서 마르크스 독재가 붕괴되다.)

(47) ※ 膨張(ぼうちょう)する[自]≪1級語彙≫[基本]　　　[팽창하다[自] / 팽창되다[自]]
膨張(ぼうちょう)する医療費(いりょうひ)の削減(さくげん)にもなる。
(팽창하는 의료비의 삭감도 된다.)
都市(とし)が膨張(ぼうちょう)する。
(도시가 팽창되다.)
予算(よさん)が膨張(ぼうちょう)する。
(예산이 팽창하다.)

(48) ※ 放電(ほうでん)する[自][基本]　　　　　　　　[방전하다[自] / 방전되다[自]]
一度(いちど)、過放電(かほうでん)したバッテリーは再充電(さいじゅうでん)しても放電(ほうでん)する前(まえ)の状態(じょうたい)には戻(もど)りません。
(한 번 과 방전된 배터리는 재충전해도 방전하기 전의 상태로 돌아가지 않습니다.)

(49) ※ 暴落(ぼうらく)する[自]　　　　　　　　　　[폭락하다[自] / 폭락되다[自]]
株価(かぶか)が暴落(ぼうらく)した。
(주가가 폭락했다.)

金利(きんり)が暴騰(ぼうとう)すれば国債(こくさい)は暴落(ぼうらく)する。
(금리가 폭등하면 국채는 폭락한다.)
海外(かいがい)の不動産(ふどうさん)価格(かかく)が不景気(ふけいき)で暴落(ぼうらく)したことも、中国人(ちゅうごくじん)の目(め)をさらに熱(あつ)くしている。
(해외 부동산 가격이 불경기로 폭락된 것도 중국인의 눈을 더욱 뜨겁게 하고 있다.)

(50) ※ 飽和(ほうわ)する[自]≪1級語彙≫[基本]　　　　[포화하다[自] / 포화되다[自]]
一度(いちど)ゆでてから飽和(ほうわ)する程度(ていど)の潮(しお)で漬(つ)ける。
(한 번 데치고 나서 포화할 정도의 소금으로 절인다.)
光(ひかり)に飽和(ほうわ)した僕(ぼく)の眼(め)にはそこは真暗(まっくら)に見(み)えた。
〈有島武郎(ありしまたけお)・宣言(せんげん)〉
(빛에 포화된 내 눈에는 거기는 캄캄하게 보였다.)

(51) ※ 滅亡(めつぼう)する[自]≪1級語彙≫　　　　　[멸망하다[自] / 멸망되다[自]]
ついに唐(とう)は滅亡(めつぼう)することになる。
(결국 당은 멸망하게 된다.)
もし全面(ぜんめん)核戦争(かくせんそう)が起(お)きたとき、人類(じんるい)は滅亡(めつぼう)するのですか。
(만일 전면 핵전쟁이 일어났을 때, 인류는 멸망되는 것입니까?)
最後(さいご)に王莽(おうもう)と共(とも)に滅亡(めつぼう)した。
(마지막으로 왕망과 함께 멸망했다.)

(52) ※ 遊離(ゆうり)する[自][基本]　　　　　　　[유리하다[自] / 유리되다[自]]
仲間(なかま)から一人(ひとり)遊離(ゆうり)している。
(무리에서 혼자서 유리해 있다.)
庶民(しょみん)感情(かんじょう)から遊離(ゆうり)した政策(せいさく)。
(서민 감정에서 유리된 정책.)

(53) ※ 由来(ゆらい)する[自]　　　　　　　　　　[유래하다[自] / 유래되다[自]]
ギリシャに由来(ゆらい)する建築(けんちく)様式(ようしき)。
(그리스에서 유래하는 건축 양식.)
直接(ちょくせつ)は「ゲシュタルト心理学(しんりがく)」から由来(ゆらい)した言葉(ことば)と思(おも)われるが。
(직접적으로는 「게슈탈트(형태 심리학의 기본 개념) 심리학」에서 유래된 말이라고 생각되지만.)

(54) ※ 流行(りゅうこう)する[自]≪2, 1級語彙≫[外基]　[유행하다[自] / 유행되다[自]]

人物(じんぶつ)評論(ひょうろん)が流行(りゅうこう)したのはいうまでもない。
(인물평론이 유행한 것은 말할 필요도 없다.)
森(もり)を破壊(はかい)したことによって、たとえばペストが流行(りゅうこう)する。
(숲을 파괴함으로써 예를 들어 페스트가 {유행한다 / 유행된다}.)

2.3 「参加하다」;「参加する」

(1a) 이번 대회에는 많은 선수들이 参加했다.
(1b) 今回(こんかい)の大会(たいかい)には多(おお)くの選手(せんしゅ)が参加(さんか)した。

(2a) 열흘 걸려서 터널을 完成했다.
(2b) 十日(とおか)かかってトンネルを完成(かんせい)した。

(3a) 사정상 회담을 延期했다.
(3b) 事情(じじょう)があって、会談(かいだん)を延期(えんき)した。

앞에서 살펴본 예외적 현상을 제외하면, 한・일 양 언어의 대부분의 한어동사는 (1)(2)(3)과 같이 한국어의 「~하다」에 대해 일본어의 「~する」가 대응한다.

지금까지 검토한 언어 현상에 대해 이를 만일 수적인 문제로 처리한다고 한다면, [2-3]의 예가 주류이고, 이러한 일반적인 대응 관계에서 일탈(逸脱)한 [2-1], [2-2]는 예외로 간주할 수도 있을 것이다. 그러나 언어 현상에 관한 해명은 수의 다과(多寡)에 따라 좌우되는 것이 아니다.

2.4 자・타간의 이동

고유어 계열의 일반동사의 경우, 예를 들어 「開く(ak-u) ; 열리다」와 「開ける(ak-eru) ; 열다」, 「閉まる(sim-aru) ; 닫히다」와 「閉める(sim-eru) ; 닫다」, 「落ちる(ots-iru) ; 떨어지다」와 「落とす(ot-osu) ; 떨어뜨리다」와 같이 「상대 자・타동사」에 속하는 유형은 각각 공통의 어근(語根)에서 분기하여, 자동사・타동사의 대립을 이루고 있다.

이에 대해 한어동사는 문법적으로는 「~が」격만을 취하는 것, 예를 들어 「選手(せんしゅ)が参加(さんか)する ; 선수가 참가하다」의 경우는 자동사이고, 「~が」격 이외에 「~を」

격도 취하는 것, 예를 들어「警察(けいさつ)が犯人(はんにん)を逮捕(たいほ)する ; 경찰이 범인을 체포하다」의 경우는 타동사라는 구별이 가능하지만, 자·타동사 모두「~する」로 나타나기 때문에 이를 형태적으로 구별할 수 없다. 이런 점에서 한어동사는 일반동사와 그 성격을 달리한다.

 (1a) 採用(さいよう)がもう内定(ないてい)している。
    (채용이 이미 내정되어 있다.)
 (1b) 今日(きょう)の会議(かいぎ)で人事問題(じんじもんだい)を内定(ないてい)した。
    (오늘 회의에서 인사문제를 내정했다.)

 특히 (1a)(1b)의「内定する(내정되다/내정하다)」와 같은 소위 **자·타 양용동사(自他両用動詞(じたりょうようどうし)」**에 속하는 한어동사의 경우, 해당 한어동사가 자동사로 쓰이고 있는지, 아니면 타동사로 쓰이고 있는지를 판별하는 기준은 전적으로 구문상의 역할에 의존할 수밖에 없다. 이와 같이 한어동사는 구문상 또는 문법적으로는「자·타 대응관계」를 보이고 있지만, 형태적으로는 동일한 형태를 취하고 있기 때문에 자·타의 대응 관계를 명시적으로 나타낼 수 없다.
 일본어 한어동사 중에는 일반동사와 달리 동일한 형태로 자동사로도 타동사로도 쓰이는 소위「자·타 양용동사(自·他 両用動詞)」가 한국어에 비해 상대적으로 많이 지적되고 있다.
 그런데 일본어에서 **「양용동사」**로 기능하는 동사는 한국어에서 대부분 타동사로 기능한다. 한어동사의 **「자타성(自他性 ; じたせい)」**은 해당 **한어어간(漢語語幹)**의 의미에 의존하는 경향이 강하기 때문에 한어동사의 **자·타 간의 이동(異同)**은, 한국어와 일본어에서 해당 한어동사가 어떻게 수용되어 운용되어 왔고, 그리고 현재 어떻게 운용되고 있는가에 관련된 문제이다. 또한 각각의 한어동사의 자타성은 **시대적 변화**와 **개인차**도 관여하고 있기 때문에, 양 언어의 한어동사에 나타나는 자타간의 이동 문제를 체계적으로 기술하는 것도 간단한 문제가 아니다.
 예를 들어, 현재「普及(ふきゅう)する ; 보급되다」는 일본어에서는 자동사로, 한국어의「普及하다」는 타동사로 쓰이고 있다. 따라서「普及(ふきゅう)する[自動詞] / 普及되다[受動]」의 관계가 성립된다. 그리고 일본어의「一定(いってい)する」는 자동사로 쓰이고 있는데, 한국어의「一定하다」는 형용사로 쓰인다. 이와 같이 개별 어휘에 나타나는 불일치에 대

해서는 각 단어의 「어휘정보(語彙情報)」에 의존할 수밖에 없다.

그런데 현대일본어에서 자동사로 기능하는 「普及(ふきゅう)する ; 보급되다」와 「安定(あんてい)する ; 안정되다」도 「天声人語」1권(1945, 1946)에서는 타동사로 쓰이고 있다.

(2) これとあべこべに、米国(べいこく)では戦争中(せんそうちゅう)日本語(にほんご)が非常(ひじょう)に普及(ふきゅう)されて、日本研究(にほんけんきゅう)が盛(さか)んに行(おこ)なわれたという。〈天声人語, 19450918〉
(이것과 정반대로 미국에서는 전쟁 중에 일본어가 많이 보급되어, 일본연구가 활발하게 이루어졌다고 한다.)

(3) スウェーデン式(しき)でもスイス式(しき)でもよい。片時(かたとき)も早(はや)く国民(こくみん)生活(せいかつ)を安定(あんてい)して、世界(せかい)文化(ぶんか)への貢献(こうけん)に努(つと)むべきであろう。〈天声人語, 19460106〉
(스웨덴 식도 스위스 식도 상관없다. 한시라도 빨리 국민생활을 안정시키고, 세계문화 공헌에 노력해야 할 것이다.)

(2)의 「普及(ふきゅう)する」는 「~が普及されて」와 같이 직접수동으로 쓰이고 있으니, 그 당시는 타동사로 쓰였음이 명백하다. 그리고 (3)의 「~を安定して」도 「~を」격을 취하고 있으니, 이 경우의 「安定(あんてい)する」도 타동사로 판정된다.

여기에서 한·일 양 언어에 있어서의 자·타 간의 이동 관계를 표로 정리해서 나타내면 다음과 같다.

〈표 2〉 양 언어의 한어동사에 있어서의 자·타 간의 이동

語例	韓国語		日本語	
参加(さんか)·成立(せいりつ)·発達(はったつ)	~이 ~하다	자동사	자동사	~が~する
解決(かいけつ)·完成(かんせい)·拡大(かくだい) 確立(かくりつ)·実現(じつげん)·解消(かいしょう)	~을 ~하다	타동사	자·타 양용동사	~が~する (자동사 용법) ~を~する (타동사 용법)
開催(かいさい)·延期(えんき)·中止(ちゅうし) 発見(はっけん)·尊敬(そんけい)·逮捕(たいほ)	~을 ~하다	타동사	타동사	~を~する

2.5 일본어의 자·타 양용동사

　이상과 같이 일본어 한어동사 중에는「解決する ; 해결하다 / 해결되다」와 같이 동일 형태로 자동사로도 타동사로도 쓰이는 자·타 양용동사가 존재한다. 〈표 2〉에는 개인차가 상대적으로 적고 또한 사용빈도(使用頻度)가 높은「일본어의 자·타 양용동사」의 예를 제시해 두었다. 그런데 이들 일본어의 양용동사는 한국어에서는 거의 대부분이 타동사로만 기능한다.

(1a) 室町期(むろまちき)、能(のう)が完成(かんせい)した。　　　　　　[자동사문]
　　　(무로마치 시대에 '노'가 완성되었다.)
(1b) 観阿弥(かんあみ)・世阿弥(ぜあみ)父子(ふし)によって、能(のう)が完成(かんせい)された。
　　　　　　　　　　　　　　　　　　　　　　　　　　　　　　　　　[수동문]
　　　('간아미'·'제아미' 부자에 의해 '노'가 완성되었다.)

　(1a)의「完成する ; 완성되다」는 자동사로, (1b)의「完成される ; 완성되다」는 수동으로 쓰인 예인데, 한국어에서는 (1a)(1b) 모두「完成되다」에 대응한다. 따라서 일본어교육 현장에서 이때의「~되다」를 일본어로 표현할 때 과연 어떤 형식을 써야 할 것인가가 문제로 제기된다. 일반적으로「자동사문(自動詞文)」과「수동문(受動文)」은 지적(知的)인 의미에 있어서는 동가(同価)라고 되어 있다. 그럼, 예를 검토하도록 하자.

(2a) {情報(じょうほう)の交換(こうかん)の結果(けっか) / 彼(かれ)の働(はたら)きによって}、事件(じけん)が解決(かいけつ)した。　　　　　　　　　　　　　　　　[자동사문]
　　　({정보 교환의 결과 / 그의 활약에 의해} 사건이 해결되었다.)
(2b) {情報の交換の結果 / 彼の働きによって}、事件が解決された。　[수동문]
　　　({정보 교환의 결과 / 그의 활약에 의해} 사건이 해결되었다.)

　(2a)(2b)에서 자동사 용법인 (2a)의「解決する」를 수동형인 (2b)의「解決される」로 치환해도, 또한 역으로 수동형인 (2b)의「解決される」를 자동사인 (2a)의「解決する」로 치환해도 문 성립 그 자체에는 아무런 지장이 없다. 그런데 (2a)와 (2b) 사이에는 다음과 같은 의미의 차이가 지적되고 있다.
　즉 자동사문 (2a)에서는「원인(原因)」을 나타내는「情報(じょうほう)の交換(こうかん)の結

果(けっか) ; 정보 교환의 결과」나「동작주(動作主)」를 나타내는「彼(かれ)の働(はたら)きによって ; 그의 활약에 의해」는「부수적인 성분」으로 기능하고 있기 때문에, 해당 성분이 문중에 굳이 명시되지 않더라도 문은 성립한다. 이에 대해 수동문 (2b)에서는,「원인(原因 ; げんいん)」이나「동작주(動作主 ; どうさしゅ)」는 수동문 성립을 위한「필수적인 성분」으로 작용하기 때문에, (2b)가 성립하기 위해서는 해당 성분의 보충이 반드시 필요하다. 즉 수동문이 수동문으로서의 자격을 획득하고, 이를 성립시키기 위해서는 문중에 원인이나 동작주로 간주되는 성분이 비록 구체적으로 명시되어 있지 않더라도, 해당 성분의 존재가 반드시 필요하다는 것이다. 자동사문과 수동문에 있어서의 이러한 의미적 차이를 올바르게 인식하지 못하면, 한국인 학습자의 경우, 모어(母語) 간섭으로 인하여 한국어「解決되다」에 대하여 일본어의「解決される」만을 대응시키고,「解決する」와 같은 자동사 용법은 사용하지 못하게 된다.

다음에「解決(かいけつ)する ; 해결하다 / 해결되다」와 동일한 유형의 일본어의 자·타 양용동사의 예를 제시하면 다음과 같다.

[7]「完成する[自·他両用動詞]」「완성하다[他動詞]·완성되다[受動]」의 유형

(3) ※ 一貫(いっかん)する[他·自]　　　　　　　　　　[일관하다[他]·일관되다[受]]
もっと論理(ろんり)を一貫(いっかん)したらどうですか。
(더욱 논리를 일관하는 것이 좋지 않겠습니까?)
ソ連(れん)の覇権主義(はけんしゅぎ)、大国主義(たいこくしゅぎ)の数々(かずかず)を一貫(いっかん)して批判(ひはん)した。
(소련의 패권주의, 대국주의 등등을 일관해서 비판했다.)
当店(とうてん)の商品(しょうひん)に使用(しよう)する原材料(げんざいりょう)には一貫(いっかん)してオーガニック(organic)のものを採用(さいよう)しています。
(저희 가게 상품에 사용하는 원재료에는 일관되게 유기재배의 것을 채택하고 있습니다.)
あの先生(せんせい)は、感情的(かんじょうてき)になって恣意的(しいてき)な振(ふ)る舞(ま)いをすることがなく、常(つね)に一貫(いっかん)した態度(たいど)でいるため、生徒(せいと)たちからも好(す)かれているようだ。
(그 선생님은 감정적으로 되어 자의적인 행동을 하는 적이 없고 항상 일관된 태도

를 취하기 때문에 학생들도 좋아하고 있는 것 같다.)

(4) ※ 移転(いてん)する[他・自]≪2, 1級語彙≫　　　　[이전하다[他]・이전되다[受]]
そこに親会社(おやがいしゃ)のシステムを移転(いてん)する。
(거기에 모회사의 시스템을 이전하다.)

両者(りょうしゃ)が合意(ごうい)すれば売(う)り手(て)から買(か)い手(て)に資源(しげん)が移転(いてん)する。
(양자가 합의하면, 매도자에서 매수자에게 자원이 이전된다.)

(5) ※ 延長(えんちょう)する[他・自]≪2, 1級語彙≫　　　　[연장하다[他]・연장되다[受]]
会期(かいき)を延長(えんちょう)する。
(회기를 연장하다.)

再使用(さいしよう)は、製品(せいひん)として使用(しよう)される期間(きかん)が延長(えんちょう)するので、やはり、大(おお)きな効果(こうか)が期待(きたい)できます。
(재사용은 제품으로서 사용되는 기간이 연장되기 때문에 역시 큰 효과를 기대할 수 있습니다.)

(6) ※ 汚染(おせん)する[他・自]≪2, 1級語彙≫　　　　[오염시키다[使役]・오염되다[受]]
農作物(のうさくぶつ)や魚介類(ぎょかいるい)を汚染(おせん)する。
(농작물이나 어패류를 오염시킨다.)

埋立地(うめたてち)全体(ぜんたい)が汚染(おせん)しているというわけではないのですが。
(매립지 전체가 오염되어 있다고 하는 것은 아니지만.)

(7) ※ 開会(かいかい)する[他・自]≪2, 1級語彙≫　　　　[개회하다[他]・개회되다[受]]
午前(ごぜん)九時(くじ)委員会(いいんかい)を開会(かいかい)することとし、本日(ほんじつ)は、これにて散会(さんかい)いたします。
(오전 9시 위원회를 개회하기로 하고 금일은 이것으로 산회합니다.)

委員会(いいんかい)が開会(かいかい)する前(まえ)に、官房長官(かんぼうちょうかん)、防衛大臣(ぼうえいだいじん)に歩(あゆ)み寄(よ)ってご挨拶(あいさつ)。
(위원회가 개회되기 전에 관방장관이, 방위대신에게 다가가서 인사를 한다.)

司会者(しかいしゃ)のあいさつで開会(かいかい)する。
(사회자의 인사로 개회되다.)

(8) ※ 解決(かいけつ)する[他・自]≪2, 1級語彙≫[外基]　　　　[해결하다[他]・해결되다[受]]
紛争(ふんそう)を解決(かいけつ)する。
(분쟁을 해결하다.)
疑問(ぎもん)が解決(かいけつ)する。

(의문이 해결되다.)

(9) ※ 開始(かいし)する[他・自]≪2, 1級語彙≫[基本]   [개시하다[他]・개시되다[受]]
　　日本(にほん)は入国(にゅうこく)資格(しかく)の審査試験(しんさしけん)を開始(かいし)するようだ。
　　(일본은 입국 자격의 심사 시험을 개시할 것 같다.)
　　会計年度(かいけいねんど)が開始(かいし)する。
　　(회계 연도가 개시되다.)

(10) ※ 解消(かいしょう)する[他・自]   [해소하다[他]・해소되다[受]]
　　法律上(ほうりつじょう)の夫婦(ふうふ)関係(かんけい)を解消(かいしょう)する。
　　(법률상의 부부 관계를 해소하다.)
　　内面的(ないめんてき)葛藤(かっとう)が解消(かいしょう)する。
　　(내면적 갈등이 해소되다.)

(11) ※ 改善(かいぜん)する[他・自]≪2, 1級語彙≫[基本]   [개선하다[他]・개선되다[受]]
　　まず中小企業(ちゅうしょうきぎょう)の業績(ぎょうせき)を改善(かいぜん)する必要(ひつよう)があります。
　　(먼저 중소기업의 업적을 개선할 필요가 있습니다.)
　　症状(しょうじょう)が改善(かいぜん)する。
　　(증상이 개선되다.)

(12) ※ 開通(かいつう)する[他・自]≪2, 1級語彙≫   [개통하다[他]・개통되다[受]]
　　航空路線(こうくうろせん)を開通(かいつう)する。
　　(항공노선을 개통하다.)
　　それからさらに上越新幹線(じょうえつしんかんせん)ができて新潟(にいがた)まで新幹線(しんかんせん)が開通(かいつう)する。
　　(앞으로 더 나아가 조에쓰신칸센이 생겨 니가타까지 신칸센이 개통된다.)

(13) ※ 回復(かいふく)する[他・自]≪2, 1級語彙≫   [회복하다[他]・회복되다[受]]
　　国民(こくみん)の信頼(しんらい)を回復(かいふく)する。
　　(국민의 신뢰를 회복하다.)
　　天気(てんき)が回復(かいふく)する。
　　(날씨가 회복되다.)

(14) ※ 解離(かいり)する[他・自]   [해리하다[他]・해리되다[受]][基本]
　　酸(さん)は水素(すいそ)イオンを解離(かいり)する。
　　(산은 수소 이온을 해리한다.)

熱(ねつ)によって化合物(かごうぶつ)が解離(かいり)する。
(열에 의해 화합물이 해리되다.)

人格(じんかく)が解離(かいり)すると、そういう感覚(かんかく)が持(も)てなくなる。
(인격이 해리되면, 그런 감각을 가질 수 없게 된다.)

(15) ※ 拡散(かくさん)する[他・自]≪1級語彙≫　　　　　[확산하다[他]・확산되다[受]]
情報(じょうほう)を{拡散(かくさん)する・拡散(かくさん)させる}。
(정보를 {확산하다・확산시키다}.)

情報(じょうほう)が拡散(かくさん)する。
(정보가 확산되다.)

(16) ※ 拡大(かくだい)する[他・自]≪2, 1級語彙≫[基本]　　[확대하다[他]・확대되다[受]]
投資(とうし)機会(きかい)を拡大(かくだい)する。
(투자 기회를 확대하다.)

それによって、支出(ししゅつ)が拡大(かくだい)することが期待(きたい)されます。
(그것에 의해 지출이 확대되는 것이 기대됩니다.)

(17) ※ 拡張(かくちょう)する[他・自]≪2, 1級語彙≫[基本]　　[확장하다[他]・확장되다[受]]
事業(じぎょう)を拡張(かくちょう)するのは不安(ふあん)だ。
(사업을 확장하는 것은 불안하다.)

数値(すうち)が大(おお)きいほど明(あか)るい[白(しろ)い]部分(ぶぶん)が拡張(かくちょう)する。
(수치가 클수록 밝은[흰] 부분이 확장된다.)

(18) ※ 確定(かくてい)する[他・自]≪1級語彙≫　　　　　[확정하다[他]・확정되다[受]]
入力(にゅうりょく)した数字(すうじ)を確定(かくてい)する。
(입력한 수치를 확정하다.)

また、病気(びょうき)が確定(かくてい)すると、家族(かぞく)、会社(かいしゃ)、関係者(かんけいしゃ)全(すべ)て保健所(ほけんじょ)で検診(けんしん)を受(う)けました。
(그리고 병이 확정되자, 가족, 회사, 관계자 모두 보건소에서 검진을 받았습니다.)

(19) ※ 確立(かくりつ)する[他・自]≪1級語彙≫[基本]　　　[확립하다[他]・확립되다[受]]
仏教(ぶっきょう)の精神(せいしん)を借(か)りて<中央(ちゅうおう)集権(しゅうけん)>を確立(かくりつ)する。
(불교 정신을 빌려 〈중앙 집권〉을 확립하다.)

すなわちすべての国(くに)で民主主義(みんしゅしゅぎ)政治(せいじ)体制(たいせい)が確立(かくりつ)する。
(즉 모든 국가에서 민주주의 정치 제도가 확립되다.)

제5장 한어동사의 이동(異同) 문제   259

(20) ※ 完結(かんけつ)する[他・自]　　　　　　　　　[완결하다[他]・완결되다[受]]
自己満足(じこまんぞく)を完結(かんけつ)するのは常(つね)に独(ひと)り。
(자기만족을 완결하는 것은 항상 혼자다.)

一(ひと)つの紛争(ふんそう)のサイクルが完結(かんけつ)した。
(하나의 분쟁 사이클이 완결되었다.)

(21) ※ 完成(かんせい)する[他・自]≪2, 1級語彙≫[外基]　　[완성하다[他]・완성되다[受]]
本書(ほんしょ)を完成(かんせい)するには膨大(ぼうだい)な文献(ぶんけん)が必要(ひつよう)だった。
(본서를 완성하기 위해서는 방대한 문헌이 필요했다.)

それはそれは素晴(すば)らしい店(みせ)が完成(かんせい)した。
(이거 참 멋진 가게가 완성되었다.)

(22) ※ 完備(かんび)する[他・自]　　　　　　　　　[완비하다[他]・완비되다[受]]
このため、サービス網(もう)を完備(かんび)することが重要(じゅうよう)な課題(かだい)であった。
(이를 위해 서비스망을 완비하는 것이 중요한 과제이었다.)

新製品(しんせいひん)がまもなく完成(かんせい)、新(しん)営業(えいぎょう)体制(たいせい)が完備(かんび)するから、M社(しゃ)は再生(さいせい)できる。
(신제품이 얼마 후 완성되고 새로운 영업 체제가 완비되어 M사는 재생할 수 있다.)

(23) ※ 完了(かんりょう)する[他・自]≪2, 1級語彙≫　　　[완료하다[他]・완료되다[受]]
昭和(しょうわ)60年度(ねんど)から68年度(ねんど)までの間(あいだ)において財政(ざいせい)再建(さいけん)を完了(かんりょう)する見込(みこ)みである。
(쇼와 60년도부터 68년도 동안에 있어서 재정 재건을 완료할 전망이다.)

整備(せいび)が完了(かんりょう)すると、市(し)から通知(つうち)します。
(정비가 완료되면 시에서 통지합니다.)

(24) ※ 継続(けいぞく)する[他・自]≪2, 1級語彙≫　　　[계속하다[他]・계속되다[受]]
当面(とうめん)は現在(げんざい)の運行(うんこう)を継続(けいぞく)しますので、今後(こんご)とも皆(みな)さんのご利用(りよう)をお願(ねが)いします。
(당분간은 현재의 운행을 계속하니 앞으로도 여러분들의 이용을 부탁합니다.)

最近(さいきん)まで内戦(ないせん)が継続(けいぞく)したエティオピアの例(れい)がある。
(최근까지 내전이 계속된 에티오피아의 예가 있다.)

(25) ※ 結合(けつごう)する[他・自]≪1級語彙≫[基本]　　[결합하다[他]・결합되다[受]]
小規模(しょうきぼ)の生産(せいさん)と小規模(しょうきぼ)の消費(しょうひ)を結合(けつごう)する。

(소규모 생산과 소규모 소비를 결합하다.)

病原体(びょうげんたい)に抗体(こうたい)が結合(けつごう)する。
(병원체에 항체가 결합되다.)

酸素(さんそ)が結合(けつごう)することによって、ヘモグロビンの性質(せいしつ)が変化(へんか)するからである。
(산소가 결합됨으로써, 헤모글로빈의 성질이 변화하기 때문이다.)

(26) ※ 結束(けっそく)する[他・自]≪1級語彙≫　　　[결속하다[他]・결속되다[受]]
仮(かり)に立候補(りっこうほ)しても推薦(すいせん)せず、清新(せいしん)な信頼(しんらい)できる知事(ちじ)誕生(たんじょう)に努力(どりょく)する運動(うんどう)方針(ほうしん)を結束(けっそく)したそうですが。
(가령 입후보해도 추천하지 않고, 참신하고 신뢰할 수 있는 지사 탄생에 노력하는 운동 방침을 결속했다고 합니다만.)

またチームが結束(けっそく)するためにチームリーダーに極端(きょくたん)に依存(いそん)する。
(또 팀이 결속되도록 팀 리더에 극단적으로 의존한다.)

(27) ※ 決定(けってい)する[他・自]≪2, 1級語彙≫[基本][外基] [결정하다[他]・결정되다[受]]
貨幣(かへい)価値(かち)が事実上(じじつじょう)すべての価値(かち)を決定(けってい)する。
(화폐 가치가 사실상 모든 가치를 결정한다.)

その段階(だんかい)、敗北(はいぼく)が決定(けってい)する。
(그 단계에서 패배가 결정되다.)

(28) ※ 減少(げんしょう)する[他・自]≪1級語彙≫[基本][外基] [감소하다[他]・감소되다[受]]
買(か)い手(て)が減(へ)ったので、産出(さんしゅつ)を減少(げんしょう)する。
(매수자가 줄어서, 산출을 감소하다.)

導入(どうにゅう)する人(ひと)が増加(ぞうか)して暖房(だんぼう)機器(きき)の使用(しよう)が減少(げんしょう)する。
(도입하는 사람이 증가해서 난방 기기 사용이 감소되다.)

(29) ※ 向上(こうじょう)する[他・自]≪1級語彙≫[基本]　　[향상시키다[使役]・향상되다[自]]
教員(きょういん)全般(ぜんぱん)の指導力(しどうりょく)を向上(こうじょう)する必要(ひつよう)がある。
(교원 전반의 지도력을 향상시킬 필요가 있다.)

学力(がくりょく)が向上(こうじょう)する。
(학력이 향상되다.)

제5장 한어동사의 이동(異同) 문제   261

(30) ※ 交代(こうたい)する・交替(こうたい)する[他・自]≪2, 1級語彙≫[外基]
　　　　　　　　　　　　　　　　　　　　　　　　　[교체하다[他]・교체되다[受]]
　　　この辺(へん)で理事長(りじちょう)を交代(こうたい)するのもいいんじゃない？
　　　(이 쯤에서 이사장을 교체하는 것도 괜찮지 않아?)
　　　経営者(けいえいしゃ)が交代(こうたい)する。
　　　(경영자가 교체되다.)

(31) ※ 固定(こてい)す[他・自]≪1級語彙≫[基本]　　　[고정하다[他]・고정되다[受]]
　　　メンバーを固定(こてい)することは大事(だいじ)。
　　　(멤버를 고정하는 것은 중요하다.)
　　　連作(れんさく)に出(で)てイメージが固定(こてい)するのを嫌(きら)う役者(やくしゃ)もいますから…。
　　　(연작에 나와서 이미지가 고정되는 것을 싫어하는 배우도 있으니까….)

(32) ※ 混合(こんごう)する[他・自]≪2, 1級語彙≫[基本]　　[혼합하다[他]・혼합되다[受]]
　　　特殊(とくしゅ)な薬品(やくひん)を混合(こんごう)する。
　　　(특수한 약품을 혼합하다.)
　　　このような一過的(いっかてき)なピジン化(か)も言語(げんご)が混合(こんごう)するという現象(げんしょう)の一局面(いちきょくめん)です。
　　　(이와 같은 일과성 피진화도 언어가 혼합된다는 현상의 한 국면입니다.)

(33) ※ 再生(さいせい)する[他・自]≪1級語彙≫　　　　　[재생하다[他]・재생되다[受]]
　　　録音(ろくおん)した曲(きょく)を再生(さいせい)してみましょう。
　　　(녹음한 곡을 재상해 봅시다.)
　　　以前(いぜん)に録音(ろくおん)した音声(おんせい)を再生(さいせい)する。
　　　(이전에 녹음한 음성을 재생하다.)
　　　汚染(おせん)していた川(かわ)がやっと再生(さいせい)した。
　　　(오염되었던 강이 드디어 재생되었다.)

(34) ※ 持続(じぞく)する[他・自]≪1級語彙≫[基本]　　[지속하다[他]・지속되다[受]]
　　　諸外国(しょがいこく)との友好(ゆうこう)関係(かんけい)を持続(じぞく)する。
　　　(여러 외국과의 우호 관계를 지속하다.)
　　　薬効(やっこう)が持続(じぞく)する。
　　　(약효가 지속되다.)

(35) ※ 実現(じつげん)する[他・自]≪2, 1級語彙≫[基本]　[실현하다[他]・실현되다[受]]
　　　労働(ろうどう)コストの軽減(けいげん)を実現(じつげん)する。
　　　(노동 비용의 경감을 실현하다.)

恐(おそ)らく増産(ぞうさん)が実現(じつげん)するまでには、相当(そうとう)の年数(ねんすう)がかかるに違(ちが)いない。
(아마도 증산이 실현될 때까지는 상당한 연수가 걸릴 것임에 틀림없다.)

(36) ※ 充実(じゅうじつ)する[他・自]≪1級語彙≫
　　　　　　　　　　　　　　　　　　[충실하게 하다 / 충실하다[他]・충실해지다[受]]
支援(しえん)対策(たいさく)を充実(じゅうじつ)する。
(지원 대책을 충실하게 하다.)
交流(こうりゅう)が広(ひろ)がることで生活(せいかつ)が充実(じゅうじつ)することも考(かんが)えられる。
(교류가 확대됨으로써 생활이 충실해지는 것도 생각할 수 있다.)
今(いま)でもありがたい制度(せいど)ですが、もっと充実(じゅうじつ)することを希望(きぼう)します。
(지금도 고마운 제도입니다만, 더 충실해지는 것을 희망합니다.)

(37) ※ 集中(しゅうちゅう)する[他・自]≪2, 1級語彙≫[基本][外基]
　　　　　　　　　　　　　　　　　　[집중하다[他]・집중되다[受]]
精神(せいしん)を集中(しゅうちゅう)する。
(정신을 집중하다.)
数年後(すうねんご)「総督(そうとく)」を選出(せんしゅつ)して、権限(けんげん)を集中(しゅうちゅう)する制度(せいど)に改(あらた)めた。
(수년 후,「총독」을 선출해서, 권한을 집중하는 제도로 바꾸었다.)
中央(ちゅうおう)政府(せいふ)としての連邦(れんぽう)に統治権(とうちけん)が集中(しゅうちゅう)する。
(중앙 정부로서의 연방에 통치권이 집중되다.)

(38) ※ 終了(しゅうりょう)する[他・自]≪2, 1級語彙≫　　　[종료하다[他]・종료되다[受]]
今期(こんき)国会(こっかい)の議事(ぎじ)を終了(しゅうりょう)するに当(あ)たり、一言(ひとこと)ごあいさつ申(もう)し上(あ)げます。
(이번 회기 국회의 의사를 종료함에 즈음하여 한 마디 인사 말씀을 드리겠습니다.)
最終(さいしゅう)結論(けつろん)は予定(よてい)している場所(ばしょ)すべての再発掘(さいはっくつ)が終了(しゅうりょう)するまで出(だ)さないとした。
(최종 결론은 예정하고 있는 장소 전부의 재발굴이 종료될 때까지 내지 않기로 했다.)

(39) ※ 縮小(しゅくしょう)する[他・自]≪2, 1級語彙≫　[축소하다[他]・축소되다[受]]
世代間(せだいかん)不公平(ふこうへい)を縮小(しゅくしょう)することができる。

(세대 간 불공평을 축소할 수가 있다.)

それなりの賃金(ちんぎん)を労働(ろうどう)組合員(くみあいいん)に提供(ていきょう)した工場(こうじょう)労働(ろうどう)が国際(こくさい)競争(きょうそう)の前(まえ)に縮小(しゅくしょう)する。
(그 나름대로의 임금을 노동조합원에게 제공한 공장 노동이 국제 경쟁 앞에 축소된다.)

(40) ※ 樹立(じゅりつ)する[他・自]≪1級語彙≫　　　　[수립하다[他]・수립되다[受]]
また潜在的(せんざいてき)に有用(ゆうよう)と思(おも)われる機関(きかん)とはよい関係(かんけい)を樹立(じゅりつ)することに腐心(ふしん)する。
(그리고 잠재적으로 유용하다고 생각되는 기관과는 좋은 관계를 수립하는 것에 부심하다.)

選挙(せんきょ)が実施(じっし)され、正当性(せいとうせい)のある政府(せいふ)が樹立(じゅりつ)する。
(선거가 실시되고 정통성이 있는 정부가 수립되다.)

(41) ※ 循環(じゅんかん)する[他・自]≪2, 1級語彙≫　　　[순환하다[他]・순환되다[受]]
全身(ぜんしん)を循環(じゅんかん)するエネルギーが、頭(あたま)に集中(しゅうちゅう)してパンクしそう。
(전신을 순환하는 에너지가 머리에 집중되어 펑크가 날 것 같아.)

水(みず)が循環(じゅんかん)する場所(ばしょ)は、人(ひと)に安(やす)らぎを与(あた)えるのか、昼(ひる)どきには、ベンチに座(すわ)って軽食(けいしょく)を取(と)る人(ひと)も多(おお)い。
(물이 순환되는 장소는 사람에게 평안을 주는 것인지, 낮에는 벤치에 앉아 가벼운 식사를 하는 사람들도 많다.)

(42) ※ 焼失(しょうしつ)する[他・自]　　　　　　　[소실하다[他]・소실되다[受]]
東京(とうきょう)市内(しない)の有名(ゆうめい)新聞社(しんぶんしゃ)16社中(しゃちゅう)13社(しゃ)が社屋(しゃおく)を焼失(しょうしつ)した。
(도쿄 시내의 유명한 신문사 16사 중에서 13사가 사옥을 소실했다.)

大阪(おおさか)の市街地(しがいち)の大半(たいはん)が焼失(しょうしつ)しました。
(오사카의 시가지의 태반이 소실되었습니다.)

(43) ※ 消失(しょうしつ)する[他・自]　　　　　　　[소실하다[他]・소실되다[受]]
空襲(くうしゅう)で寮舎(りょうしゃ)を消失(しょうしつ)した。
(공습으로 기숙사를 소실했다.)

でも、心配(しんぱい)なのが貴重(きちょう)な映画(えいが)のフィルム500本(ごひゃっぽ

ん)が消失(しょうしつ)してしまったとか。
(하지만, 걱정스러운 것이 귀중한 영화 필름 500개가 소실되어 버렸다든가.)

(44) ※ 進行(しんこう)する[自・他]≪2, 1級語彙≫[基本]　　[진행하다[他]・진행되다[受]]
一人(ひとり)の内部(ないぶ)監査員(かんさいん)はチェックリストに基(もと)づいて質問(しつもん)をしながら内部(ないぶ)監査(かんさ)を進行(しんこう)する。
(한 명의 내부 감사원이 체크 리스트에 기초하여 질문을 하면서 내부 감사를 진행한다.)
それにより、賃金(ちんぎん)水準(すいじゅん)の平準化(へいじゅんか)が進行(しんこう)する。
(그것에 의해 임금 수준의 평준화가 진행된다.)

(45) ※ 静止(せいし)する[他・自]≪1級語彙≫　　　　[정지하다[他]・정지되다[受]]
生後(せいご)1(いち)~2ヶ月(にかずつ)には、話(はな)しかけると泣(な)きやむ、運動(うんどう)を静止(せいし)し、声(こえ)のするほうを向(む)くなどの反応(はんのう)がみられる。
(생후 1~2개월에는 말을 걸면 울음을 멈추고, 운동을 정지하고, 소리가 나는 쪽을 향하는 등의 반응이 보인다.)
夜(よる)の10時(じゅうじ)から始(はじ)まる「地球(ちきゅう)が静止(せいし)する日(ひ)」を観(み)た。
(밤 10시가 시작되는 「지구가 정지되는 날」을 보았다.)

(46) ※ 接続(せつぞく)する[他・自]≪2, 1級語彙≫　　　[접속하다[他]・접속되다[受]]
電気(でんき)のコードを接続(せつぞく)する。
(전기 코드를 접속하다.)
文(ぶん)と文(ぶん)を接続(せつぞく)する。
(문과 문을 접속하다.)
次(つぎ)の停車駅(ていしゃえき)で急行(きゅうこう)と接続(せつぞく)する。
(다음 정차 역에서 급행과 접속된다.)

(47) ※ 増加(ぞうか)する[他・自]≪2, 1級語彙≫[基本][外基]　　증가하다[他]・증가되다[受]]
生活(せいかつ)を豊(ゆた)かにするためには、生産(せいさん)を増加(ぞうか)することによって、消費(しょうひ)を増加(ぞうか)していかなければならない。
(생활을 풍요롭게 하기 위해서는 생산을 증가함으로써, 소비를 증가해 나가지 않으면 안 된다.)
今後(こんご)、他(た)の年金(ねんきん)制度(せいど)と同様(どうよう)に、年金(ねんきん)受給者(じゅきゅうしゃ)が増加(ぞうか)するとともに児童(じどう)生徒数(せいとすう)が減少(げんしょう)する。

(앞으로 다른 연금 제도와 마찬가지로 연금 수급자가 증가됨과 동시에 초등학생과 중고생의 수가 감소된다.)

(48) ※ 増減(ぞうげん)する[他・自]≪2, 1級語彙≫　　　[증감하다[他]・증감되다[受]]
生産量(せいさんりょう)に応(おう)じて人員(じんいん)を増減(ぞうげん)する。
(생산량에 따라 인원을 증감하다.)

定期的(ていきてき)に水嵩(みずかさ)が増減(ぞうげん)する。
(정기적으로 수량이 증감되다.)

(49) ※ 増進(ぞうしん)する[他・自]≪1級語彙≫　　　[증진하다[他]・증진되다[受]]
学力(がくりょく)を増進(ぞうしん)する。
(학력을 증진하다.)

食欲(しょくよく)が増進(ぞうしん)する。
(식욕이 증진되다.)

(50) ※ 増大(ぞうだい)する[他・自]≪2, 1級語彙≫[基本]　[증대하다[他]・증대되다[受]]
予算(よさん)を増大(ぞうだい)する。
(예산을 증대하다.)

不満(ふまん)が増大(ぞうだい)する。
(불만이 증대되다.)

(51) ※ 妥結(だけつ)する[他・自]≪1級語彙≫　　　[타결하다[他]・타결되다[受]]
核軍縮(かくぐんしゅく)努力(どりょく)を誠実(せいじつ)に継続(けいぞく)し交渉(こうしょう)を妥結(だけつ)する。
(핵 군축 노력을 성실하게 계속하여 교섭을 타결하다.)

日米(にちべい)交渉(こうしょう)が妥結(だけつ)するか、決裂(けつれつ)するかの会談(かいだん)の行方(ゆくえ)に関心(かんしん)があったからだ。
(일미 교섭이 타결될지, 결렬될지에 관한 회담의 행방에 관심이 있었기 때문이다.)

(52) ※ 短縮(たんしゅく)する[他・自]≪1級語彙≫　　　[단축하다[他]・단축되다[受]]
余(あま)りに長過(ながす)ぎるから期間(きかん)を短縮(たんしゅく)する。
(너무 지나치게 길기 때문에 기간을 단축한다.)

全体的(ぜんたいてき)な平均(へいきん)労働(ろうどう)期間(きかん)が短縮(たんしゅく)する。
(전체적인 평균 노동 기간이 단축되다.)

(53) ※ 断水(だんすい)する[他・自]≪2, 1級語彙≫　　　[단수하다[他]・단수되다[受]]
水道(すいどう)を断水(だんすい)する。
(수도를 단수하다.)

吉田(よしだ)地区(ちく)のほぼ全域(ぜんいき)が五月(ごがつ)八日(ようか)から十日(とおか)まで断水(だんすい)する。
(요시다 지구의 거의 전 지역이 5월 8일부터 10일까지 단수된다.)

(54) ※ 蓄積(ちくせき)する[他・自]≪1級語彙≫　　　　[축적하다[他]・축적되다[受]]
知識(ちしき)を蓄積(ちくせき)する。
(지식을 축적하다.)

疲労(ひろう)が蓄積(ちくせき)する。
(피로가 축적되다.)

(55) ※ 中和(ちゅうわ)する[他・自]≪1級語彙≫[基本]　　[중화하다[他]・중화되다[受]]
体(からだ)には酸素毒(さんそどく)を中和(ちゅうわ)する機能(きのう)があらかじめ備(そな)わっています。
(몸에는 산소 독을 중화하는 기능이 미리 갖추어져 있습니다.)
このように、酸(さん)と塩基(えんき)がちょうど中和(ちゅうわ)するとき、次(つぎ)の関係(かんけい)が成(な)り立(た)つ。
(이와 같이 산과 염기가 딱 중화될 때, 다음 관계가 성립한다.)

(56) ※ 鎮火(ちんか)する[他・自]　　　　　　　　　　[진화하다[他]・진화되다[受]]
火災(かさい)を鎮火(ちんか)する。
(화재를 진화하다.)

91年(ねん)11月(がつ)初旬(しょじゅん)油田(ゆでん)火災(かさい)が鎮火(ちんか)し、経済(けいざい)再建(さいけん)のための復興(ふっこう)、開発(かいはつ)需要(じゅよう)も石油(せきゆ)の生産(せいさん)も大幅(おおはば)に回復(かいふく)してきている。
(91년 11월 초순 유전 화재가 진화되고 경제 재건을 위한 부흥, 개발 수요도, 석유 생산도 대폭적으로 회복되고 있다.)

(57) ※ 停止(ていし)する[他・自]≪2, 1級語彙≫　　　　[정지하다[他]・정지되다[受]]
その手続(てつづ)きを停止(ていし)しなければならない。
(그 수속을 정지하지 않으면 안 된다.)

そのたびに活動(かつどう)が停止(ていし)しました。
(그 때마다 활동이 정지되었습니다.)

(58) ※ 滴下(てきか)する[他・自][基本]　　　　　　　[적하하다[他]・적하되다[受]]
試薬(しやく)を滴下(てきか)する。
(시약을 적하하다.)

クランプが開(あ)いてないときは、輸液(ゆえき)が滴下(てきか)しないことを理解(りかい)する。

(클램프가 열려 있지 않을 때는 수액이 적하되지 않는 것을 이해한다.)

(59) ※ 徹底(てってい)する[他・自]≪2, 1級語彙≫[外基]
　　　　　　　　　　　　　　　　　[철저하다[他]・철저하게 미치다[受]]
民主主義(みんしゅしゅぎ)に徹底(てってい)する。
(민주주의에 철저하다.)

それには、まず終身雇用(しゅうしんこよう)を徹底(てってい)し、次(つ)いで内部(ないぶ)の出世(しゅっせ)競争(きょうそう)をなくすることだ。
(거기에는 먼저 종신고용을 철저히 하고, 다음으로 내부 출세 경쟁을 없게 하는 것이다.)

徹底(てってい)した平和主義者(へいわしゅぎしゃ)。
(철저한 평화주의자.)

命令(めいれい)が徹底(てってい)しない。
(명령이 철저히 미치지 않다.)

(60) ※ 点火(てんか)する[他・自]≪1級語彙≫　　　[점화하다[他]・점화되다[受]]
ライターを点火(てんか)した。
(라이터를 점화했다.)

ブースターが点火(てんか)し加速(かそく)して直(す)ぐに命中(めいちゅう)した。
(부스터가 점화되어 가속해서 금방 명중했다.)

(61) ※ 展開(てんかい)する[他・自]≪2, 1級語彙≫　　[전개하다[他]・전개되다[受]]
愛護(あいご)、美化(びか)運動(うんどう)を展開(てんかい)している。
(애호, 미화 운동을 전개하고 있다.)

何(なん)とも形容(けいよう)のつかない異様(いよう)な光景(こうけい)が展開(てんかい)していたことだろう。
(무엇이라고 형용할 수 없는 이상한 광경이 전개되고 있었을 것이다.)

(62) ※ 転換(てんかん)する[他・自]≪1級語彙≫　　　[전환하다[他]・전환되다[受]]
方針(ほうしん)を転換(てんかん)する。
(방침을 전환하다.)

フィンランドの産業(さんぎょう)構造(こうぞう)が転換(てんかん)する。
(핀란드의 산업 구조가 전환되다.)

(63) ※ 凍結(とうけつ)する[他・自]　　　　　　　　[동결하다[他]・동결되다[受]]
我々(われわれ)は核(かく)を凍結(とうけつ)することができる。
(우리는 핵을 동결할 수 있다.)

冬(ふゆ)の間(あいだ)だけ気温(きおん)が下(さ)がって地面(じめん)が凍結(とうけつ)する。

(겨울 동안만 기온이 내려가서 지면이 동결된다.)

(64) ※ 内定(ないてい)する[他・自]　　　　　　　[내정하다[他]・내정되다[受]]
彼(かれ)の再任(さいにん)を内定(ないてい)した。
(그의 재임을 내정했다.)

幹事長(かんじちょう)には無所属(むしょぞく)の荒井(あらい)氏(し)が内定(ないてい)した。
(간사장에는 무소속의 아라이씨가 내정되었다.)

(65) ※ 燃焼(ねんしょう)する[他・自]≪1級語彙≫　　[연소하다[他]・연소되다[受]]
多(おお)くの燃料(ねんりょう)を燃焼(ねんしょう)する。
(많은 연료를 연소하다.)

脂肪(しぼう)が燃焼(ねんしょう)する。
(지방이 연소되다.)

(66) ※ 破壊(はかい)する[他・自]≪1級語彙≫　　　[파괴하다[他]・파괴되다[受]]
環境(かんきょう)を破壊(はかい)する。
(환경을 파괴하다.)

生活(せいかつ)の基盤(きばん)が破壊(はかい)するんです。
(생활 기반이 파괴되는 것입니다.)

(67) ※ 暴露(ばくろ)する[他・自]≪1級語彙≫　　　[폭로하다[他]・폭로되다[受]]
正体(しょうたい)を暴露(ばくろ)する。
(정체를 폭로하다.)

陰謀(いんぼう)が暴露(ばくろ)する。
(음모가 폭로되다.)

(68) ※ 破損(はそん)する[他・自]≪1級語彙≫　　　[파손하다[他]・파손되다[受]]
パソコンを破損(はそん)する。
(퍼스널 컴퓨터를 파손하다.)

窓(まど)ガラスが破損(はそん)する。
(유리창이 파손되다.)

(69) ※ 普及(ふきゅう)する[他・自]≪2, 1級語彙≫[基本]　[보급하다[他]・보급되다[受]]
地域(ちいき)に精神(せいしん)衛生(えいせい)知識(ちしき)を普及(ふきゅう)する。
(지역에 정신 위생 지식을 보급하다.)

庶民(しょみん)の間(あいだ)に傘(かさ)が普及(ふきゅう)する。
(서민들 사이에 우산이 보급되다.)

(70) ※ 復活(ふっかつ)する[他・自]≪1級語彙≫[基本]　[부활하다[他]・부활되다[受]]

旧制度(きゅうせいど)を復活(ふっかつ)する。
(구제도를 부활하다.)
全国的(ぜんこくてき)に地域(ちいき)の祭(まつ)りが復活(ふっかつ)する。
(전국적으로 지역 축제가 부활되다.)

(71) ※ 復旧(ふっきゅう)する[他・自]　　　　　　　[복구하다[他]・복구되다[受]]
ケーブルを復旧(ふっきゅう)するには、どれほど急(いそ)いでも六ヶ月(ろっかげつ)はかかる。
(케이블을 복구하는 데에는 아무리 서둘러도 6개월은 걸린다.)
まだ完全(かんぜん)にシステムが復旧(ふっきゅう)したとは言(い)えない。
(아직 완전히 시스템이 복구되었다고는 할 수 없다.)

(72) ※ 復興(ふっこう)する[他・自]≪1級語彙≫　　　[부흥시키다 [使役]・부흥하다[自]]
戦災都市(せんさいとし)を復興(ふっこう)する。
(전재를 입은 도시를 부흥시키다.)
経済(けいざい)が急速度(きゅうそくど)に復興(ふっこう)した。
(경제가 급속도로 부흥했다.)

(73) ※ 分散(ぶんさん)する[他・自]≪1級語彙≫[基本]　　[분산하다[他]・분산되다[受]]
銀行(ぎんこう)を分散(ぶんさん)する必要(ひつよう)はないと思(おも)うのですが。
(은행을 분산할 필요는 없다고 생각합니다만.)
分権型(ぶんけんがた)企業(きぎょう)グループの場合(ばあい)は経営(けいえい)管理(かんり)権限(けんげん)が分散(ぶんさん)し、企業(きぎょう)グループの中間層(ちゅうかんそう)以下(いか)の子会社(こがいしゃ)も比較的(ひかくてき)大(おお)きな自主(じしゅ)権限(けんげん)を行使(こうし)できる。
(분권형 기업 그룹의 경우는, 경영 관리 권한이 분산되어, 기업 그룹의 중간층 이하의 자회사도 비교적 큰 자주 권한을 행사할 수 있다.)

(74) ※ 紛失(ふんしつ)する[他・自]≪1級語彙≫　　　　[분실하다[他]・분실되다[受]]
入館証(にゅうかんしょう)を紛失(ふんしつ)する。
(입관증을 분실하다.)
重要(じゅうよう)書類(しょるい)が紛失(ふんしつ)する。
(중요 서류가 분실되다.)

(75) ※ 噴出(ふんしゅつ)する[他・自]≪1級語彙≫　　　[분출하다[他]・분출되다[受]]
短時間(たんじかん)に大量(たいりょう)の溶岩(ようがん)を噴出(ふんしゅつ)する。
(단시간에 대량의 용암을 분출하다.)
火口(かこう)から水蒸気(すいじょうき)が噴出(ふんしゅつ)する。

(화구에서 수증기가 분출되다.)

(76) ※ 分離(ぶんり)する[他・自]≪1級語彙≫[基本]　　　　[분리하다[他]・분리되다[受]]
　　　脂肪(しぼう)と筋肉(きんにく)とを分離(ぶんり)する。
　　　(지방과 근육을 분리하다.)

　　　支配(しはい)と経営(けいえい)が分離(ぶんり)する。
　　　(지배와 경영이 분리되다.)

(77) ※ 閉会(へいかい)する[他・自]≪2, 1級語彙≫　　　　[폐회하다[他]・폐회되다[受]]
　　　審判(しんぱん)委員長(いいんちょう)が、会議(かいぎ)を開会(かいかい)し、閉会(へいかい)し及(およ)び休会(きゅうかい)する。
　　　(심판 위원장이 회의를 개회하고 폐회하고 그리고 휴회한다.)

　　　国会(こっかい)が開(ひら)かれている期間(きかん)は仕事(しごと)をし、国会(こっかい)が閉会(へいかい)すると、休(やす)みになるといってもいいだろう。
　　　(국회가 열리고 있는 기간은 일을 하고, 국회가 폐회되면, 휴식이 된다고 해도 좋을 것이다.)

(78) ※ 閉鎖(へいさ)する[他・自]≪1級語彙≫　　　　[폐쇄하다[他]・폐쇄되다[受]]
　　　予告(よこく)通(どお)り、このブログは閉鎖(へいさ)することにします。
　　　(예고한 대로 이 블로그는 폐쇄하기로 했습니다.)

　　　ダッジ社(しゃ)の中心(ちゅうしん)工場(こうじょう)が閉鎖(へいさ)する。
　　　(닷지사의 중심 공장이 폐쇄되다.)

(79) ※ 変形(へんけい)する[他・自]　　　　[변형하다[他]・변형되다[受]][基本]
　　　このように自己(じこ)を変形(へんけい)する。
　　　(이와 같이 자기를 변형하다.)

　　　風船(ふうせん)に力(ちから)を加(くわ)えると、風船(ふうせん)が変形(へんけい)する。
　　　(풍선에 힘을 가하면, 풍선이 변형된다.)

(80) ※ 流通(りゅうつう)する[他・自]≪1級語彙≫　　　　[유통하다[他]・유통되다[受]]
　　　開発(かいはつ)したアプリケーションやコンテンツのみを流通(りゅうつう)することができます。
　　　(개발한 애플리케이션이나 콘텐츠를 유통할 수 있습니다.)

　　　チョコレート製品(せいひん)の輸入(ゆにゅう)が自由化(じゆうか)されたことで、様々(さまざま)な種類(しゅるい)のチョコレートが流通(りゅうつう)するようになった。
　　　(초콜릿 제품의 수입이 자유화됨으로써 갖가지 종류의 초콜릿이 유통되게 되었다.)

(81) ※ 両立(りょうりつ)する[他・自]≪1級語彙≫　　　　[양립시키다[使役]・양립하다[自]]
　　　仕事(しごと)と家庭(かてい)を両立(りょうりつ)する日(ひ)が続(つづ)きました。
　　　(일과 가정을 양립하는 날이 계속되었습니다.)

仕事(しごと)と家庭(かてい)とを両立(りょうりつ)させる。
(일과 가정을 양립시키다.)
仕事(しごと)と育児(いくじ)が両立(りょうりつ)するわけはない。
(일과 육아가 양립될 리가 없다.)

(82) ※ 連続(れんぞく)する[他・自]≪2, 1級語彙≫　　　[연속하다[他]・연속되다[受]]
移動中(いどうちゅう)に多(おお)くのゾーンを通過(つうか)するため、通信(つうしん)を連続(れんぞく)するためのチャネル制御(せいぎょ)が難(むずか)しくなる。
(이동 중에 많은 존을 통과하기 때문에, 통신을 연속하기 위한 채널 제어가 어려워진다.)
助詞(じょし)の「は」や「の」が連続(れんぞく)するとまずい。
(조사 「は(wa)」나 「の(no)」가 연속되면 곤란하다.)

2.6 한어동사가 타동사인 경우

일본어의 한어동사는 「~する」의 형태로 그리고 **한국어의 한어동사**는 「~하다」의 형태로 실현된다는 점에서 일단 양 언어 간의 유사성은 인정된다. 이런 전제 하에서 일본어의 한어동사 「~する」는 한국어의 한어동사 「~하다」에 대응한다는 설명은 일단 가능하다. 그리고 수동 또는 수동표현에 있어서도 일본어의 「~される」에 대하여 한국어는 기본적으로 「~되다」가 대응한다고 설명할 수 있다.

그런데 한어명사(한어어간)의 어휘적 의미와 구문적 기능에 따라 일본어의 「~される」에 대해 한국어에서는 「~되다」가 아니고, 「~당하다」 또는 「~받다」가 대응하는 경우도 있다.

(1) 「発見(はっけん)する ; 発見하다」 → 「発見される ; 発見되다」
(2) 「尊敬(そんけい)する ; 尊敬하다」 → 「尊敬される ; 尊敬받다」
(3) 「侮辱(ぶじょく)する ; 侮辱하다」 → 「侮辱される ; 侮辱당하다」
(4) 「注目(ちゅうもく)する ; 注目하다」 → 「注目される ; 注目(되다 / 받다)」
(5) 「包囲(ほうい)する ; 包囲하다」 → 「包囲される ; 包囲(되다 / 당하다)」
(6) 「支配(しはい)する ; 支配하다」 → 「支配される ; 支配(받다 / 당하다)」
(7) 「強要(きょうよう)する ; 強要하다」 → 「強要される ; 強要(되다 / 받다 / 당하다)」

(1)~(7)에서 알 수 있듯이 한국어의 한어동사의 수동형에는 「~되다」 이외에도 「~받다」 「~당하다」 등이 쓰인다. 물론 (1)과 같이 「~される」에 대해 「~되다」가 성립하는 예가 대부분이지만, (2)와 같이 「~받다」 또는 (3)과 같이 「~당하다」가 대응하는 경우가 있다. 또한 (4)의 「~される」형에 대해서는 「~되다 / ~받다」가, (5)의 「~される」형에 대해서는 「~되다 / ~당하다」가, (6)의 「~される」형에 대해서는, 「~받다 / ~당하다」가 그리고, (7)의 「~される」형에 대해서는 「~되다 / ~받다 / ~당하다」가 모두 대응한다.

한편, 일본어 한어동사 중에는 「× 洗練(せんれん)する」와 같이 능동형은 상정할 수 있지만 실제로는 존재하지 않고, 「洗練(せんれん)される」와 같이 수동형만 존재하는 예도 있다.

(8) 彼(かれ)の部屋(へや)のインテリアは、彼(かれ)の洗練(せんれん)された感覚(かんかく)で統一(とういつ)されている。
(그 사람 방의 인테리어는 그의 세련된 감각으로 조화를 이루고 있다.)

(9) 仕事(しごと)で忙殺(ぼうさつ)される人(ひと)とそうでない人(ひと)は、どこが違(ちが)うのか。
(일 때문에 경황이 없는 사람과 그렇지 않은 사람은 어디가 다른가?)

(10) 悪書(あくしょ)は自然(しぜん)に淘汰(とうた)される。
(나쁜 책은 자연히 도태된다.)

위의 (8)의 「洗練される」, (9)의 「忙殺される」, (10)의 「淘汰される」의 경우, 「? 洗練する[他]」・「? 忙殺する[他]」・「? 淘汰する[他]」와 같이 이론적으로는 대응하는 능동 형태(타동사)를 상정할 수 있지만, 실제로 능동 형태는 거의 사용되지 않고 수동 용법이 주로 쓰이고 있다. 이런 점에서 「**능동형이 결여된 수동형**」이라고 할 수 있다.

제6장 한어동사와 수동[45]

1. 한국어 한어동사의 수동
2. 「~되다」의 의미 용법

1. 한국어 한어동사의 수동

한국어의 한어동사의 수동형에는 일부 한자어(1字 漢語＋하다)에 있어서의 「행하다 → 행해지다」, 「정하다 → 정해지다」 등을 제외하면 기본적으로는 「~되다」・「~받다」・「~당하다」의 3종류의 수동접사가 쓰인다. 먼저 예를 보도록 하자.

(1a) 오랫동안 異民族이 中国을 支配했다.
　　長(なが)い間(あいだ)異民族(いみんぞく)が中国(ちゅうごく)を支配(しはい)した。
(1b) 中国은 오랫동안 異民族에게 支配되었다.
　　中国(ちゅうごく)は長(なが)い間(あいだ)異民族(いみんぞく)に支配(しはい)された。

(2a) 家臣들은 吉宗을 尊敬하고 있다.
　　家臣(かしん)たちは吉宗(よしむね)を尊敬(そんけい)している。
(2b) 吉宗는 家臣들에게 尊敬받고 있다.
　　吉宗(よしむね)は家臣(かしん)たちに尊敬(そんけい)されている。

(3a) 継母가 前妻 소생의 아이들을 虐待하고 있다.
　　継母(ままはは)が先妻(せんさい)の子供(こども)たちを虐待(ぎゃくたい)している。
(3b) 前妻 소생의 아이들은 継母에게 虐待당하고 있다.
　　先妻(せんさい)の子供(こども)たちは継母(ままはは)に虐待(ぎゃくたい)されている。

(1a)(2a)(3a)는 타동사인 한어동사가 술어로 쓰인 능동문인데, 이에 대해 수동문은 (1b)의 「~되다」, (2b)의 「~받다」, (3b)의 「~당하다」와 같이 각각 다른 수동접사가 쓰이고 있다.

---

45) [제6장 한국어 한어동사의 수동]은 李成圭(2004) 『일본어 조동사 연구Ⅰ-일본어 실용문법의 전개Ⅵ』 不二文化. pp.278-296에서 인용하여 가필 수정한 것.

2. 「~되다」의 의미 용법

2.1 어형성 접사(語形成 接辞)의 「~되다」

한국어에서 한어명사의 동사화는 대부분 다음과 같이 「~하다」의 접속에 의해 이루어진다.

(4) 首都에서 暴動이 <u>発生했다</u>.
　　首都(しゅと)で暴動(ぼうどう)が<u>発生(はっせい)した</u>。

(5) 그로 인해 手工業이 <u>衰退했다</u>.
　　それにより、手工業(しゅこうぎょう)が<u>衰退(すいたい)した</u>。

그러나 한어명사 중에는 「~하다」를 취하지 않고, 「~되다」에 의해 동사로 기능하는 예도 존재한다.

(6) 政局이 <u>安定되었다</u>.
　　政局(せいきょく)が<u>安定(あんてい)した</u>。

(7) 文明이 <u>開花되었다</u>.
　　文明(ぶんめい)が<u>開花(かいか)した</u>。

(4)(5), (6)(7)에 있어서 일본어는 전부 「スル形」을 취하고 있으나, 한국어는 (4)(5)에서는 「~하다」가, (6)(7)에서는 「~되다」가 쓰이고 있다. 그리고 (4)(5)의 「~하다」를 「~되다」로, (6)(7)의 「~되다」를 「~하다」로 교체하는 것은 불가능하다. 「発生(발생)」「衰退(쇠퇴)」 등에는 「~하다」만이 접속되고, 「安定(안정)」「開花(개화)」 등에는 「~되다」만이 접속된다. 이것은 각각의 한어명사(한어어기)의 어휘적 의미와 상응하여 「~하다」 또는 「~되다」가 선택되어, 그 형태로 고정화된 것이다. 「悪化(악화)」・「安定(안정)」・「共通(공통)」・「開花(개화)」・「共通(공통)」・「判明(판명)」 등의 한어명사가 「~되다형」으로 고정된 것은 이들 어휘가 가지고 있는 의미와 「~되다」의 어휘적 의미(「(ニ)ナル」)가 상응하고 있기 때문이다.

이 밖의 한어명사는 한국어에서 동사・형용사의 구별에 상관없이 「~하다」가 첨가되어 용언으로 기능한다. 즉, 일본어에서는 한어의 동사화는 거의 대부분이 「~する」의 첨가로

이루어지지만, 한국어에서는 「~하다」 이외에 「~되다」가 한어명사의 동사화에 참여한다는 것이다. 이와 같이 「~되다」에는 「수동접사(受動接辞)」로서의 용법 이외에 한어의 동사화에 관여하는 「어형성 접사(語形成 接辞)」 또는 「동사화 접사(動詞化 接辞)」로서의 용법이 있다는 사실을 먼저 지적해 둔다.

2.2 자동사문의 「~하다」·「~되다」

위에서 지적한 바와 같이 「한어의 동사화(動詞化)」에 있어서는 해당 한어명사에 내재되어 있는 어휘적 의미에 따라 「~하다」 또는 「~되다」가 선택되는 것이 원칙이지만, 한국어 한어동사 중에는 자동사이면서도 「~하다」와 「~되다」가 모두 가능한 일군의 한어동사가 존재한다.

여기에서는 한어동사가 술어로 쓰인 한국어 수동문의 의미적 특징을 고찰하는 데에 앞서, 먼저 「~하다」와 「~되다」가 둘 다 가능한 일군의 「자동사문(自動詞文)」에 있어서 양자가 어떤 식으로 사용상의 구별을 보이는가에 대해 검토한다. 즉, 이들 일군의 자동사문에 있어서 「~하다」·「~되다」의 공존이 무엇을 의미하는가, 그리고 그 사용 구별에 관여하는 것은 무엇인가를 살펴본다.

(8a) 그의 思想은 後継者에 의해 発達하였다.
　　 彼(かれ)の思想(しそう)は後継者(こうけいしゃ)によって発達(はったつ)した。
(8b) 山水画는 四代画家에 의해 発達되었다.
　　 山水画(さんすいが)は四人(よにん)の画家(がか)によって発達(はったつ)した。

(9a) 宋은 蒙古의 侵入으로 滅亡하였다.
　　 宋(そう)は蒙古(もうこ)の侵入(しんにゅう)で亡(めつぼう)した。
(9b) 宋은 蒙古의 侵入을 받아 滅亡되었다.
　　 宋(そう)は蒙古(もうこ)の侵入(しんにゅう)を受(う)け、滅亡(めつぼう)した。

(8a)의 「思想(しそう)」, (8b)의 「山水画(さんすいが)」, (9a)의 「宋(そう)」, (9b)의 「宋(そう)」에서 알 수 있듯이 상기 예에서는 소위 무생명사(無生名詞)가 주어로 쓰이고 있는데, 이들은 통상 동작주로 인정되지 않는다. 여기서, 生越(1982)의 기준을 적용하면 「~되다」가

기대되지만, (8a)(9a)에는「~하다」도 사용되고 있다. 그러나 이상의 예만 가지고,「~하다」・「~되다」의 사용상의 구별을 해당 문의 주어가 동작주인가 아닌가 라는 차이로 설명할 수 없다. 다른 조건도 검토해 보자.

　(8a)에는「後繼者에 의해」라고 하는 동작주의 행위로 간주되는 성분이 문중에 명시되어 있고, (8b)에도 동일한 내용의 성분이 명시되어 있다. 그럼에도 불구하고 (8a)에는「~하다」가, (8b)에는「~되다」가 쓰이고 있다. 이것은「~하다」・「~되다」의 사용에 있어서 해당 동작의 실현에 직접적으로 관여했다고 판단되는 동작주의 존재는 그다지 중요하지 않다는 것을 의미한다. (9a)(9b)에 있어서「宋의 滅亡」은「蒙古의 侵入」에 의해 야기된 사건으로 (9a)(9b)에는 그 원인이 명시적으로 나타나 있다. 그럼에도 불구하고, (9a)에는「~하다」가, (9b)에는「~되다」가 각각 사용되고 있다. 이상의 검토 결과, 어떤 사건의 성립에 관여하는 것으로 간주되는「동작주」또는「원인」등의 성분은「~하다」・「~되다」의 선택에 직접적으로 관여하지 않는다는 것을 알 수 있다.

　어떤 사건의 성립에 관여하는 것으로서는 동작주나 원인 이외에도 여러 가지 요인이 있을 수 있다. 예를 들어 동작・작용이 이루어지는 장소, 변화의 결과의 상태, 수단・방법을 나타내는 것 등이 고려되지만, 그 어느 것도「~하다」・「~되다」의 사용 구별에 직접적으로 관여하지 않는다. 따라서 일군의 자동사문에 있어서의「~하다」・「~되다」의 선택에 있어서, 문중에 해당 사건이나 사태의 성립에 관여하는 성분이 명시되거나 명시되지 않거나 하는 사실은 그다지 중요하지 않다는 것을 알 수 있다. 그러면, 문중에는 명시되어 있지 않더라도 다른 별개의 요인이 작용하고 있어, 그것이「~하다」・「~되다」의 사용에 관련을 맺고 있는 것이 아닌가 여겨진다. 이하, 이 점에 관해 검토하기로 한다.

　　(10a) 列車가 <u>到着했다</u>.
　　　　 列車(れっしゃ)が <u>到着(とうちゃく)した</u>。
　　(10b) 列車가 到着되었다.
　　　　 列車(れっしゃ)が <u>到着(とうちゃく)した</u>。

　(10a)(10b)에는 문중에 사건의 성립에 관여하는 내용이 구체적으로 나와 있지 않다. 그런데, (10a)에는「~하다」가, (10b)에는「되다」가 사용되고 있다. (10a)와 (10b) 사이에는 술어 성분의「~하다」・「~되다」의 차이를 제외하면 차이가 없고, (10a)(10b)가 나타내는 의미 내용도 기본적으로 지적인 의미에서는 동일하다고 할 수 있다. 만일, 이와 같이 (10a)와

(10b)가 완전히 동일한 의미를 나타내는 문이라고 가정하면, 술어 성분에 있어서의 「~하다」・「~되다」는 아무런 조건이 수반되지 않는 임의적인 선택이라고 밖에 해석할 수밖에 없다.

그러나 양자 사이에는 미묘하나마 다음과 같은 의미상의 차이가 지적된다. 그것은 해당 사건에 대한 화자의 인식 방식의 차이가 두 문의 의미적 차이를 반영하는 것을 의미한다. 즉 (10a)은 문 표면에는 등장하고 있지 않지만, 사건의 주체로 인정되는 동작주가 배후에 잠재하고 있다는 의미를 내포하고 있는 문인 것에 대해, (10b)는 그러한 동작주의 존재를 배제하고 당해 사건이 마치 자연히 생기(生起)한 것처럼 파악하고 있는 문으로 해석된다. 이러한 이해를 전제로 하여, 양자를 비교하면, (10a)은 「열차의 도착」이라고 하는 사건의 성립에 문에는 명시되지 않는 동작주의 존재를 암시하는 내용을 표현하는 문, (10b)은 해당 사건이 마치 자연히 성립된 것처럼 파악해서 〈열차가 도착하지 않은 상태에서 도착한 상태가 되었다〉고 하는 내용을 표현하는 문으로 해석된다. 즉, 일군의 자동사문에 있어서의 「~하다」・「~되다」의 사용상의 구별은 해당 사건을 화자가 어떻게 파악하고 있는가에 관련된 사항으로 문중에 당해 사건의 성립에 관여하는 성분이 명시되어 있는가 아닌가와는 직접적인 관련이 없다는 것을 의미한다.

다시 말하면, 「~하다」・「~되다」 중에서 과연 어떤 형식을 선택할 것인가 하는 문제는 다분히 화자의 인식 방식의 차이에 기초한 심리적인 요인에 좌우된다고 할 수 있다. 이상 검토한 일군의 자동사문에 나타나는 「~되다」문의 의미는 기본적으로는 「되다」의 **본동사로서의 용법**」의 하나인 「**상태변화문(状態変化文)**」과 그 성격을 같이한다. 주체의 상태변화를 나타내는 「상태변화문」과 사건을 상태 변화한 것으로 파악하는 「~되다」문은 인식 대상에 있어서 「**주체(主体)**」와 「**사건(事件)**」이라고 하는 차이는 있지만, 해당 사항을 상태변화로 파악하려고 하는 점에 있어서는 차이가 없다. 그리고 이 점은 차후에 검토할 수동문의 의미적 특징에도 연동된다.

새로운 언어 형식의 발생과 「**의미영역**」의 확대라는 관점에서 보면, 한어동사의 「~하다」에 대한 수동 형식은 「-i-」계열의 쇠퇴에 따른 공백을 「~되다」형식을 차용함으로써 해결되었지만, 형태적으로 본동사 「되다」와 수동접사로서의 「~되다」를 구별할 수 없다는 점, 그리고 「하다」의 경우도 「본동사(本動詞)」「하다」와 「형식용언(形式用言)」「~하다」 사이에 형태적 차이가 없다는 점, 또한 한국어에서 자동・타동의 구별과 수동・사역의 구별이 형태적・구문적으로 명확히 구별되어 있지 않다는 점, 등에 기인하여 자연히 「~되다」의 의미영역의 확대로 이어졌고, 이로 인해「~되다」의 용법 또한 다기(多岐)에 걸치게 되었다고 해석된다.

2.3 「되다形」과 수동(受動)

다음은 앞의「~되다」에 관한 의미적 특징 부여가 과연 적절하였는지 라는 점을 타동사문의「되다形」과의 대비를 통해 확인하기로 한다. 이때 일본어 한어동사의 수동에 관한 관찰 결과를 참고로 한다. 어형성 접사로서의「~되다」와 구별해서 수동형으로 쓰이는「~되다」를「되다形」이라고 하고, 일본어의 수동형은「サレル形」으로 부르기로 한다.

(11a) 運転免許가 停止되었다.
(11b) 運転免許(うんてんめんきょ)が停止(ていし)になった。
(11c) 運転免許(うんてんめんきょ)が停止(ていし)された。

(12a) 政府의 援助가 中止되었다.
(12b) 政府(せいふ)の援助(えんじょ)が中止(ちゅうし)になった。
(12c) 政府(せいふ)の援助(えんじょ)が中止(ちゅうし)された。

(13a) 모든 政党이 解散되었다.
(13b) すべての政党(せいとう)が解散(かいさん)になった。
(13c) すべての政党(せいとう)が解散(かいさん)された。

(11)~(13)에서 알 수 있듯이 한국어의「되다形」(a)에 대해 일본어는 (b)의「**ナル形**」도 대응하고 (c)의「**サレル形**」도 대응하고 있다. 물론 그렇다고 해서 한국어의 모든「되다形」이 일본어의「ナル形」과「サレル形」에 모두 대응하는 것은 아니다.

그러나「되다形」문의 의미를 검토하는 출발점으로서「ナル形」과「サレル形」둘 다 가능한 예를 분석 대상으로 삼는다.

일본어의「**ニナル文**」에도「**受動文**」에도 대응하는, 한국어 수동문의 의미적 특징을 생각하기 앞서 먼저 일본어에 있어서의「ニナル文」과「受動文」의 의미적 관련성 및 그 차이점을 분명히 해 둘 필요가 있다.

제6장 한어동사와 수동   279

(14a) 青山(あおやま)は軟禁(なんきん)状態から解除(かいじょ)になった。
　　　(아오야마는 연금 상태에서 해제되었다.)
(14b) 青山(あおやま)は軟禁(なんきん)状態(じょうたい)から解除(かいじょ)された。
　　　(아오야마는 연금 상태에서 해제되었다.)

(15a) うっかりして、また本(ほん)の貸出(かしだし)が停止(ていし)になった。
　　　(깜빡하는 바람에 또 책 대출이 정지되었다.)
(15b) うっかりして、また本(ほん)の貸出(かしだし)が停止(ていし)された。
　　　(깜빡하는 바람에 또 책 대출이 정지되었다.)

　(14a)도 (14b)도 〈青山(아오야마)가 연금 상태에서 그렇지 않은 상태로 되었다〉고 하는 상태변화를 나타내는 점은 같지만, 수동문인 (14b)는 그와 같은 상태변화에 명시되지 않는 동작주 또는 원인이 관여하고 있는 문으로 해석된다. 그리고 (15a)와 (15b)는 모두 〈책의 대출이 정지되었다〉는 것의 원인이 문중에 명시되어 있지만, 그 기능은 각각 다르다. 즉, (15a)에서는 원인이 굳이 명시되어 있지 않아도 문을 이해하는 데에는 하등의 지장이 없다. 이에 대해 수동문 (15b)에서는 원인이 명시되지 않을 경우, 문 성립 자체에는 지장이 없지만, 해당 문을 이해하기 위해서는 관여하는 성분을 보충할 필요가 생기게 된다.
　한편, 다음과 같이 동작주가 문중에 명시된 경우에는 「ニナル文」은 성립하지 않는다.

(16a) 警察(けいさつ)によって、集会(しゅうかい)が中止(ちゅうし)された。
　　　(경찰에 의해 집회가 중지되었다.)
(16b) * 警察によって、集会が中止になった。
(16c) 雨(あめ)で、集会(しゅうかい)が中止(ちゅうし)になった。
　　　(비 때문에 집회가 중지되었다.)

　(16b)가 문법적으로 비문이 되는 것은, 동작주의 개념을 배제하고 해당 변화가 마치 자연적으로 생기(生起)한 것으로 파악하는 「ニナル文」에 동작주의 관여를 명시하는 것이 의미적으로 상충하기 때문이다.
　이상의 검토 과정을 통해 다음과 같은 사실을 일반화할 수 있다. 상태변화를 나타내는 점에 있어서 「受動文」과 「ニナル文」은 공통점이 인정되지만, 수동문은 단순히 상태변화를 나타내는 「ニナル文」과 달리, 문중에는 명시되어 있지 않더라도 상태변화에 관한 동작주 또는 원인 등의 관여가 인정된다.

　여기에 한 가지 해결해야 할 점은 한국어의 **「되다形」**에 대응하는「ナル形」과「サレル形」의 관계이다. 일본어의 경우, 상태변화를 나타내는 언어형식에는「ナル」와「サレル」가 있어, 양자는 형태적으로도 의미적으로도 구별되지만, 한국어는「ナル」에 대해서도「サレル」에 대해서도 모두「되다」가 대응하고 있어, 일본어에서 나타나는 의미상의 차이를 형태적으로 구별할 수가 없다. 그렇다면, 한국어로는 구별하지 않는「ナル的 意味」와「サレル的 意味」를「되다形」에서 찾는다는 것은 그 자체가 무의미하다는 결론에 도달하게 된다.

　여기에서 간과해서는 안 되는 것은 일본어 일부 한어명사의 경우,「ニナル」와「サレル」를 다 취할 수 있으나 양자 사이에는 의미적 차이가 있다는 점, 이에 대해 한국어에서는 이러한 형태적 구별을 하고 있지 않기 때문에 의미적 차이 또한 간취할 수 없다는 점이다. 따라서「ニナル」・「サレル」의 의미적 차이를 적확하게 파악하기 위해서는 한국인 입장으로서는 이론적인 접근 방식이 필요하다는 것이다.

　그리고 앞에서 언급한 바와 같이 일본어의 모든 한어동사가「サレル形」과「ナル形」이 모두 가능한 것은 아니다. 두 형식이 모두 가능한 한어동사의 어휘 목록을 제시하면 다음과 같다.

　　(17) ※「延期(えんき)する[他] ; 연기하다[他]」≪2, 1級語彙≫　▶
　　　　「延期(えんき)される[サ] ; 연기되다[受]」
　　　　「延期(えんき)になる[ナ] ; 연기되다[受]」
　　　　救助(きゅうじょ)活動(かつどう)を翌朝(よくあさ)まで延期(えんき)することにした。
　　　　(구조 활동을 다음 날 아침까지 연기하기로 했다.)
　　　　予定(よてい)された移徙(わたまし)が延期(えんき)されることはなかった。
　　　　(예정된 이사가 연기되는 일은 없었다.)
　　　　おかげで、体育(たいいく)大会(たいかい)の練習(れんしゅう)は明日(みょうにち)に延期(えんき)になりました。
　　　　(덕분에 체육대회의 연습은 내일로 연기되었습니다.)
　　(18) ※「延長(えんちょう)する[他] ; 연장하다[他]」≪2, 1級語彙≫　▶
　　　　「延長(えんちょう)する[自] ; 연장되다[受]」
　　　　「延長(えんちょう)される[サ] ; 연장되다[受]」
　　　　「延長(えんちょう)になる[ナ] ; 연장되다[受]」
　　　　会期(かいき)を延長(えんちょう)する。
　　　　(회기를 연장하다.)

再使用(さいしよう)は、製品(せいひん)として使用(しよう)される期間(きかん)が延長(えんちょう)するので、やはり、大(おお)きな効果(こうか)が期待(きたい)できます。
(재사용은 제품으로서 사용되는 기간이 연장되기 때문에 큰 효과를 기대할 수 있습니다.)

有効(ゆうこう)期間(きかん)が延長(えんちょう)される。
(유효 기간이 연장되다.)

定年制(ていねんせい)が延長(えんちょう)になり、六十歳(ろくじっさい)定年制(ていねんせい)を取(と)り入(い)れる企業(きぎょう)が増(ふ)えてきました。
(정년제가 연장되어, 60세 정년제를 받아들이는 기업이 늘기 시작했습니다.)

(19) ※「解禁(かいきん)する[他] ; 해금하다[他]」　▶
「解禁(かいきん)される[サ] ; 해금되다[受]」
「解禁(かいきん)になる[ナ] ; 해금되다[受]」

イギリスは今年(ことし)一月(いちがつ)、研究(けんきゅう)目的(もくてき)に限(かぎ)って使用(しよう)を解禁(かいきん)するなど各国(かっこく)で対応(たいおう)が分(わ)かれている。
(영국은 금년 1월에 연구 목적에 한해, 사용을 해금하는 등 각국에서 대응이 갈리고 있다.)

台湾人(たいわんじん)の大陸(たいりく)訪問(ほうもん)が解禁(かいきん)された。
(대만인의 대륙 방문이 해금되었다.)

狩猟(しゅりょう)が解禁(かいきん)になります。
(수렵이 해금됩니다.)

(20) ※「解散(かいさん)する[他] ; 해산하다[他]」≪1級語彙≫　▶
「解散(かいさん)する[自] ; 해산되다[受]」
「解散(かいさん)される[サ] ; 해산되다[受]」
「解散(かいさん)になる[ナ] ; 해단되다[受]」

全(すべ)ての事業(じぎょう)をやめて、組織(そしき)を解散(かいさん)するしかない。
(모든 사업을 그만두고 조직을 해산하는 수밖에 없다.)

会社法(かいしゃほう)では、会社(かいしゃ)が解散(かいさん)する原因(げんいん)が以下(いか)の通(とお)りに定(さだ)められています。
(회사법에서는 회사가 해산되는 원인이 이하와 같이 정해져 있습니다.)

森(もり)内閣(ないかく)によって衆議院(しゅうぎいん)が解散(かいさん)された。
(모리 내각에 의해 중의원이 해산되었다.)

最後(さいご)の日(ひ)に国会(こっかい)が解散(かいさん)になりまして批准(ひじゅん)できなかったということがあったんですけれども。
(마지막 날에 국회가 해산되어서 비준하지 못했다고 하는 것이 있었습니다만.)

(21) ※「解除(かいじょ)する[他] ; 해제하다[他]」≪1級語彙≫ ▶
「解除(かいじょ)される[サ] ; 해제되다[受]」
「解除(かいじょ)になる[ナ] ; 해제되다[受]」
政治(せいじ)活動(かつどう)の制限(せいげん)を解除(かいじょ)する。
(정치 활동의 제한을 해제하다.)
国連(こくれん)の制裁(せいさい)が解除(かいじょ)された。
(유엔의 제재가 해제되었다.)
津波(つなみ)警報(けいほう)が解除(かいじょ)になった。
(해일 경보가 해제되었다.)

(22) ※「改正(かいせい)する[他] ; 개정하다[他]」≪2, 1級語彙≫[基本][外基] ▶
「改正(かいせい)される[サ] ; 개정되다[受]」
「改正(かいせい)になる[ナ] ; 개정되다[受]」
法律(ほうりつ)の一部(いちぶ)を改正(かいせい)する。
(법률 일부를 개정하다.)
結核(けっかく)予防法(よぼうほう)が改正(かいせい)される。
(결핵 예방법이 개정되다.)
道路(どうろ)交通法(こうつうほう)が改正(かいせい)になる。
(도로 교통법이 개정되다.)

(23) ※「禁止(きんし)する[他] ; 금지하다[他]」≪2, 1級語彙≫[外基] ▶
「禁止(きんし)される[サ] ; 금지되다[受]」
「禁止(きんし)になる[ナ] ; 금지되다[受]」
できるだけ静粛(せいしゅく)に。周囲(しゅうい)の隊員(たいいん)に話(はな)しかけることは禁止(きんし)する。
(가능한 한 정숙히 할 것. 주위 대원에게 말을 거는 것은 금지한다.)
事実上(じじつじょう)、日本人(にほんじん)移民(いみん)が禁止(きんし)されるに至(いた)った。
(사실상, 일본인 이민이 금지되게 되었다.)
その遊(あそ)び僕(ぼく)の小学校(しょうがっこう)じゃ、禁止(きんし)になりましたけど。
(그 놀이, 우리 초등학교에서는 금지되었습니다만.)

(24) ※「更迭(こうてつ)する[他] ; 경질하다[他]」 ▶
「更迭(こうてつ)する[自] ; 경질되다[受]」
「更迭(こうてつ)される[サ] ; 경질되다[受]」
「更迭(こうてつ)になる[ナ] ; 경질되다[受]」
彼(かれ)らを更迭(こうてつ)することはできなかった。

(그들을 경질할 수 없었다.)

それでも県教委(けんきょうい)が更迭(こうてつ)した。
(그래도 현 교육위원회가 경질되었다.)

部長(ぶちょう)が更迭(こうてつ)されて、課長(かちょう)が新(あら)たに部長(ぶちょう)に就任(しゅうにん)した。
(부장이 경질되어, 과장이 새로 부장으로 취임했다.)

今回(こんかい)の人事(じんじ)発表(はっぴょう)により、彼(かれ)は事実上(じじつじょう)更迭(こうてつ)となった。
(이번 인사 발표에 의해, 그는 사실상 경질이 되었다.)

(25) ※「公表(こうひょう)する[他] ; 공표하다[他]」≪2, 1級語彙≫ ▶
「公表(こうひょう)される[サ] ; 공표되다[受]」
「公表(こうひょう)になる[ナ] ; 공표되다[受]」
選挙(せんきょ)結果(けっか)を公表(こうひょう)する。
(선거 결과를 공표하다.)

大気中(たいきちゅう)の放射線(ほうしゃせん)レベルが公表(こうひょう)された。
(대기 중의 방사선 레벨이 공표되었다.)

本日(ほんじつ)取(と)り上(あ)げましたこうした問題(もんだい)というのは、実(じつ)は昨年(さくねん)十二月(じゅうにがつ)に公表(こうひょう)になりました行政(ぎょうせい)改革(かいかく)委員会(いいんかい)の「規制(きせい)緩和(かんわ)の推進(すいしん)に関(かん)する意見(いけん)」の中(なか)に取(と)り上(あ)げられております。
(금일 다룬 이러한 문제라는 것은 실은 작년 12월에 공표된 행정 개혁 위원회의「규제 완화의 비준에 관한 의견」중에 다루어져 있습니다.)

(26) ※「採用(さいよう)する[他] ; 채용(채택)하다[他]」≪1級語彙≫ ▶
「採用(さいよう)される[サ] ; 채용(채택)되다[受]」
「採用(さいよう)になる[ナ] ; 채용(채택)하다[受]」
既(すで)に資格(しかく)のある人(ひと)を教員(きょういん)に採用(さいよう)する。
(이미 자격이 있는 사람을 교원에 채용한다.)

極(きわ)めて小規模(しょうきぼ)の事業体(じぎょうたい)を除(のぞ)き、複式(ふくしき)簿記(ぼき)が採用(さいよう)されている。
(극히 소규모의 사업체를 제외하고 복식 부기가 채택되고 있다.)

明日(あした)から税理士(ぜいりし)事務所(じむしょ)にて事務員(じむいん)として採用(さいよう)になった。
(내일부터 세리사 사무소에서 사무원으로서 채용되었다.)

(27) ※「施行(しこう)する[他] ; 시행하다[他]」≪1級語彙≫ ▶
「施行(しこう)される[サ] ; 시행되다[受]」
「施行(しこう)になる[ナ] ; 시행되다[受]」
いくつかの癌(がん)[胃(い)ガン、肺癌(はいがん)、大腸癌(だいちょうがん)、子宮癌(しきゅうがん)、乳(にゅう)ガンなど]に対(たい)して集団(しゅうだん)検診(けんしん)を施行(しこう)しています。
(몇 개의 암[위암, 폐암, 대장암, 자궁암, 유방암 등]에 대해 집단 검진을 시행하고 있습니다.)
法律(ほうりつ)は公布(こうふ)の日(ひ)から満(まん)二十日(はつか)を経(へ)て施行(しこう)されるのが原則(げんそく)であるが、近時(きんじ)の法令(ほうれい)ではその法令(ほうれい)自体(じたい)で施行(しこう)期日(きじつ)を定(さだ)め、また公布(こうふ)と同時(どうじ)に施行(しこう)する場合(ばあい)も多(おお)い。
(법률은 공포일부터 만 20일을 지나 시행되는 것이 원칙이지만, 최근의 법령에서는 그 법령 자체에서 시행 기일을 정하고, 다시 공포와 동시에 시행하는 경우도 많다.)
改正(かいせい)金融(きんゆう)再生法(さいせいほう)が施行(しこう)になった。
(개정 금융 재생법이 시행되었다.)

(28) ※「断水(だんすい)する[他] ; 단수하다[他]」≪2, 1級語彙≫ ▶
「断水(だんすい)される[サ] ; 단수되다[受]」
「断水(だんすい)になる[ナ] ; 단수되다[受]」
水道(すいどう)を断水(だんすい)する。
(수도를 단수하다.)
水道(すいどう)が断水(だんすい)される。
(수도가 단수되다)
干魃(かんばつ)について断水(だんすい)になった。
(한발 때문에 단수되었다.)

(29) ※「中止(ちゅうし)する[他] ; 중지하다[他]」≪2, 1級語彙≫ ▶
「中止(ちゅうし)される[サ] ; 중지되다[受]」
「中止(ちゅうし)になる[ナ] ; 중지되다[受]」
市内(しない)で戦争(せんそう)が行(おこ)なわれているからといって、講義(こうぎ)を中止(ちゅうし)することはしなかった。
(시내에서 전쟁이 행해졌다고 해서 강의를 중지하는 일은 하지 않았다.)
嘘(うそ)が発覚(はっかく)した時(とき)は、計画(けいかく)は中止(ちゅうし)されることになっている。
(거짓이 발각되었을 때는 계획은 중지되게 되어 있다.)

その他(た)天候(てんこう)により、中止(ちゅうし)になる場合(ばあい)があります。
(그 밖에 날씨로 인해, 중지되는 경우가 있습니다.)

(30) ※「中断(ちゅうだん)する[他] ; 중단하다[他]」≪1級語彙≫ ▶
「中断(ちゅうだん)する[自] ; 중단되다[受]」
「中断(ちゅうだん)される[サ] ; 중단되다[受]」
「中断(ちゅうだん)になる[ナ] ; 중단되다[受]」
ますます多(おお)くの、とりわけ高学歴(こうがくれき)の女性(じょせい)が、家事(かじ)・育児(いくじ)のために職業(しょくぎょう)を中断(ちゅうだん)することをできるかぎり、延期(えんき)ないし回避(かいひ)しようとするようになった。
(점점 많은 특히 고학력의 여성이 가사 육아 때문에 직업을 중단하는 일을 가능하면, 연기 내지는 회피하려고 하게 되었다.)
もちろん、これで試合(しあい)が中断(ちゅうだん)するわけではない。
(물론 이것으로 시합이 중단되는 것은 아니다.)
広告(こうこく)の実施(じっし)が中断(ちゅうだん)されることなどがある。
(광고 실시가 중단되는 일 등이 있다.)
テレビ番組(ばんぐみ)の取材(しゅざい)が中断(ちゅうだん)になったというのは変(へん)ですね。
(텔레비전의 취재가 중단되었다고 하는 것은 이상하군요.)

(31) ※「追加(ついか)する[他] ; 추가하다[他]」≪2, 1級語彙≫ ▶
「追加(ついか)される[サ] ; 추가하다[受]」
「追加(ついか)になる[ナ] ; 추가되다[受]」
新(あたら)しいニュース価値(かち)基準(きじゅん)を追加(ついか)する必要(ひつよう)がある。
(새 뉴스 가치 기준을 추가할 필요가 있다.)
そのたびごとに膨大(ぼうだい)な予算(よさん)が追加(ついか)されているように見(み)える。
(그 때마다 방대한 예산이 추가되고 있는 것처럼 보인다.)
3,000円(えん)以上(いじょう)買(か)うと、2時間(にじかん)無料(むりょう)が追加(ついか)になります。
(3,000엔 이상 사면, 2시간 무료가 추가됩니다.)

(32) ※「停止(ていし)する[他] ; 정지하다[他]」≪2, 1級語彙≫ ▶
「停止(ていし)する[自] ; 정지되다[受]」
「停止(ていし)される[サ] ; 정지되다[受]」
「停止(ていし)になる[ナ] ; 정지되다[受]」
その手続(てつづき)を停止(ていし)しなければならない。

(그 수속을 정지하지 않으면 안 된다.)

そのたびに活動(かつどう)が停止(ていし)しました。
(그 때마다 활동이 정지되었습니다.)

選挙権(せんきょけん)が停止(ていし)されている人(ひと)は投票(とうひょう)できません。
(선거권이 정지되어 있는 사람은 투표할 수 없습니다.)

これによって、道路交通法上(どうろこうつうほうじょう)の運転者(うんてんしゃ)の免許(めんきょ)が停止(ていし)になるのか。
(이것에 의해 도로교통법상의 운전자 면허가 정지되는 것인가?)

(33) ※「廃止(はいし)する[他] ; 폐지하다[他]」≪1級語彙≫[基本] ▶
「廃止(はいし)される[サ] ; 폐지되다[受]」
「廃止(はいし)になる[カ] ; 폐지되다[受]」
政府(せいふ)委員(いいん)制度(せいど)を廃止(はいし)する。
(정부 위원 제도를 폐지하다.)

輸入(ゆにゅう)事前(じぜん)許可(きょか)制度(せいど)が廃止(はいし)された。
(수입 사전 허가 제도가 폐지되었다.)

日本脳炎(にほんのうえん)の予防注射(よぼうちゅうしゃ)が廃止(はいし)になったことを今(いま)知(し)りました。
(일본뇌염의 예방 주사가 폐지가 된 것을 지금 알았습니다.)

(34) ※「発売(はつばい)する[他] ; 발매하다[他]」≪2, 1級語彙≫ ▶
「発売(はつばい)される[サ] ; 발매되다[受]」
「発売(はつばい)になる[カ] ; 발매되다[受]」
他(た)のメーカーも同(おな)じような製品(せいひん)を発売(はつばい)する。
(다른 메이커도 같은 제품을 발매하다.)

この度(たび)、新(あたら)しいシリーズが発売(はつばい)された。
(이번에 새 시리즈가 발매되었다.)

新人賞(しんじんしょう)の予選(よせん)通過(つうか)作品(さくひん)と作者(さくしゃ)の名前(なまえ)の載(の)った雑誌(ざっし)が発売(はつばい)になった。
(신인상 예선 통과 작품과 작자의 이름이 실린 잡지가 발매되었다.)

(35) ※「発表(はっぴょう)する[他] ; 발표하다[他]」≪2, 1級語彙≫[外基] ▶
「発表(はっぴょう)される[サ] ; 발표되다[受]」
「発表(はっぴょう)になる[カ] ; 발표되다[受]」
新製品(しんせいひん)を発表(はっぴょう)する。

(신제품을 발표하다.)

気象庁(きしょうちょう)から、東海(とうかい)地震(じしん)予知(よち)情報(じょうほう)が発表(はっぴょう)されました。

(기상청에서 도카이 지진 예지 정보가 발표되었습니다.)

年賀(ねんが)ハガキの当選(とうせん)番号(ばんごう)が発表(はっぴょう)になりました。

(연하장의 당첨 번호가 발표되었습니다.)

(36) ※「閉鎖(へいさ)する[他] ; 폐쇄하다[他]」≪1級語彙≫　▶

　「閉鎖(へいさ)する[自] ; 폐쇄되다[受]」

　「閉鎖(へいさ)される[サ] ; 폐쇄되다[受]」

　「閉鎖(へいさ)になる[ナ] ; 폐쇄되다[受]」

　予告(よこく)通(どお)り、このブログは閉鎖(へいさ)することにします。

　(예고한 대로 이 블로그는 폐쇄하기로 했습니다.)

　ダッジ社(しゃ)の中心(ちゅうしん)工場(こうじょう)が閉鎖(へいさ)する。

　(닷지사의 중심 공장이 폐쇄되다.)

　各地(かくち)の海岸(かいがん)で、クラゲが大量(たいりょう)発生(はっせい)して、海水浴場(かいすいよくじょう)が閉鎖(へいさ)されてる。

　(각지의 해안에서 해파리가 대량으로 발생해서 해수욕장이 폐쇄되었다.)

　日本(にほん)では「大学(だいがく)不滅(ふめつ)の法則(ほうそく)」とかいわれて、大学(だいがく)が閉鎖(へいさ)になることはこれまで考(かんが)えられなかったようだが。

　(일본에서는「대학 불멸의 법칙」라든가 하여, 대학이 폐쇄되는 것은 지금까지 생각할 수 없었던 것 같은데.)

(37) ※「返還(へんかん)する[他] ; 반환하다[他]」≪1級語彙≫　▶

　「返還(へんかん)される[サ] ; 반환되다[受]」

　「返還(へんかん)になる[ナ] ; 반환되다[受]」

　ゴラン高原(こうげん)などの占領地(せんりょうち)を返還(へんかん)する。

　(골란 고원 등의 점령지를 반환한다.)

　いまだそのお金(かね)が返還(へんかん)されてない。

　(아직 그 돈이 반환되어 않았다.)

　香港(ほんこん)が返還(へんかん)になって、それも終(お)わりさ。

　(홍콩이 반환되어 그것도 끝이야.)

(38) ※「変更(へんこう)する[他] ; 변경하다[他]」≪2, 1級語彙≫　▶

　「変更(へんこう)される[サ] ; 변경되다[受]」

「変更(へんこう)になる[ナ] ; 변경되다[受]」
就業(しゅうぎょう)時間(じかん)を変更(へんこう)する。
(취업 시간(일을 시작하는 시간)을 변경하다.)
計画(けいかく)が変更(へんこう)されたのですから、当然(とうぜん)国(くに)に返還(へんかん)されることになりますね。
(계획이 변경되었으니까, 당연히 국가에 반환되게 됩니다.)
家賃(やちん)の振込(ふりこみ)口座(こうざ)が変更(へんこう)になりました。
(집세 이체 계좌가 변경되었습니다.)

「되다文」의 의미를 정확하게 파악하기 위해서는 자동사문에 있어서의 「~되다」의 사용 실태에 주목해야 할 필요가 있다. 자동사문에서 어떤 사건의 상태변화를 나타내는 것으로 파악할 경우, 「~되다」가 쓰인다. 그리고 이때 동작주나 원인 등을 나타내는 성분은 해당 문을 이해하기 위해서 반드시 필요로 하는 성분이 아니라는 점에서 **부수적(付隨的) 성분**으로 규정된다.

물론 수동문인 「되다文」에 있어서도 동작주나 원인 등의 성분이 문중에 명시되지 않아도 문 성립 자체에는 아무런 지장이 없다. 이와 같이 「되다文」에 있어서 사건의 성립에 관여하는 것이 실제로 문중에 표현되지 않을 경우, 이것을 어떻게 해석해야 할 것인가가 문제가 된다. 즉, 일본어의 수동문과 같이 실제로는 표현되지 않더라도 문을 이해하기 위해서는 해당 성분의 도움을 필요로 하는, **필수적(必須的) 성분**으로 인정할 것인가, 아니면 일군의 자동사문의 「~하다」・「~되다」와 마찬가지로, 「되다文」에 있어서도 「부수적(付隨的) 성분」으로 간주해야 할 것인가가 관건이다.

수동문인 「되다文」, 일군의 자동사문에 있어서의 「~되다」, 본동사로서의 「상태변화문」에 동일한 형태가 쓰이고 있다는 점에 주목하고자 한다면, 「되다文」이 나타내는 의미 내용도 일군의 자동사문에 있어서의 「되다」문과 마찬가지로 〈어떤 사건의 상태변화〉를 나타내는 것으로 설명하는 것이 타당할 것이다.

「되다文」은 이러한 의미적 특징으로 인하여, 당연히 주어가 동작주나 혹은 기타 성분으로부터 직접적으로 어떤 영향을 받는다는 것으로는 표현되지 않는다. 이 점은 「되다形」에 대응하지 않는 「サレル形」이 있다는 사실에서도 확인할 수 있다. 즉, 일본어의 경우, 한어동사에 국한하지 않고 즉 술어의 종류에 상관없이 모든 유형의 수동은 「サレル形」이 담당한다. 이에 대해 한국어의 수동은 술어를 한어동사에 한정할 경우에도 「~되다」이외

에도「~받다」,「~당하다」등의 형식이 참여한다는 점에서, 일본어에 비해 상대적으로 수동형식이 다양하다고 할 수 있다. 그런데, 이러한 사실을 정확히 이해하고 있지 않으면, 〈일본어 수동형식은 간단하고 규칙적인 데에 비해 한국어의 수동형식은 다양하고 복잡하여, 예측이 불가능하다〉와 같이 언어사실을 왜곡하는 그런 결론을 도출하기 쉽다.

(39) 물론 高速電鉄의 都心通過를 計画하고 있는 建設交通部案은 아직 確定된 것도 아니고 또 그대로 決定된다고 해도 慶州가 解体되거나 破壊되는 것도 아니다.
勿論(もちろん)高速電車(こうそくでんしゃ)の都心通過(としんつうか)を計画(けいかく)している建設交通部案(けんせつこうつうぶあん)はまだ確定(かくてい)されたものではなく、またそのまま決定(けってい)されるとしてもすぐに慶州(キョンジュー)が分離(ぶんり)されたり壊(こわ)されることもない。

(39)의「確定되다」・「決定되다」・「解体되다」・「破壊되다」의「~되다」는 수동접사로서의 용법으로 이들은 각각 능동형인「確定하다」・「決定하다」「解体하다」「破壊하다」에 대응한다.

3. 「~받다」「~당하다」의 의미 용법

한국어 한어동사의 수동형은 (39)와 같이 「~되다形」이 생산성이 있고, 또한 사용빈도가 높지만, 한어명사의 어휘적 의미, 그리고 문 전체의 의미에 따라서는 「받다形」, 「당하다形」에 의한 수동형식도 쓰인다. 그리고 이들 수동접사 「~되다」·「~받다」·「~당하다」는 한어명사에 따라 상보분포를 이루는 경우도 있지만, 그렇다고 해서 상호 배타적인 관계에 있는 것도 아니다. 즉, 1가지 유형만이 가능한 한어동사도 있지만, 한어동사에 따라서는 2가지 또는 3가지 형식이 모두 가능한 경우도 있다. 먼저 예를 보도록 하자.

3.1 수동형식의 다양성

3.1.1 [〜되다・〜받다]의 유형

(40) 子女는 이제 家門을 잇고 집안의 名譽를 維持하기 위한 手段에서 <u>解放되어</u>, 独自的인 人権을 <u>保障받고</u> 自律性을 維持하는 手段으로 <u>認定받게</u> 된다.
   子女(しじょ)はいまや家門(かもん)を継(つ)ぎ、家柄(いえがら)の名誉(めいよ)を維持(いじ)するための手段(しゅだん)から<u>解放(かいほう)され</u>、独自的(どくじき)な人権(じんけん)を<u>保障(ほしょう)され</u>、自律性(じりつせい)を維持(いじ)する手段で<u>認(みと)</u>められるようになった。

(40)에서는 「解放되다」의 「되다形」과 「保障받다」·「認定받다」의 「받다形」이 등장하고 있다.

3.1.2 [〜되다・〜당하다]의 유형

(41) 資本主義 社會 體制에서 勞動者는 以前의 身分的 束縛에서 <u>解放되고</u> 人格的 自由를 누리지만 生産 手段의 所有에서 <u>排除당한</u> 한에서는 끊임없이 資本 아래에서 隸屬을 <u>強要당한다</u>.
   資本主義(しほんしゅぎ)社会体制(しゃかいたいせい)で勞働者(ろうどうしゃ)は以前(いぜん)の身分的(みぶんてき)束縛(そくばく)から<u>解放(かいほう)され</u>、人格的(じんかくてき)自由(じゆう)を受(う)けるが、生産(せいさん)手段(しゅだん)の所有(しょゆう)から<u>排除(はいじょ)され</u>る限(かぎ)りでは継続(けいぞく)して資本(しほん)のもとで隷属(れいぞく)を<u>強要(きょうよう)</u>される。

(41)에서는「解放되다」의「되다形」과「排除당하다」・「強要당하다」의「당하다形」이 함께 쓰이고 있다.

3.1.3 [〜받다・〜당하다]의 유형

(42) 지난날 우리의 가장 <u>所重</u>한 '<u>財産</u>'인 한글은 나라 안팎에서 홀대 <u>逼迫당해</u> <u>存立</u>마저 <u>威脅받을</u> 정도에 이른 적도 여러 번 있었다.
　　かつてわれらのもっとも大切(たいせつ)な'財産'であるハングルは国(くに)の内外(ないがい)から<u>粗末(そまつ)な待遇(たいぐう)・逼迫(ひっぱく)をされ</u>、存立(そんりつ)さえ脅(おびや)かされるほどにいたったことも何度(なんど)かあった。

(42)에서는「威脅받다」의「받다形」과, 그리고「逼迫당하다」의「당하다形」이 동일 문장에서 같이 쓰이고 있다.

3.1.4 [〜되다・〜받다・〜당하다]의 유형

(43) 그는 <u>陋名</u>을 써 警察에 <u>拘束된</u> 것이 정말로 억울했다. 그리고 <u>眞相</u>을 알 리가 없는 警察에 의해 <u>無視당하고</u> 있는 자신이 너무 한심하고 답답해서 미칠 것만 같았다. 어제까지만 해도 아무 일 없었던 그는 지금 警察에서 <u>自白</u>을 <u>脅迫받고</u> 있는 사람이 自身인가 疑心하지 않을 수 없었다.
　　彼(かれ)はぬれぎぬを着せられ、警察(けいさつ)に<u>拘束(こうそく)された</u>ことが本当(ほんとう)に無念(むねん)だった。そして真相(しんそう)を知(し)るよしもない警察により<u>無視(むし)されている</u>自分(じぶん)がとても情(なさ)けなくいらして気(き)が狂(くる)いそうだった。きのうまで何(なに)ごともなかった彼はいま、警察から自白(じゆう)を<u>脅迫(きょうはく)されている</u>者(もの)が自分(じぶん)なのか疑(うたが)わざるを得(え)なかった。

(43)에서는「拘束되다」의「되다形」,「脅迫받다」의「받다形」, 그리고「無視당하다」의「당하다形」과 같이 동일 문에서 3가지 형식이 모두 쓰이고 있다.

参考文献

青木玲子(1980)「可能表現」『国語学大辞典』国語学会.
天野みどり(2002)『文の理解と意味の創造』笠間書院.
池上禎造(1984)「漢語の品詞性」『漢語研究の構想』岩波書店.
池上嘉彦(1975)『意味論』大修館書店.
＿＿＿＿(1978)『意味の世界』日本放送出版協会.
池上嘉彦(1981)『「する」と「なる」の言語学』大修館書店.
石綿敏雄・高田誠(1990)『対照言語学』桜楓社.
穐田定樹(1976)『中古中世の敬語の研究』清文堂.
李成圭(1988a)「日本語における受動文の意味的特徴－漢語動詞を対象して－」『日本語と日本文学』9 筑波大学国語国文学会.
＿＿＿＿(1988b)「受動文の意味的特徴－韓・日両言語の対照的考察－」『月刊言語』17-9 大修館書店.
＿＿＿＿(1990)「漢語動詞の態の諸問題-日本語教育の立場から-」『人文科学研究』17輯 仁荷大学校.
＿＿＿＿(1991)「カラとノデの異同」『日語日文学研究』18輯 韓国日語日文学会.
＿＿＿＿等訳(1992)『日本語学の理解』法文社.
＿＿＿＿(1993~1996)『東京日本語1, 2, 3, 4, 5』時事日本語社.
＿＿＿＿等著(1995)『現代日本語研究1, 2』不二文化社.
＿＿＿＿等著(1996)『홍익나가누마 일본어1, 2, 3』홍익미디어.
＿＿＿＿等著(1996)『홍익나가누마 일본어1, 2, 3 해설서』홍익미디어.
＿＿＿＿等著(1997)『홍익일본어독해1, 2』홍익미디어.
＿＿＿＿(1998)『東京現場日本語1』不二文化社.
＿＿＿＿(2000)『東京現場日本語2』不二文化社.
＿＿＿＿(2003a)『도쿄 비즈니스 일본어1』불이문화.
＿＿＿＿(2003b)『日本語受動文の研究』不二文化.
＿＿＿＿(2003c)『日本語 語彙Ⅰ - 日本語 実用文法의 展開 Ⅱ-』不二文化.
＿＿＿＿(2004)『일본어 조동사 연구Ⅰ - 일본어 실용문법의 전개Ⅵ -』불이문화.
＿＿＿＿(2006a)「使役受動의 語形에 대한 일고찰」『日本学報』68輯 韓国日本学会. pp. 69-80.
＿＿＿＿(2006b)「使役受動 語形의 移行에 대하여」『日本学報』69輯 韓国日本学会. pp. 67-82.
＿＿＿＿(2007a)「日本語 依頼表現 研究의 課題」『日本学報』70輯 韓国日本学会. pp. 111-124.
＿＿＿＿(2007b)「〈お/ご~くださる〉계열의 서열화 및 사용가능성에 대해」『日本学報』71輯 韓国日本学会. pp. 93-110.
＿＿＿＿(2007c)『일본어 의뢰표현Ⅰ - 肯定의 依頼表現의 諸相 - 』시간의물레. pp. 16-117.
＿＿＿＿(2008a)「일본어 의뢰표현의 유형화 및 서열화에 대해 -〈てくれる〉계열・〈てもらえる〉 계열을 대상으로 하여 - 」『日本学報』74輯 韓国日本学会. pp. 17-34.
＿＿＿＿(2010a)「「おっしゃる」와「言われる」의 사용상의 기준 - 신약성서(신공동역)의 4복음서를 대상으로 하여 - 」『日本学報』82輯 韓国日本学会. pp. 99-110.

_____(2010b)「잉여적 선택성에 기초한「なさる」와「される」의 사용상의 기준 - 신약성서
　　　　(신공동역)의 4복음서를 대상으로 하여 - 」『日本学報』84輯 韓国日本学会. pp. 209-225.
_____(2011a)「ナル형 경어와 レル형 경어의 사용상의 기준 - 복수의 존경어 형식이 혼용되고
　　　　있는 예를 중심으로 - 」『日本学報』86輯 韓国日本学会. pp. 121-141.
_____(2011b)「ナル형 경어와 レル형 경어의 사용실태 - 화체적 요인을 중심으로 하여 - 」
　　　　『日本学報』87輯 韓国日本学会. pp. 39-52.
_____(2011c)「사용상의 기준과 복음서 간의 이동 - ナル형 경어와 レル형 경어의 사용실태를
　　　　대상으로 하여 - 」『日本語教育』56輯 韓国日本語教育学会. pp. 175-203.
_____(2012)「〈ないでもらえる〉계열의 의뢰표현 - 각 형식의 사용실태 및 표현가치(정중도)를
　　　　중심으로 하여 - 」『日本学報』92輯 韓国日本学会. pp. 63-83.
_____(2013a)「의뢰표현〈ないでくださいますか〉의 표현가치」『외국학연구』23 중앙대학교
　　　　외국학연구소. pp. 121-38.
_____(2013b)「〈ないでくださる?〉〈ないでくださらない?〉의 의뢰표현 - 사용실태 및 사용가능성,
　　　　그리고 표현가치 - 」『日本学報』95輯 韓国日本学会. pp. 47-61.
_____(2014a)「의뢰표현〈ないでくださいませんか〉의 운용 실태와 표현가치」『외국학연구』27
　　　　中央大学校 外国学研究所. pp. 237-257.
_____(2014b)「〈ないでくださるでしょうか〉의 의뢰표현 ― 사용 가능성 및 표현가치 ― 」
　　　　『日本学報』99 韓国日本学会. pp. 137-150.
_____(2016b)『일본어 의뢰표현 - 부정의 의뢰표현의 제상 - 』,시간의물레.
_____(2016c)「「お答えになる」・「答えられる」・「言われる」의 사용상의 기준에 있어서의 번역자의 표현
　　　　의도 - 일본어 성서(新共同訳) 4복음서를 대상으로 하여 -」『일본언어문화』제36집, 한국일본
　　　　언어문화학회. pp. 155-176.
_____(2017a)「日本語口語訳新約聖書における〈おる〉の使用実態」『日本言語文化』第38輯, 韓国
　　　　日本言語文化学会. pp. 67-84
_____(2017b)「〈おる〉〈ておる〉の意味・用法 - リビングバイブル旧約聖書(1984)を対象として -」『日本
　　　　言語文化』第40輯, 韓国日本言語文化学会. pp. 69-90
_____(2017c)『신판 생활일본어』시간의물레.
_____(2017d)『신판 비즈니스 일본어1』시간의물레.
_____(2017f)『신판 비즈니스 일본어2』시간의물레.
_____(2018a)「「なさる」에 의한 존경어 형식과 사역의 존경화 - 일본어 구어역 신약성서를 대상으로
　　　　하여 - 」『日本研究』第48輯, 中央大学校 日本研究所. pp. 7-29
_____(2018b)「発話動詞〈言う〉の尊敬語の使用実態 - 日本語口語訳新約聖書を対象として -」『日本
　　　　言語文化』第43輯, 韓国日本言語文化学会. pp. 105-120
_____(2018c)『일본어 구어역 마가복음의 언어학적 분석Ⅰ』시간의물레.
_____(2019a)『일본어 구어역 마가복음의 언어학적 분석Ⅱ』시간의물레.
李成圭・權善和(2004a)『일본어 조동사 연구Ⅰ』不二文化.
　　　　_____(2004b)『일본어 조동사 연구Ⅱ』不二文化.
　　　　_____(2006a)『일본어 조동사 연구Ⅲ』不二文化.
　　　　_____(2006b)『현대일본어 문법연구Ⅰ』시간의물레.
　　　　_____(2006c)『현대일본어 문법연구Ⅱ』시간의물레.
　　　　_____(2006d)『현대일본어 문법연구Ⅲ』시간의물레.
　　　　_____(2006e)『현대일본어 문법연구Ⅳ』시간의물레.
李成圭・閔丙燦(1999)『現代日本語敬語の研究』不二文化社.
　　　　_____(2006)『일본어 경어의 제문제』不二文化.
荒木博之(1983)『敬語日本人論』PHP研究所.

井出祥子(1982)「待遇表現と男女差の比較」『日英語比較講座５ 文化と社会』大修館書店.
＿＿＿＿(1987)「現代の敬語理論」『月刊言語』16-8 大修館書店.
井島正博(1988)「動詞の自他と使役との意味分析」『防衛大学校紀要 人文科学分冊』56
井上和子(1976)『変形文法と日本語(上・下)』大修館書店.
＿＿＿＿(1978)『日本語の文法規則』大修館書店.
今泉忠義・宮地幸一(1950)「受身の表現」『現代語』(論集 日本語研究 15 土屋信一編 1983) 有精堂『現代国語法』四 有精堂 所収.
内田賢徳(1978)「複合動詞のために」『国語学論説資料』1 5-3 論説資料保存会.
生越直樹(1982)「日本語漢語動詞における能動と受動－朝鮮語hata動詞との対照-」『日本語教育』48 日本語教育学会.
＿＿＿＿(2001)「現代朝鮮語の하다動詞における하다形と되다形」『「하다」と「する」の言語学』『筑波大学「東西言語文化類型論特別プロジェクト」研究成果報告書Ⅳ別冊』平成12年度
大野晋他編(1977)『岩波講座日本語9 語彙と意味』岩波書店.
大野晋(1987)『文法と語彙』岩波書店.
奥田邦男(1986)「日本語の動詞の分類に関する一考察―漢語動詞を中心に―日本語教育基礎研究(6)」『広島大学教育学部紀要』第2部 第34号
奥田靖雄(1985)『ことばの研究・序説』むぎ書房.
奥津敬一郎(1967)「自動化・他動化および両極化転形-自・他動詞の対応-」『国語学』70 国語学会.
片岡 了(1975)「素材敬語から対話敬語へ」『文芸論叢』大谷大学.
門脇誠一(1982)「日本語と朝鮮語の語彙」『日本語教育』48 日本語教育学会.
影山太郎(1980)『日英比較 語彙の研究』松柏社.
＿＿＿＿(1993)『文法と語形成』ひつじ書房.
＿＿＿＿(1996)『動詞意味論―言語と認知の接点―』日英語対照研究シリーズ5 くろしお出版.
亀井孝・河野六郎・柴田武・山田俊雄(1966)『言語史研究入門』(日本語の歴史 別巻) 平凡社.
北原保雄(1969)「敬語の構文論的考察」『佐伯梅友博士古希記念国語学論集』表現社.
＿＿＿＿(1970)「助動詞の相互承接についての構文的考察」『国語学』83 国語学会.
＿＿＿＿編(1978)『論集日本語研究9 敬語』有精堂.
＿＿＿＿他4人(1981a)『日本文法辞典』有精堂.
＿＿＿＿(1981b)『日本語助動詞の研究』大修館書店.
＿＿＿＿(1981c)『日本語の世界6 日本語の文法』中央公論社.
＿＿＿＿(1984)『文法的に考える―日本語の表現と文法―』大修館書店.
＿＿＿＿(1987)『全訳古語例解辞典』小学館.
＿＿＿＿(1996)『表現文法の方法』大修館書店.
＿＿＿＿編(2002)『明鏡国語辞典』大修館書店.
＿＿＿＿監修・編(2003a)『朝倉日本語講座⑤ 文法Ⅰ』朝倉書店.
＿＿＿＿監修(2003b)『岩波 日本語使い方 考え方』岩波書店.
＿＿＿＿(20014)『日本語の助動詞―二つ「なり」の物語』大修館書店.
金水敏(1991)「受動文の歴史についての一考察」『国語学』164 国語学会.
金田一春彦(1976)『日本語動詞のアスペクト』むぎ書房.

＿＿＿＿＿(1981)『日本語の特質』日本放送出版協会.
国広哲弥(1982)『意味論の方法』大修館書店.
工藤真由美(1990)「現代日本語の受動文」『ことばの科学4』むぎ書房.
久野暲(1973)『日本文法研究』大修館書店.
＿＿＿＿＿(1983)『新日本文法研究』大修館書店.
黒田成幸(1990)「使役の助動詞の自立性について」『文法と意味の間国広哲弥教授還暦退官記念論文集』
　　　　くろしお出版.
小泉保他4人(1989)『日本語基本動詞用法辞典』大修館書店.
＿＿＿＿＿編(1955)『国語学辞典』東京堂出版.
＿＿＿＿＿編(1980)『国語学大辞典』東京堂出版.
国立国語研究所編(1951)『現代語の助詞・助動詞―用法と実例―』(国立国語研究所報告3) 秀英出版.
国際交流基金 日本語国際センター編(1990)『日本語中級1』凡人社.
此島正年(1973)『国語助動詞の研究』桜楓社.
小松光三(2000)「可能」山口明穂・秋本守雄(2000)『日本語文法大辞典』明治書院.
＿＿＿＿＿(2000)「打消」山口明穂・秋本守雄(2000)『日本語文法大辞典』明治書院.
小松英雄(1981)『日本語の世界7 日本語の音韻』中央公論社.
＿＿＿＿＿(1999)『日本語はなぜ変化するか―母語としての日本語の歴史―』笠間書院.
＿＿＿＿＿(2001)『日本語の歴史―青信号はなぜアオなのか?―』笠間書院.
坂倉篤義(1966)『語構成の研究』角川書店.
坂田幸子・倉持保男(1980)『教師用日本語教育ハンドブック ④文法(ぶんぽう)Ⅱ』国際交流基金 凡人社.
佐久間鼎(1952)『現代日本語法の研究』恒星社厚生閣.
＿＿＿＿＿(1966)『現代日本語の表現と語法』恒星社厚生閣.(刊くろしお出版 1983)
佐治圭三(1991)『日本語の文法の研究』ひつじ書房.
柴公也(1986)「漢語動詞をいかに教えるか―韓国人学生に対して―」『日本語教育』59 日本語教育学会.
柴田　武(1965)「敬語の使い分け」『ことばの社会学』日本放送出版会.
柴谷方良(1978)『日本語の分析―生成文法の方法―』大修館書店.
＿＿＿＿＿(1997)「迷惑受身の意味論」『日本語文法 体系と方法』(川端善明・仁田義雄編) ひつじ書房.
渋谷勝己(1993)『日本語可能表現の諸相と発展』大阪大学文学部 33-1
＿＿＿＿＿(1994)『可能文における格パタンの変遷』阪大日本語研究
白川博之(2003)「使役動詞」『岩波 日本語使い方 考え方』北原保雄監修 岩波書店.
須賀一好・早津恵美子(1995)『動詞の自他』(日本語研究資料集第1期第8巻) ひつじ書房.
鈴木重幸(1972)『日本語文法・形態論』むぎ書房.
砂川有里子(1984)「＜に受身文＞と＜によって受身文＞」『日本語学』7-3 明治書院.
高橋太郎(1977)「たちば(Voice)のとらえかたについて」『教育国語』51
＿＿＿＿＿(1994)『動詞の研究』むぎ書房.
高見健一(1995)『機能的構文論による日英語比較』くろしお出版.
竹沢幸一・John Whitman(1998)『日英語比較選書9. 格と語順と統語構造』研究社.

玉村文郎(1984)『語彙の研究と教育(上)』国立国語研究所.
＿＿＿＿(1985)『語彙の研究と教育(下)』国立国語研究所.
張麟声(1995)「ニとカラとニヨッテ」『日本語類義表現の文法(上)』くろしお出版.
辻村敏樹(1967)『現代の敬語』共文社.
＿＿＿＿編著(1980)『講座 国語史 第5巻 敬語史』大修館書店.
＿＿＿＿(1984)「待遇表現」『研究資料日本文法⑨敬語法編』明治書院.
寺村秀夫(1976)「「ナル」表現と「スル」表現－日英「態」表現の比較－」『日本語と日本語教育－文字・表現編－』国立国語研究所.
＿＿＿＿(1982)『日本語のシンタクスと意味Ⅰ』くろしお出版.
＿＿＿＿(1984)『日本語のシンタクスと意味Ⅱ』くろしお出版.
＿＿＿＿(1991)『日本語のシンタクスと意味Ⅲ』くろしお出版.
時枝誠記(1941)『国語学原論』岩波書店.
＿＿＿＿(1950)『日本文法 口語篇』岩波書店.
＿＿＿＿(1950)『古典解釈のための日本文法』岩波書店.
＿＿＿＿(1954)『日本文法 文語篇』岩波書店.
藤堂明保(1979)『漢語と日本語』秀英出版.
永野賢(1953)「表現文法の問題」『金田一京助博士古稀記念言語民俗論叢』三省堂.
仁田義雄(1980)『語彙論的統語論』明治書院.
＿＿＿＿(1997)『日本語文法研究序説-日本語の記述文法を目指して-』くろしお出版.
＿＿＿＿・村木新次郎・柴谷方良・矢沢真人(2000)『文の骨格』(日本語の文法1) 岩波書店.
日本語教育学会編(1982)『日本語教育辞典』大修館書店.
沼田善子(1989)「日本語動詞 自・他の意味的対応(1)―多義語における対応の欠落から―」『国立国語研究所報告96 研究報告集10』秀英出版.
野田尚史(1991)「日本語の受動化と使役化の対称性」『文芸言語研究・言語篇』19, 筑波大学文芸・言語学系
野本菊雄(1957)「敬語の使い分けの能力」『言語生活』
＿＿＿＿(1977)「敬語意識」『月刊ことば』
橋本進吉(1948)『国語法研究』岩波書店.
＿＿＿＿(1959)『国文法体系論』岩波書店.
＿＿＿＿(1969)『助詞・助動詞の研究』岩波書店.
林四郎(1973)「敬語行動のタイプ」『敬語講座7』明治書院.
林史典(1986)『国語基本用例辞典』教育社.
＿＿＿＿(1992)『15万例文・成句現代国語用例辞典』教育社.
早津笑美子(1989)「有対他動詞と無対他動詞との違いについて―意味的な 特徴を中心に―」『言語研究』95
深見兼孝(1991)「日本語と韓国語の受身」『広島大学教育学部紀要』第2部 第39号
福島直恭(2008)『書記言語としての「日本語」の誕生―その存在を問い直す―』笠間書院.
福村虎次郎(1965)『英語態の研究』北星堂.
文化庁編(1972)『日本語教授法の諸問題』日本語教育指導参考書3 大蔵省.
＿＿＿＿(1973)『日本語の文法(上)』日本語教育指導参考書4 大蔵省.

＿＿＿＿(1974)『日本語の文法(下)』日本語教育指導参考書5 大蔵省.
細川由起子(1986)「日本語の受身文における動作主マーカーについて」『国語学』144 國語學會.
堀川直義・林四郎編著(1977)『敬語[用例中心]ガイド』明治書院.
益岡隆志(1982)「日本語受動文の意味分析」『言語研究』82 日本言語学会.
＿＿＿＿(1987)『命題の文法』くろしお出版.
＿＿＿＿(2000)『日本語文法の諸相』くろしお出版.
松岡弘監修 庵功雄ほか3人(2000)『初級を教えるための日本語文法ハンドブック』株式会社スリーエーネットワーク.
松下大三郎(1928)『改撰標準日本文法』紀元社.
＿＿＿＿(1930)『標準日本口語法』中文館書店(復刊 訂正校訂 勉誠社 1977)
松村明編(1969)『古典語現代語助詞助動詞詳説』学灯社.
＿＿＿＿(1971)『日本文法大辞典』明治書院.
三尾砂(1958)『話しことばの文法』法政大学出版局.
三上章(1953)『現代語法序説』刀江書院(復刊 くろしお出版 1972)
＿＿＿＿(1970)『文法小論集』くろしお出版.
南不二男(1973)「行動の中の敬語」『敬語講座7』明治書院.
＿＿＿＿(1993)『現代日本語文法の輪郭』大修館書店.
三原健一(1994)『日本語の統語構造』松柏社.
三矢重松(1909)『高等日本文法』(増訂8版 1934)
宮島達夫(1968)『単語指導ノーと』むぎ書房.
＿＿＿＿(1972)『動詞の意味・用法の記述的研究』秀英出版.
＿＿＿＿・仁田義雄編(1995)『日本語類義表現の文法(上)─単文編─』くろしお出版.
宮地裕(1969)「せる・させる〈現代語〉」松村明編『古典語現代語 助詞助動詞詳説』学灯社.
村上三寿(1986)「うけみ構造の文」『ことばの科学1』(言語学研究会編) むぎ書房.
＿＿＿＿(1997)「うけみ構造の文の意味的なタイプ」『ことばの科学8』(言語学研究会編) むぎ書房.
村木新次郎(1991)『日本語動詞の諸相』ひつじ書房.
森岡健二(1994)『日本文法体系論』明治書院.
森田良行(1977)『基礎日本語1』角川書店.
＿＿＿＿(1981)『基礎日本語2』角川書店.
＿＿＿＿(1984)『基礎日本語3』角川書店.
＿＿＿＿(1985)『日本語の類意表現』創拓社.
森山卓郎(1988)『日本語動詞術語文の研究』明治書院.
＿＿＿＿・仁田義雄・工藤浩(2000)『モダリティ』岩波書店.
村木新次郎(1991)『日本語動詞の諸相』ひつじ書房.
山口明穂・秋本守雄(2000)『日本語文法大辞典』明治書院.
山田孝雄(1909)『日本文法論』宝文館.
＿＿＿＿(1922)『日本口語法講義』宝文館.
＿＿＿＿(1936)『日本文法学概論』宝文館.

山崎久之(1963)『国語待遇表現体系の研究 近世編』武蔵野書院.

吉田金彦(1971)『現代語助動詞の史的研究』明治書院.

＿＿＿＿(1971)『上代語助動詞の史的研究』明治書院.

＿＿＿＿(1971)「ごとし」『日本文法大辞典』(松村明編) 明治書院.

＿＿＿＿(1971)「やうなり」『日本文法大辞典』(松村明編) 明治書院.

鷲尾竜一・三原健一(1997)『ヴォイスとアスペクト』日英語比較選書 研究社出版.

＿＿＿＿ほか7人(1997)『ヴォイスに関する比較言語学的研究』筑波大学 現代言語学研究会 三修社.

金圭哲(1980)「漢字語単語에 関한 研究 ―固有語와 比較해서―」『国語研究』41 国語学会.

박양규(1990)「被動法」『国語研究会』編

서정수(1996)『現代文法文法論』漢陽大学校.

沈在箕(1981)『国語語彙論』集文堂.

우인혜(1997)『우리말 被動 研究』韓国文化社.

이광호(1988)「国語의 目的語―主語 研究」『国語学』17

이기동(1991)「動詞 '되다'의 意味分析」『東方学誌』71,72 延世大学校.

李翊燮・任洪彬(1983)『国語文法論』学研社.

Halliday et al.(1964) ; ハリデー他『言語理論と言語教育』増山節夫訳注 大修館書店. 1977

Jakobson(1963) ; ヤコブソン『一般言語学』,川本茂雄監修 田村すゞ子・村崎恭子・長嶋善郎・中野直子訳 みすず書房. 1973

Langacter(1968) ; ラネカー『言語と構造』牧野茂一訳 大修館書店. 1970

Librairie Larousse(1973) ; DICTIONNAIRE DE LINGUISTIQUE, 『ラールス言語学用語辞典』伊藤晃ほか6人編訳(1980) 大修館書店.

Lyons(1968) ; ライオンズ『理論言語学』国広哲弥監訳, 大修館書店. 1973

Lyons(1970) ; ライオンズ編『現代の言語学(上・下)』田中春美監訳 大修館書店. 1973

Shibatani, Masayoshi(1985) ; Passives and related constructions, A prototype analysis. Language 61

Ullmann(1951) ; ウルマン『意味論』山口秀夫訳 紀伊国屋書店. 1964

Ullmann(1962) ; ウルマン『言語と意味』池上嘉彦訳 大修館書店. 1969

Wartburg(1963) ; ヴァルトブルク『言語学の問題と方法』島岡茂訳 紀伊国屋書店. 1973

「1단동사」활용 13
1단·2단형활용(一段·二段型活用) 12
1단형활용(一段型；いちだんがた) 12
1단활용(一段活用；いちだんかつよう) 13
1류동사 15
1字 漢語＋する 75
「-i-」계열 277
2단형활용(二段型活用；にだんがたかつよう) 12
2字 漢語＋する 75, 228
3字 漢語＋する 75
4단형활용(四段型活用；よだんがたかつよう) 12
4字 漢語＋する 75
5단동사(五段動詞；ごだんどうし) 13, 14, 230
5단동사의 가능동사화(可能動詞化) 62
5단동사화 229
5단활용(五段活用；ごだんかつよう) 12
6활용형 체계 26

いらっしゃる 22
おっしゃる 22
お見舞(みまい)する 69
お見送(みおく)りする 69
お見合(みあ)いする 69
お付(つ)き合(あ)いする 69
お辞儀(じぎ)する 67
お出迎(でむか)えする 69
カ行変格 12

くださる 22
サ行変格 12
できる 22
なさる 22
ナ行変格 12
に値(あたい)する 66
ラ抜(ぬ)き言葉(ことば) 62
ラ行変格 12

[~되다·~당하다]의 유형 290
[~되다·~받다]의 유형 290
[~되다·~받다·~당하다]의 유형 291
[~받다·~당하다]의 유형 291

[-eru]로 끝나는 5단동사 18
[-iru]로 끝나는 5단동사 18

「居眠(いねむ)り(동사의 연용형)＋する」 71
「居眠(いねむ)り(복합동사의 연용형)＋する」유형 71
「売(う)り＋買(か)い；복합명사＋する」유형 70
「付(つ)き合(あ)い(동사의 연용형)＋する」 73
「支払(しはら)い(동사의 연용형)＋する」 72
「取消(とりけ)し(동사의 연용형)＋する」 72

「~が」격 251
「~がる」 74
「~がる·~げる」 74
「~される」 271
「~される」형 272
「~す」 24

「~する」 87, 231, 232, 271
「~せる」 24
「~だ」 231, 232
「~ている」 50
「~てくれ」 22
「~まる·~める」 74
「~れる·~られる」 28, 61
「~당하다」 271
「~되다」 232, 271, 274, 275
「~되다形」 274, 278, 280, 290
「~받다」 271
「~하다」 87, 232, 271, 274

「あらぬ」 22
「あります」의 정중체 17
「お·ご~いただく」 28
「お·ご~くださる」 28
「お·ご~です」 28
「お·ご~なさる」 28
「お·ご~になる」 28
「くれ」 22
「ございます」 17
「ござります」 17
「ござる」 17
「サレル的 意味」 280
「サレル形」 278, 280
「する；하다」 20
「する」 13, 65
「スル形」 274
「ナル的 意味」 280
「ナル形」 278, 280
「ニナル文」 278, 279

※ 勘弁(かんべん)する　209
※ 減少(げんしょう)する[他・自]　260
※ 感心(かんしん)する　209
※ 感染(かんせん)する[自]　237
※ 勘定(かんじょう)する　208
※ 強制(きょうせい)する　210
※ 改善(かいぜん)する[他・自]　257
※ 開始(かいし)する[他・自]　257
※ 介入(かいにゅう)する[自]　243
※ 改正(かいせい)する[他]　282
※ 開通(かいつう)する[他・自]　257
※ 介抱(かいほう)する　208
※ 介護(かいご)する　208
※ 開化(かいか)する[自]　243
※ 開会(かいかい)する[他・自]　256
※ 乾燥(かんそう)する[自]　234
※ 激化(げきか)する[自]　244
※ 見物(けんぶつ)する　212
※ 決断(けつだん)する　211
※ 決裂(けつれつ)する[自]　238
※ 結束(けっそく)する[他・自]　260
※ 決定(けってい)する[他・自]　260
※ 結合(けつごう)する[他・自]　259
※ 経過(けいか)する[自]　244
※ 傾斜(けいしゃ)する　211
※ 更迭(こうてつ)する[他]　282
※ 稽古(けいこ)する　211
※ 継続(けいぞく)する[他・自]　259
※ 苦労(くろう)する　211
※ 孤立(こりつ)する[自]　245
※ 故障(こしょう)する　212
※ 固定(こてい)す[他・自]　261
※ 骨折(こっせつ)する[自]　238
※ 工夫(くふう)する　211
※ 恐縮(きょうしゅく)する　210
※ 共通(きょうつう)する[自]　237
※ 恐怖(きょうふ)する　210
※ 公表(こうひょう)する[他]　283
※ 灌漑(かんがい)する　208
※ 観念(かんねん)する　209
※ 関連(かんれん)する[自]　244
※ 乖離(かいり)する[自]　237

※ 怪我(けが)する　211
※ 交代(こうたい)する・交替(こうたい)する[他・自]　261
※ 屈折(くっせつ)する[自]　244
※ 窮屈(きゅうくつ)する[自]　234
※ 帰結(きけつ)する[自]　237
※ 帰宅(きたく)する　209
※ 帰社(きしゃ)する　209
※ 均衡(きんこう)する　211
※ 禁止(きんし)する[他]　282
※ 給与(きゅうよ)する　210
※ 緊張(きんちょう)する[自]　244
※ 内定(ないてい)する[他・自]　268
※ 断水(だんすい)する[他]　284
※ 断水(だんすい)する[他・自]　265
※ 短縮(たんしゅく)する[他・自]　265
※ 当選(とうせん)する[自]　247
※ 当籤(とうせん)・当選(とうせん)・当(とう)せんする[自]　239
※ 対立(たいりつ)する[自]　246
※ 待望(たいぼう)する　221
※ 帯電(たいでん)する　221
※ 対策(たいさく)する　221
※ 途絶・跡絶・杜絶(とぜつ)する[自]　240
※ 到着(とうちゃく)する[自]　247
※ 独立(どくりつ)する[自]　247
※ 凍結(とうけつ)する[他・自]　267
※ 乱暴(らんぼう)する　227
※ 来館(らいかん)する　226
※ 来演(らいえん)する　226
※ 来日(らいにち)する　226
※ 来場(らいじょう)する　226
※ 来店(らいてん)する　226
※ 両立(りょうりつ)する[他・自]　270
※ 連続(れんぞく)する[他・自]　271
※ 了承(りょうしょう)する　227
※ 了解(りょうかい)・諒解(りょうかい)する　227
※ 留年(りゅうねん)する　227
※ 類似(るいじ)する[自]　235
※ 留守(るす)する　227

※ 留守番(るすばん)する　228
※ 流通(りゅうつう)する[他・自]　270
※ 流行(りゅうこう)する[自]　250
※ 麻痺(まひ)する[自]　240
※ 勉強(べんきょう)する　224
※ 滅亡(めつぼう)する[自]　250
※ 矛盾(むじゅん)する[自]　240
※ 問答(もんどう)する　225
※ 微笑(びしょう)する　223
※ 迷惑(めいわく)する　225
※ 拍手(はくしゅ)する　223
※ 返答(へんとう)する　224
※ 反乱(はんらん)する　223
※ 返事(へんじ)する　224
※ 反響(はんきょう)する　223
※ 返還(へんかん)する[他]　287
※ 発達(はったつ)する[自]　248
※ 発売(はつばい)する[他]　286
※ 発展(はってん)する[自]　248
※ 発表(はっぴょう)する[他]　286
※ 放電(ほうでん)する[自]　249
※ 白状(はくじょう)する　223
※ 変更(へんこう)する[他]　287
※ 弁解(べんかい)する　224
※ 変形(へんけい)する[他・自]　270
※ 変化(へんか)する[自]　249
※ 病気(びょうき)する　223
※ 普及(ふきゅう)する[他・自]　268
※ 補足(ほそく)する　225
※ 復旧(ふっきゅう)する[他・自]　269
※ 復活(ふっかつ)する[他・自]　268
※ 復興(ふっこう)する[他・自]　269
※ 負傷(ふしょう)する　224
※ 付属(ふぞく)する[自]　240
※ 専修(せんしゅう)する　219
※ 不足(ふそく)する[自]　235
※ 腐敗(ふはい)する[自]　248
※ 分裂(ぶんれつ)する[自]　249
※ 分離(ぶんり)する[他・自]　270
※ 分散(ぶんさん)する[他・自]　269
※ 紛失(ふんしつ)する[他・自]　269
※ 噴出(ふんしゅつ)する[他・自]　269

※ 分布(ぶんぷ)する[自] 248
※ 分化(ぶんか)する[自] 248
※ 分化(ぶんか)する[自] 248
※ 崩壊(ほうかい)する[自] 249
※ 詐欺(さぎ)する 213
※ 邪魔(じゃま)する 216
※ 仕事(しごと)する 214
※ 司会(しかい)する 214
※ 散歩(さんぽ)する 214
※ 渋滞(じゅうたい)する[自] 238
※ 上達(じょうたつ)する 216
※ 相談(そうだん)する 220
※ 商売(しょうばい)する 217
※ 相続(そうぞく)する 219
※ 相違(そうい)する 219
※ 生長(せいちょう)する 218
※ 先攻(せんこう)する 219
※ 先着(せんちゃく)する 219
※ 先行(せんこう)する 219
※ 成立(せいりつ)する[自] 246
※ 盛装(せいそう)する 218
※ 細工(さいく)する 213
※ 世話(せわ)する 218
※ 消滅(しょうめつ)する[自] 245
※ 消失(しょうしつ)する[他・自] 263
※ 焼失(しょうしつ)する[他・自] 263
※ 掃除(そうじ)する 219
※ 小便(しょうべん)する 217
※ 損失(そんしつ)する 220
※ 損害(そんがい)する 220
※ 衰弱(すいじゃく)する[自] 234
※ 樹立(じゅりつ)する[他・自] 263
※ 収縮(しゅうしゅく)する[自] 238
※ 循環(じゅんかん)する[他・自] 263
※ 承知(しょうち)する 217
※ 始末(しまつ)する 215
※ 施行(しこう)する[他] 284
※ 試験(しけん)する 214
※ 信仰(しんこう)する 217
※ 辛抱(しんぼう)する 217
※ 失格(しっかく)する 238
※ 失恋(しつれん)する 215

※ 失業(しつぎょう)する 215
※ 失調(しっちょう)する 215
※ 実現(じつげん)する[他・自] 261
※ 心配(しんぱい)する 217
※ 心中(しんじゅう)する 217
※ 我慢(がまん)する 208
※ 悪化(あっか)する[自] 237
※ 安心(あんしん)する[自] 243
※ 安定(あんてい)する[自] 237
※ 暗転(あんてん)する 207
※ 挨拶(あいさつ)する 207
※ 御馳走(ごちそう)する 213
※ 円熟(えんじゅく)する[自] 233
※ 延期(えんき)する[他] 280
※ 燃焼(ねんしょう)する[他・自] 268
※ 延長(えんちょう)する[他] 280
※ 延長(えんちょう)する[他・自] 256
※ 延着(えんちゃく)する[自] 243
※ 影響(えいきょう)する 207
※ 汚染(おせん)する[他・自] 256
※ 完結(かんけつ)する[他・自] 259
※ 完了(かんりょう)する[他・自] 259
※ 完備(かんび)する[他・自] 259
※ 完成(かんせい)する[他・自] 259
※ 用意(ようい)する 225
※ 優越(ゆうえつ)する[自] 235
※ 遠慮(えんりょ)する 208
※ 原因(げんいん)する 212
※ 萎縮(いしゅく)する[自] 237
※ 油断(ゆだん)する 225
※ 由来(ゆらい)する[自] 250
※ 遊離(ゆうり)する[自] 250
※ 遊離(ゆうり)する[自] 250
※ 意見(いけん)する 207
※ 議論(ぎろん)する 210
※ 弛緩(ちかん・しかん)する[自] 238
※ 移転(いてん)する[他・自] 256
※ 引退(いんたい)する 207
※ 一貫(いっかん)する[他・自] 255
※ 一目(いちもく)する 207
※ 一定(いってい)する[自] 233
※ 一致(いっち)する[自] 243

※ 入浴(にゅうよく)する 223
※ 自慢(じまん)する 215
※ 自衛(じえい)する 214
※ 作製(さくせい)する 214
※ 在校(ざいこう)する 213
※ 再生(さいせい)する[他・自] 261
※ 低下(ていか)する[自] 246
※ 滴下(てきか)する[他・自] 266
※ 展開(てんかい)する[他・自] 267
※ 転校(てんこう)する 223
※ 伝来(でんらい)する[自] 247
※ 伝染(でんせん)する[自] 239
※ 全快(ぜんかい)する 218
※ 転換(てんかん)する[他・自] 267
※ 転回(てんかい)する 223
※ 絶命(ぜつめい)する 218
※ 点火(てんか)する[他・自] 267
※ 接続(せつぞく)する[他・自] 264
※ 頂戴(ちょうだい)する 222
※ 停電(ていでん)する[自] 239
※ 静止(せいし)する[他・自] 264
※ 停止(ていし)する[他] 285
※ 停止(ていし)する[他・自] 266
※ 定着(ていちゃく)する[自] 247
※ 停滞(ていたい)する[自] 247
※ 遭難(そうなん)する 220
※ 造船(ぞうせん)する 219
※ 照合(しょうごう)する 216
※ 調和(ちょうわ)する 222
※ 終了(しゅうりょう)する[他・自] 262
※ 従属(じゅうぞく)する[自] 238
※ 注射(ちゅうしゃ)する 221
※ 中断(ちゅうだん)する[他] 285
※ 中毒(ちゅうどく)する[自] 239
※ 重宝(ちょうほう)する 222
※ 中止(ちゅうし)する[他] 284
※ 中和(ちゅうわ)する[他・自] 266
※ 増加(ぞうか)する[他・自] 264
※ 増減(ぞうげん)する[他・自] 265
※ 増大(ぞうだい)する[他・自] 265
※ 増進(ぞうしん)する[他・自] 265
※ 芝居(しばい)する 215

※ 指図(さしず)する 214
※ 支度(したく)する 215
※ 持続(じぞく)する[他・自] 261
※ 進歩(しんぽ)する[自] 245
※ 進呈(しんてい)する 217
※ 進捗(しんちょく)する[自] 239
※ 進行(しんこう)する[自・他] 264
※ 鎮火(ちんか)する[他・自] 266
※ 集金(しゅうきん)する 216
※ 集中(しゅうちゅう)する[他・自] 262
※ 借金(しゃっきん)する 215
※ 着目(ちゃくもく)する 221
※ 採用(さいよう)する[他] 283
※ 徹底(てってい)する[他・自] 267
※ 清書(せいしょ)す 218
※ 追加(ついか)する 285
※ 追及(ついきゅう)する 222
※ 縮小(しゅくしょう)する[他・自] 262
※ 蓄積(ちくせき)する[他・自] 266
※ 出社(しゅっしゃ)する 216
※ 出張(しゅっちょう)す 216
※ 衝突(しょうとつ)する[自] 245
※ 充実(じゅうじつ)する[他・自] 262
※ 贅沢(ぜいたく)する 218
※ 就業(しゅうぎょう)する 216
※ 快諾(かいだく)する 208
※ 妥結(だけつ)する[他・自] 265
※ 卓越(たくえつ)する[自] 235

※ 脱落(だつらく)する[自] 246
※ 通過(つうか)する[自] 246
※ 通用(つうよう)する[自] 246
※ 退屈(たいくつ)する[自] 235
※ 退学(たいがく)する 221
※ 退化(たいか)する[自] 246
※ 破壊(はかい)する[他・自] 268
※ 波及(はきゅう)する[自] 248
※ 破損(はそん)する[他・自] 268
※ 判明(はんめい)する[自] 240
※ 膨張(ぼうちょう)する[自] 249
※ 閉口(へいこう)する 224
※ 閉鎖(へいさ)する[他] 287
※ 閉鎖(へいさ)する[他] 270
※ 廃止(はいし)する 286
※ 閉会(へいかい)する[他・自] 270
※ 飽和(ほうわ)する[自] 250
※ 暴落(ぼうらく)する[自] 249
※ 暴露(ばくろ)する[他・自] 268
※ 疲労(ひろう)する[自] 235
※ 辟易(へきえき)す 224
※ 下痢(げり)する 211
※ 合格(ごうかく)する[自] 244
※ 合流(ごうりゅう)する[自] 245
※ 合併(がっぺい)する[自] 244
※ 解決(かいけつ)する[他・自] 256
※ 解禁(かいきん)する 281
※ 該当(がいとう)する[自] 243

※ 解離(かいり)する[他・自] 257
※ 解散(かいさん)する[他] 281
※ 解消(かいしょう)する[他・自] 257
※ 解除(かいじょ)する[他] 282
※ 行為(こうい)する 212
※ 向上(こうじょう)する[他・自] 260
※ 享受(きょうじゅ)する 210
※ 混乱(こんらん)する 213
※ 婚約(こんやく)する 213
※ 混雑(こんざつ)する[自] 234
※ 混合(こんごう)する[他・自] 261
※ 混血(こんけつ)する 213
※ 紅葉(こうよう)する 212
※ 拡大(かくだい)する 258
※ 確立(かくりつ)する[他・自] 258
※ 拡散(かくさん)する[他・自] 258
※ 拡張(かくちょう)する[他・自] 258
※ 確定(かくてい)する[他・自] 258
※ 荒廃(こうはい)する[自] 244
※ 回復(かいふく)する[他・自] 257
※ 孝行(こうこう)する 212
※ 喧嘩(けんか)する 212
※ 休憩(きゅうけい)する 210
※ 興奮(こうふん)する[自] 245
※ 希望(きぼう)する 210
※ 犠牲(ぎせい)にする 209
※ 犠牲(ぎせい)になる 209
※暴落(ぼうらく)する[自] 249

【ㄱ】

加減(かげん)する[他] 134
加工(かこう)する[他] 134
가능(可能 ; かのう) 61
가능동사(可能動詞 ; かのうどうし) 25, 28, 61
가능표현 62
加味(かみ)する[他] 134
加速(かそく)する[他] 134
加熱(かねつ)する[自] 93
加入(かにゅう)する[自] 93

仮定(かてい)する[他] 134
脚色(きゃくしょく)する[他] 138
覚悟(かくご)する[他] 133
看病(かんびょう)する[他] 136
干渉(かんしょう)する[他] 136
刊行(かんこう)する[他] 135
看護(かんご)する[他] 135
感(かん)じる 81
感かんずる 81
感激(かんげき)する[自] 94
監督(かんとく)する[他] 136
感動(かんどう)する[自] 94

感謝(かんしゃ)する[他] 135
鑑賞(かんしょう)する[他] 136
監視(かんし)する[他] 135
「感染되다」 236
勘違(かんちが)いする 68
減点(げんてん)する[自] 100
講読(こうどく)する[他] 148
강변화동사(強変化動詞 ; きょうへんかどうし) 12, 15
降伏(こうふく)する[自] 101
講演(こうえん)する[他] 145
講義(こうぎ)する[他] 146

強調(きょうちょう)する[他] 139
強行(きょうこう)する[他] 139
強化(きょうか)する[他] 139
改良(かいりょう)する[他] 133
「開(ひら)く」 33
開発(かいはつ)する[他] 132
개별 동사의 고유의 성질 57
개별언어(個別言語)의 특수성 88
概説(かいせつ)する[他] 131
改修(かいしゅう)する[他] 131
改悪(かいあく)する[他] 131
개인차 252
改装(かいそう)する[他] 131
改正(かいせい)される[サ] 282
改正(かいせい)になる[ナ] 282
改定(かいてい)する 132
改訂(かいてい)する 132
改造(かいぞう)する[他] 132
開拓(かいたく)する[他] 132
改革(かいかく)する[他] 131
居眠(いねむ)りする 69, 71
居眠(いねむ)る 71
拒否(きょひ)する[他] 140
拒絶(きょぜつ)する[他] 140
居住(きょじゅう)する[自] 97
乾杯(かんぱい)する[自] 94
建設(けんせつ)する[他] 144
乾燥する[自動詞] 242
「乾燥ハダ」 233
乾燥ハダ[形容詞] 242
建築(けんちく)する[他] 144
検査(けんさ)する[他] 144
倹約(けんやく)する[他] 144
検討(けんとう)する[他] 144
掲示(けいじ)する[他] 142
掲載(けいさい)する[他] 142
激減(げきげん)する[自] 98
激励(げきれい)する[他] 143
激増(げきぞう)する[自] 99
見(み)れる 62
見学(けんがく)する[他] 143
見合(みあ)いする 69

「결과 잔존」 53
결과동사(結果動詞 ; けっかどうし) 59
결과성(結果性) 59
「결과의 상태」 53
決算(けっさん)する[他] 143
結成(けっせい)する[他] 143
決心(けっしん)する[自] 99
決意(けつい)する[他] 143
決議(けつぎ)する[他] 143
決行(けっこう)する[他] 143
結婚(けっこん)する[自] 99
謙遜(けんそん)する[自] 100
겸양어 I 28
겸양어 II (정중어) 28
兼業(けんぎょう)する[他] 144
兼用(けんよう)する[他] 144
軽減(けいげん)する[他] 142
警戒(けいかい)する[他] 142
警告(けいこく)する[他] 142
競技(きょうぎ)する[自] 96
軽蔑(けいべつ)する[他] 143
경어동사(敬語動詞 ; けいごどうし) 16, 28
経営(けいえい)する[他] 141
経由(けいゆ)する[他] 98
競争(きょうそう)する[自] 96
更迭(こうてつ)される[サ] 282
更迭(こうてつ)する[自] 282
更迭(こうてつ)になる[ナ] 282
経験(けいけん)する[他] 142
計算(けいさん)する[他] 142
계속동사(継続動詞 ; けいぞくどうし) 27, 50, 52
계속동사이면서 결과동사인 것 59
契約(けいやく)する[自] 98
計画(けいかく)する[他] 142
考慮(こうりょ)する[他] 149
告白(こくはく)する[他] 149
苦心(くしん)する[自] 98
雇用(こよう)する[他] 150
고유어 계열(和語 ; わご) 12, 251

고유어(和語 ; わご) 65
고전어(문어) 25
共感(きょうかん)する[自] 96
公開(こうかい)する[他] 145
攻撃(こうげき)する[他] 146
公告(こうこく)する[他] 146
供給(きょうきゅう)する[他] 139
共同(きょうどう)する[自] 97
共働(ともばたら)きする 68
共鳴(きょうめい)する[自] 97
公募(こうぼ)する[他] 149
空想(くうそう)する[他] 141
공시적(共時的)인 관점 36
公演(こうえん)する[他] 145
公認(こうにん)する[他] 148
工作(こうさく)する[他] 146
共存(きょうそん・きょうぞん)する[自] 97
공통어(共通語) 63
공통의 어근(語根 ; Root) 36, 251
公表(こうひょう)される[サ] 283
公表(こうひょう)になる[ナ] 283
貢献(こうけん)する[自] 100
課(か)する 76
과거형 53
과도한 [기능] 61
関係(かんけい)する[他] 94
観光(かんこう)する[自] 94
観覧(かんらん)する[他] 136
管理(かんり)する[他] 136
関与(かんよ)する[自] 94
観察(かんさつ)する[他] 135
観測(かんそく)する[他] 136
広告(こうこく)する[他] 146
交流(こうりゅう)する[自] 101
交付(こうふ)する[他] 149
交渉(こうしょう)する[自] 100
教授(きょうじゅ)する[他] 139
交易(こうえき)する[他] 145
教育(きょういく)する[他] 139
交際(こうさい)する[自] 100
交差(こうさ)する[自] 100

交換(こうかん)する[他] 146
購読(こうどく)する[他] 148
購買(こうばい)する[他] 148
駆(か)け＋引(ひ)き[복합명사＋「する」] 70
구문적 대응관계 36
区別(くべつ)する[他] 141
区分(くぶん)する[他] 141
構想(こうそう)する[他] 148
拘束(こうそく)する[他] 148
구어문법(口語文法；こうごぶんぽう) 12
救援(きゅうえん)する[他] 138
購入(こうにゅう)する[他] 148
救済(きゅうさい)する[他] 138
救助(きゅうじょ)する[他] 139
구체적인 용법에 의한 구별 57
区画(くかく)する[他] 141
駆(か)け引(ひ)きする 70
局限(きょくげん)する[他] 140
勧告(かんこく)する[他] 135
勧誘(かんゆう)する[他] 136
帰(かえ)られる 62
規定(きてい)する[他] 138
規制(きせい)する[他] 137
규칙동사(規則動詞；きそくどうし) 12, 14
克服(こくふく)する[他] 150
勤労(きんろう)する[自] 98
勤務(きんむ)する[自] 98
禁(きん)じる 81
禁(きん)ずる 81
禁煙(きんえん)する[自] 97
禁止(きんし)される[サ] 282
禁止(きんし)になる[カ] 282
急降下(きゅうこうか)する 84
急上昇(きゅうじょうしょう)する 84
給食(きゅうしょく)する[自] 96
急行(きゅうこう)する[自] 95
肯定(こうてい)する[他] 148
気兼(きがね)する 68
棄権(きけん)する[自] 94

祈念(きねん)する[他] 138
記念(きねん)する[他] 138
機能(きのう)する[自] 95
기능분담 61
期待(きたい)する[他] 137
記録(きろく)する[他] 140
記名(きめい)する[自] 95
寄付(きふ)する[他] 138
気分転換(きぶんてんかん)する 85
起床(きしょう)する[自] 95
記述(きじゅつ)する[他] 137
記憶(きおく)する[他] 137
寄与(きよ)する[自] 96
기원적 공통분모 38
記入(きにゅう)する[他] 138
記載(きさい)する[他] 137
気絶(きぜつ)する[自] 95
寄贈(きぞう)する[他] 137
企画(きかく)する[他] 137
緊迫(きんぱく)する[自] 98
金田一京助(きんだいちきょうすけ) 27
金田一春彦(きんだいちはるひこ；1950) 27, 50

【ㄴ】

暖房(だんぼう)する[他] 177
納得(なっとく)する[他] 185
納入(のうにゅう)する[他] 186
内蔵(ないぞう)する[他] 185
念願(ねんがん)する[他] 186
努力(どりょく)する[他] 185
능동형이 결여된 수동형 272

【ㄷ】

多様化(たようか)する 83
担当(たんとう)する[他] 177
断水(だんすい)される[サ] 284
断水(だんすい)になる[カ] 284
断言(だんげん)する[他] 177
断定(だんてい)する[他] 177

達(たっ)する 78
達成(たっせい)する[自] 112
「당하다形」 290
対(たい)する 78
対決(たいけつ)する[自] 111
対談(たいだん)する[自] 112
代理(だいり)する[他] 176
対面(たいめん)する[自] 112
代弁(だいべん)する[他] 176
対比(たいひ)する[他] 176
代用(だいよう)する[他] 176
待遇(たいぐう)する[他] 175
대우표현(待遇表現) 28
対応(たいおう)する 175
対照(たいしょう)する[他] 176
対処(たいしょ)する[自] 112
代表(だいひょう)する[他] 176
対抗(たいこう)する[自] 111
対話(たいわ)する[自] 112
賭(と)する 79
到達(とうたつ)する[自] 117
逃亡(とうぼう)する[自] 117
度忘(どわす)れする 68
倒産(とうさん)する[自] 117
導入(どうにゅう)する[他] 184
逃走(とうそう)する[自] 117
到着する[自動詞] 242
倒着되다[自動詞] 241, 242
到着하다 241, 242
淘汰される 272
読(よ)み書(か)きする 71
読(よ)める 22
読書(どくしょ)する[他] 184
独裁(どくさい)する[自] 118
独占(どくせん)する[他] 184
突破(とっぱ)する[他] 185
同感(どうかん)する[自] 116
同居(どうきょ)する[自] 116
同盟(どうめい)する[自] 118
冬眠(とうみん)する[自] 118
同封(どうふう)する[他] 184
동사 파생 접사 241

동사(動詞；どうし) 11, 14
동사의 어휘적 의미 50
동사화 접사(動詞化 接辞) 65, 74, 237, 275
동사화(動詞化) 13
動揺(どうよう)する[自] 118
動員(どういん)する[他] 183
同意(どうい)する[他] 182
동일 어근(語根；root) 22
動作(どうさ)する[自] 117, 51
동작동사(動作動詞；どうさどうし)
동작성(動作性) 11, 75
「동작의 진행」 52
동작주(動作主) 255, 276
동작주의 존재 276
同情(どうじょう)する[自] 117
同調(どうちょう)する[自] 117
同化(どうか)する[自] 116
「되다文」의 의미 288
得点(とくてん)する[他] 184
登校(とうこう)する[自] 116
登録(とうろく)する[他] 184
等分(とうぶん)する[他] 184
登山(とざん)する[自] 118
登場(とうじょう)する[自] 117
藤井正(1976) 59

【ㄹ】

落第(らくだい)する[自] 125
落下(らっか)する[自] 125
乱用(らんよう)・濫用(らんよう)する[他] 203
朗読(ろうどく)する[他] 205
浪費(ろうひ)する[他] 205
「来(く)る；오다」 13, 14, 20, 54
来(こ)れる 62
冷却(れいきゃく)する[他] 205
冷凍(れいとう)する[他] 205
冷房(れいぼう)する[自] 126
冷蔵(れいぞう)する[他] 205
略(りゃく) 80

略(りゃく)す 80
略奪(りゃくだつ)する[他] 204
量産(りょうさん)する[他] 204
両替(りょうがえ)する 69
旅(たび)する 67
旅行(りょこう)する[自] 126
力(りき)む 230
恋(こい)をする 67
連帯(れんたい)する[自] 126
連絡(れんらく)する[他] 205
連想(れんそう)する[他] 205
練習(れんしゅう)する[他] 205
恋愛(れんあい)する[自] 126
連合(れんごう)する[自] 126
領収(りょうしゅう)する[他] 204
領収(りょうしゅう)する[他] 204
労働(ろうどう)する[自] 127
老衰(ろうすい)する[自] 127
録音(ろくおん)する[他] 206
論(ろん)じる 82
論(ろん)ずる 82
論議(ろんぎ)する[他] 206
論争(ろんそう)する[他] 206
料理(りょうり)する[他] 204
類推(るいすい)する[他] 204
留学(りゅうがく)する[自] 126
利用(りよう)する[他] 204
理解(りかい)する[他] 204
離婚(りこん)する[自] 126
立脚(りっきゃく)する[自] 126

【ㅁ】

摩擦(まさつ)する[他] 198
麻酔(ますい)する[他] 199
満足(まんぞく)する[自] 124
忙殺される 272
売(う)り買(か)いする 70
売買(ばいばい)する[他] 188
埋蔵(まいぞう)する[他] 198
面(めん)している 79
面(めん)する 79
免税(めんぜい)する[他] 199

面接(めんせつ)する[他] 199
免除(めんじょ)する[他] 199
命令(めいれい)する[他] 199
명령형(命令形；めいれいけい) 26
명사성(名詞性) 66
命中(めいちゅう)する[自] 125
模倣(もほう)する[他] 200
模索(もさく)する[他] 200
「모어(母語)」 233
모어(母語) 간섭 255
侮辱(ぶじょく)する[他] 194
모음변화 13
모음연접(母音連接) 22
募集(ぼしゅう)する[他] 197
冒険(ぼうけん)する[他] 196
目論(もくろ)む 230
没落(ぼつらく)する[自] 124
没収(ぼっしゅう)する[他] 198
描写(びょうしゃ)する[他] 193
無理(むり)する[自] 125
무생명사(無生名詞) 275
無視(むし)する[他] 199
貿易(ぼうえき)する[他] 195
무의지동사(無意志動詞；むいしどうし) 28, 57
武装(ぶそう)する[他] 194
無駄遣(むだづか)いする 67
문말 종지 233
문법 형태소 38
문법범주(文法範疇) 50
문법적 성질 54
문법적 이동(異同) 문제 65
문법적 태(態) 38, 241
문법형식 38, 61
문어문법(文語文法) 12
문어문법 12
味方(みかた)する 67
미연형(未然形；みぜんけい) 26
民営化(みんえいか)する 83
密接(みっせつ)する[自] 124
密集(みっしゅう)する[自] 124

【ㅂ】

薄着(うすぎ)する 67
迫害(はくがい)する[他] 189
反(はん)する 79
反撃(はんげき)する[他] 190
反対(はんたい)する[他] 191
反発(はんぱつ)する[自] 121
反射(はんしゃ)する[自] 120
反省(はんせい)する[他] 190
反映(はんえい)する[他] 190
反応(はんのう)する[自] 121
返済(へんさい)する[他] 195
反抗(はんこう)する[自] 120
返還(へんかん)される[サ] 287
返還(へんかん)になる[カ] 287
「받다形」 290
発見(はっけん)する[他] 189
発掘(はっくつ)する[他] 189
発売(はつばい)される[サ] 286
発売(はつばい)になる[カ] 286
発明(はつめい)する[他] 190
発病(はつびょう)する[自] 120
発射(はっしゃ)する[他] 190
発生(はっせい)する[自] 120
発芽(はつが)する[自] 120
発言(はつげん)する[他] 189
発育(はついく)する[自] 119
発音(はつおん)する[他] 189
発電(はつでん)する[他] 190
발전되다 241
발전하다 241
発足(ほっそく)する[自] 124
発車(はっしゃ)する[自] 120
発表(はっぴょう)される[サ] 286
発表(はっぴょう)になる[カ] 286
発行(はっこう)する[他] 190
発揮(はっき)する[他] 189
放棄(ほうき)する[他] 196
訪問(ほうもん)する[他] 197
放射(ほうしゃ)する[他] 196
放送(ほうそう)する[他] 196
防衛(ぼうえい)する[他] 195

防止(ぼうし)する[他] 196
放出(ほうしゅつ)する[他] 196
放置(ほうち)する[他] 196
妨害(ぼうがい)する[他] 196
拝見(はいけん)する[他] 186
配給(はいきゅう)する[他] 186
配達(はいたつ)する[他] 188
拝読(はいどく)する[他] 188
配慮(はいりょ)する[他] 188
配列(はいれつ)する[他] 188
配分(はいぶん)する[他] 188
賠償(ばいしょう)する[他] 187
拝受(はいじゅ)する[他] 187
配水(はいすい)する[他] 187
拝顔(はいがん)する[他] 186
排除(はいじょ)する[他] 187
拝借(はいしゃく)する[他] 187
排斥(はいせき)する[他] 187
拝聴(はいちょう)する[他] 188
排出(はいしゅつ)する[他] 187
配置(はいち)する[他] 188
配布(はいふ)する[他] 188
白眼視(はくがんし)する 84
繁盛(はんじょう)する[自] 121
繁殖(はんしょく)する[自] 121
翻訳(ほんやく)する[他] 198
繁栄(はんえい)する[自] 120
罰(ばつ)する 79
氾濫(はんらん)する[自] 121
변격활용(変格活用；へんかくかつよう) 12
変更(へんこう)される[サ] 287
変更(へんこう)になる[カ] 288
変動(へんどう)する[自] 123
弁論(べんろん)する[自] 123
弁償(べんしょう)する[他] 195
変遷(へんせん)する[自] 123
弁護(べんご)する[他] 195
並列(へいれつ)する[自] 123
並行(へいこう)する[自] 123
報(ほう)じる 82
報(ほう)ずる 82

報告(ほうこく)する[他] 196
保管(ほかん)する[他] 197
保管(ほかん)する[他] 197
普及(ふきゅう)する[自動詞] 252
普及(ふきゅう)する 253
補給(ほきゅう)する[他] 197
普及되다 受動 252
報道(ほうどう)する[他] 197
補償(ほしょう)する[他] 198
保養(ほよう)する[自] 124
保温(ほおん)する[他] 197
保育(ほいく)する[他] 195
保障(ほしょう)する[他] 198
保証(ほしょう)する[他] 198
補助(ほじょ)する[他] 197
보조동사(補助動詞；ほじょどうし) 28
保存(ほぞん)する[他] 198
保持(ほじ)する[他] 197
補充(ほじゅう)する[他] 197
複写(ふくしゃ)する[他] 193
復習(ふくしゅう)する[他] 193
複雑化(ふくざつか)する 85
服従(ふくじゅう)する[自] 122
複合(ふくごう)する[自] 122
복합동사(複合動詞；ふくごうどうし) 28
복합활용 13
본동사(本動詞) 277
본동사로서의 용법 277
奉仕(ほうし)する[自] 124
封鎖(ふうさ)する[他] 193
否決(ひけつ)する[他] 192
専攻(せんこう)する[他] 170
浮気(うわき)する 67
負担(ふたん)する[他] 194
부수적(付随的)인 성분 255, 288
扶養(ふよう)する[他] 194
専用(せんよう)する[他] 171
赴任(ふにん)する[自] 122
否定(ひてい)する[他] 192
부정형(否定形；ひていけい) 26

体(たい)する　78
憤慨(ふんがい)する[自]　122
분기(分岐) 과정　38
分担(ぶんたん)する[他]　194
分類(ぶんるい)する[他]　195
分配(ぶんぱい)する[他]　194
分析(ぶんせき)する[他]　194
分業(ぶんぎょう)する[自]　122
紛争(ふんそう)する[自]　123
奮戦(ふんせん)する[自]　122
体操(たいそう)する[自]　112
奮闘(ふんとう)する[自]　123
分割(ぶんかつ)する[他]　194
分解(ぶんかい)する[他]　194
体験(たいけん)する[他]　175
噴火(ふんか)する[自]　122
불규칙동사(不規則動詞；ふきそく　　どうし)　12, 14
「불규칙동사」·「1단동사」　13
「불규칙동사」·「5단동사」　13
비결과동사(非結果動詞；ひけっか　　どうし)　59
悲観(ひかん)する[他]　192
比較(ひかく)する[他]　192
非難(ひなん)する[他]　192
沸騰(ふっとう)する[自]　122
比例(ひれい)する[自]　121
비완성적(非完成的)　27
批判(ひはん)する[他]　192
批評(ひひょう)する[他]　192
飛行(ひこう)する[自]　121

【ㅅ】

思(おも)い違(ちが)いする　68
「사건(事件)」　277
思考(しこう)する[他]　154
死亡(しぼう)する[自]　104
四捨五入(ししゃごにゅう)する　85
写生(しゃせい)する[他]　157
사역 단축형　24
사역(使役；しえき)　38
사역동사(使役動詞；しえきどうし)　24

사역의「조동사」　24
사역형(使役形；しえきけい)　24
사역형(使役形;しえきけい)　24
사역형　32
使用(しよう)する[他]　160
사용·빈도(使用頻度)　254
사용빈도　290
飼育(しいく)する[他]　153
謝絶(しゃぜつ)する[他]　157
辞職(じしょく)する[他]　155
辞退(じたい)する[他]　155
削減(さくげん)する[他]　151
削除(さくじょ)する[他]　152
山田孝雄(やまだよしお)　27
産出(さんしゅつ)する[他]　152
三上章(みかみあきら)　27
賞(しょう)する　77
상1단(上一段；かみいちだん)　12
상1단동사(上一段動詞；かみいちだ　　んどうし)　14, 19, 229, 230
상2단(上二段；かみにだん)　12
上京(じょうきょう)する[自]　106
相当(そうとう)する[自]　111
상대 자·타동사(相対 自·他動詞)　　36, 251
上陸(じょうりく)する[自]　107
想像(そうぞう)する[他]　173
上昇(じょうしょう)する[自]　106
上演(じょうえん)する[他]　160
相応(そうおう)する[自]　110
象徴(しょうちょう)する[他]　161
상태동사(状態動詞；じょうたいどう　　し)　27, 50, 51
상태변화　288
「상태변화문(状態変化文)」　277
상태성 한어　231, 232
상태성(状態性)　11
生(しょう)じる　82
生(しょう)ずる　81
生産(せいさん)する[他]　166
生成(せいせい)する[他]　167

生育(せいいく)する[自]　108
生存(せいぞん)する[自]　109
生活(せいかつ)する[自]　108
서부 방언　24
徐行(じょこう)する[自]　107
選挙(せんきょ)する[他]　170
選考(せんこう)する[他]　170
宣教(せんきょう)する[他]　170
宣言(せんげん)する[他]　170
宣伝(せんでん)する[他]　171
選択(せんたく)する[他]　171
設計(せっけい)する[他]　169
説得(せっとく)する[他]　169
設立(せつりつ)する[他]　170
説明(せつめい)する[他]　169
設備(せつび)する[他]　169
設備(せつび)する[他]　169
設定(せってい)する[他]　169
設置(せっち)する[他]　169
摂(せつ)する　77
成功(せいこう)する[自]　109
省略(しょうりゃく)する[他]　162
成熟(せいじゅく)する[自]　109
成育(せいいく)する[自]　108
成長(せいちょう)する[自]　109
洒落(しゃれ)る　230
洗練(せんれん)される　272
洗練される　272
洗面(せんめん)する[自]　110
洗濯(せんたく)する[他]　171
紹介(しょうかい)する[他]　160
消去(しょうきょ)する[他]　161
消毒(しょうどく)する[他]　161
小売(こう)りする　68
消耗(しょうもう)する[他]　162
消費(しょうひ)する[他]　161
所属(しょぞく)する[自]　107
訴訟(そしょう)する[他]　174
所有(しょゆう)する[他]　163
所持(しょじ)する[他]　163
消化(しょうか)する[他]　160
属(ぞく)する　78

束縛(そくばく)する[他] 174
送金(そうきん)する[他] 172
送別(そうべつ)する[他] 173
「受ける」 33
수급동사(受給動詞 ; じゅきゅうどうし) 27
수동(受動 ; じゅどう) 38, 61
수동문(受動文) 254, 278
수동접사(受動接辞) 236, 241, 275
수동형 254
수동형식 289
수동형식의 다양성 290
修了(しゅうりょう)する[他] 159
修理(しゅうり)する[他] 158
睡眠(すいみん)する[自] 108
手配(てはい)する[他] 181
手分(てわ)けする 68
守備(しゅび)する[他] 160
捜査(そうさ)する[他] 172
捜索(そうさく)する[他] 173
修繕(しゅうぜん)する[他] 158
水洗(すいせん)する[他] 165
手続(てつづ)きする 68
輸送(ゆそう)する[他] 201
수수동사(授受動詞) 22
수수표현(授受表現) 22
手術(しゅじゅつ)する[他] 159
修飾(しゅうしょく)する[他] 158
授業(じゅぎょう)する[自] 105
水泳(すいえい)する[自] 108
収容(しゅうよう)する[他] 158
手入(てい)れする 68
輸入(ゆにゅう)する[他] 201
修正(しゅうせい)する[他] 158
受精(じゅせい)する[自] 105
収集(しゅうしゅう)する[他] 158
輸出(ゆしゅつ)する[他] 201
修学(しゅうがく)する[自] 104
修行(しゅぎょう)する[他] 159
受験(じゅけん)する[他] 159
輸血(ゆけつ)する[他] 201

収穫(しゅうかく)する[他] 157
熟(じゅく)する 77
宿泊(しゅくはく)する[自] 105
宿題(しゅくだい)する[自] 105
순간동사(瞬間動詞 ; しゅんかんどうし) 27, 53
순간동사이면서 결과동사인 것 59
순간동사이면서 비결과동사인 것 60
崇拝(すうはい)する[他] 166
襲撃(しゅうげき)する[他] 158
承諾(しょうだく)する[他] 161
勝利(しょうり)する[自] 107
勝負(しょうぶ)する[他] 161
承認(しょうにん)する[他] 161
昇進(しょうしん)する[自] 106
시대적 변화 252
是正(ぜせい)する[他] 168
視察(しさつ)する[他] 154
試合(しあい)する[自] 102
施行(しこう)される[サ] 284
施行(しこう)になる[ナ] 284
時化(しけ)る 230
食(た)べれる 62
食事(しょくじ)する[他] 162
信(しん)ずる 82
申告(しんこく)する[他] 164
信頼(しんらい)する[他] 164
信用(しんよう)する[他] 164
申請(しんせい)する[他] 164
新築(しんちく)する[他] 164
信号(しんごう)する[自] 107
失脚(しっきゃく)する[自] 103
実感(じっかん)する[他] 156
失礼(しつれい)する[自] 103
失望(しつぼう)する[自] 103
実習(じっしゅう)する[他] 156
実施(じっし)する[他] 156
失職(しっしょく)する[自] 103
実践(じっせん)する[他] 156
失敗(しっぱい)する[自] 103

実行(じっこう)する[他] 156
実験(じっけん)する[他] 156
深刻化(しんこくか)する 85
審査(しんさ)する[他] 164
審議(しんぎ)する[他] 163
審判(しんぱん)する[他] 164

【ㅇ】

握手(あくしゅ)する[自] 89
悪戦苦闘(あくせんくとう)する 85
悪化する[自動詞] 242
悪化되다[自動詞] 236, 242
案(あん)じる 81
案(あん)ずる 81
安定(あんてい)する 253
「安定되다」 236
斡旋(あっせん)する[他] 128
暗記(あんき)する[他] 128
暗殺(あんさつ)する[他] 128
暗示(あんじ)する[他] 128
圧(あっ)する 76
圧倒(あっとう)する[他] 128
圧迫(あっぱく)する[他] 128
「愛(あい)す → 愛(あい)さない」 75
扼(やく)する 80
液化(えきか)する[自] 90
約(やく)する 80
약변화동사(弱変化動詞 ; じゃくへんかどうし) 12
約束(やくそく)する[他] 200
譲歩(じょうほ)する[他] 161
養成(ようせい)する[他] 202
양용동사 252
養護(ようご)する[他] 201
어간(語幹 ; ごかん) 14
어간말(語幹末)의 모음 13
어근(語根) 36
어기(語基 ; base) 22, 36, 66
어미(語尾 ; ごび) 14
어미첨가 13
어스펙트(アスペクト) 27
어형(語形)변화 12, 14, 61

어형교체(語形交替) 22
어형성 과정 241
어형성 접사(語形成 接辞) 236, 274, 275
어휘적 의미 54, 275
어휘적 태(態) 38
어휘정보(語彙情報) 66, 253
어휘체계(語彙体系 ; ごいたいけい) 87
抑圧(よくあつ)する[他] 202
抑制(よくせい)する[他] 202
언어운용(言語運用) 62
언어주체 23
予感(よかん)する[他] 202
予期(よき)する[他] 202
予防(よぼう)する[他] 203
予報(よほう)する[他] 203
予想(よそう)する[他] 203
予習(よしゅう)する[他] 203
予約(よやく)する[他] 203
予言(よげん)する[他] 202
予定(よてい)する[他] 203
予測(よそく)する[他] 203
訳(やく)する 80
逆転(ぎゃくてん)する[自] 95
演(えん)じる 81
演(えん)ずる 81
研究(けんきゅう)する[他] 143
延期(えんき)される[サ] 280
延期(えんき)になる[ナ] 280
演説(えんぜつ)する[他] 130
研修(けんしゅう)する[他] 144
연용형(連用形 ; れんようけい) 26
延長(えんちょう)される[サ] 280
延長(えんちょう)する[自] 280
延長(えんちょう)になる[ナ] 280
演奏(えんそう)する[他] 130
演出(えんしゅつ)する[他] 130
熱(ねっ)する 79
熱中(ねっちゅう)する[自] 119
営業(えいぎょう)する[自] 90
英雄視(えいゆうし)する 84

預金(よきん)する[他] 202
예외 5단동사 17
오십음도(五十音図 ; ごじゅうおんず) 13
오용(誤用 ; ごよう) 62, 233
誤解(ごかい)する[他] 149
擁(よう)する 80
完成される 254
完成する 254
완성적(完成的) 27
緩和(かんわ)する[他] 136
往復(おうふく)する[自] 91
往診(おうしん)する[自] 90
외래어(外来語) 65, 231
外出(がいしゅつ)する[自] 92
要(よう)する 80
要求(ようきゅう)する[他] 201
要望(ようぼう)する[他] 202
要請(ようせい)する[他] 202
용언(用言 ; ようげん) 11
優先(ゆうせん)する[他] 200
郵送(ゆうそう)する[他] 200
雨宿(あまやど)りする 68
優勝(ゆうしょう)する[自] 125
우연의 공백 88
愚痴(ぐち)る 230
運動(うんどう)する[自] 90
運搬(うんぱん)する[他] 130
運送(うんそう)する[他] 130
運営(うんえい)する[他] 129
運用(うんよう)する[他] 130
運転(うんてん)する[他] 130
원인(原因) 254, 276
「為(する)」 14
違反(いはん)する[自] 90
偽造(ぎぞう)する[他] 137
位置(いち)する[自] 89
委託(いたく)する[他] 89
위화감(違和感) 63
誘導(ゆうどう)する[他] 201
遊牧(ゆうぼく)する[自] 125
維持(いじ)する[他] 129

유추(類推) 62
유행되다 241
유행하다 241
誘惑(ゆうわく)する[他] 201
育成(いくせい)する[他] 129
育児(いくじ)する[自] 89
融資(ゆうし)する[他] 200
融通(ゆうずう)する[他] 200
隠居(いんきょ)する[自] 90
飲(の)まれる 62
淫(いん)する 76
吟味(ぎんみ)する[他] 141
음절 문자(音節文字) 14
음편형(音便形 ; おんびんけい) 26
泣(な)けてくる 22
応(おう)じる 81
応(おう)ずる 81
応対(おうたい)する[自] 91
応募(おうぼ)する[自] 91
応用(おうよう)する[他] 130
応援(おうえん)する[自] 90
応接(おうせつ)する[自] 91
議決(ぎけつ)する[他] 137
依頼(いらい)する[他] 129
意味(いみ)する[他] 129
의미상 공통분모 36
의미상의 차이 277
「의미영역」 277
의미적 차이 65
意識(いしき)する[他] 129
議員 155
依存(いそん・いぞん)する[自] 89
의지・추량형(意志・推量形) 26
의지동사(意志動詞 ; いしどうし) 27, 57
의지형(意志形 ; いしけい) 26
移動(いどう)する[自] 90
이동동사(移動動詞 ; いどうどうし) 27
移住(いじゅう)する[自] 89
移行(いこう)する[自] 89
印(いん)する 76

印刷(いんさつ)する[他] 129
認識(にんしき)する[他] 185
引用(いんよう)する[他] 129
引越(ひっこ)しする 69
日帰(ひがえ)りする 68
일반동사 251, 252
「일반동사」(고유어동사) 33
一般化(いっぱんか)する 83
일본어의 「~する」 232
일본어의 수동형 278
일본어의 한어동사 271
日焼(ひや)けする 69
一定(いってい)する 252
一定だ 252
任命(にんめい)する[他] 185
妊娠(にんしん)する[自] 119
入社(にゅうしゃ)する[自] 118
入賞(にゅうしょう)する[自] 118
入手(にゅうしゅ)する[他] 185
入院(にゅういん)する[自] 118
入場(にゅうじょう)する[自] 118
入学(にゅうがく)する[自] 118

【ㅈ】

자・타 간의 이동(異同) 252
자・타 양용동사(自他両用動詞(じたりょうようどうし) 33, 252
自覚(じかく)する[他] 153
刺激(しげき)する[他] 154
自給(じきゅう)する[他] 154
자동(自動 ; じどう) 38
자동사 상당의 의미 30
자동사 용법 254
자동사(自動詞 ; じどうし) 22, 27, 29, 241
자동사문(自動詞文) 254
자동사의 공백 32
자동성(自動性) 65
자발(自発 ; じはつ) 25, 61
자발동사(自発動詞 ; じはつどうし) 25
自殺(じさつ)する[自] 102

自首(じしゅ)する[自] 103
自習(じしゅう)する[他] 155
자연가능(自然可能) 25
自転(じてん)する[自] 103
자타 양용동사 23
자타성(自他性 ; じたせい) 242, 252
作曲(さっきょく)する[他] 152
作成(さくせい)[他] 152
作業(さぎょう)する[自] 102
作用(さよう)する[自] 102
작용성(作用性) 75
潜水(せんすい)する[自] 110
潜入(せんにゅう)する[自] 110
雑談(ざつだん)する[自] 102
長期化(ちょうきか)する 83
奨励(しょうれい)する[他] 162
装飾(そうしょく)する[他] 173
装置(そうち)する[他] 173
再建(さいけん)する[他] 150
再検討(さいけんとう)する 84
재귀동사(再帰動詞) 30
再発(さいはつ)する[自] 102
栽培(さいばい)する[他] 151
裁縫(さいほう)する[他] 151
裁判(さいばん)する[他] 151
在学(ざいがく)する[自] 101
再現(さいげん)する[他] 150
再会(さいかい)する[自] 101
貯金(ちょきん)する[他] 179
貯蔵(ちょぞう)する[他] 179
貯蓄(ちょちく)する[他] 179
抵抗(ていこう)する[自] 115
適(てき)する 78
適用(てきよう)する[他] 181
適応(てきおう)する[他] 181
転(てん)じる 82
転(てん)ずる 82
転居(てんきょ)する[自] 116
転勤(てんきん)する[自] 116
転落(てんらく)する[自] 116
展望(てんぼう)する[他] 182
前売(まえう)りする 69

全滅(ぜんめつ)する[自] 110
展示(てんじ)する[他] 182
伝言(でんごん)する[他] 182
戦争(せんそう)する[自] 110
転々(てんてん)する[自] 182
前提(ぜんてい)する[他] 171
前進(ぜんしん)する[自] 109
戦闘(せんとう)する[自] 110
転向(てんこう)する[他] 181
節(せつ)する 78
切開(せっかい)する[他] 168
절대 자동사(絶対 自動詞) 23, 31
절대 타동사(絶対 他動詞) 23, 32
絶望(ぜつぼう)する[自] 109
節約(せつやく)する[他] 170
折衷(せっちゅう)する[他] 169
点検(てんけん)する[他] 181
占領(せんりょう)する[他] 171
接(せつ)する 77
接近(せっきん)する[自] 109
接待(せったい)する[他] 169
접사화 과정 242
接触(せっしょく)する[自] 109
証(しょう)する 77
整頓(せいとん)する[他] 168
整列(せいれつ)する[自] 109
整理(せいり)する[他] 168
証明(しょうめい)する[他] 162
征服(せいふく)する[他] 168
整備(せいび)する[他] 168
精算(せいさん)する[他] 167
正常化(せいじょうか)する 83
定義(ていぎ)する[他] 180
訂正(ていせい)する[他] 181
精製(せいせい)する[他] 167
停止(ていし)される[サ] 285
停止(ていし)する[自] 285
停止(ていし)になる[ナ] 285
停車(ていしゃ)する[自] 115
際(さい)する 77
題(だい)する 78
除去(じょきょ)する[他] 162

提供(ていきょう)する[他] 180
第四種의 動詞(特殊動詞) 50
第四種의 動詞 55
提示(ていじ)する[他] 181
提案(ていあん)する[他] 180
制約(せいやく)する[他] 168
除外(じょがい)する[他] 162
制作(せいさく)する[他] 166
製作(せいさく)する[他] 166
制裁(せいさい)する[他] 166
制定(せいてい)する[他] 168
製造(せいぞう)する[他] 168
制止(せいし)する[他] 167
提出(ていしゅつ)する[他] 181
制限(せいげん)する[他] 166
提携(ていけい)する[自] 115
彫刻(ちょうこく)する[他] 178
調理(ちょうり)する[他] 179
調査(ちょうさ)する[他] 178
組成(そせい)する[他] 174
助言(じょげん)する[他] 162
調印(ちょういん)する[他] 178
操作(そうさ)する[他] 172
調節(ちょうせつ)する[他] 179
調整(ちょうせい)する[他] 179
調停(ちょうてい)する[他] 179
操縦(そうじゅう)する[他] 173
阻止(そし)する[他] 174
組織(そしき)する[他] 174
措置(そち)する[他] 175
尊敬(そんけい)する[他] 175
존경(尊敬;そんけい) 61
존경어 28
存続(そんぞく)する[自] 111
存在(そんざい)する[自] 111
尊重(そんちょう)する[他] 175
卒業(そつぎょう)する[自] 111
従事(じゅうじ)する[自] 104
佐久間鼎(さくまかなえ) 27
左右(さゆう)する[他] 152
罪(つみ)する 67
「주체(主體)」 277

主導(しゅどう)する[他] 160
主演(しゅえん)する[自] 104
注意(ちゅうい)する[他] 178
主張(しゅちょう)する[他] 159
主催(しゅさい)する[他] 159
走行(そうこう)する[自] 110
噂(うわさ)する 67
準備(じゅんび)する[他] 160
仲間入(なかまい)りする 68
中継(ちゅうけい)する[他] 178
中断(ちゅうだん)される[サ] 285
中断(ちゅうだん)する[自] 285
中断(ちゅうだん)になる[ナ] 285
中立(ちゅうりつ)する[自] 114
重複(ちょうふく・じゅうふく)する[他] 179
重視(じゅうし)する[他] 158
重要視(じゅうようし)する 84
中止(ちゅうし)される[サ] 284
中止(ちゅうし)になる[ナ] 284
仲直(なかなお)りする 68
即(そく)する 78
増強(ぞうきょう)する[他] 172
蒸留(じょうりゅう)する[他] 162
蒸発(じょうはつ)する[自] 106
「持(も)つ」 34
遅刻(ちこく)する[自] 113
支給(しきゅう)する[他] 153
指図(さしず)する 68
指導(しどう)する[他] 157
指令(しれい)する[他] 163
志望(しぼう)する[他] 157
支配(しはい)する[他] 157
支払(しはら)いする 72
支払(しはら)う 72
指示(しじ)する[他] 155
指摘(してき)する[他] 157
지적(知的)인 의미 254
指定(してい)する[他] 157
支持(しじ)する[他] 155
持参(じさん)する[他] 154
支出(ししゅつ)する[他] 155

志向(しこう)する[他] 154
지향형(指向形;しこうけい) 26
指揮(しき)する[他] 153
直面(ちょくめん)する[自] 114
직접수동(直接受動) 30
直通(ちょくつう)する[自] 114
診断(しんだん)する[他] 164
振動(しんどう)する[自] 108
陳列(ちんれつ)する[他] 179
診療(しんりょう)する[他] 165
真似(まね)する 69
進展(しんてん)する[自] 107
診察(しんさつ)する[他] 164
進出(しんしゅつ)する[自] 107
進学(しんがく)する[自] 107
進化(しんか)する[自] 107
振興(しんこう)する[他] 163
質問(しつもん)する[他] 157
窒息(ちっそく)する[自] 113
質疑(しつぎ)する[自] 103
嫉妬(しっと)する[他] 156
集計(しゅうけい)する[他] 158
執着(しゅうちゃく)する[自] 104
執筆(しっぴつ)する[他] 156
集合(しゅうごう)する[自] 104
集会(しゅうかい)する[自] 104
徴収(ちょうしゅう)する[他] 178

【ㅊ】

差別(さべつ)する[他] 152
錯覚(さっかく)する[他] 152
着工(ちゃっこう)する[他] 178
着陸(ちゃくりく)する[自] 114
着色(ちゃくしょく)する[自] 113
着席(ちゃくせき)する[自] 113
着手(ちゃくしゅ)する[自] 113
錯誤(さくご)する[自] 102
賛美(さんび)する[他] 153
賛成(さんせい)する[他] 153
参加(さんか)する[自] 102
参考(さんこう)する[他] 152
参照(さんしょう)する[他] 153

創刊(そうかん)する[他] 171
創立(そうりつ)する[他] 174
創作(そうさく)する[他] 172
創造(そうぞう)する[他] 173
採決(さいけつ)する[他] 150
採掘(さいくつ)する[他] 150
採用(さいよう)される[サ] 283
採用(さいよう)になる[ナ] 283
採点(さいてん)する[他] 151
採集(さいしゅう)する[他] 150
採択(さいたく)する[他] 151
処理(しょり)する[他] 163
処罰(しょばつ)する[他] 163
処分(しょぶん)する[他] 163
処置(しょち)する[他] 163
徹(てっ)する 79
徹夜(てつや)する[自] 116
聴講(ちょうこう)する[他] 178
請求(せいきゅう)する[他] 166
清算(せいさん)する[他] 167
清掃(せいそう)する[他] 167
滞在(たいざい)する[自] 111
逮捕(たいほ)する[他] 176
超過(ちょうか)する[自] 114
招待(しょうたい)する[他] 161
促進(そくしん)する[他] 174
総辞職(そうじしょく)する 84
総合・綜合 172
撮影(さつえい)する[他] 152
催促(さいそく)する[他] 151
追加(ついか)される[サ] 285
追加(ついか)になる[ナ] 285
墜落(ついらく)する[自] 115
推理(すいり)する[他] 166
追放(ついほう)する[他] 180
追跡(ついせき)する[他] 180
推定(すいてい)する[他] 165
推進(すいしん)する[他] 165
推薦(すいせん)する[他] 165
抽籤・抽選(ちゅうせん)する[自] 114
推測(すいそく)する[他] 165
祝賀(しゅくが)する[他] 159

出(で)+稼(かせ)ぎ」[복합명사+「する」 70
出(で)+入(い)り」[복합명사+「する」 70
出(で)れる 62
出稼(でかせ)ぎする 68, 70
出勤(しゅっきん)する[自] 105
出動(しゅつどう)する[自] 106
出発(しゅっぱつ)する[自] 106
出生(しゅっしょう・しゅっせい)する[自] 105
出席(しゅっせき)する[自] 106
出世(しゅっせ)する[自] 106
出入(でい)りする 69, 70
出場(しゅつじょう)する[自] 106
出題(しゅつだい)する[他] 160
出直(でなお)しする 68
出品(しゅっぴん)する[他] 160
出現(しゅつげん)する[自] 105
出血(しゅっけつ)する[自] 105
忠告(ちゅうこく)する[他] 178
取(と)り扱(あつか)いする 69, 72
取(と)り扱(あつか)う 72
炊事(すいじ)する[自] 108
取消(とりけ)しする 69, 72
取消(とりけ)す 72
取引(とりひき)する 69, 71
就任(しゅうにん)する[自] 104
取材(しゅざい)する[他] 159
吹奏(すいそう)する[他] 165
就職(しゅうしょく)する[自] 104
測量(そくりょう)する[他] 174
測定(そくてい)する[他] 174
治療(ちりょう)する[他] 179
値上(ねあ)げする 68
値引(ねび)きする 68
値下(ねさ)げする 68
枕(まくら)する 67
侵略(しんりゃく)する[他] 165
沈没(ちんぼつ)する[自] 114
沈黙(ちんもく)する[自] 115
侵入(しんにゅう)する[自] 108

沈殿(ちんでん)する[自] 114
称(しょう)する 77

【ㅌ】

打開(だかい)する[他] 177
타동(他動；たどう) 38
타동사(他動詞；たどうし) 22, 27, 29
타동사의 공백 31
타동성(他動性) 65
妥協(だきょう)する[他] 177
「卓越하다」 233
誕生(たんじょう)する[自] 113
脱(だっ)する 78
脱線(だっせん)する[自] 113
脱出(だっしゅつ)する[自] 112
脱退(だったい)する[自] 113
探検・探険(たんけん)する[他] 177
태(態)의 대립 236
討論(とうろん)する[他] 184
討議(とうぎ)する[他] 183
通(つう)じる 82
「痛(いた)む」와「痛(いた)い」 43
通(つう)ずる 82
痛感(つうかん)する[他] 180
通勤(つうきん)する[自] 115
統率(とうそつ)する[他] 183
「통시적(通時的)」 38
通信(つうしん)する[自] 115
通訳(つうやく)する[他] 180
統一(とういつ)する[他] 183
統制(とうせい)する[他] 183
通知(つうち)する[他] 180
統治(とうち)する[他] 183
通学(つうがく)する[自] 115
統合(とうごう)する[他] 183
通行(つうこう)する[自] 115
退院(たいいん)する[自] 111
退職(たいしょく)する[自] 112
退治(たいじ)する[他] 176
退治(たいじ)る 230
投書(とうしょ)する[他] 183
投入(とうにゅう)する[他] 183

投資(とうし)する[他] 183
投票(とうひょう)する[自] 117
特売(とくばい)する[他] 184
특수5단동사(特殊5段動詞) 16
특수동사 27

【ㅍ】

派遣(はけん)する[他] 189
破棄(はき)する[他] 189
破裂(はれつ)する[自] 120
破産(はさん)する[自] 119
파생 과정 23
把握(はあく)する[他] 186
判決(はんけつ)する[他] 190
判断(はんだん)する[他] 191
販売(はんばい)する[他] 192
「判明되다」 236
判定(はんてい)する[他] 191
敗北(はいぼく)する[自] 119
敗戦(はいせん)する[自] 119
遍在(へんざい)する[自] 123
編集(へんしゅう)する[他] 195
評価(ひょうか)する[他] 193
評論(ひょうろん)する[他] 193
平行(へいこう)する[他] 195
廃棄(はいき)する[他] 186
「閉(と)じる」 33
閉鎖(へいさ)される[サ] 287
閉鎖(へいさ)する[自] 287
閉鎖(へいさ)になる[ナ] 287
廃止(はいし)される[サ] 286
廃止(はいし)になる[ナ] 286
布告(ふこく)する[他] 193
包装(ほうそう)する[他] 196
捕獲(ほかく)する[他] 197
暴騰(ぼうとう)する[自] 124
爆発(ばくはつ)する[自] 119
爆破(ばくは)する[他] 189
表現(ひょうげん)する[他] 193
품사간의 이동(異同) 65, 232
품사성(品詞性) 231, 242
避難(ひなん)する[自] 121

피사역주(被使役主) 24
筆記(ひっき)する[他] 192
필수적인 성분 255, 288
匹敵(ひってき)する[自] 121

【ㅎ】

하1단(下一段；しもいちだん) 12
하1단동사(下一段動詞；しもいちだんどうし) 14, 20, 230
하1단동사화 229
하2단(下二段；しもにだん) 12
下降(かこう)する[自] 92
下卑(げび)る 230
下書(したがき)する 68
下山(げざん)する[自] 99
下宿(げしゅく)する[自] 99
荷造(にづくり)する 68
下車(げしゃ)する[自] 99
学習(がくしゅう)する[自] 92
汗(あせ)する 66
한・일 양 언어의 한어동사 87
한국어의「~하다」 232
한국어의 한어동사 271
한국어의 한어동사의 수동형 272
35, 65, 75, 251, 252
한어 어간(漢語 語幹) 75
한어(漢語；かんご) 65, 231
「한어(漢語)＋하다」 231
한어동사(漢語動詞；かんごどうし)
한어동사의 수동화(受動化) 242
한어명사(漢語名詞) 230
한어어간(漢語語幹) 252
한어의 동사화(動詞化) 65, 75, 242, 275
한어의 명사성(名詞性) 231
「한어의 용언화(用言化)」 232
한자어 동사 35
限定(げんてい)する[他] 144
合(がっ)する 77
合計(ごうけい)する[他] 146
合図(あいず)する 67
合同(ごうどう)する[自] 101

合理化(ごうりか)する 83
合成(ごうせい)する[他] 148
合議(ごうぎ)する[他] 146
合唱(がっしょう)する[自] 93
合致(がっち)する[自] 93
抗議(こうぎ)する[他] 146
抗争(こうそう)する[自] 101
航海(こうかい)する[他] 145
害(がい)する 76
解(かい)する 76
解決(かいけつ)する 255
解決される 254, 255
解決する 254
해결되다 254
해결하다 254
解禁(かいきん)される[サ] 281
解禁(かいきん)になる[ナ] 281
解放(かいほう)する[他] 133
解剖(かいぼう)する[他] 133
解散(かいさん)される[サ] 281
解散(かいさん)する[自] 281
解散(かいさん)になる[ナ] 281
解釈(かいしゃく)する[他] 131
解説(かいせつ)する[他] 131
解除(かいじょ)される[サ] 282
解除(かいじょ)になる[ナ] 282
行(い)かれる 62
「行く」 54
行動(こうどう)する[自] 101
行列(ぎょうれつ)する[自] 97
行進(こうしん)する[自] 100
許可(きょか)する[他] 140
許容(きょよう)する[他] 140
革新(かくしん)する[他] 133
현대어(구어) 25
「현상의 지속」 52
協同(きょうどう)する[自] 97
協力(きょうりょく)する[他] 140
脅迫(きょうはく)する[他] 140
協議(きょうぎ)する[他] 139
協定(きょうてい)する[他] 140
協調(きょうちょう)する[他] 139

형성(けいせい)する[他] 142
형식동사(形式動詞;けいしきどうし) 28
형식용언(形式用言) 231, 277
형용사 어류(形容詞 語類) 11, 232
형용사의 어간＋み＋する 74
형용사적 동사 55
형태적인 대응 관계 36
護衛(ごえい)する[他] 149
呼吸(こきゅう)する[他] 149
混同(こんどう)する[他] 150
「混雑하다」 233
化(か)する 76
火傷(やけど)する 67
化粧(けしょう)する[自] 99
化合(かごう)する[自] 92
確保(かくほ)する[他] 134
確信(かくしん)する[他] 133
確認(かくにん)する[他] 134
拡充(かくじゅう)する[他] 133
換気(かんき)する[自] 93
換金(かんきん)する[自] 93

換算(かんさん)する[他] 135
歓迎(かんげい)する[他] 135
還元(かんげん)する[他] 135
活動(かつどう)する[自] 93
活発化(かっぱつか)する 84
活躍(かつやく)する[自] 93
「형용사적 동사」 233
활용 형식 13
活用(かつよう)する[他] 134
활용(活用) 14
会(かい)する 76
会見(かいけん)する[自] 91
会談(かいだん)する[自] 92
回答(かいとう)する[他] 92
回覧(かいらん)する[他] 133
回想(かいそう)する[他] 131
回送(かいそう)する[他] 131
回収(かいしゅう)する[他] 131
会議(かいぎ)する[自] 91
回転(かいてん)する[自] 92
会合(かいごう)する[自] 91
会話(かいわ)する[自] 92

獲得(かくとく)する[他] 134
横断(おうだん)する[自] 91
後始末(あとしまつ)する 67
後援(こうえん)する[他] 145
厚着(あつぎ)する 67
後退(こうたい)する[自] 101
後片付(あとかたづ)けする 67
후항동사(後項動詞;こうこうどうし) 28
後悔(こうかい)する[他] 145
訓練(くんれん)する[自] 98
休講(きゅうこう)する[自] 95
携帯(けいたい)する[他] 142
休息(きゅうそく)する[自] 96
休業(きゅうぎょう)する[自] 95
休戦(きゅうせん)する[自] 96
休学(きゅうがく)する[自] 95
欠席(けっせき)する[自] 100
吸収(きゅうしゅう)する[他] 138
興(きょう)じる 81
興(きょう)ずる

■ 저자   이성규(李成圭)

忠北 淸州 出生
(현) 인하대학교 교수
(현) 한국일본학회 고문
(전) KBS 일본어 강좌 「やさしい日本語」 진행
(전) 한국일본학회 회장(2007.3.~2009.2.)
한국외국어대학교 일본어과 졸업
일본 쓰쿠바(筑波)대학 대학원 문예・언어연구과(일본어학) 수학
언어학박사(言語学博士)
전공 ; 일본어학(일본어문법・일본어경어・일본어교육)

저서
『도쿄일본어 1, 2, 3, 4, 5』, 시사일본어사. (1993~1997)
『現代日本語研究 1, 2』, 不二文化社. (1995) 〈共著〉
『仁荷日本語 1, 2』, 不二文化社. (1996) 〈共著〉
『홍익나가누마 일본어 1, 2, 3』, 홍익미디어. (1996) 〈共著〉
『홍익일본어독해 1, 2』, 홍익미디어. (1997) 〈共著〉
『도쿄겐바일본어 1, 2』, 不二文化社. (1998~2000)
『現代日本語敬語の研究』, 不二文化社. (1999) 〈共著〉
『日本語表現文法研究 1』, 不二文化. (2000)
『클릭 일본어 속으로』, 가산출판사. (2000) 〈共著〉
『実用日本語 1』, 가산출판사. (2000) 〈共著〉
『日本語 受動文 研究의 展開1』, 不二文化. (2001)
『도쿄실용일본어』, 不二文化. (2001) 〈共著〉
『도쿄 비즈니스 일본어1』, 不二文化. (2003)
『日本語受動文の研究』, 不二文化. (2003)
『日本語 語彙論 구축을 위하여』, 不二文化. (2003)
『일본어 어휘Ⅰ』, 不二文化. (2003)
『日本語受動文 用例研究1』, 不二文化. (2003) 〈共著〉
『日本語受動文 用例研究Ⅱ』, 不二文化. (2003)
『일본어 조동사 연구Ⅰ』, 不二文化. (2004) 〈共著〉
『일본어 조동사 연구Ⅱ』, 不二文化. (2004) 〈共著〉
『일본어 문법연구 서설』, 不二文化. (2005)
『日本語受動文 用例研究Ⅲ』, 不二文化. (2005) 〈共著〉
『일본어 조동사 연구Ⅲ』, 不二文化. (2006) 〈共著〉
『현대일본어 경어의 제문제』, 不二文化. (2006) 〈共著〉
『현대일본어 문법연구Ⅰ』, 시간의물레. (2006) 〈共著〉
『현대일본어 문법연구Ⅱ』, 시간의물레. (2006) 〈共著〉
『현대일본어 문법연구Ⅲ』, 시간의물레. (2006) 〈共著〉
『현대일본어 문법연구Ⅳ』, 시간의물레. (2006) 〈共著〉

『일본어 의뢰표현Ⅰ- 肯定의 依賴表現의 諸相 - 』, 시간의물레. (2007)
『일본어 의뢰표현 - 부정의 의뢰표현의 제상 - 』, 시간의물레. (2016)
『신판 생활일본어』, 시간의물레. (2017)
『신판 비즈니스일본어1』, 시간의물레. (2017)
『신판 비즈니스일본어2』, 시간의물레. (2017)
『일본어 구어역 마가복음의 언어학적 분석Ⅰ』, 시간의물레. (2018)
『일본어 구어역 마가복음의 언어학적 분석Ⅱ』, 시간의물레. (2019)

외, 논문 다수 있음.

● 권선화(權善和)

仁川 出生
인하대학교 문과대학 일어일문학과 졸업.
인하대학교 교육대학원 일본어학 전공 졸업.
인하대학교 대학원 박사과정 졸업.
문학박사(文学博士)
전공 ; 일본어학(일본어문법・일본어교육)

저서
『일본어 형용동사』 시간의물레. (2012)

논문
李成圭・權善和(2000b)「漢語動詞와 日本語教育-現行高等学校 日本語 教科書를 対象으로 하여-」『日本学報』45輯 韓国日本学会.
李成圭・權善和(2003g)「日本語形容動詞の一問題」『日本学報』56輯 1巻 韓国日本学会.
權善和(2004)「カタカナ語の連体修飾形「~な」について」韓国日本学連合会 第2回 国際学術大会 Proceedings.
權善和(2005)「形容動詞化する接尾辞「的」について」『日本学報』64輯, 韓国日本学会.
權善和(2006)「漢語の名詞と形容動詞語幹について―意味概念と用法を中心として―」
       『日本学報』66輯, 韓国日本学会.

개정판 현대일본어 문법연구 Ⅱ

초판 1쇄 2019년 7월 26일
초판 2쇄 2020년 8월 26일
저   자 이성규·권선화
발 행 인 권호순
발 행 처 시간의물레
주   소 서울시 마포구 마포대로 4다길 3, 1층
전   화 02-3273-3867
팩   스 02-3273-3868
전자우편 timeofr@naver.com
홈페이지 http://www.mulretime.com
블 로 그 http://blog.naver.com/mulretime
I S B N 978-89-6511-287-7
정   가 17,000원

ⓒ 2019 이성규·권선화
*잘못된 책은 바꾸어 드립니다.

* 이 도서의 국립중앙도서관 출판예정도서목록(CIP)은 서지정보 유통지원시스템 홈페이지(http://seoji.nl.go.kr)와 국가자료종합목록 구축시스템(http://kolis-net.nl.go.kr)에서 이용하실 수 있습니다. (CIP제어번호 : CIP2019027490)